GRAN HISTORIA UNIVERSAL

VOL. XXVIII

GRAN HISTORIA UNIVERSAL

VOL. XXVIII

COLONIZACION DE AMERICA

AUTORES

JOSÉ ALCINA FRANCH. Universidad Complutense.
JOSÉ ANGEL CARREÑO PÉREZ. Casa de Colón (Valladolid).
JAIME DELGADO MARTÍN. Universidad Complutense.
ANTONIA FERNÁNDEZ DEL HOYO. Universidad de Valladolid.
ANA GIMENO GÓMEZ. Universidad de Valladolid.
LAURA GONZÁLEZ PUJANA. Universidad Complutense.
EMELINA MARTÍN ACOSTA. Colegio Universitario de Burgos.
M.ª LUISA MARTÍNEZ DE SALINAS ALONSO. Universidad de Valladolid.
LUCIO MIJARES PÉREZ. Universidad de Valladolid.
MIGUEL MOLINA MARTÍNEZ. Universidad de Granada.
ADELAIDA SAGARRA GAMAZO. Casa de Colón. Valladolid.
ANGEL SANZ TAPIA. Universidad de Valladolid.
JESÚS VARELA MARCOS. Universidad de Valladolid.

CLUB INTERNACIONAL DEL LIBRO
MADRID

ISBN: 84-7461-654-9 (Obra completa)
ISBN: 84-7461-682-4 (Vol. XXVIII)
Depósito Legal: B. 6679-1989
INGRAF
Badajoz, 147 - 08018 Barcelona

CAPITULO 1

INMIGRACION Y NUEVA SOCIEDAD

Lucio Mijares Pérez

I. INMIGRACION Y NUEVA SOCIEDAD

El descubrimiento, conquista y colonización de América van a dar lugar al nacimiento de una nueva sociedad allende el océano. Esta naciente sociedad ultramarina se cimenta inicialmente sobre la base de una doble componente racial, que constituían, por una parte, la población indígena sometida, numéricamente muy superior, pero culturalmente menos desarrollada y, por otra, la población blanca inmigrada, que será la auténtica forjadora de la nueva estructura social. Posteriormente, se sumará un tercer elemento, el negro, cuya contribución a la confirmación social será muy limitada, sobre todo en el período que nos ocupa.

1. El Estado y la nueva sociedad

La sociedad indiana, sin embargo, aunque nueva, no se estructura de forma improvisada. Al contrario, los españoles que pasan al Nuevo Mundo

A partir de la conquista, en América, casi simultaneamente con la fundación de las primeras ciudades por los españoles, se formó una sociedad en la que la miscegenación fue un fenómeno frecuente y dio origen, con el paso de los años a una sociedad, totalmente nueva. De las escenas de mestizaje del Museo de América (Madrid) De Indio y Mestiza, Coyote.

El Gobierno del Nuevo Mundo es ejercido directamente por las autoridades que ya existían o se fueron creando para dirigirlo. De entre ellas, hay que destacar –en el siglo XVI– las tres principales: el rey, el Consejo de Indias y la Casa de Contratación.

son portadores de las ideas que imperan en la época, de las instituciones sociales vigentes en la península, y de una experiencia repobladora acumulada durante siglos de reconquista. Mentalidad, instituciones y experiencia servirán para estructurar el nuevo orden social indiano, que no será mera repetición del español, por cuanto las diferentes circunstancias geográficas, humanas e históricas en las que se lleva a cabo el proceso obligarán a realizar una adaptación a la realidad americana, así como a seguir una evolución distinta a la sociedad española. Las actitudes medievales de que es portador el emigrante español fracasarán pronto ante esa nueva realidad y ante la política seguida por la Corona. Por el contrario, los valores renacentistas de orgullo en la eficacia y poder de las propias fuerzas, de afán de enriquecimiento, dominio, renombre y ascenso social, constituirán un acicate para quienes abandonan el suelo patrio en busca de unas oportunidades que éste no les ofrece y que al otro lado del océano esperan encontrar.

Para colmar tales aspiraciones habrán de superar numerosas dificultades y tendrán que transcurrir los difíciles años del período antillano, hasta que por fin el éxito de las primeras empresas de conquista presentan mejores perspectivas a estos españoles ávidos de fortuna, fama y honra. Algunos conseguirán el sueño deseado; otros muchos fracasarán en el empeño, o tendrán que contentarse con recompensas inferiores a las pretendidas, o intentarán hallar mejor fortuna mediante su participación en nuevas expediciones de descubrimiento o conquista; algunos, por último renunciarán a sus ideales de partida, abandonarán sus cargos y encomiendas, y se convertirán en religiosos.

La mayoría de estos emigrantes vieron en el Nuevo Mundo una solución inmejorable para abandonar la situación económica y social que tenían en la Península. Con el paso a Indias se eliminaban las trabas que obstaculizaban su ascenso social en España. En América, por el contario, todo era nuevo, el pasado apenas contaba, y los vínculos estamentales quedaban difuminados ante el valor personal y los méritos contraídos con su propio esfuerzo. Méritos y servicios conformarán las nuevas jerarquías sociales nacidas como resultado de las empresas de conquista y el subsiguiente reparto de encomiendas, proporcional a su grado de participación económica y militar en las mismas. El linaje del individuo contaba poco a la hora de establecer la jerarquía militar en la empresa y del reparto de los beneficios. Tanto hidalgos como plebeyos tenían similares oportunidades una vez llegados al Nuevo Mundo; quien triunfaba era aquel que lograba superar peligros, privaciones, enfermedades, aprovechaba bien las ocasiones que se le presentaban, y tenía la suerte que siempre se requiere para triunfar. No obstante, como veremos a continuación, todos, fuera cual fuere su trayectoria personal, contribuyeron a la gestación de la primera sociedad indiana.

Por otra parte, como ha señalado Konetzke, en la configuración de la nueva sociedad indiana jugó un papel importante la Corona. Del mismo

Después de viajes largos, las naves españolas solían hacer escala en los puertos mexicanos de España por necesitar reparaciones. La misión de estos constructores de barcos era prepararlos rápidamente para poder seguir navegando.

modo que ésta retuvo siempre en sus manos la dirección y administración de los territorios descubiertos y conquistados, también procuró que la corriente migratoria hacia el Nuevo Mundo se ajustase a las necesidades y conveniencias para conseguir el bien público, la estabilidad, exclusividad y seguridad de sus dominios ultramarinos. Su actuación en tal sentido, como veremos a continuación de forma más pormenorizada, no sólo se limitó a dirigir y encauzar el movimiento migratorio hacia las distintas zonas del continente americano según las precisiones del momento, sino también a seleccionar a las personas, evitando el embarque de extranjeros y de emigrantes no deseables por motivos políticos, religiosos, morales, económicos, etc. El propósito de la Corona era poblar las Indias a base de colonos españoles libres, preferentemente familias campesinas y artesanas, es decir, de gente útil para el trabajo, de vida ejemplar a los ojos de los indígenas, propicia para arraigarse a la tierra y favorecer la integración social y cultural de la población aborigen.

Durante el primer cuarto del siglo XVI se crearon organismos o autoridades que implicaban un alto grado de descentralización política. De éstos, la creación más importante fue la del Consejo de las Indias, que comenzó a funcionar en 1524. Era un organismo colegiado que, como los demás Consejos existentes en la península –de Castilla, de Aragón, de Navarra, el de Estado y otros aparecerán después–, estaba encargado de asesorar a los reyes en las cuestiones de competencia y, en este caso, en las relacionadas con el Nuevo Mundo.

Cierto que hubo dispensas especiales para algunos extranjeros, momentos en que se liberalizaron las normas reguladoras de la emigración, excepciones ocasionales en la aplicación de las mismas, tolerancia para quienes habían conseguido pasar a Indias contraviniendo las disposiciones en vigor, falsificaciones de licencias de embarque y numerosos emigrantes clandestinos, pero todo ello no es suficiente para colegir el fracaso de la Corona en su intento de regular la corriente migratoria y no reconocer su influencia en la configuración social indiana. Por lo demás, la intervención estatal no se circunscribió a regular la emigración, sino que intervino de múltiples maneras en la formación social de las Indias, como iremos viendo en su momento.

2. Inmigración blanca

La emigración española al Nuevo Mundo es de suma importancia para entender el ordenamiento social establecido como resultado del descubrimiento y la conquista. Es evidente que su trascendencia no radica en la cuantía, insignificante comparada con la influencia ejercida, sino en su posición dentro del nuevo tejido social y en su actuación transformadora del destino de las poblaciones indígenas. Conocer las normas que regularon el flujo de emigrantes; el volumen y la calidad de éstos; su procedencia, edad y sexo; así como el lugar de destino, son aspectos que revisten interés y sirven para una mejor comprensión del modelo social que va a configurarse en Ultramar.

a) Legislación

En primer lugar, la legislación en materia emigratoria y las prácticas administrativas empleadas en su aplicación influyeron, sino decisivamente, sí al menos de forma importante en el número y calidad de los pasajeros que cruzaron el océano en la primera mitad del siglo XVI. Como es sabido, desde el mismo descubrimiento el derecho de pasar y residir en Indias fue reservado a los súbditos de la Corona española, quedando excluidos los extranjeros, a quienes en principio se les prohibía su establecimiento en América. La emigración de españoles fue en todo momento un movimiento voluntario, pero regulado y supervisado por el Estado desde los inicios. Para poder pasar a Indias era preciso contar con una autorización o licencia real previa.

En 1493, con motivo de la preparación del segundo viaje colombino, los reyes recomendaron ya que quienes embarcasen fueran, a ser posible, personas conocidas y fiables, debiendo ser inscritas en un registro para tener constancia del número de viajeros, calidad y oficio que desempeñaban. Era el primer intento regulador de la emigración por parte de la Corona. Los embarcados, a su vez, eran todos voluntarios y seleccionados, aunque la realidad posteriormente demostrará su carácter problemático.

Como consecuencia del fracaso de la experiencia anterior y la desilusión producida por la falta de riquezas anunciadas por Colón, unido a otros problemas que no viene al caso mencionar, el reclutamiento de gentes para el tercer viaje colombino se llevó a cabo en condiciones distintas al precedente. Ante el escaso número de expedicionarios inscritos voluntariamente y a

Carlos V (1500-1558)

instancias del propio Almirante, los reyes autorizaron en 1497 el embarque de condenados a muerte, destierro, u otras severas penas, posibilitándoles el indulto y la reducción del castigo a cambio de que fueran a servir como trabajadores a la isla Española durante un período de tiempo acorde con el delito cometido. No se sabe con exactitud el número de penados que pasaron en esta expedición, pues las cifras oscilan entre los trescientos que menciona el cronista Fernández de Oviedo y los cinco que ha logrado identificar Boyd-Bowman, pasando por los doce que señala Juan Pérez de Tudela. En años posteriores pasaron algunos penados más, como Sebastián de Ocampo, que lo hizo con la armada de Ovando en 1502 y otros que pudieron llegar antes o después clandestinamente, pero en todo caso no fue una fórmula coactiva ni usual empleada por la Corona para desprenderse de elementos indeseables, ni éstos tuvieron influencia alguna en el proceso colonizador. Es más, poco después, en 1505, por real cédula la reina doña Juana renunciaba a proseguir con esta práctica.

Tampoco hubo por parte de la Corona propósito alguno de favorecer el paso a Indias de elementos marginados pertenecientes a grupos sociales inferiores como eran los pobres, mendigos, y vagabundos, lo que hubiese disminuido su número en España y aliviado el problema económico-social que representaban. Sin duda que algunos lograron pasar a Indias como polizones o de otras formas, aunque su cuantía debió de ser reducida. El creciente número de holgazanes y vagabundos, que apareció pronto en tierras americanas, surgió en las propias Indias de entre emigrantes de distintas profesiones, preferentemente solteros y casados que habían dejado a la esposa en la península que, descontentos por su falta de estabilidad económica y decepcionados de no haber logrado la fortuna esperada, deciden vivir sin trabajar a costa de los demás y entregarse a todo tipo de vicios. La actitud de la Corona, en este caso, fue evitar el perjuicio y mal ejemplo que suponían, tanto para la población española como para la indígena, ordenando se les apremiara a que trabajasen, de no hacerlo se les castigase, y en último término fueran devueltos a España. Pero si el problema era de difícil solución en la propia península, mucho más lo iba a ser en el Nuevo Mundo.

Con el fin de solventar en parte el problema anterior, así como la inestabilidad que tan frecuente era entre los emigrantes solteros y casados que habían pasado sin la familia, la Corona adoptó una serie de disposiciones. Por una parte, favoreció desde los primeros momentos el flujo de mujeres solteras, de casadas que decidían reunirse con sus maridos en Indias, y de familias enteras; y, por otra parte, prohibió desde 1530, con carácter general que ningún casado en España pudiera pasar a Indias sin llevar consigo a sus mujeres, aunque fueran personas que iban a desempeñar cargos de gobierno, justicia, hacienda o milicia. Sólo los mercaderes que iban a beneficiar sus mercancías a Indias estaban autorizados a pasar individualmente, si bien desde 1550 se les impondrá un plazo máximo de estancia de tres años y se les obligará a presentar el consentimiento previo de la esposa antes de emprender el viaje. Dicho plazo máximo de tres años de estancia en Indias era el mismo que por real cédula de 1509 Fernando el Católico había fijado para que los que llegaban a Indias sin sus mujeres pudieran permanecer en aquellos territorios ultramarinos sin llevar a sus esposas. Treinta y cinco años después, en 1544, Carlos V dio órdenes generales en el mismo sentido rebajando el período de permanencia en Indias, caso de no llevar a cabo la reunión familiar, a dos años. Huelga decir que era muy difícil la ejecución de estas órdenes generales si no había predisposición de las partes a cumplirlas y que fueron reiteradamente burladas.

Aparte de estas disposiciones restrictivas tendentes a lograr una cierta selección de los emigrantes españoles que deseaban pasar a América, así como su arraigo a la tierra y estabilidad familiar, las medidas más severas fueron adoptadas por razones religiosas contra los judíos, conversos, moriscos, herejes y reconciliados. Su autorización a pasar a Indias se consideró desde los primeros momentos que podía resultar contraproducente para cumplir con sus obligaciones espirituales de cristianizar a los indígenas. Por consiguiente, en principio sólo los cristianos viejos estaban en disposición de obtener licencia y emigrar al Nuevo Mundo. Sin embargo, ya en los primeros viajes colombinos debieron embarcar algunos de estos prohibidos, como implícitamente la propia Corona reconoce cuando en al instrucción dada al gobernador Ovando en 1501 le ordena no permita la estancia en aquellas tierras de estas personas. Y lo mismo se aprecia en las capitulaciones de Luis de Arriaga de 1501, y de Alsonso Vélez de Mendoza de 1502, en las que se estipula que en las poblaciones que fundaren en la Española con las familias que llevaran de la Península no puedan vivir desterrados, judíos o moros conversos, y reconciliados, para honra de dichos vecinos. Aunque debieron ser más bien pocos los prohibidos que habían logrado pasar a América, lo que parece referirse es que su exclusión no se había llevado a cabo con rigor; hecho que resulta comprensible si tenemos en cuenta el destacado papel que tuvieron ya los conversos aragoneses en la realización del viaje descubridor y las dificultades que se habían dado para completar el pasaje, salvo en el segundo viaje colombino.

Por sendas pragmáticas de 1501 quedaron excluidos de pasar a Indias, así como de desempeñar cargos y oficios honrosos, no sólo los penitenciados, sino también los hijos y nietos de condenados a muerte por herejía. No obstante, tampoco estas prohibiciones se aplicaron con rigidez, pues aparte de un mayor o menor celo en su cumplimiento, siempre cabía la posibilidad de obtener una dispensa real que les habilitara para ejercer dichos oficios y

Estos tres personajes, Las Casas, Fernández de Oviedo y Ampués, marcan el punto álgido de la ideología reformista. Una ideología que tenía su antítesis en quienes seguían esclavizando a los indios y considerándolos como simple objeto de tráfico y negocio.

El 20 de enero de 1503 se dictaron las primeras ordenanzas que creaban tres cargos principales: un factor, un tesorero y un contador, los cuales, al principio, quedaron encargados de fomentar las relaciones mercantiles de la Corona, acopiando, en los almacenes del Alcázar de Sevilla, lo que fuera necesario para el tráfico de Ultramar. Ya en época temprana se pensó en la necesidad de crear una autoridad que vigilara el comercio con las Indias y la organización y despacho de las expediciones: La Casa de Contratación.

embarcar a Indias. Así, en 1509 sólo los penitenciados del reino de Sevilla abonaron 40.000 ducados para poder pasar y comerciar en el Nuevo Mundo. Esto no era óbice para que por principio se mantuviera la prohibición de que elementos de estos grupos pudieran embarcar y permanecer en Indias. La instrucción dada a Diego Colón en 3 de mayo de 1509 y una real cédula dirigida a Ovando en la misma fecha lo ponen de manifiesto, pues en ambas reiteraba la interdicción. Las ordenanzas de la Casa de la Contratación de 1510 recogen también estas disposiciones. Del mismo modo, la reina Doña Juana, en 1511, señalaba que la prohibición de desempeñar oficios reales públicos y concejiles se extendía en América a las mismas personas a quienes se le había vedado en España, por lo que exigía su cumplimiento.

La puerta entreabierta de 1509 por las dispensas reales se abrirá mucho más a partir de 1511, cuando para favorecer la emigración se atenúan notablemente las formalidades exigidas con anterioridad en la tramitación de las licencias y se establece cierta tolerancia. Aunque no se modificaba la legislación para las personas prohibidas, el hecho de que para embarcar hacia Indias sólo se exigieran sus nombres y el lugar donde eran vecinos, sin más averiguaciones e informaciones, suponía una dispensa de las reglas establecidas y, por consiguiente, la posibilidad de emigrar sin mayores problemas para los excluídos hasta entonces por razón de dudosa conversión a la fe.

La llegada a España de don Carlos representó un duro revés a las esperanzas que en él habían depositado los cristianos nuevos. Muy pronto la tolerancia anterior desapareció, restableciéndose las disposiciones prohibitorias de los primeros momentos. Por una real cédula de 1518 ordenaba a la Casa de la Contratación no permitiera el paso a penitenciados, ni a hijos y nietos de condenados a muerte por la Inquisición. Al parecer, los penitenciados que habían logrado anteriormente dispensa real por *composición* reclamaron contra esta disposición y fueron atendidos. Sin embargo, en 1522 se consolida la tendencia intolerante y no sólo se prohibe el embarque a los penitenciados, sino que se amplía también a los judíos o moros recién conversos, así como a sus hijos. Tal disposición será reiterada en 1530, 1539 y 1552, pero su eficacia limitada. Los que realmente deseaban emigrar tenían siempre a su alcance distintas alternativas para lograrlo, como la falsificación de documentos, la compra de licencias de embarque, el soborno, o pasar como pajes, criados marineros o soldados y una vez llegados a América desertar. Años después, sobre todo a partir de 1580 con la unión de las coronas de Castilla y Portugal, pasarán con mayor facilidad y en mayor cuantía utilizando Brasil como puerta de entrada; la misma puerta que utilizarán preferentemente para llegar a las Indias los gitanos, a quienes les será también vedado el paso en tiempo de Felipe II, pues durante la época que estudiamos no hubo disposición expresa alguna que lo impidiera.

b) Evolución cuantitativa

Si las disposiciones legales tendentes a seleccionar o impedir el paso de determinadas personas a Indias fueron variando en el transcurso de los años y se aplicaron con mayor o menor rigurosidad según las circunstancias por las que atravesaban las Indias e indirectamente la propia Península, la misma flexibilidad en la aplicación de las normas se aprecia asimismo en cuanto a la regulación de la emigración desde el punto de vista cuantitativo. Ambos hechos a veces están muy relacionados, pero conviene analizarlos por separado por cuanto suelen responder a razones diversas.

Desde que en 1493, con motivo de los preparativos del segundo viaje colombino, la Corona impone la obligación de contar con un permiso para emigrar y llevar un registro de los embarcados, es evidente que hay un propósito de dirigir el flujo migratorio, tanto desde el punto de vista cualitativo como cuantitativo; «porque se sepan las personas que van, e de qué calidad e oficio son cada una dellas». A partir de entonces, la expedición de licencias, efectuada por la Casa de la Contratación en un principio y por el Consejo de Indias desde 1546, constituirá una especie de resorte que permitía a la Corona alentar o frenar la emigración a Indias según las necesidades de cada momento. Cuando había necesidad de que pasara más gente, para fomentar la colonización o favorecer la conquista del continente en general

Carraca española típica enviada a las expediciones en el siglo XVI. En el extremo del puente se observa al piloto operando con el sextante.

o de un territorio en particular, basta en teoría con conceder franquicias y hacer menos severa la observancia de las prácticas administrativas con el otorgamiento de licencias. Por el contrario, cuando las circunstancias desaconsejaban el paso de nuevos emigrantes hacia un territorio determinado o hacia las Indias en general, se incrementaba la vigilancia en el cumplimiento de la normativa y se limitaba la concesión de licencias en número, tipo de personas o destino de las mismas.

Esto, por supuesto, no quiere decir que dichas medidas surfrieran siempre el efecto deseado, pues las restricciones legales eran susceptibles de ser burladas y una vez llegados a Indias era fácil cambiar de ruta, dando así al traste con las intenciones reales. Además, una emigración voluntaria, como era la española, no tenía por qué responder necesariamente de modo afirmativo a los criterios liberales o restrictivos establecidos por la Corona en un momento concreto. La decisión de emigrar, por lo general, no es un acto repentino, sino que requiere maduración, tiempo, y, sobre todo, razones poderosas para tomar una resolución de esa naturaleza. Es decir, tiene que haber unos móviles que le induzcan a abandonar su país de origen y otros del país de destino que ejerciten una atracción para decidir al emigrante a dirigirse al mismo. Ahora bien, si todavía no conocemos con exactitud el número de españoles que emigraron durante estos años a América, ni su evolución cuantitativa, difícilmente se puede analizar ésta en función de las causas que la determinan, a no ser por medio de simples generalizaciones más o menos acertadas.

Conscientes de estas limitaciones y las lagunas documentales existentes, esbocemos brevemente las fluctuaciones que experimenta la corriente migratoria y la política reguladora seguida por la Corona. Aunque a partir de 1495 los reyes conceden libertad para embarcar a cuantos súbditos desearan pasar a Indias a su costa, lo cierto es que los primeros años la empresa americana no atrae a muchos españoles. La Corona levanta la prohibición que vedaba el paso a las tierras descubiertas e incentiva el embarque mediante la concesión

Dos monarcas ocupan el centro de la escena durante casi todo el siglo XVI: Carlos V (1516-1556) y su hijo Felipe II (1556-1598). El primero fue a la vez emperador de Alemania, titular del antiguo ducado de Borgoña y de los Estados patrimoniales de los Habsburgos, además de los reinos de las Coronas de Castilla, Aragón y Navarra. Esto le obligó a estar fuera de España durante la mitad de su reinado.

de franquicias, pero la inseguridad, la incertidumbre y el mal ambiente que reina sobre la situación de las Indias pesan más que los estímulos reales. A finales de siglo el número de emigrantes que se mantiene en la isla Española oscila entre 300 y 500. Aislamiento, falta de alimentos y hambre son los rasgos predominantes en este momento.

La llegada de la flota de Ovando con sus 2.500 expedicionarios representa un aporte considerable para el reducido contingente castellano y el proceso colonizador. El hallazgo de importantes muestras auríferas despierta un gran entusiasmo entre los recién desembarcados que pronto se transforma en tragedia ante las dificultades de aclimatación, el hambre, las enfermedades y la elevada mortandad. El precario equilibrio basado en una economía de mera subsistencia se había alterado substancialmente con tan elevado número de emigrantes y la consecuencia resultante sería un millar de muertos, según testimonio de Las Casas. Se imponía, pues, un cambio profundo que modificara la situación preexistente y otorgara a los nuevos pobladores condiciones satisfactorias para su asentamiento en la tierra. El nuevo orden interno que establece el gobernador con la concesión de vecindades, encomiendas y la obtención de nuevas franquicias dará cumplimiento adecuado a todas las aspiraciones. Nacía así un grupo de privilegiados encomenderos, orientados esencialmente hacia la explotación minera, cuyo incremento numérico no era deseado ni recomendable dada la escasa atención prestada a la producción de alimentos y las dificultades sociales internas que podían ocasionar. De ahí que en fecha tan temprana como 1503 Ovando solicite no se envíen más pobladores.

Desde esta fecha ya no se deplazan más expediciones colectivas de pobladores similares a las de Luis de Arriaga y Alonso Vélez de Mendoza. Los nuevos emigrantes son familias o personas que embarcan de forma aislada y numerosa. Este incremento de la corriente migratoria llega a tal punto que en 1507 Ovando pide por segunda vez al monarca que impida el paso de más gente, aunque fuera de trabajo. Tal solicitud, que al propio rey le parecía incomprensible y contraproducente para el desarrollo y prosperidad de la isla, se debía al parecer a las dificultades que ocasionaban los recién llegados que se olvidaban de sus respectivos oficios y trataban de equipararse con los privilegios baquianos en el disfrute de la mano de obra indígena y en la posesión de tierras, cuando la población aborigen se hallaba en progresiva disminución y las tierras situadas en las proximidades de las poblaciones fundadas se encontraban ya repartidas.

Las razones del aumento de la corriente migratoria de estos años parecen responder tanto a la mala situación por la que atravesaban Castilla y Andalucía, como a las excelentes perspectivas de riqueza y bienestar de que ofrecía La Española. No cabe duda que la abundancia de oro, el incremento comercial, la esperanza de obtener repartimiento de indios y concesiones de tierras constituían suficientes y poderosos incentivos para atraer emigrantes españoles en apreciable número. Pero a estas halagüeñas perspectivas que ofrecía La Española se unían otros dos factores no menos importantes, como eran la política emigratoria permisiva que seguía la Corona durante estos años y el panorama desolador que presentaban las regiones españolas que hasta ese momento mayor contingente de pasajeros habían aportado al proceso colonizador. Castilla y Andalucía desde 1502 estaban padeciendo una difícil situación socioeconómica motivada por una sucesión de malas cosechas de cereales que acarreaban hambre, miseria y peste, particularmente mortífera a lo largo de 1507. Esta circunstancia de alguna manera hubo de influir en la migración ultramarina de estos años, como quizás también el rigor con que los tribunales del Santo Oficio de distintas ciudades, sobre todo andaluzas, estaban actuando contra judaizantes y falsos conversos, que se manifiesta asimismo en una mayor severidad en la concesión de licencias de embarque y en órdenes de expulsión para los prohibidos establecidos ya en Indias, como hemos visto. Con todo, y como consecuencia de todos estos factores, la población blanca de La Española al final de la gobernación de Ovando ha aumentado considerablemente, alcanzando la cifra, tal vez exagerada, de diez mil o doce mil españoles, según Las Casas.

A partir de 1510 la situación cambia de forma notable a un lado y otro del océano. Muchos de los españoles establecidos en la isla Española que no tienen posibilidad de prosperar encontrarán un campo de actuación idóneo

La Casa de Contratación unió a sus funciones mercantiles y administrativas las de orden judicial. Aunque parece que los oficiales que la dirigían ejercieron desde el principio algunas funciones judiciales, lo cierto es que éstas sólo fueron reglamentadas a partir de 1511, recibiendo en efecto la Casa la jurisdicción necesaria para entender en los pleitos mercantiles relativos a compañías de comercio, seguros y fletes, otros casos de naturaleza civil y criminal.

No hay ninguna certeza, en lo que a datos se refiere, sobre los primeros años de vida de Colón, pero parece probable que nació en Génova en el año 1451.

en las armadas que se proyectan sobre el entorno antillano. Pero ahora que el área geográfica se ensancha hacia el resto de las grandes Antillas y el Darién y se precisa gente para participar en dichas empresas la corriente migratoria desde España decrece. Para fomentarla, en 1511, se atenúan las restricciones legales en la concesión de las licencias, se otorgan libertades y franquicias a los comerciantes y pobladores que quieran pasar a las islas de La Española y de San Juan, se permite pasar a los cristianos viejos que no pueden demostrar su condición de tales por ser naturales de lugares alejados de Sevilla o haber fallecido sus padres –lo que favorecía el embarque de prohibidos–, e incluso se hacen campañas propagandísticas de las riquezas del Nuevo Mundo y se reclutan emigrantes mediante agentes enviados expresamente a Vizcaya, montaña de Santander, Guipúzcoa y otras regiones densamente pobladas.

A pesar de campañas y estímulos, ni se recupera el tráfico tras la cota alcanzada en 1508, ni tampoco embarcan pasajeros en número deseable. Las Indias parecen haber perdido el poder de atracción de unos años antes, y la situación en Castilla, por otra parte, ha mejorado una vez superada la crisis de hambre y epidemia. La normalización de las cosechas desde 1509, con la consiguiente baja de precios, así como una mayor tolerancia religiosa con la población conversa, han vuelto el sosiego y alivio a una población hambrienta, angustiada y temerosa. No existen, pues, motivos que impulsen a la gente a emigrar a Indias como única escapatoria a su situación de penuria económica y al rigor manifestado por la Inquisición. Además, las complicaciones internacionales centradas en Italia, norte de Africa y Navarra, cuya toma se efectúa en 1512, requerían la máxima atención del rey y daban ocupación a buen número de navíos y hombres. Los asuntos indianos pasaban a un segundo plano en orden de importancia para el monarca cada vez más preocupado por la oposición que le seguía manifestando parte de la nobleza castellana y el futuro que aguardaba a los reinos a su muerte.

Libros similares a éstos debió de haber estudiado Colón mientras buscaba apoyo de reyes para su empresa en Portugal y España.

La situación en las Antillas, por su parte, no era muy atrayente y prometedora. La progresiva disminución de la población indígena de la isla Española producía escasez de mano de obra y una reducción de la extración aurífera, que momentáneamene pudo remediarse mediante la introducción de indios lucayos. Pero la tenencia de indios, sin cuyo concurso era imposible la obtención de oro, era un privilegio cada vez más exiguo y versátil que dependía en gran medida de la voluntad del gobernante de turno, o de las personas autorizadas por la Corona para repartir indios. Los llegados tardíamente a la isla pretendían recibir repartimientos para poder extraer oro en igualdad de condiciones que los restantes españoles ya establecidos; los encomenderos aspiraban a mantener su situación privilegiada convirtiéndose en grupo cerrado, al tiempo que temían les fueran arrebatados los indios que poseían como consecuencia de un nuevo repartimiento o caída en desgracia ante la austeridad del momento; y la gente hidalga quería sustituir el modelo social establecido durante el gobierno de Ovando por otro estamental en el que primara la condición social de las personas en su origen, independientemente del momento de llegada a la isla y méritos contraídos.

La tensión que producían tan dispares pretensiones, que no era nueva como hemos visto, se agudizaba en la medida que se reducían los nativos y se producían cambios de gobierno en la isla. La arbitrariedad con que procedió Diego Colón confiscando a algunas personas los indios que tenían en virtud de repartimientos anteriores y entregándoselos a sus partidarios, parientes y allegados, provocó malestar y división entre los españoles establecidos en la Española. Buen número de los descontentos y de los que no habían recibido indios prefirieron abandonar la isla en busca de nuevas aventuras y prosperidad en las islas aledañas o en tierra firme; otros, en cambio, permanecieron en el territorio a la espera de un cambio en el estado de cosas o una mejor oportunidad para abandonar la isla, incrementando la población flotante que tendía a concentrarse mayoritariamente en la ciudad de Santo Domingo. El subsiguiente repartimiento encargado por la corona a Rodrigo de Alburquerque en 1517 no hizo otra cosa que empeorar la situación económica y social de la isla. La concentración de mano de obra encomendada en un reducido grupo de personas, constituido por cortesanos absentistas, funcionarios reales, antiguos y principales vecinos de la isla, dejó desposeídos y sin posibilidad alguna de enriquecimiento a la mayor parte de la población. La consecuencia inmediata fue un sentimiento de frustración general entre las capas sociales medias y bajas, muchos de cuyos integrantes no encuentran otra opción que proseguir la corriente emigratoria que ya se había iniciado años antes hacia otras tierras de nuevo poblamiento.

Lógicamente, decisiones como la anterior que propiciaban la restauración de la sociedad estamental española en Indias, con la simple incorporación de los primeros pobladores al grupo de privilegiados, en nada favorecían el paso de nuevos emigrantes. La posterior llegada de los Padres Jerónimos para poner en ejecución el plan de reforma de Cisneros apenas modifica la situación preexistente. La división interna entre los pobladores españoles se mantenía, al igual que la constante disminución de la población nativa, y con ella la postración de la minería. Como remedio intenta fomentar la agricultura, más para ello se requerían labradores, cuyo envío los Jerónimos solicitaron a Cisneros a comienzos de 1517, y éste apoyó concediendo pasaje y mantenimiento gratuitamente a cuantas familias de labradores desearan trasladarse a Indias. Tal es la necesidad de gente de trabajo que meses después los mismos Jerónimos proponían a Cisneros se permitiera el paso incluso a los extranjeros, en franca ruptura con la política mantenida por los Reyes Católicos. Similares solicitudes se suceden en el curso de los meses siguientes por parte de Alonso de Zuazo, quien sólo excluye a los prohibidos por razones religiosas; de los procuradores de las ciudades de La Española, que exceptúan a franceses y a genoveses; de pobladores indianos estantes en Castilla; de Las Casas, quien propone se autorice el paso y se concedan tierras y franquicias a cuantos deseen ir a Indias como remedio a la situación de las islas; y del comisario jerónimo, fray Bernardino de Manzanedo, que aboga por el envío de portugueses para fomentar el desarrollo de explotaciones de caña de azúcar y otros productos como tenían en la isla de Madeira.

Esta coincidencia de propuestas por parte de personas de tan variada condición e intereses respondían a una circunstancia: el débil flujo migratorio hacia Indias en unos momentos en que la actividad colonizadora se ha ampliado y la isla Española comienza a experimentar un cambio de orientación económica hacia explotaciones agrícolas, como consecuencia del perceptible agotamiento del oro y de la mano de obra indígena. En 1519, una epidemia devastadora de viruelas asoló la ya maltrecha población nativa, por lo que la única solución viable para evitar la despoblación total de la isla era el fomento de la industria azucarera con mano de obra esclava negra. Mas nuevas dificultades vinieron a sumarse a la problemática situación, para poner fin a la época de esplendor del área antillana. El alzamiento indígena del Bahoruco encabezado por el cacique Enriquillo, la escasez y alza de precios de los artículos introducidos de la Península, la baja calidad del oro circulante en La Española, el aislamiento por falta de intercambios comerciales con la metrópoli, y los obstáculos puestos por Rodrigo de Figueroa para que residan en La Española personas casadas que no lleven a sus mujeres, fueron otras tantas contrariedades que contribuyeron al declive económico-social antillano.

Entre los distintos objetivos de la conquista y colonización españolas en América ocupó un lugar de relavancia el de poblar los territorios indianos con gentes de provecho. A esta tarea se aplicó la Corona mediante diversas normas de regulación de la corriente inmigratoria, cuyas variaciones pueden considerarse un reflejo de los cambios sociales, económicos y políticos, de la península a lo largo del siglo XVI.

La propia situación que se vivía en estos años en la Península también repercutió negativamente en Las Antillas. Las expediciones de Magallanes-Elcano, así como la que llevó al nuevo rey a Flandes para ser coronado emperador, emplearon a no pocos hombres y navíos en perjuicio del comercio ultramarino. La peste que azotó en 1519 los puertos de la baja Andalucía, la sequía, hambre y peste padecida en 1521, y la alteración causada por la guerra de las Comunidades también incidieron de modo negativo en el tráfico comercial con Indias, en el alza de precios, en el paso de gente a Indias, así como en la adopción de medidas efectivas para paliar el hundimiento social y económico que padecían las Antillas. Pero el golpe de gracia, lo que cambiará definitivamente el destino de las islas, será la conquista de México por Cortés, el afán inmediato que se desencadena por imitarlo con la conquista de otros territorios que pudieran rivalizar en importancia con México, así como los intensos desplazamientos de los españoles residentes en las Antillas que las abandonan en pos de otras tierras de mayor prosperidad y fortuna.

El deslumbramiento producido por la conquista de México y la subsiguiente expansión de la conquista, no sólo provocaron la desbandada de la población española residente en las Antillas, sino que aceleraron en general el flujo migratorio a Indias. Los difíciles comienzos de la década de los años 20 posiblemente actuaron como factores impulsores de la corriente migratoria, que hallaría su adecuada canalización a partir de 1524 con la reactivación del tráfico ultramarino. El rápido movimiento alcista de los precios a partir de 1521, el posible retraso de los salarios con respecto a los precios, aunque se sabe muy poco sobre este aspecto, así como el aumento de la tasa de los servicios que recaían sobre los pecheros, debieron constituir otros tantos factores de empuje para que los sectores sociales más afectados por estos cambios emigraran al otro lado del océano. Pero tanto o más que los factores de empuje debieron influir las noticias que llegaban de América, el espíritu de aventura tan propio de la época, el afán de enriquecimiento rápido, de ascenso social y gloria que la conquista de los territorios indianos propiciaban, o el simple deseo de mejora de las condiciones de vida. De hecho, los datos proporcionados por Boyd-Bowman registran un notable incremento de pasajeros en las dos décadas que van de 1520 a 1539; y aunque como el mismo señala dicho aumento puede ser más aparente que real y fruto de una mayor fortuna en su rastreo de los pasajeros embarcados, lo que parece indudable es que el flujo migratorio hacia Indias aumenta a partir de 1520. Otra cosa distinta es saber en qué medida se incrementa el número de pasajeros, puesto que los datos disponibles sólo permiten establecer conjeturas más o menos acertadas.

Además de la poderosa atracción que despertaba el Nuevo Mundo, la falta de restricciones a la emigración durante estos años por parte de la corona era otro factor que coadyuvó favorablemente al aumento de la corriente migratoria. De suyo se mantuvo la habitual prohibición de paso para los judíos conversos, moros, herejes y reconciliados, reiterada por reales cédulas de 1522, 1530 y 1539, pero las posibilidades de eludir la interdicción serán más elevadas ahora que a la reducción de formalidades en la concesión de licencias, a las falsificaciones, compra de permisos o embarques clandestinos, se va a unir una política liberalizadora con los súbditos extranjeros del emperador.

En febrero de 1524 se abrían las puertas de América a los alemanes y genoveses, y en noviembre de 1526 a todos los súbditos del rey Carlos, quedando equiparados legalmente con los naturales de los reinos peninsulares para pasar a Indias. La despoblación que padecían las grandes Antillas, la rápida expansión del horizonte indiano, así como el deseo de los súbditos y vasallos del emperador de participar sobre todo en el comercio indiano, propiciaron esta medida liberal hacia los extranjeros, que durará hasta 1538. Son años, por tanto, en que se permite y se desea el paso de la mayor cantidad de gente posible, con tal de que no sean enemigos del emperador, como los franceses. El gran despliegue colonizador así lo aconsejaba.

3. Estimaciones cuantitativas

Aunque se han logrado avances importantes en el estudio de la emigración peninsular a América durante el siglo XVI, actualmente el volumen del flujo migratorio todavía no puede cuantificarse, sino mediante simples estimaciones que carecen de valor estadístico. Los registros de la Casa de la Contratación, conservados en el Archivo General de Indias, arrojan la cifra de 11.950 pasajeros embarcados entre 1509 y 1539, más 766 entre 1540-1549, pero tienen un carácter fragmentario porque omiten la emigración ilegal, cuya cuantía debió ser bastante elevada, y presentan lagunas importantes para la época que estudiamos. Faltan prácticamente las licencias correspondientes a los años comprendidos entre 1518 y 1525, en los que se efectúa la conquista y se produce un gran desplazamiento de gentes hacia México. Faltan, asimismo, por completo las licencias de los años 1531, 1532 y 1541, y casi totalmente las de 1530 y 1533, que son fechas importantes en la colonización del Perú. Y faltan gran parte de las licencias de los años 1529 y 1542. Además desconocemos el número de pasajeros embarcados a partir de 1529 desde otros puertos habilitados para traficar directamente con Indias, como La Coruña, Bayona,

Avilés, Laredo, Bilbao, San Sebastián, Cartagena, Málaga y Cádiz. En suma, demasiados vacíos para hacerse una idea cabal del fenómeno migratorio a base exclusivamente de dichos registros.

El *Indice geobiográfico,* elaborado por Peter Boyd-Bowman, ha incrementado notablemente las cifras anteriores que proporcionan los registros de la Casa de la Contratación, publicados en el *Catálogo de pasajeros a Indias.* Completando dichos registros con otras fuentes, Boyd-Bowman ha logrado elevar el número de emigrantes entre 1493-1539 a 18.743, más otros 9.044 para las dos décadas siguientes. Tales cifras corresponden a emigrantes identificados, pero ¿cuántos pasaron en la realidad? Esto es entrar en terreno de la conjetura. La mayoría de las estimaciones cifran el total de pasajeros durante el siglo XVI entre 200.000 y 300.000 personas, con un promedio de 2.000 a 3.000 por año. Domínguez Ortiz piensa que no llegaron a 200.000 emigrantes; Céspedes del Castillo se inclina por los 200.000; Boyd-Bowman ha dicho que un poco más de esa cifra pudo ser el número total de pasajeros en el siglo XVI; Konetzke, en cambio, se inclinó por la cifra más alta. Friede, por su parte, estimó a base del número de navíos que cruzaron el Atlantico un mínimo de 150.000 personas hasta mediados del siglo.

«Se puede afirmar que los materiales informativos para conocer el desarrollo de la población europea en Hispanoamérica durante la época colonial son mucho más abundantes que aquellos con los que se cuenta para escribir la historia demográfica de cualquier país europeo en el mismo período». Konetzke (1948).

El cálculo mejor elaborado y más razonable es el realizado por Magnus Mörner en base al número y tonelaje de los navíos que realizaron la travesía atlántica, media de pasajeros transportados por año, y porcentaje medio de tripulantes que pudieron desertar en Indias. La resultante da un número medio anual de 1.587 personas entre 1506-1560, y un total máximo de 43.251 emigrantes entre 1506 y 1540. Sobre esta base, se puede calcular una emigración real de unas 50.000 personas hasta 1542. Mörner estima unos 250.000 emigrantes en todo el siglo como cifra máxima.

Importante sería conocer cuántos de estos emigrados se quedaron definitivamente en Indias, y cuántos retornaron a España tras unos años de estancia en tierras americanas. Desgraciadamente poco o nada se sabe al respecto. Tenemos constancia de algunos que, una vez hecho fortuna, decidieron regresar para acabar sus días en su lugar de origen. Este es el caso de buen número de compañeros de Pizarro y algunos conquistadores más, enriquecidos. Otros lo hicieron por añoranza, o decepcionados de no haber logrado sus objetivos. La mayoría, no obstante, debieron renunciar a su propósito de retorno, habitual en mucha gente cuando embarcaba; trasladaron a sus familiares junto a ellos o formaron nuevas familias, y permanecieron para siempre en su nueva patria.

4. Consideraciones sobre la edad y sexo de los pasajeros

La corriente migratoria hasta 1542 estuvo constituida mayoritariamente por jóvenes solteros. *El Catálogo de pasajeros,* así como el *Indice geobiográfico* de Boyd-Bowman, no proporcionan datos que permitan esclarecer la composición de edad de los emigrantes, pero las pequeñas muestras estudiadas y los casos aislados conocidos parecen corroborar la afirmación precedente. Entre los conquistadores abundan hombres jóvenes, y si bien sus dirigentes suelen ser personas algo más maduras, la mayor parte de éstos habían pasado previamente varios años en Indias. Sin embargo, los testimonios son tan escasos que no permiten establecer generalizaciones.

Sobre la distribución por sexo de los emigrantes, las constancias que se tienen son algo más seguras. La idea tradicional de que la emigración en la primera mitad del siglo XVI fue en su casi totalidad masculina se ha modificado en parte. El registro de pasajeros realizado por la Casa de la Contratación arroja entre 1509-1538 un número de 1.041 mujeres embarcadas, de las cuales 354 eran casadas, y solteras las restantes. Esto supone un 8,71 por 100 del total de las licencias concedidas. A su vez, los datos proporcionados por Boyd-Bowman sobre mayor número de pasajeros, apenas introducen variantes sobre la emigración femenina durante estos mismos años: 308 mujeres embarcadas entre 1509-1519 y 845 entre 1520-1539, lo que hace un total de 1.153 emigrantes femeninos y un 6,15 por 100, algo inferior, del total de pasajeros. Faltan datos sobre los años anteriores a 1509, pero todo parece indicar que muy pocas mujeres pasaron en los primeros viajes. A partir de 1540, en cambio, no sólo se incrementa el número absoluto de mujeres, así como su porcentaje, sino también el de casadas o viudas, lo que es síntoma de la estabilidad que va adquiriendo la sociedad indiana.

5. Apreciaciones sobre la condición social

La distribución y asignación de ocupaciones, cargos y actividades a los inmigrantes españoles en América suponían en ocasiones serias dificultades a las autoridades indianas. Así parecen reflejarlo las palabras de Luis de Velasco «el Viejo»: «y sobre todo el mayor trabajo es proveer de los corregimientos y alcaldías mayores, y buscar las personas que convienen para los cargos y sufrir los conquistadores e hijos de ellos y de las otras personas que traen cédulas y pretenden todos que se les ha de dar de comer. Y hay doscientos cargos y dos mil personas que pretenden ser proveídas a ellos.»

Poco es lo que se sabe sobre la extracción social de los pasajeros a Indias. Rosenblat ha llamado la atención sobre la elevada proporción de hidalgos, clérigos, bachilleres y gente culta que pasó al Nuevo Mundo en el siglo XVI. No excluye, por supuesto, otros sectores, pero en su opinión lo hicieron en número relativamente reducido. Entre ellos destacarían marinos y soldados, en menor proporción gentes de distintos oficios, y una cantidad muy pequeña de campesinos. En suma, los protagonistas de la época de la conquista fueron personas de sectores medios y altos, pertenecientes a las capas inferiores o pobres de la nobleza peninsular.

Por el contrario, Friede ha sostenido el carácter «popular» de la corriente migratoria inicial. Para él, el número de hidalgos que pasaron a América fue realmente exiguo, siendo los artesanos, los campesinos y los miembros de profesiones liberales, como licenciados, médicos, etc., quienes constituyeron la mayor parte del movimiento migratorio. La documentación relativa al caso para Friede carece de veracidad, toda vez que las personas que emigraban tendían a ocultar sus auténticos oficios mediante informes falsos cuando eran de los considerados «viles», como las actividades agrarias, las mecánicas y las comerciales. El español indiano sería, pues, una prolongación del español popular de la Península.

La realidad es que no hay base alguna para hacer afirmaciones generales en uno u otro sentido, pues las licencias de embarque, sobre todo hasta mediados del siglo XVI, apenas hacen referencias relativas a la condición social y profesión de los autorizados a emigrar, y prácticamente nada sabemos de los numerosos pasajeros clandestinos. El *Indice geobiográfico* de Boyd-Bowman, por su parte, reúne mayor cuantía de datos sobre la composición social de los emigrantes, pero aún con todo la información recogida sobre este aspecto es muy escasa.

De 5.481 personas identificadas como inmigradas entre 1493 y 1519, sólo ha podido reconocer 64 hidalgos, 78 religiosos, 111 personas de oficios mecánicos, de los cuales 38 eran mineros, así como unos 200 funcionarios diversos de administración y gobierno, 20 bachilleres, 22 licenciados, 96 escribanos y notarios, y 287 criados, calificación ésta muy genérica que incluía a personas de condición social diversa. A su vez, de las 13.262 personas registradas en el período de 1520 a 1539, identificó 289 hidalgos, 314 religiosos, 179 mercaderes, 255 marineros, 76 mineros, etc. Datos, en suma, a todas luces insuficientes para extraer conclusiones y porcentajes sobre la condición social de los emigrados.

García Hurtado de Mendoza, virrey de Perú desde 1590 a 1596. Museo Histórico Nacional de Buenos Aires. Los altos cargos de gobierno y, en especial, el de virrey eran desempeñados en América frecuentemente por nobles con título. Así, por ejemplo, el nombre de los Hurtado de Mendoza —Diego, Andrés, Antonio y el propio García— que ocuparon siempre los más altos cargos en la administración peninsular o indiana, estuvo asociado a lo largo de la historia al de los marquesados de Santillana, de Mondéjar y al de diversas órdenes como la de Calatrava.

Lo que parece evidente es que todos los grupos sociales participaron en la corriente migratoria, aunque se desconoce en qué proporción. Lo normal es que no emigraron miembros de las capas sociales más altas ni de las más bajas, o al menos lo hicieran en muy reducido número. Así, nobles titulados no pasaron a Indias, sino en calidad de virreyes u otros altos cargos de gobierno, retornando a la Península al concluir sus mandatos. Hidalgos, en cambio, emigraron en número apreciable, si bien su cuantía y proporción es desconocida y discutida.

Posiblemente pasaron en número no tan exiguo como algunos han señalado, ni tan elevado como otros sostienen. Si los datos recogidos en el *Catálogo* y en el *Indice geobiográfico* son tan escasos, como hemos visto, que no permiten sacar porcentajes, las muestras locales estudiadas son insuficientes, a veces contradictorias, y escasamente representativas para establecer generalizaciones y tomarlas como reflejo de la auténtica realidad. Deducir que pasaron pocos hidalgos por el hecho de que no declaren o aleguen su condición de tales, tampoco constituye un argumento válido, pues sólo se solicita testimonio cuando se duda de su nobleza. Además, el interés en probar su hidalguía era muy relativo, toda vez que el privilegio de exención tributaria lo tenía en Indias todo español, fuese hidalgo o no. Al contrario, por no pechar en España, nadie tenía excesivo empeño en obstaculizar su partida, ni podía retenerles, como podían hacer los señores con los campesinos de sus tierras. Otra cosa distinta es que posteriormente en Indias se produjera una especie de hidalguización general y muchos que no lo eran de hecho se estimaron socialmente como tales al resquebrajarse las viejas estructuras sociales de partida y conformarse otras nuevas ante las duras condiciones de la conquista y colonización. En cualquier caso, parece que su importancia en el proceso colonizador fue superior al número y porcentaje que pudieron representar en la corriente migratoria.

Otro grupo social significativo en el flujo migratorio fueron los clérigos y frailes. Peter Boyd-Bowman ha registrado entre 1493 y 1539 un total de 392 religiosos embarcados, cifra notablemente elevada por Pedro Borges, quien consigna 609 misioneros para el mismo período. Más la importancia del clero en la corriente migratoria no radica tanto en su número como en el papel que desempeñó en el campo religioso y cultural. Apreciable también parece que fue la proporción de mercaderes que pasaron al Nuevo Mundo, aunque resulta difícil precisar cuántos retornaron a la Península al cabo de algún tiempo de estancia en tierras americanas. Asimismo, emigraron bastantes personas que figuran como criados y allegados, con una aceptación en aquella época generalmente distinta a la actual, y que podían tener una posición social muy distinta.

En tiempos de los Reyes Católicos y de los primeros Austrias, la baja nobleza de hidalgos, infantones, donceles, caballeros y ciudadanos honrados se había visto incrementada con la incorporación de nuevos miembros, procedentes de diversos grupos sociales —comerciantes, artesanos, profesionales, etc.— que habían logrado enriquecerse o habían prestado servicios al rey. La Corona concedió gran número de patentes de hidalguía que supusieron, por una parte, una nueva fuente de ingresos para el erario público y, por otra, la creación de una nueva nobleza de carácter burgués. Dicho proceso se agudizó en América y se consideró hidalgo *al cristiano viejo que tuviese una desahogada situación económica, descendiese de los conquistadores o de los primeros pobladores y ejerciese algún cargo público, aunque no contara con patente de hidalguía.*

Igualmente, buen número de marineros, que no se registraban como pasajeros, se quedaron en tierras americanas participando en el proceso conquistador y colonizador, entre ellos muchos extranjeros. Pero, sobre todos, fueron los artesanos y labradores los que proporcionalmente debieron pasar en mayor número a Indias, aunque muchos de ellos no declaraban sus oficios y una vez en el Nuevo Mundo los abandonaban o cambiaban por las armas, o los compaginaban, sobre todo en la primera época. El funcionamiento de las huestes conquistadoras así lo requería.

No obstante, todo esto son meras apreciaciones. Se necesitan estudios monográficos por períodos y regiones para llegar a conclusiones más precisas, pues en el transcurso de los años hubo además cambios en la composición de la corriente emigratoria. Por tanto, sólo un mayor conocimiento de la estructura socioeconómica de las diferentes regiones españolas en estos años, de las variaciones producidas en las mismas, así como de los distintos factores que pudieron influir para que ciertos grupos de personas decidieran emigrar al Nuevo Mundo, contribuirían a clarificar, tanto el predominio de miembros de unos grupos sociales sobre otros en el fenómeno migratorio, como la mayor o menor contribución de las diversas regiones españolas a dicha corriente migratoria.

Es probable que el mayor número de los españoles que fueron a Indias fuera de artesanos o labradores como resultado de la política reguladora de la inmigración llevada a cabo por la Corona; sin embargo, muchos de estos trabajadores, una vez alcanzadas las costas americanas, abandonaban y cambiaban sus oficios por la más prometedora actividad de las armas. Azulejos catalanes polícromos en los que aparecen representadas distintas labores artesanales y agrícolas.

6. Procedencia regional y destino

Dado el carácter fragmentario de los registros de pasajeros y el desconocimiento existente sobre el volumen de la emigración ilegal, resulta muy difícil determinar con precisión y claridad la procedencia regional de los pobladores de Indias y su distribución en tierras americanas, según su región de origen. A pesar de estos problemas motivados por la limitación de los datos de que disponemos, se han realizado diversos estudios y aportaciones sobre la contribución de las diversas regiones españolas a la colonización de América, algunas discutibles y todas susceptibles de retoques a medida que se vayan explorando nuevas fuentes y cubriendo las lagunas que todavía hoy se mantienen. Los cálculos mejor fundados, sin que por ello sobrepasen el umbral de la hipótesis, se han hecho sobre la base de los tomos del *Catálogo de pasajeros* y más recientemente por Boyd-Bowman en su *Indice geobiográfico.* Puesto que la segunda serie es más completa y sólo modifica ligeramente las proporciones de emigración regional aportadas por la anterior, utilizaremos exclusivamente los datos suministrados por el lingüista estadounidense para esbozar esta visión del tema.

Según las cifras de Boyd-Bowman, de 18.743 emigrantes identificados en el período 1493 a 1539, la región de donde mayor proporción de gentes pasaron a América fue de Andalucía con 6.419 personas, que representan el 34,24 por 100 del total. En una primera etapa, que se extiende desde el segundo viaje colombino hasta la conquista de México en 1519, la participación andaluza alcanzó el 19,7 por 100, para descender en los años siguientes hasta 1539 al 32 por 100. Castilla la Vieja figura a continuación con 3.324 emigrantes, que suponen un

El Catálogo de Pasajeros a Indias durante los siglos XVI, XVII, XVIII, *publicado en Madrid (1930) recoge sistemáticamente los registros de pasajeros de la Casa de Contratación y constituye, evidentemente, la más importante fuente de la época para el estudio de la inmigración indiana.*

Los dos tomos del Indice geobiográfico de cuarenta mil pobladores de América en el siglo XVI *de Peter Boyd-Bowman, publicados en Bogotá (1964) y en México (1972), respectivamente, contienen uno de los estudios más completos del aspecto cuantitativo de la emigración indiana.*

La ciudad de Sevilla, sede de la Casa de Contratación y residencia obligada de aquéllos que deseaban pasar a Indias en tanto duraban los trámites correspondientes, recibió desde mediados del siglo XV hasta fines del XVI una verdadera riada humana de extremeños, castellanos viejos, montañeses... La influencia andaluza, que aún hoy se trasunta, por ejemplo, en el habla hispanoamericana, pudo hacerse sentir no sólo en América a través de los propios sevillanos, sino también en esos otros españoles que hubieron de permanecer en la ciudad de la Giralda hasta tanto se les concediera el permiso de embarque. Circunstancia ésta que hace aún más difícil la determinación del origen regional de los españoles que pasaron a las Indias.

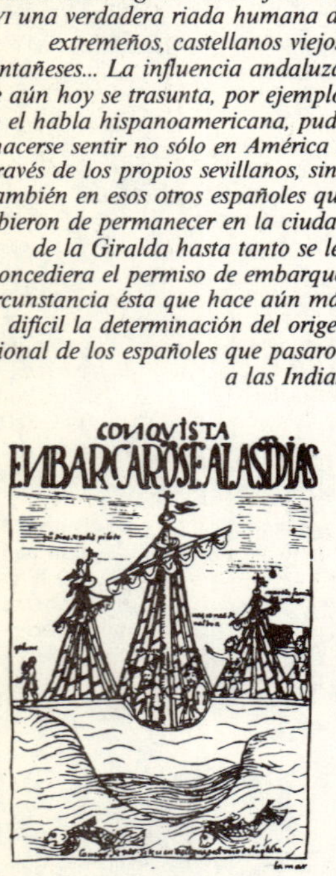

A la luz de los estudios demográficos actuales puede afirmarse que el heterogéneo y numeroso conjunto humano que cruzó los mares para establecerse, tras larga y penosa travesía, en el Nuevo Mundo y a lo largo de todo el siglo XVI, estuvo integrado, en mayor o menos cuantía, por representantes de todas las regiones del territorio español. Ilustración extraída de la «Crónica» de Huaman Poma de Ayala en la que aparecen representadas las naves de algunos conquistadores (Solís, Balboa...)

17,73 por 100, y al igual que Andalucía sufre un ligero retroceso en el porcentaje entre la primera etapa, donde llega al 18 por 100, y la segunda, en la que baja al 17.6. En tercer lugar se sitúa Extremadura con 2.973 pasajeros, lo que significa el 15,86 por 100, con un incremento en el porcentaje del 2,5 entre la primera etapa y la segunda. La sigue en cuarto lugar Castilla la Nueva con 2.070 emigrantes, es decir, 11,4 por 100, con un aumento de 3,2 de porcentaje entre una etapa y otra. Y en quinto lugar León con 1.410 pasajeros, que suponen el 7,52 por 100, sin apenas fluctuación entre las dos etapas.

Bastante por debajo figuran ya las Vascongadas con 857 emigrantes, que representan un 4,57 por 100; Galicia con 304 personas, el 1,62 por 100; Valencia, Cataluña y Baleares con 171 emigrantes, el 0,91 por 100; Murcia con 151 pasajeros, el 0,8 por 100; Aragón con 133 emigrantes, el 0,7 por ciento; Asturias con 113 personas, el 0,6 por 100; Navarra con 81 emigrantes, el 0,43 por 100; y finalmente Canarias con 39 pasajeros, que suponen el 0,2 por 100. Es decir, las regiones de Andalucía, Extremadura, León y las dos Castillas acapararon la mayor parte de la emigración con el 86,39 por 100 del total.

Si tomamos como referencia las provincias actuales nos encontramos con que sólo siete de ellas (Sevilla con 3.704 emigrantes, Badajoz con 1.982, Toledo con 958, Valladolid con 954, Cáceres con 943, Huelva con 826, y Salamanca con 812) proporcionaron el 57,63 por 100 de la emigración hasta 1539, con un total de 10.179 pasajeros. Y si a estas siete provincias añadimos las de Burgos con 623 emigrantes, Córdoba con 570, y Jaén con 513, la participación emigratoria asciende nada menos que al 63,41 por 100. La contribución de las restantes provincias desciende ya notablemente, pues tan sólo Avila sobrepasa por poco los 400 emigrantes; otras siete se sitúan con más de 300 (Madrid, Vizcaya, Palencia, Segovia, Cádiz, Zamora y Ciudad Real); seis sobrepasan los 200 (León, Santander, Guipúzcoa, Granada, Guadalajara y Málaga); cinco aportan más de 100 (Cuenca, Logroño, Alava, Soria y Asturias), en tanto que el resto no llegan a la centena. En suma, destaca a primera vista la gran aportación de Sevilla, pues esta sola provincia contribuye con el 19,76 por 100, y, en conjunto, resalta la contribución de toda la zona occidental de España que se extiende desde Sevilla a Valladolid, e incluso Burgos, conectada por el trazado de la Vía de la Plata. Por el contrario, las provincias de la Corona de Aragón, orientadas económicamente hacia Francia y el Mediterráneo, participan en forma muy limitada, aunque en modo alguno los catalano-aragoneses estaban excluidos de pasar a Indias.

Ahora bien, así como la escasa emigración canaria durante estos primeros años —tan sólo el 0,1 por 100 entre 1493 y 1519 y el 0,2 por 100 entre 1520 y 1539, cuando las islas eran base de escala y aprovisionamiento—, hace pensar que hubo bastantes más pasajeros que embarcaron subrepticiamente, lo mismo cabe conjeturar de las provincias del Norte de España, cuyos puertos estuvieron abiertos al comercio con América desde 1529. Sin embargo, la proporción de andaluces occidentales, sobre todo sevillanos, parece algo inflada. Téngase en cuenta que desde mediados del siglo XV Sevilla era receptora de muchos emigrantes procedentes de otras regiones de España, que es posible pasaran a América como sevillanos. Igualmente, es probable que figuren como sevillanos otras muchas personas que habían vivido por algún tiempo en Sevilla mientras tramitaban su pasaje, se organizaba una hueste, o esperaban un navío en el que embarcar hacia Indias. Pero tratar de clarificar estas cuestiones es una tarea compleja y difícil.

Por otra parte, la distribución del contingente emigratorio por regiones y provincias actuales, tal como suele hacerse en muchas ocasiones y nosotros mismos hemos esbozado con anterioridad, es un tanto arbitraria e inexacta desde el punto de vista histórico. En primer lugar, las provincias de aquel entonces no eran las mismas que las actuales, y algunas tenían límites distintos; en segundo término, Andalucía en la época que estudiamos no constituía una región con una unidad de funcionamiento, ni León y Castilla la Vieja formaban dos entidades distintas. Las regiones, en general, están en proceso de formación. Si tomamos en consideración estos hechos, los porcentajes de aportación emigratoria serían distintos. Castilla y León, por ejemplo, alcanzarían el 25,25 por 100, en tanto que la participación andaluza, excluidas las provincias del reino de Granada, descenderían ligeramente al 31,73 por 100.

Toda distribución que se establezca adolece siempre de mayor o menor arbitrariedad. Hecha esta prevención, intentemos, por último, otra clasificación distinta de carácter suprarregional, tomando en consideración razones históricas y geográficas, y confrontemos su aportación a la corriente migratoria con la población existente en cada una de ellas hacia 1530. Para ello utilizamos las cifras de pobladores de Boyd-Bowman y las que sobre población española proporciona Jordi Nadal, aunque los recuentos peninsulares en los que se basan dichos cálculos, así como el multiplicador aplicado, no son muy fiables y, por tanto, discutibles. Dentro de este otro marco distributivo, la corona de Castilla en su conjunto, con una población estimada en 3.919.000 habitantes, equivalente al 83,41 por 100 de la población total española, aportaría 17.702 emigrantes, lo que supone el 94,44 por 100, mientras que la corona de Aragón con unos 779.000 habitantes, el 16,58 por 100, contribuyó con el 1,62 por 100 del contingente migratorio. A su vez, dentro de la corona de Castilla, el Norte (Galicia, Asturias, País Vasco y Navarra) con unos 612.000 habitantes, que suponen el 15,61 por 100 de la española, aportó 1.355 pobladores que representan el 7,22 por 100 del flujo migratorio. Si incluimos dentro de este ámbito la región de Santander, separándola de Castilla la Vieja, los porcentajes variarían levemente, pues el de población se elevaría al 17,60 por 100 de la castellana y el 14,68 por 100 de la española, en tanto que el de la emigración a América aumentaría al 8,57 por 100.

La Meseta superior (Castilla la Vieja y León) con 1.552.000 habitantes, que representan el 39,60 por 100 de la población castellana y 32,2 por 100 de la española, aportó 4.734 emigrantes, incluidos los 253 de Santander, lo que supone el 25,25 por 100 del contingente emigratorio en el primer caso y el 23,9 por 100 sin contabilizar los pasajeros de la provincia norteña. Por su parte, la Meseta inferior (Extremadura y Castilla la Nueva) con unos 919.000 habitantes, el 23,44 por 100 de la población castellana y el 19,56 por 100 de la española, contribuyó con 5.043 pobladores, que suponen el 26,9 por 100 de la emigración total. Ambas mesetas juntas darían una participación del 52,16 por 100 de la corriente migratoria. Finalmente, el Sur (los reinos de Murcia, Jaén, Córdoba, Sevilla y Granada) con unos 836.000 habitantes, equivalentes a 21,33 por 100 de la población castellana y al 17,79 por 100 de la española, aportó 6.570 pobladores, que representan el 35,5 por 100 del contingente migratorio.

En cuanto al destino de los emigrantes, hay una evolución a medida que transcurren los años y se amplia el espacio descubierto. Hasta 1509 la casi totalidad de los que pasan al Nuevo Mundo tienen como destino La Española, en cuya isla se establecen y desde la que algunos se trasladan más tarde a otros territorios. La conquista de las islas circunvecinas y las expediciones hacia Tierra Firme conlleva cierta dispersión de lugares de destino y avecindamiento, pero será a partir de 1519 con el desarrollo del proceso conquistador cuando se produce definitivamente una diversificación notable en el establecimiento de los pobladores españoles. La obra de Boyd-Bowman permite conocer el destino de la mayor parte de los pobladores cuya procedencia ha logrado identificar. Así, México con 4.022 colonizadores, que representan el 32,4 por 100, destaca como el lugar de mayor atracción con casi la tercera parte del continente total. La Española figura aún como segundo lugar de destino con 1.372, que suponen el 11 por 100, aunque es muy posible que el establecimiento de buena parte de ellos no fuera permanente, dada la elevada emigración que la isla sufre en estas décadas hacia México y el Perú. Precisamente el Perú ocupa el tercer lugar en las preferencias de los pobladores con 1.342, que representan el 10,8 por 100, cota que alcanza en unos pocos años tras iniciarse la conquista del territorio en 1532.

A continuación se sitúa el Río de la Plata con 1.088 colonizadores, el 8,8 por 100, porcentaje considerable cuando su descubrimiento y conquista se encuentra todavía en sus comienzos. Tierra Firme con el 7,7 por 100 y el Nuevo Reino de Granada con el 7,3 por 100 van detrás en orden de preferencia de destinos, seguidos por Florida con el 5,6 por 100, Guatemala con el 3,7 y Veragua con 432 expedicionarios identificados, el 3,5 por 100, que llegan en una sola empresa colonizadora de duración efímera. Por último, se encuentran Venezuela con un 2,8 por 100, Yucatán con el 2,2 por 100 y Cuba con el 1,6 por 100. Se tratan, pues, de cifras de pobladores identificados por Boyd-Bowman, que no tienen un valor absoluto, sobre todo en unos años en que las lagunas documentales son tan notables y la movilidad de los pobladores muy acusada, pero que sirven al menos como muestra de las preferencias de lugares de destino de los colonizadores durante estos años iniciales. Lo que resulta indudable y recono-

López de Gómara afirma, respecto de la expedición de Mendoza al Río de La Plata, que se trataba del «mayor número de gentes y mayores naves que nunca pasó capitán a Indias». Lo cierto es que, según los registros oficiales, la armada compuesta de once navíos contaba con una tripulación de 1.300 hombres, que emprendían la marcha provistos de caballos, yeguas, cerdos, semillas, etc., para, según lo estipulado en las capitulaciones, establecer los primeros asentamientos hispanos en la región del Plata.

Las andanzas del descubridor Vasco Núñez de Balboa, constituyen un buen ejemplo de los desplazamientos que, un vez llegados a América, realizaban muchos españoles. Antes de descubrir la Mar del Sur, Balboa recorrió las costas del Caribe en la expedición de Rodrigo de Bastidas, permaneció un tiempo en La Española, pasó luego a Santo Domingo desde donde, como polizón escapó de sus acreedores en la nave de Enciso, fue más tarde gobernador de Darién... y sus aventuras no hacían más que comenzar.

cido por todos es la primacía de México como foco de atracción de inmigrantes, lugar preeminente del que será desplazado por el Perú en los años siguientes.

7. Los extranjeros

Como ya indicamos en su momento, casi desde las mismas fechas del descubrimiento la corona española prohibió a los extranjeros el comercio con el Nuevo Mundo y su establecimiento en Indias. Era una actitud preventiva para evitar que el tráfico, así como los territorios recién descubiertos, cayeran en manos de foráneos. Su exclusión de pasar a Indias facilitaba al mismo tiempo una mayor homogeneidad de la población inmigrante y una garantía de seguridad y fidelidad dogmática. Desde 1500 comienzan realmente las prevenciones contra el paso de extranjeros a Indias. Al año siguiente de 1501 se ordenaba al nuevo gobernador de La Española, Nicolás de Ovando, no consintiera la llegada de foráneos y expulsara a los que pudieran estar ya establecidos. No será, sin embargo, hasta las ordenanzas dadas a la Casa de la Contratación en 1505 cuando se estipula con carácter general su exclusión de la corriente migratoria al Nuevo Mundo.

Tal prohibición no será absoluta. Los reyes concederán licencias a algunos extranjeros autorizándoles a pasar y establecerse en tierras americanas, y a comerciar con las Indias. El mismo Carlos I en los inicios de su reinado empleó la fórmula de concesión de mercedes para favorecer a los flamencos, sin alterar por ello la disposición general que prohibía su paso y comercio con Indias por ser extranjeros. Pero, en febrero de 1524, el monarca tomaba ya una determinación más importante al facilitar el comercio y establecimiento en América a los alemanes y genoveses; y en 1526 a todos sus súbditos no hispánicos. Dicha política liberalizadora hacia los foráneos perdurará hasta 1538 en que de nuevo se prohibe el paso a Indias a todos los extranjeros, incluidos los vasallos patrimoniales del emperador. La oposición en Cortes, la queja de los mercaderes sevillanos contra la competencia extranjera, y la preocupación de que el luteranismo se extendiera a tierras americanas cerraron de nuevo las puertas de las Indias a todos los que no fueran súbditos españoles. Se volvía nuevamente a poner en práctica la política preventiva de los años anteriores en la que sólo cabía la concesión de licencias a título particular para que los extranjeros pudieran emigrar y comerciar en Indias.

En cuanto al número de foráneos que pasaron a América durante estos años sucede algo similar al de los españoles. Se desconoce la cuantía, tanto de los que pudieron embarcar legalmente en virtud de autorizaciones parciales y transitorias, como de los que emigraron subrepticiamente. No obstante, los datos que proporciona Boyd-Bowman en su *Indice geobiográfico* resultan muy interesantes como muestra, ya que permiten apreciar su porcentaje por nacionalidades, ocupación, preferencias de establecimiento en Indias, etc. La cifra total de extranjeros identificados por Boyd-Bowman asciende a 698, de los cuales pasaron 141 entre 1453 y 1519, y 557 entre 1520 y 1539. En conjunto, representan el 3,72 por 100 de los pobladores reconocidos por el lingüista estadounidense durante estos años.

Durante la primera etapa (1493-1519) destacan 61 italianos y 44 portugueses, en tanto que los naturales de otros países europeos sólo suman 36 colonizadores, entre ellos 11 flamencos, 9 franceses y 7 griegos. Cerca de la mitad, concretamente el 45,39 por 100, pasan al Nuevo Mundo en los dos últimos años del período, y casi el mismo porcentaje figuran entre los primeros conquistadores de México. El mayor contingente de estos extranjeros, sobre todo portugueses e italianos son marineros, aunque también hay 8 mercaderes y 6 religiosos.

En la segunda etapa, que se extiende de 1520 a 1539, el número de extranjeros que emigran a Indias se eleva a 557 personas, que suponen el 4,2 por 100 del total de pobladores identificados durante estas dos décadas. Por nacionalidades pasan a ostentar la primacía los portugueses con 192 embarcados, seguidos de 143 italianos, 101 flamencos, 53 franceses, 42 alemanes, 12 griegos, 7 ingleses, 3 holandeses, 2 irlandeses, un escocés y otro danés. Resalta el hecho de que entre las 845 mujeres que pasan al Nuevo Mundo en estos años figuran 16 foráneas, la mayoría portuguesas e italianas, cuando en la época anterior sólo se había contabilizado una lusitana. En cuanto a sus condiciones sociales se mantiene la tónica de la etapa precedente, pues el mayor contingente es el de

La política seguida respecto de los extranjeros que deseaban pasar a las Indias sufrió cambios que obedecieron a las diferentes circunstancias históricas, económicas y religiosas del siglo. Los Reyes Católicos otorgaron algunos permisos especiales de residencia a unos pocos extranjeros. Carlos I practicó una política de apertura hacia todos los naturales de sus extensos dominios europeos; pero pronto debió reconsiderar esta postura ante la oposición de los colonos españoles ya establecidos en América, que supieron persuadir al emperador de los riesgos de expansión del luteranismo que tal permisividad entrañaba. Es así como a la real orden de noviembre de 1526 que permitía el paso de europeos no españoles al continente americano, siguió, en 1538, la prohibición expresa de dicha gracia. Sin embargo, será Felipe II quien fije reglas aún más estrictas al respecto.

marineros (30 portugueses, 13 italianos, 3 griegos y un flamenco), que suponen casi el 20 por 100 de los 255 emigrantes registrados cuya actividad estaba relacionada con el mar. Otros 24 eran religiosos (8 portugueses, 5 flamencos, 5 italianos, 4 franceses, un alemán y otro danés); les siguen en importancia numérica los mercaderes, que alcanzan la cifra de 17 personas, en su mayoría italianos; y los mineros, que suman 7, aunque algunos habían pasado antes de 1519. Asimismo, entre los 293 capitanes y gobernadores identificados se cuentan 21 extranjeros, que suponen el 7,2 por 100, destacando los alemanes (gobernación de Venezuela) con 9 mandatarios, proseguidos de 5 portugueses, 3 flamencos, 2 italianos, un francés y otro griego.

Los lugares de destino se diversifican, como es lógico, en esta segunda etapa. De acuerdo al número de extranjeros identificados, el primer lugar lo ocupa Nueva España con 170, y a continuación el Río de la Plata con 130, el Nuevo Reino de Granada con 73, Venezuela con 43, Perú con 39, La Española con 37, la zona del Istmo con 25, Honduras con 19, y otros territorios con cifras ya inferiores a la decena. Sin embargo, el mayor porcentaje de extranjeros en relación al número de pobladores registrados en cada territorio se encuentra en el Río de la Plata, donde los foráneos alcanzan el 11,9 por 100 de los colonizadores blancos establecidos, seguido de Venezuela con el 11 por 100, el Nuevo Reino de Granada con el 8,1 por 100, Nueva España con el 4,3 por 100, Perú con el 2,9 por 100, La Española con el 2,69 por 100, y la zona del Istmo con el 2,61 por 100.

Por último, los territorios preferidos por los pobladores portugueses fueron Nueva España y el Río de la Plata, casi en igual proporción, y en tercer lugar el Nuevo Reino de Granada, ya en menor cuantía. Para los italianos fue Nueva España con diferencia el destino preferido, seguido del Río de la Plata, Perú y La Española, por este orden. Para los flamencos el Río de la Plata y Nueva España sobresalen en sus preferencias, y en menor medida el Nuevo Reino de Granada y la zona del Istmo. Por lo que concierne a los franceses fueron Nueva España y el Nuevo Reino de Granada los territorios hacia los que más propendieron, seguidos del Río de la Plata. Y, finalmente, los alemanes se establecen con preferencia en Venezuela, cosa lógica si tenemos en cuenta que ostentan la gobernación los Welser, aunque también lo hacen en menor cuantía en La Española, Nueva España, la zona del Istmo y el Río de la Plata, por este orden. En suma, aunque las cifras y porcentajes de extranjeros se refieren sólo a los que han podido ser identificados y deberían elevarse sustancial-

	Habitantes	*%*	*Emigrantes*	*%*
A) CORONA DE CASTILLA				
El Norte				
Galicia	263.000	5,59	304	1,62
Asturias	81.000	1,73	113	0,60
Vascongadas	146.000	3,11	857	4,57
Navarra	122.000	2,59	81	0,43
Total	612.000	13,02	1.355	7,22
Meseta Superior				
Reino de León	503.000	10,70	1.410	7,52
Castilla la Vieja	1.049.000	22,32	3.324	17,73
Total	1.552.000	33,02	4.734	25,25
Meseta Inferior				
Extremadura	305.000	6,49	2.973	15,86
Castilla la Nueva	614.000	13,07	2.070	11,04
Total	919.000	19,56	5.043	26,90
El Sur				
Reino de Murcia	74.000	1,58	151	0,80
Reino de Jaén	144.000	3,06	513	2,73
Reino de Córdoba	133.000	2,83	570	3,04
Reino de Sevilla	321.000	6,83	4.866	25,96
Reino de Granada	164.000	3,49	434	2,31
Total	836.000	17,79	6.570*	35,05
B) CORONA DE ARAGON				
Reino de Aragón	255.000	5,43	133	0,70
Cataluña y Baleares	251.000	11,15	171	0,91
Reino de Valencia	273.000			
Total	779.000	16,58	304	1,62
Total España peninsular	4.698.000		18.026	96,17

* En el total incluimos 36 pobladores que Boyd-Bowman no especifica en el reino de Andalucía, del que eran naturales.

***Emigración* española a América (1493-1539) Distribución regional de la población española hacia 1530 y contribución emigratoria.**

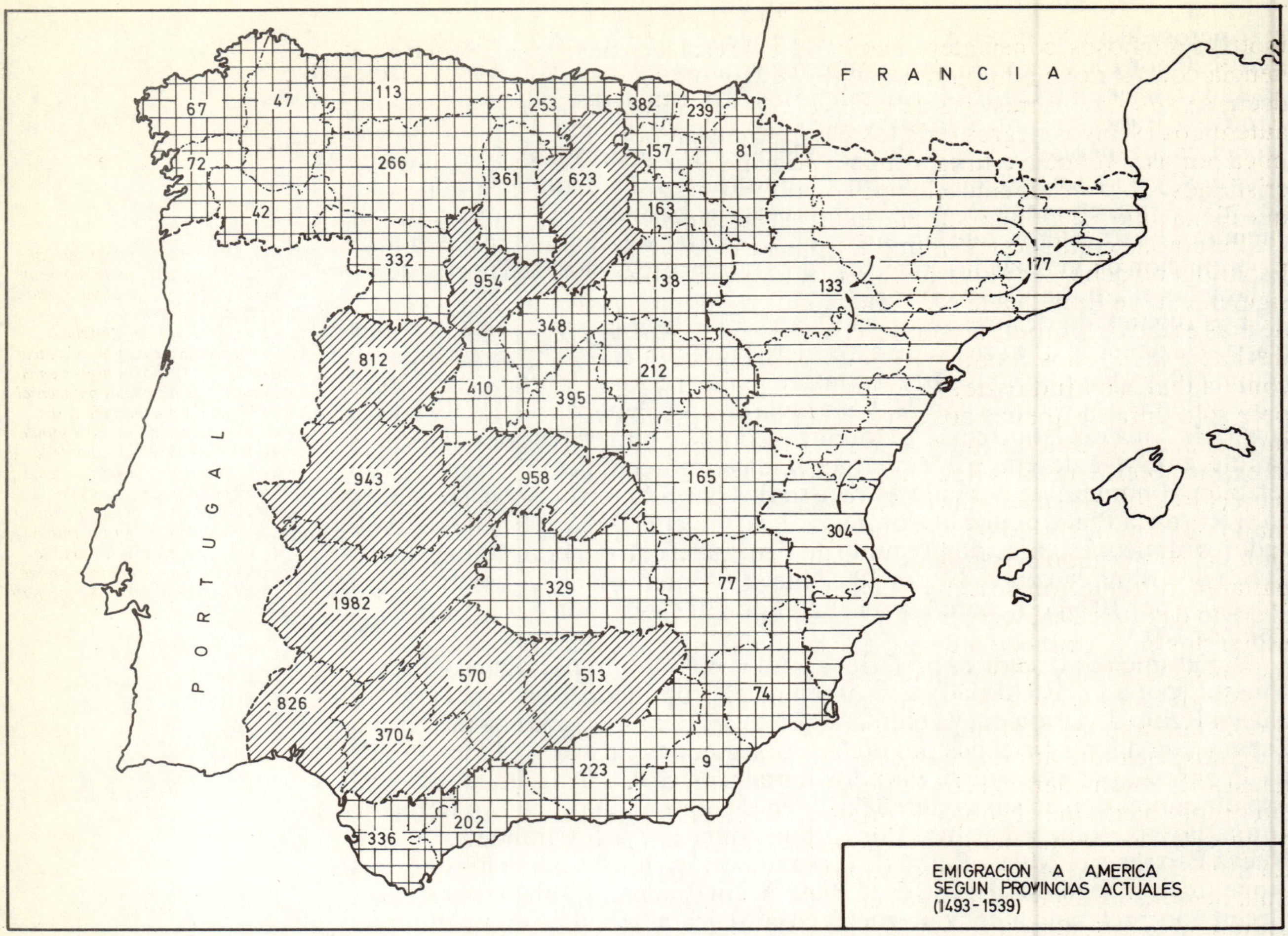

Emigración a América según provincias actuales (1493-1539). La partida de gentes para América en la época de los descubrimientos, primeros establecimientos y conquistas, tuvo fases muy diferenciadas en cuanto a la procedencia de la gente reclutada. Pero como podrá advertirse hay un área que desde Huelva y la Sierra Morena, continúa por Extremadura, montes de Toledo, que corresponde a las regiones de intenso pastoreo, cruzadas por cañadas de la Meseta. Esto refleja una realidad importante: que se prefería por los capitanes capitulantes enganchar gentes habituadas a la intemperie y a las largas marchas. Esta calidad podía extenderse a Zamora y León, aunque por lo que se ve los ganados que llegaban a sus montañas iban ya conducidos por sus pastores. El caso sevillano es especialísimo, por ser Sevilla el puerto de embarque de casi todas las expediciones. De aquí que aparezca un número mucho más alto que el de ninguna de las provincias, si bien a los propios hombres de la tierra se unían muchos que así se suman, aunque son procedentes de otras partes. Adviértase también que no hubo exclusión de las gentes de la corona de Aragón, aunque son muchos menos los participantes, por ser también muy inferior la población.

mente para llegar al total probable, su apreciable contribución numérica no tuvo correspondencia en el campo social y cultural. Los extranjeros se hispanizaron muy pronto y quedaron asimilados por la población española.

8. La introducción de esclavos negros

Paralela a la emigración española al Nuevo Mundo tiene lugar otra corriente migratoria en la misma dirección, aunque de distinto signo, constituida por esclavos procedentes de las costas africanas. Se trata en este caso, no de un flujo migratorio voluntario, sino de un paso forzado de individuos destinados a complementar o suplir como mano de obra a una población indígena que sufre un proceso de disminución progresiva.

La esclavitud era una institución en plena vigencia en la Península Ibérica en las mismas fechas en que se produce el descubrimiento de América. A fines del siglo XV existían en España, y especialmente en Andalucía, numerosos esclavos directamente importados por naves españolas desde las costas de Africa y en los últimos años adquiridos a los portugueses, quienes desde el tratado de Alcáçovas (1479) se convierten en indispensables suministradores al dominar sin oposición las fuentes de aprovisionamiento de esclavos. No obstante, el tráfico esclavista entre las costas africanas y la Península Ibérica, con ser importante, no pasó de tener unas proporciones limitadas dada la escasa amplitud del área geográfica que cubría. Será, pues, a raíz del descubrimiento y colonización de América cuando la trata negrera adquiere dimensiones considerables.

La existencia de esclavos en la Península explica su presencia en Indias. Algunos españoles que embarcan en los primeros viajes hacia Ultramar se hacen acompañar de los esclavos de que eran propietarios y de cuyos servicios no querían prescindir. Así llegan al Nuevo Mundo los primeros africanos casi de forma simultánea al blanco. Los propios monarcas favorecen el paso de estos esclavos domésticos, pues en las instrucciones dadas a Ovando en 1501, en tanto prohiben la emigración de judíos, moriscos y recién conversos por motivos religiosos, consienten el embarque de esclavos negros o de otra procedencia con tal de que hubieran nacido en España en poder de cristianos. Es decir, se autoriza el trasvase de esclavos *ladinos,* independientemente fueran auténticos esclavos negros o de los llamados *berberiscos,* cuya influencia islámica por ascendencia estaría anulada por su nacimiento y crianza bajo amos cristianos. Contrariamente a lo que con cierta frecuencia se ha dicho, creemos que dicha autorización no supone todavía el inicio de la trata negrera como tal.

Pese a las condiciones impuestas, la presencia de esclavos *ladinos* en La Española no debió ser muy satisfactoria. El propio gobernador Ovando al año siguiente de su llegada a la isla solicitaba a los monarcas se prohibiese el paso de más esclavos, porque al establecerse en el nuevo medio se mostraban rebeldes hacia sus dueños, huían los montes, es decir, se convertían en cimarrones, y contagiaban a los indios de sus vicios. La petición del gobernador fue atendida, pero sólo durante apenas dos años. La creciente disminución de la población indígena, especialmente intensa entre 1502 y 1505, y la necesidad de potenciar la extracción de metales llevó al rey a ordenar en 1505 el envío de 17 negros para el laboreo de sus minas en La Española. Desde entonces la demanda de mano de obra negra no deja de incrementarse ante el aumento de la producción y el continuado descenso de la población aborigen, cuya mengua no logra paliar la introducción de indios lucayos. Así, en 1510 nuevamente el rey decide el envío de otros 200 esclavos para ser vendidos entre los vecinos, que podrían utilizarlos en la extracción de oro en sustitución de los indios, que mostraban menos capacidad y resistencia para dichos trabajos.

Aunque la mayoría de los esclavos introducidos hasta entonces eran de propiedad real, las continuas solicitudes de los vecinos y funcionarios reales indianos para que aumentase la importación de negros llevaron a la corona hacia 1513 a considerar la conveniencia de regular el tráfico negrero en beneficio propio mediante el cobro de un impuesto de dos ducados por esclavo y la obligación de obtener permisos o *licencias* reales para introducirlos en Indias. La muerte del rey, sin embargo, supuso una paralización momentánea de la trata negrera. El regente Cisneros en 1516 decidió suspender las licencias concedidas con anterioridad mientras arreciaba la demanda de esclavos en las Antillas. Los vecinos, los Padres Jerónimos y el mismo Bartolomé de Las Casas abogaban por la conveniencia de introducir negros para aliviar el trabajo de los indígenas y remediar la insuficiencia de mano de obra. Incluso se solicitaba la importación directa de los negros desde las costas africanas para favorecer un mejor abastecimiento y solventar el encarecimiento de precios que producía la limitación impuesta de introducir sólo esclavos cristianos de España. En verdad, los esclavos negros eran de vital importancia para los pobladores de las islas, y sobre todo de La Española, donde, además de producirse un nuevo descenso de la población indígena como consecuencia de la epidemia de viruelas de 1518-1519, se estaban fomentando ingenios de azúcar y hatos ganaderos que requerían mano de obra adecuada.

La situación se desbloquea definitivamente con la llegada del nuevo rey. A partir de ese momento las licencias para introducir esclavos negros en Indias se multiplican de forma ostensible, a veces libres del pago de derechos por concesiones graciosas dadas a cortesanos o allegados al monarca. Este es el caso de la licencia otorgada en 1518 al favorito flamenco y mayordomo mayor del rey, Laurent de Gouvenot, quien obtiene de Carlos I la merced de introducir 4.000 esclavos en régimen de monopolio, pudiéndoles extraer directamente de las costas africanas y navegarles sin tener que registrarlas en la Casa de la Contratación, ni abonar los derechos de almojarifazgo, ni cristianizarles previamente a su entrada en Indias. Gouvenot vendió el privilegio a comerciantes genoveses establecidos en Sevilla por la suma de 25.000 ducados, con la promesa de que el gobierno no otorgaría licencia alguna durante los ocho años siguientes. Como, a su vez, los genoveses acabaron revendiendo la mayor parte de las licencias, el resultado fue un encarecimiento y escasez de esclavos que produjo frecuentes quejas por parte de los pobladores españoles de las Antillas.

Aunque el privilegio de Gouvenot se mantuvo hasta 1527, no por eso dejaron de concederse otras licencias, en su mayor parte libres de derechos, autorizando a distintas personas a transportar negros para su servicio doméstico, que por estar prohibida su venta en principio no afectaban al monopolio de Gouvenot. Igualmente, se otorgaron otros muchos permisos a distintos personajes

La temprana presencia del negro en América obedece, en primer lugar, al hecho de que la esclavitud ya existía en España en tiempos del descubrimiento: sólo en Andalucía algunos autores calculan la existencia de unos 100.000 esclavos negros en el s. xv, muchos de los cuales pasaron al Nuevo Mundo acompañando a sus amos, los conquistadores. En segundo lugar, el terrible decrecimiento de la población indígena —acaecido desde los inicios de la conquista— y la ingente necesidad de abundante mano de obra —en especial para el trabajo en las minas; en general, en toda la producción indiana— llevaron pronto a la reimplantación del tráfico negrero en América.

Los beneficiarios directos de las licencias particulares concedidas por la Corona y luego de la restauración del sistema de asientos *(1528) no fueron españoles, sino portugueses —los que contaban con factorías y centros de captura y contratación en Angola y Guinea desde el s. xv—; alemanes —los que a su vez comerciaron también con dichos permisos—, y, más tarde, ingleses y franceses.*

La familia de los Ehinger, o Einger o Alfinger intervino activamente en la conquista y colonización españolas de las Antillas y de Venezuela, especialmente a partir de 1517, cuando los hermanos Ambrosio, Jorge y Enrique se asocian a los Welser. Tres fueron los contratos suscritos por Enrique junto a Jerónimo Sayler con el emperador Carlos V de Alemania y I de España: el monarca permitió al Ehinger reclutar hombres en Alemania para llevarlos a La Española en condición de colonos agrícolas; el segundo, la importación de 4.000 esclavos negros a las Antillas, y, finalmente, el tercero les otorgaba «licencia y facultad para descubrir, conquistar y poblar las tierras desde el cabo de la Vela al de Maracapana, con todas las islas que están en dicha costa».

para introducir pequeños lotes de esclavos, con la condición de navegarlos una vez finalizado el privilegio dado a su favorito flamenco. Con todo, y a pesar de las quejas y peticiones de los pobladores españoles de las Antillas, la corona volvió a otorgar en 1528 una concesión monopolista similar a los representantes de los Welser, Enrique Ehinger y Jerónimo Sayller, para introducir 4.000 esclavos durante un período de cuatro años, previo pago de 20.000 ducados y el compromiso de no venderlos a más de 40 ducados cada esclavo en América. Sin embargo, los alemanes acabaron también vendiendo sus licencias en grandes partidas a los portugueses, quienes de suyo se encargaron de transportarlos a Indias. El sobreprecio y la mala calidad de los esclavos conducidos levantaron nuevas quejas de los pobladores españoles y envolvieron a los Welser en procesos ante el Consejo de Indias, por lo que en 1532, al concluir el plazo, se puso fin a la concesión de contratos monopolistas.

A partir de esa fecha se extiende un largo período hasta 1595, administrado por la Casa de la Contratación, en el que ya no vuelven a otorgarse más monopolios. Desde ese momento el suministro de negros vuelve a realizarse mediante licencias individuales dispensadas en recompensa por determinados servicios prestados a la corona o simplemente expedidas a cambio de un beneficio económico para la real hacienda. Las licencias otorgadas fueron numerosas, la mayor parte por un número que oscilaba entre los 100 y 300 esclavos, aunque algunas superaron el millar. Los beneficiarios de las mismas fueron favoritos o allegados del rey que obtendrán ingresos importantes con la venta de dichas licencias a traficantes de esclavos, funcionarios reales y eclesiásticos destinados a Indias, a quienes se les permitía llevar consigo algunos esclavos negros como servicio doméstico, libres de pago de derechos; conquistadores y colonizadores, que como compensación a los servicios y gastos realizados en la empresa americana solían recibir pequeños permisos para introducir esclavos domésticos, francos de derechos, además de otras licencias de mayor magnitud como ayuda para financiar sus conquistas o expediciones colonizadoras; algunos cabildos que emplearon la venta de las licencias obtenidas como fuente de recursos para hacer frente a sus gastos como institución.

El tráfico de esclavos negros procedentes de Africa contaba ya en el siglo XVI con una larga tradición y de entre los comerciantes negreros, destacaban sobre todo los protugueses. Las licencias concedidas por los comarcas españoles para la introducción de mano de obra esclava desde Africa beneficiaron, en primer lugar, a los lusitanos, pero también a alemanes, flamencos y genoveses.

Sin embargo, a medida que aumentaban las dificultades financieras de la corona las licencias fueron vendiéndose cada vez más en lotes directamente a los traficantes de esclavos y a mayores precios. Así, el monto por licencia, que en 1513 valía tan sólo dos ducados, fue aumentando a cinco ducados en 1528, seis ducados y medio en 1537, siete ducados en 1543, hasta alcanzar la suma de 30 ducados en 1560. Al final, pues, la concesión de licencias de esclavos se convirtió en un simple medio para obtener recursos económicos. Incluso el pago de juros era convertido frecuentemente en licencias para introducir esclavos en Indias.

El número de negros introducidos en la América española hasta 1542 se desconoce. Para llegar a un cálculo aproximado sería preciso una sistematización de las licencias concedidas en estos años, más una estimación de los negros introducidos de contrabando. Desgraciadamente las dificultades son muchas y casi insuperables. No obstante, Philip Curtin sobre la base del número y tonelaje de los navíos que cruzaron el Atlántico en esas fechas ha calculado en unos 15.000 los esclavos negros introducidos en Indias entre 1521 y 1550, lo que da un promedio anual de 500 esclavos. Colin A. Palmer, en cambio, considera que es una estimación conservadora y que una media de 1.000 esclavos anuales hasta 1594 estaría más próxima a la realidad, por lo que estima en unos 73.000 los esclavos negros introducidos en Indias entre 1521-1594, la mitad de los cuales, es decir, 36.500, llegaron a México.

Nos parece excesivo un promedio de 1.000 esclavos anuales, al menos hasta 1542, fecha a partir de la cual se incrementa el número de concesión de licencias. En cualquier caso, lo cierto es que el esclavo negro se extendió por los distintos territorios americanos al mismo tiempo que la conquista, porque el esclavo negro no fue sólo la mano de obra, sino también compañero y auxiliar del conquistador. Los conquistadores fueron quienes primero introdujeron negros en los nuevos territorios ganados, al incluirlos como parte integrante de sus huestes. Su contribución a la conquista, aunque subsidiaria, permitió a muchos esclavos obtener la libertad, enriquecerse y diferenciarse de los demás miembros de su raza. Pero el esclavo negro, por encima de todo, era una fuerza de trabajo, cuya adquisición suponía una fuerte inversión económica que había que rentabilizar, si bien por su alto precio era al mismo tiempo signo de

La mayor parte de los esclavos negros procedentes de Africa tenían como destino el duro trabajo de las minas o de las grandes plantaciones de las zonas bajas tropicales del continente. Otros pasaban a las ciudades, en donde trabajaban en la construcción de grandes edificios civiles y militares o, los menos, eran dedicados al servicio doméstico.

opulencia que daba prestigio social a sus dueños. Por tanto, los esclavos que, salvo los escasos berberiscos islamizados llegados en los primeros decenios, procedían en su mayor parte de Senegambia y Guinea, llegaron a todas partes independientemente del clima y de la riqueza del lugar. Su distribución luego variará en función de la mayor o menor demanda derivada de las condiciones económicas de cada región, de la abundancia o escasez de mano de obra indígena en el lugar, y de otras circunstancias. De igual modo que su condición de vida dependiera en buena parte del tipo de ocupación en la que era empleado y de que su lugar de residencia fuera la ciudad o el medio rural.

9. La población indígena

Emigrantes blancos y esclavos negros van a entrar en contacto con una población autóctona que desde ese momento experimenta un notable declive demográfico. Mas para estimar el descenso de la población aborigen experimentado a raíz del contacto entre distintas razas interesa fijar el tamaño de la población indígena en vísperas del descubrimiento del Nuevo Mundo. Sólo así se puede evaluar la proporción en que se produce el decrecimiento y las consecuencias demográficas de la colonización americana.

Resulta verdaderamente difícil estimar el número de habitantes de la América prehispánica: las vagas apreciaciones de los cronistas del descubrimiento, la limitación de los primeros registros de población, los objetivos restringidos de los recuentos, y —en fin— el carácter fragmentario de todas estas fuentes son motivos suficientes para hacer más compleja la tarea.
En la ilustración, guerreros aztecas en actitud de combate y con sus espadas de madera provistas de filos de obsidiana.

Sin embargo, calcular la dimensión de la población indígena hacia 1492 es un problema harto difícil, sujeto a discrepancias, y por el momento imposible de clarificar. Las cifras dadas en los primeros años por cronistas, religiosos y conquistadores sobre la población de los territorios por ellos visitados o ganados no pasan de ser apreciaciones vagas sin intención estadística. Es a partir de mediados del siglo XVI cuando realmente aparecen los primeros recuentos realizados con fines fiscales, administrativos o religiosos, pero incluso los cálculos de población efectuadas con este tipo de documentación presentan varias dificultades. Tales dificultades provienen de que no todos los recuentos utilizan las mismas categorías sociojurídicas en su elaboración, ni son periódicos y sobre regiones amplias, ni son precisas a veces las demarcaciones geográficas que abarcan.

La complejidad aumenta por el hecho de que la mayoría de los registros tan sólo contabilizaban a las personas adultas en edad de tributar, lo que obliga a convertir las unidades de vecinos o tributarios en habitantes mediante un factor multiplicador que representa al resto de la familia dependiente de cada persona registrada, y sumar a continuación otros adultos que por distintos motivos no se incluyen en el recuento. Si conocer el tamaño de la familia para aplicar un multiplicador adecuado es ya una tarea compleja, porque es variable según las situaciones, no es menos problemático valorar la movilidad geográfica de la población, sobre todo de la tributaria, así como la transformación de muchos indígenas en mestizos. De no tener en cuenta estos hechos, o de valorarlos más o menos, depende mucho el total de la población que se obtenga sobre la base de estas fuentes.

Ahora bien, si la documentación de origen fiscal, administrativo o religiosa con ser más fiable entraña un alto margen de error cuando se intentan realizar cálculos globales a partir de los datos fragmentarios que aporta, mucho más complicado aún es llegar a una estimación global de la población precolombina. En el empeño por llegar a apreciaciones regionales o globales aproximadas se han empleado diferentes métodos y fuentes documentales que han llegado a apreciaciones controvertidas y con notables diferencias entre sí. Algunas de estas estimaciones son simples proposiciones arbitrarias y conjeturas basadas en razonamientos caprichosos. Otras están realizadas mediante técnicas de extrapolación y comparación de datos, apreciación de los recursos ecológicos, excavaciones arqueológicas, etc. En uno u otro caso se trata de meras aproximaciones a una realidad que por la penuria y calidad de las fuentes disponibles resulta difícil reconstruir desde el punto de vista demográfico.

Como el factor ideológico no está ausente a la hora de formular los cálculos de la población precolombina, los resultados han sido cuando menos contradictorios. En 1924 dos pioneros en este tipo de estimaciones generales, Rivet y Sapper, mediante el empleo de distintos métodos llegaron a valoraciones muy próximas entre sí. Para el primero la población indígena en vísperas del descubrimiento oscilaría entre 40 y 45 millones de habitantes, en tanto que para el segundo fluctuaría entre 40 y 50 millones. Diez años después, en 1534, el antropólogo Kroeber inicia una nueva corriente que rebaja considerablemente las cifras anteriores. Para Kroeber el número de indígenas en el momento del descubrimiento no superaría los 8.400.000 personas, lo que supone una densidad de 0,2 habitantes por km^2. Posteriormente, el filósofo Angel Rosenblat en un laborioso estudio que ha gozado de gran aceptación evaluó la población indígena al llegar los españoles en 13.385.000 indios. Y, finalmente, cuatro años después, en 1949, Julian H. Steward, dentro de la misma corriente a la baja, propuso una cifra un poco superior, pero dentro de la misma tendencia, de 15.590.000 personas.

Los resultados a los que arriban las investigaciones emprendidas por la «escuela de Berkeley» han sido objeto de reiteradas críticas, al igual que sus métodos, de parte de estudiosos del tema. Al respecto, José Muñoz Pérez expresa: «Vienen a dar la impresión de un doble juego: la adopción honesta del mayor rigor, con un previo y depurado análisis de un cúmulo impresionante de fuentes; pero una vez que han logrado establecer unas cifras, si esos datos y manifestaciones, dejados como en cuarentena, les sirven, pasan a utilizarse como apoyo de sus asertos, sin rebozo».

Por las mismas fechas, en la década de los cuarenta, dos investigadores nortea mericanos de la llamada Escuela de Berkeley, Cook y Simpson, iniciaban una corriente «revisionista» que elevaba de forma muy apreciable las cifras de población hasta ese momento barajadas. Mediante métodos de extrapolación y apreciación ecológica evaluaron en 11 millones la población indígena de la región del México Central tan sólo. Posteriormente, en 1963, el fisiólogo Cook en unión del historiador Borah elaboraron un nuevo cálculo en el que incrementaban la población del México Central a 25.200.000 indígenas. Y tres años después, en 1966, el antropólogo Henry Dobyns extrapolando diversas tasas regionales de población y mediante la generalización de los resultados obtenidos por la Escuela de Berkeley estimaba la población total precolombina en un número que oscilaría entre 90 y 112 millones de habitantes. Finalmente, en 1976 William Denevan ha elaborado unos cálculos que cifran la población indígena en vísperas del descubrimiento en 57.300.000 individuos, lo que supone una posición intermedia entre los llamados hispanistas o tradicionales y los indigenistas o revisionistas.

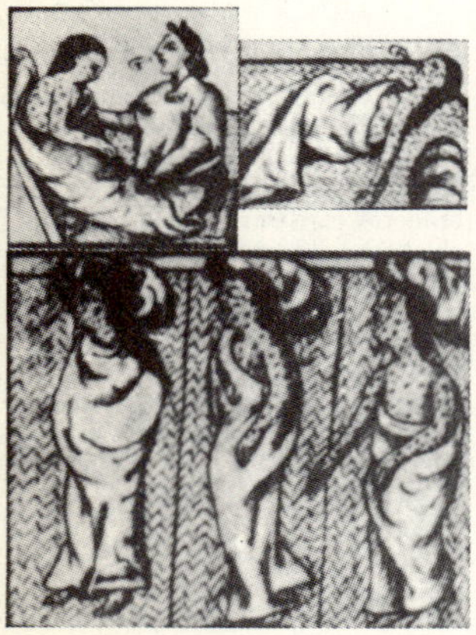

Dibujo indio en el que se representan los terribles efectos de la viruela sobre la población indígena. Una de las causas más determinantes de la merma poblacional que tuvo lugar a lo largo del siglo XVI en América fue, sin lugar a dudas, la aparición de enfermedades desconocidas en el territorio conquistado como la viruela, el sarampión, la gripe, etc., para las que los naturales no contaban con defensa biológica alguna.

Tomar como punto de referencia las cifras dadas por una u otra corriente tiene importancia, porque cuanto más elevado sea el cálculo de la población precolombina mayor dimensión cobrará el declive demográfico producido a raíz del descubrimiento y conquista. Así, mientras para Rosenblat la población indígena baja de 13.385.000 personas en 1492 a 10.035.000 hacia 1650, lo que supone un descenso de una cuarta parte de la población en siglo y medio, para Dobyns la disminución es un auténtico descalabro, pues se reduce de 90-112 millones en 1492 a 4.500.000 a mediados del siglo XVII, lo que representa un desplome total de la población indígena que quedaría contraída a sólo el 4 ó 5 por 100 en el curso de 150 años, es decir, una reducción de 20 ó 25 a 1.

La solución para acercar posiciones tan dispares estaría en la realización de estudios de la evolución demográfica a nivel local y regional, para llegar posteriormente a conclusiones más generales. Ahora bien, como hemos señalado antes, el análisis de las fuentes fiscales da pie a la elaboración de cálculos divergentes según el multiplicador que se utilice y la valoración que se haga de las personas no incluidas en los recuentos. Y, sobre todo, la mayor dificultad radica en la aplicación de métodos adecuados para efectuar proyecciones retrospectivos en el tiempo desde el momento que aparecen los primeros recuentos fiscales a la fecha en que se produce el contacto entre las distintas razas. Los mejores estudios realizados hasta hoy a nivel regional son los de la Escuela de Berkeley para el México Central, y aún así son muy discutidos, especialmente en cuanto al bajo multiplicador utilizado y a las cifras que proporcionan para antes de la conquista. Así, los 25.200.000 individuos que preconizan Cook y Borah para 1519, han sido rebajados recientemente por W. Sander a unos 15.000.000, es decir, menos de los 16.871.408 indígenas calculados por los de Berkeley para 1532, después de 20 años de contacto.

Todo esto viene a demostrar que falta mucho camino por recorrer en el campo de la demografía americana. Teniendo en cuenta todo lo expuesto con anterioridad, a modo de orientación podemos dar las cifras que sobre la población indígena en 1492 se barajan en la actualidad para las distintas regiones de colonización española. El área más poblada era el México Central, con unos 15 ó 20 millones de personas; le sigue el área de los Andes Centrales bajo el imperio incaico con unos seis millones o quizás algunos más; el área cultural chibcha o muisca de la actual Colombia con 800.000 individuos o un millón; las islas del Caribe con evaluaciones van desde los 100.000 indios que preconiza Rosenblat hasta los ocho millones que señalan los de la Escuela de Berkeley, pasando por los 400.000 que propone Moya Pons, y los tres millones que menciona Las Casas; la América Central o con tres millones; y, por último, pequeños núcleos de población en zonas de Venezuela y Chile. En los demás territorios la densidad de población era ya muy baja e incluso con zonas desiertas.

Lo que es evidente y todos están de acuerdo es en que la población indígena se contrae desde 1492 hasta mediados del siglo XVII en Nueva España y algo después en distintas zonas del Perú. Las discrepancias radican en la tasa de disminución y en las causas que la provocaron. Las muestras analizadas parecen indicar que se dieron diversos ritmos de decrecimiento según zonas, posiblemente debido a la diferencia de fechas y formas de contacto entre las razas, sobre todo donde se acusa la diferencia es entre la costa, donde la población indígena merma de manera dramática, y las tierras altas del interior, en las que la retracción es mucho más lenta y suave.

Múltiples fueron las causas que provocaron el declive demográfico de la población indígena. En primer lugar, la guerra de conquista, a la que Las Casas achaca la máxima responsabilidad, ocasionó muertes y violencia como toda campaña militar, pero en modo alguno tuvo una incidencia acusada en la baja demográfica. Factor de mayor importancia debió ser, sin duda, el impacto psicológico que la conquista y colonización causaron sobre los indios. Aunque su repercusión sea de difícil valoración, máxime cuando no contamos con testimonios literarios indígenas, cabe pensar por lo que ha sucedido con otros pueblos aislados sometidos al mismo proceso que debió acarrear efectos negativos desde el punto de vista demográfico. El choque cultural, con la ruptura de su sistema de creencias y costumbres, hubo de producir en personas y grupos desequilibrios irreversibles, sensaciones fatalistas, indiferencia y desgana de vivir. La pasividad, la reducción del tamaño de las familias por continencia sexual, incluso los abortos infanticidios y suicidios, son reacciones instintivas frecuentes ante este tipo de fenómenos.

Otras causas de mayor incidencia aún en el decrecimiento demográfico indígena fueron las migraciones interiores motivadas por la presencia de los recién llegados; los desplazamientos forzosos de mano de obra, con cambio de clima y ruptura de la estructura familiar; el mismo régimen laboral implantado, al que no estaban habituados muchos indígenas; el desalojo de comunidades enteras de sus tierras más productivas y su desplazamiento hacia otras más pobres, como consecuencia de la progresiva implantación de nuevos cultivos y del desarrollo ganadero en zonas densamente pobladas, lo que redundó en una baja de la producción agrícola y mayor riesgo de hambres por malas cosechas, etc.

Pero el factor generalmente reconocido como causante fundamental de la merma poblacional indígena fueron las epidemias de viruelas, sarampión, tifus, gripe, etc. Las epidemias afectaron a todos los grupos étnicos, pero sobre todo al aborigen que por su aislamiento del resto del mundo carecía de defensas inmunológicas para resistir el impacto de enfermedades que le eran desconocidas hasta ese momento. Poco se sabe todavía y quizás nunca se conozcan los auténticos efectos causados por las epidemias y enfermedades originadas por el contacto entre las distintas razas. Los testimonios escritos sólo nos han dejado constancia de aquéllas que ocasionaron mayor número de muertes, pero no cabe duda que otros muchos fallecimientos de indígenas causados por contagio de enfermedades han quedado para siempre silenciados.

Destaca, en primer lugar, la gran epidemia de viruelas que se inicia en La Española en los últimos días de 1518 y que, tras originar la muerte de gran número de indios, se propaga a Puerto Rico y posteriormente a México en los inicios de la conquista. Desde México se extenderá a Centroamérica, hasta llegar al Perú con más de cinco años de adelanto a los primeros conquistadores. Tenemos constancia también de una segunda epidemia, esta vez de sarampión, que en 1529 afecta gravemente a la población indígena residual del Caribe, desde donde llega a México en 1531, para pasar después al área centroamericana, entre Honduras y Panamá. Asimismo, el *matlazahuátl* (denominación de los aztecas a una enfermedad no bien conocida y de la que se duda fuera tifus o gripe) va a ocasionar en 1545 gran mortandad en Nueva España, difundiéndose a continuación al Perú y Nueva Granada con resultados igualmente devastadores.

Otras epidemias con efectos profundos tendrán lugar a lo largo de la segunda mitad del siglo XVI, fuera ya de los límites de nuestra exposición. Baste decir que por su intensidad, su recurrencia casi decenal y las grandes áreas afectadas en cada ocasión, las epidemias constituyen el factor más importante

Dibujo de la *crónica* de Huaman Poma de Ayala en el que se representa la llegada de Pizarro cuando el Inca Atahualpa se encontraba en los baños de Cajamarca. La llegada de los conquistadores, la conquista en sí con su secuela de efectos negativos —choque cultural, ruptura de creencias, cambio de costumbres, desequilibrio ecológico, desplazamientos a regiones más pobres, etc.— sumieron a muchos indígenas en un sentimiento fatalista que, en ocasiones, los llevó a reacciones tan extremas como el suicidio o el infanticidio.

del declive demográfico indígena y explican la continuidad del proceso de decrecimiento a lo largo del siglo. Algunas enfermedades como la malaria y la fiebre amarilla se cebaron con gran intensidad en las tierras bajas y calientes, donde la población indígena quedará profundamente menoscabada, en tanto que otras como las viruelas y la pulmonía afectaron más a las tierras altas y frías, aún cuando en éstas los estragos causados en los aborígenes fueron menos violentos y asoladores. Con todo, las epidemias afectaron especialmente a la población indígena, no sólo por sus escasas defensas a las nuevas enfermedades, sino también por su propia situación socioeconómica. La colonización americana trajo consigo para muchos indios un cambio de régimen laboral, lo que unido a una disminución de la dieta alimenticia por reducción de las superficies cultivadas propiciaba la aparición y propagación de las enfermedades que en caso de malas cosechas por circunstancias climáticas, podían alcanzar dimensiones catastróficas. Algunos estudios realizados al respecto señalan precisamente la frecuente relación entre malas cosechas y epidemias. Las crisis agrícolas originan escasez y carestía de alimentos, hambre, ingestión de alimentos en malas condiciones, movimientos de población y muertes que, caso de asociarse a epidemias, alcanzaban proporciones alarmantes. Pero no hemos de pasar por alto, para concluir, el papel jugado por el mestizaje. La disminución de la población indígena corre pareja con el incremento del número de mestizos. Ambos hechos están íntimamente relacionados, al punto que los mestizos no hubieran llegado a lograr la significación que tuvieron en el desarrollo demográfico americano sin una merma importante de la población indígena.

10. El mestizaje

Indios, blancos y negros no se mantuvieron incomunicados, sino que desde el primer momento iniciaron un proceso de mezcla que dio lugar a la aparición de una creciente población mestiza. Circunstancias de distinta naturaleza favorecieron que desde la llegada a América de españoles y negros comenzaran a unirse entre sí y con los aborígenes, dando lugar a distintos tipos híbridos: el mestizo, fruto de la unión del blanco y de la indígena, el mulato, resultado del cruce entre blanco y negra, y el zambo, mezcla de indios y negros.

Factor muy importante para la fusión entre españoles e indios fue la escasez de mujeres españolas durante el período de descubrimiento y conquista. Se estima sobre la base de los nombres registrados en el *Catálogo de pasajeros a Indias* que el porcentaje de mujeres hispanas que emigraron a América no superó el 10 por 100 como media hasta 1539. Por su parte, los datos aportados por Boyd-Bowman son todavía más bajos, pues arrojan tan solo la cifra de 1.153 mujeres, frente a 17.590 varones, lo que representa una proporción de 16 varones por hembra. Sin embargo, la desproporción de mujeres en Indias debió ser menor de lo que fue en la corriente migratoria como consecuencia de la mayor mortalidad de la población masculina registrada en Indias. Por eso Lockart, que toma en consideración este pormenor, estima que en Perú la proporción a partir de 1540 era de una mujer por cada siete u ocho hombres. En cualquier caso, fuera una u otra la proporción real entre ambos sexos, la carencia de mujeres españolas fue acentuada durante todo este período.

En estas circunstancias, es comprensible que los emigrantes, en su mayoría jóvenes solteros o casados que habían pasado sin sus esposas, se mostraran proclives a mantener relaciones sexuales con las indígenas, hacia quienes por añadidura no manifestaron prejuicio racial alguno. Aparte de los contactos por raptos y violaciones, propios de cualquier época y mucho más de una bélica como la conquista, se dieron otras muchas formas de relación entre conquistadores y aborígenes, dependiendo de regiones, momentos y personas. Dada la laxitud del matrimonio y de los contactos sexuales de muchas sociedades indígenas, hubo durante la conquista venta de esclavas indias a los españoles, así como ofrecimientos voluntarios de mujeres autóctonas en calidad de presentes, prueba de amistad o de alianza, que favorecieron el surgimiento de mestizos. Hubo, asimismo, reparto de mujeres adjudicadas como botín de guerra, raptos, sirvientas indias amancebadas, numerosos concubinatos, casos de poligamia, etc...

Nada más interesante e irrepetible en la historia moderna que el proceso por el cual se formó, a lo largo del siglo XVI, una nueva sociedad en la América hispana como resultado del encuentro de dos razas: la blanca y la indígena, a las que pronto se sumaría una tercera, la negra. Interesante por las características y la celeridad del proceso; irrepetible, porque en ninguna otra conquista se dio de modo tan rico y profuso, la miscegenación o el mestizaje, causa y determinante de la sociedad hispanoamericana.

Dibujo indio en el que los de Tlaxcola piden la paz a Cortés y, como prueba de obediencia y lealtad, entregan al conquistador diversos presentes. En ocasiones, durante los primeros tiempos de la conquista, los españoles recibieron también de parte de los indígenas, mujeres autóctonas en calidad de presentes y como muestras de amistad o de alianza.

La baja estimación social de la que gozaban los mulatos en razón de su ilegitimidad y de su condición esclava heredada de sus madres parecen preanunciar, ya en el siglo XVI, la futura estructuración de la sociedad en castas que constituirá una de las notas dominantes a partir de la centuria siguiente.

Esta diversidad de relaciones entre españoles e indias contribuyó a un rápido surgimiento de la población mestiza. Mas por ello, generalmente no fue preciso emplear el recurso de la fuerza, sino que las propias aborígenes mostraron una apreciable predisposición a convivir con el español y a satisfacer sus apetencias. La superioridad y el prestigio adquirido las atraían poderosamente y favorecían las uniones y concubinatos múltiples, que no eran mal vistos por los mismos indígenas, acostumbrados a la poligamia institucionalizada y deseosos a veces de tener descendientes tan valerosos y fuertes como los recién llegados. Pero no todo era barraganía, pues también existieron uniones legales.

La legislación favorecía los matrimonios mixtos entre españoles e indios, y la misma Corona propició los casamientos con descendientes de la nobleza aborigen o presionó en algunas ocasiones para que se legitimaran concubinatos. Pero en verdad no fueron muchos los matrimonios legales con indias, por no estar en general bien considerados socialmente. Cuando la mayoría de los conquistadores y primeros pobladores, que permanecían solteros o separados de sus esposas que habían dejado en España, al cabo de algún tiempo decidieron casarse o reconstituir las familias para perpetuar el linaje y transmitir las encomiendas a sus herederos, no lo hicieron con sus concubinas indias, sino que los casados comenzaron a reclamar la presencia de sus esposas y los que se decidieron al matrimonio prefirieron casi siempre desposarse con españolas o con mestizas educadas por sus padres que socialmente eran estimadas como españolas.

La segunda Coya Chimbo Urma, descendiente de los incas, según la *crónica* de Huaman Poma de Ayala. En los primeros tiempos de la colonización la Corona favoreció los matrimonios de españoles con descendientes de la nobleza aborigen.

De esta forma, a medida que fue creciendo el número de mujeres, racial o socialmente españolas, disminuyeron los matrimonios mixtos con indígenas, pues la distinción social cada vez más dependía de hacerlo con una mujer blanca. En consecuencia, desde mediados del siglo XVI los mestizos mayoritariamente comenzaron a ser fruto de relaciones extramaritales y ocasionales, y con ello a deteriorarse su consideración legal y social, disminuyendo el número de padres españoles dispuestos a legitimar y adoptar a sus hijos mestizos. Con todo, y a pesar de su incremento cuantitativo, los mestizos no llegarán en todo el siglo XVI a constituir grupo social aparte. Pero hasta mediados de la centuria al menos, los mestizos legítimos, legitimados por el padre, e ilegítimos de madre indígena noble, fueron estimados como españoles a todos los efectos; en tanto que los ilegítimos no reconocidos ni educados por sus padres españoles, vivieron en los pueblos indígenas junto a sus madres aborígenes y fueron considerados indios. Algunos de éstos fluctuaron entre la sociedad indígena y la española sin lograr una integración plena en ninguna de las dos sociedades; otros, en cambio, fueron prácticamente absorvidos por el grupo indígena en el que se criaron y educaron. Es decir, sufrieron un proceso similar al seguido por algunos españoles naúfragos y prisioneros de los aborígenes —sobre todo en las costas del Brasil y del Río de la Plata, aunque también en otras partes—, que se indianizaron para poder sobrevivir, y una vez sumidos en la sociedad indígena y con hijos, ya no pudieron o no quisieron retornar a su mando de procedencia.

Por último, hemos de hacer mención de los esclavos negros, porque también participaron en el mestizaje dando origen a los mulatos y zambos, productos híbridos del cruzamiento con blancos e indios, respectivamente. Aunque los gobernantes españoles procuraron mantener una separación entre la población esclava negra y las otras razas, prohibiendo los matrimonios y estableciendo proporción de sexos en la trata negrera, dicha segregación racial no tuvo éxito, porque ni la correspondencia de sexos se mantuvo, ni los españoles sintieron prejuicio racial alguno para relacionarse sexualmente con la población femenina negra. En todo caso, los matrimonios entre blancos y negras fueron muy infrecuentes por la nota denigrante que representaba la esclavitud desde el punto de vista social y heredar los hijos la condición servil de la madre. Los mulatos, por consiguiente, serán en general fruto del mancebamiento con miembros de las capas blancas inferiores o de intercambios sexuales esporádicos entre esclavas negras y sus dueños y, en consecuencia, su estimación social será muy baja, al unir a su ilegitimidad la condición esclava materna.

Mujer española representada por Huaman Poma de Ayala en su *Crónica de Buen Gobierno.* La creciente presencia de la mujer española en la nueva sociedad colonial determinó, sobre todo desde mediados del siglo XVI, una disminución también progresiva de los matrimonios mixtos con indias.

A su vez, las relaciones entre blancos y negras mermaron aún más las posibilidades de unión entre los miembros de la propia raza africana, ya de por sí limitadas por el menor número de hembras introducidas en tierras americanas, por lo que los varones negros recurrirán a buscar relaciones ocasionales o estables con mujeres indígenas, dando origen a los zambos, en su mayor parte de origen extramarital y con una consideración social similar a los mulatos.

Imagen de un español indiano según la particular visión de Huaman Poma de Ayala. Los conquistadores y primeros pobladores españoles del continente americano constituían un grupo verdaderamente heterogéneo y, del mismo modo, diversa fue la suerte que les cupo en las Indias: desde el beneficio de recompensas, riquezas, honores y gloria hasta el fracaso, el anonimato, la pérdida de la propia fortuna o aún de la vida.

11. La nueva sociedad

A medida que progresa la conquista y se afianza el asentamiento de pobladores en los distintos territorios americanos, surge una nueva estructura social basada en la convivencia entre españoles e indígenas, dos comunidades coexistentes a las que posteriormente se sumará el elemento negro introducido como mano de obra. Los mestizos, mulatos y zambos, producto del mestizaje, aunque experimentan un rápido crecimiento numérico, por el momento no tienen mayor relevancia social al quedar integrados en las tres grandes razas sin constituir grupo social distinto.

De los tres componentes raciales serán los españoles los que como vencedores en el campo de batalla y en posesión de una cultura más elevada van a configurar la nueva sociedad indiana y a protagonizar el papel más importante. Y decimos nueva sociedad indiana porque, como ya apuntamos al inicio de la presente exposición, no se trata de un mero transplante de la estructura social española al Nuevo Mundo, sino de un orden social diferente que aparece bajo la influencia de una realidad indiana que altera las características originarias trasvasadas y condiciona la evolución social posterior. La presencia en un medio geográfico tan diverso y desmesurado como el americano, el distanciamiento con la Península y el contacto con poblaciones indígenas actuarán como factores transformadores de la mentalidad y comportamiento del emigrante español, cuyos ideales y costumbres experimentan un cambio tan profundo que dan lugar a la aparición de una sociedad en muchos aspectos distinta a la española. Por lo demás, la primera sociedad indiana, que va a permanecer casi inalterable hasta mediados del siglo XVI, surge como consecuencia de la lucha militar y se estructura conforme a los servicios y méritos contraidos por cada individuo en la empresa conquistadora. Es, pues, una sociedad de base fundamentalmente militar, en la que los conquistadores y primeros pobladores constituyen la capa social más elevada, y dan vigor y relieve al período.

12. La república de los españoles

a) *Los conquistadores y primeros pobladores.* La composición de este grupo de españoles, que el destino convirtió en forjadores de la primera sociedad indiana y en transformadores de las sociedades indígenas, fue desde su misma formación muy heterogénea. Prescindiendo de porcentajes, son gentes que procedían de distintas regiones, que tenían diferente extracción social, que desempeñaban ocupaciones variadas, que llegaron al territorio en diversos momentos, que contribuyeron de modo desigual a la conquista y pacificación de la tierra y que recibieron recompensas muy dispares por su participación en la empresa. Unos pocos fueron los afortunados que lograron sobresalir por sus hazañas y premios recibidos, en tanto que otros muchos permanecieron para siempre en el anonimato y con escasos beneficios. En modo alguno, pues, los conquistadores formaron un bloque homogéneo y compacto, como a veces suele parecer cuando se alude a ellos de forma generalizada, sino que dentro del conjunto de los conquistadores se dieron divergencias de opinión y de intereses que incluso cristalizaron en enfrentamientos armados y muertes.

Pocos, en verdad, fueron los descubridores o conquistadores que llegaron a poseer títulos de Castilla y, aunque en reiteradas ocasiones se prometió la concesión de los mismos, las promesas quedaron incumplidas. Así, sólo Cristóbal Colón obtuvo el de almirante del mar Océano; Diego Colón, el de duque de Veragua; Hernán Cortés, el de marqués del Valle de Oaxaca, y Francisco Pizarro, el de marqués sin denominación expresa de su marquesado.

Parecida composición heterogénea se dio en los primeros pobladores que llegaron iniciada o concluida la conquista, entre quienes también hubo diferencias de intereses que les enfrentaron entre sí y con algunos conquistadores. Pero, aparte discrepancias y enfrentamientos, los conquistadores tenían otros muchos puntos de semejanza y unión. Aparte un sentimiento providencialista, sobre todo en sus acciones bélicas, y de un afán de enriquecimiento, en casi todos latía por encima de cualquier otra consideración el deseo de mejora social y de alcanzar fama y honra. Y en pos de notoriedad, provecho y gloria no regateaban esfuerzos, exponían repetidamente sus vidas, invertían sus bienes, se desplazaban de un lugar a otro en busca de mayores metas y actuaban con gran magnificencia, cada cual en mayor o menor medida según su capacidad y posibilidades. La obtención de riquezas muchas veces era simplemente un medio para financiar nuevas empresas y conseguir mayor honra, cuyo logro era más valorado que los bienes materiales. La honra adquirida en el servicio de armas, proporcionaba la nobleza más preciada y reconocida entre los conquistadores y no la nobleza de sangre, ya que ésta se heredaba, en tanto que aquella sólo estaba al alcance de un grupo de elegidos que gracias a su valor y habilidad lograban triunfar y conseguirla. La conquista de América, pues, difumina en buena parte la estructura social tradicional y crea otra nueva basada en ideas y principios distintos a los de una sociedad normal y estable.

Francisco Pizarro y Diego de Almagro, conquistadores del Perú (Huaman Poma de Ayala). Aunque la conquista del incario supuso para el primero la obtención del título de marqués, en su formación —según el cronista Agustín de Zárate—ambos se asemejaban: «... siendo ambos personas no letradas, pues no sabían ni escribir, ni leer, ni tan siquiera firmar, lo cual era un gran inconveniente en tan nobles personajes que se ocupaban de tan difícil asunto.»

Realizada la conquista y transformados los integrantes de la huéste en pobladores, la corona hubo de otorgar mercedes para premiar a los expedicionarios por los servicios prestados en la empresa, así como para incentivarles a permanecer en la tierra, asegurando el poblamiento y la conservación del espacio conquistado. Dado que habían llevado a cabo la empresa con su propio esfuerzo y medios económicos y consideraban sus logros como hazañas prodigiosas, los conquistadores por su parte aspiraron a ser recompensados con títulos nobiliarios, señoríos y tierras, al igual que los reyes habían hecho con sus buenos servidores durante la Reconquista. Mas, aunque la mentalidad medieval subsistiera en el conquistador, los tiempos habían cambiado. Ni la nobleza castellana aceptó la equiparación indiscriminada con aquellos pretendientes a nobles, cuyo enriquecimiento y prestigio militar era tildado de dudosa consecución, ni la propia corona se mostró dispuesta a satisfacer las aspiraciones nobiliarias y señoriales de los conquistadores. Era justo y necesario recompensarles, asegurar el poblamiento y el dominio de la tierra, pero sin dar lugar a la constitución de una nobleza numerosa y fuerte, potencialmente propensa a resistencias y contraria a las directrices políticas seguidas por una monarquía cada vez más moderna y centralista.

Salvo Cortés y Pizarro, que obtuvieron sendos marquesados, y algunos más que fueron convertidos en caballeros e hidalgos, la corona se mostró reacia a un ennoblecimiento general de los conquistadores y a la concesión de señoríos. En cambio, concedió con mayor profusión cargos públicos, bienes, raíces y encomiendas en los territorios por ellos ganados. Los oficios públicos más importantes, como el de gobernador, capitán general, adelantado, alguacil mayor, etc., que muchas veces se acumulaban en una misma persona, se otorgaron a los jefes de las huéstes conquistadoras en las correspondientes capitulaciones, generalmente a título vitalicio y a veces hereditario. Pero dado su carácter patrimonial, las amplias facultades atribuidas y los gobiernos personalistas que encarnaban, pronto les fueron recortadas las prerrogativas y funciones inicialmente concedidas o reemplazadas por nuevos mandatarios expresamente designados por la corona y removibles en cualquier momento. Excepto estos oficios por capitulación, los cargos públicos más preferentemente desempeñados por los conquistadores y primeros pobladores fueron los de la administración local. Estos lo consiguieron unas veces a instancias de la propia corona que recomendó a los mandatarios superiores indianos con facultad para proveer numerosos puestos subalternos la preferencia de los conquistadores y primeros pobladores para su designación, y otras veces, mediante la rotación y perpetuación en los cargos municipales, prácticamente acaparados por un reducido número de familias de los primeros pobladores, que obtenían así prestigio, poder y la posibilidad de favorecerse a sí mismos, a sus parientes y amigos en el reparto de las tierras, abasto a la ciudad y otros beneficios que reportaban su participación en el gobierno municipal.

Pero fue sin duda alguna la adjudicación de encomiendas de indios, por encima de la concesión de cargos públicos y de tierras, la principal recompensa que recibieron los conquistadores y primeros pobladores. Las encomiendas proporcionaban a sus titulares no sólo la fuerza del trabajo que precisaban para la explotación de los recursos económicos del territorio, sino también otros ingresos en especie que les permitían satisfacer sus necesidades primarias, cumplir con sus obligaciones como encomenderos, e incluso a veces sostener los ostentosos gastos que generaba el sistema de vida señorial que trataban de llevar. Ahora bien, ni todos los españoles de este período llegaron a ser encomenderos, ni todas las encomiendas eran iguales. Los encomenderos siempre fueron un grupo minoritario entre la población española establecida en el Nuevo Mundo, pues la mayoría por no haberse distinguido en la conquista o haber llegado con posterioridad no resultaron beneficiadas en el

De las veleidades de la fortuna de estos primeros conquistadores parecen dar testimonio las palabras del cronista de la Conquista del Perú, Agustín de Zárate, al manifestar respecto de Diego Almagro y Francisco Pizarro que: «Ambos eran los hombres más ricos, tanto en renta como en tesoro, ya que tan liberalmente podía gastar el uno como el otro tales riquezas, como cualquier príncipe en el mundo, aunque no tenían corona real; sin embargo, ambos vinieron a morir en la mayor miseria; que cuando llegó tal día, no se sabe que algo les pertenecía, y que fuera suyo, salvo que, a pesar de sus bienes y tierras, no tuvieron una donde enterrarlos.»

Hernán Cortés lucha en Tenochtitlán. El conquistador de México fue uno de los capitanes que mayores beneficios recibió de su compañía indiana: el cargo de primer virrey de Nueva España, encomiendas, grandes propiedades en el territorio conquistado y hasta los honores que conferían en su tiempo el título de marqués y la distinción de la Orden de Santiago.

reparto. Es más, a medida que transcurren los años y aumenta el número de pobladores españoles el porcentaje de encomenderos va disminuyendo progresivamente e incrementándose el de aspirantes, aún cuando del usufructo de las encomiendas solían vivir todo un conjunto de parientes, amigos y criados de los titulares.

De igual modo, la distribución de encomiendas fue muy desigual, favoreciendo la aparición de jerarquías sociales dentro del mismo grupo de los conquistadores. Aunque los criterios seguidos al efectuar el reparto inicial eran los méritos y servicios contraidos por cada participante en la conquista, en verdad no siempre se cumplió con rigor, equidad y generosidad, sino que muchas veces predominaron las consideraciones sociales, políticas o personales sobre los méritos y servicios; y mucho más en los momentos subsiguientes a la conquista, cuando los nuevos mandatarios tienden a favorecer en los nuevos repartimientos a gente advenediza, familiares y allegados en detrimento de los conquistadores. El resultado fue que, mientras que unos pocos recibieron grandes encomiendas que les proporcionaban cuantiosos ingresos si la región era rica, los más sólo obtuvieron medianas o pequeñas encomiendas que apenas producían lo necesario para subsistir, lo que les obligaba a desempeñar otras actividades a fin de vivir con cierto decoro o a abandonar la tierra para probar fortuna en otra expedición.

Los grandes encomenderos que habían sido los capitanes de la conquista serán también quienes desempeñan los oficios públicos más importantes y acaparan los cargos de alcaldes y regidores de los cabildos de las respectivas ciudades. En su condición de tales se repartirán los mejores solares urbanos, adquirirán tierras dentro de su encomienda y se favorecerán del abastecimiento de víveres de la ciudad y demás oportunidades que les deparaba el desempeño del cargo. A su vez, al disponer de capital y de mano de obra indígena encomendada emprenderán negocios de diversa índole que les reportarán ganancias muchas veces superiores a los de la propia encomienda. En suma, este reducido grupo de grandes encomenderos fueron los máximos beneficiarios de la conquista, los que contaban con medios para llevar una vida señorial a la que todos aspiraban, y quienes más interés tenían en que la corona concediese las encomiendas como señoríos, o al menos en perpetuidad y hereditarias, para mantener así su preponderancia social y poder asegurar los patrimonios que habían de honrar sus linajes.

Sin embargo, la corona guiada por razones políticas y religiosas, como las de impedir un fortalecimiento excesivo del grupo de los encomenderos, estimular la fidelidad y servicio de todos los pobladores españoles, e impedir los abusos cometidos sobre la población indígena encomendada, se mostró contraria a la concesión de las encomiendas en señorío y en perpetuidad.

CAPITULO 2

LA ACCION DE LA IGLESIA EN LA PRIMERA MITAD DEL SIGLO XVI

José Angel Carreño Pérez

1. La acción de la iglesia en la primera mitad del siglo XVI

Si uno de los determinantes de la empresa indiana fue el deseo de encontrar recursos para emprender la reconquista de la Tierra Santa, algo tuvo que estar previsto sobre la expansión de la fe cuando Colón en su diario habla de esa posibilidad. El hecho de que entonces se comulgara con la idea de que el Pontífice podía disponer sobre las tierras pobladas de infieles, como ocurría con las Bulas que apoyaban la expansión descubridora de los portugueses, fue también motivo de que automáticamente se tuviera la misión evangelizadora como determinante. Así va a darse el caso, hasta entonces desconocido, de que se considerara imprescindible una tarea que entrañaba toda una transformación en la mentalidad de los hombres hallados al otro lado del Océano, de la que no quiso prescindir la Corona, que había rematado la Reconquista como una empresa religiosa. A ello ayudó, además, la necesidad en que se encontraron los Reyes Católicos de obtener una Bula semejante a las que habían conseguido los portugueses.

Inicialmente los evangelizadores españoles creían que era suficiente ponerse bajo la protección del Espíritu Santo para que su predicación tuviera los mismos efectos que la de los Apóstoles. Así vemos en este grabado de época a un evangelizador franciscano convirtiendo, como se creía, a cientos de indios a la vez.

2. Las Bulas pontificias

Conocido el resultado del primer viaje colombino, se hacía necesario contar con una garantía frente a las reclamaciones de Juan II de Portugal, que alegaba le pertenecían las tierras descubiertas, conforme a lo convenido por castellanos y lusos en el tratado de Alcaçovas-Toledo de 1479-1480. Así, si la corte lisboeta basaba sus derechos descubridores en las concesiones recibidas de Roma, entre los pontificados de Martín V y Sixto IV, los Reyes Católicos gestionaron ante Alejandro VI concesiones semejantes, lo que dio origen a una serie de Bulas, desde la *Inter Coetera I* (3 de mayo de 1493), que otorga las nuevas tierras a los reyes, con el compromiso de la conversión de los habitantes, siempre que no dependieran ya de otro príncipe cristiano. La *Inter Coetera II* (datada el 4 de mayo de 1493) establece una línea de demarcación para diferenciar los dos caminos expansivos –español y portugués–, línea situada a 100 leguas al oeste de las Azores y Cabo Verde. La *Eximiae devotionis* (3 de mayo de 1493) reconoce a la Corona castellana los mismos privilegios y gracias espirituales que la Santa Sede había otorgado con anterioridad a los lusitanos en Africa, Guinea y la Mina. Y, por último, la *Dudum siquidem* (26 de septiembre de 1493) señalaba como meta final «hasta la India», tal como lo tenían concedido los portugueses.

«En nombre de la santa obediencia os obligamos a mandar a los dichos continentes e islas hombres de piedad, de ciencia y de mucha experiencia, capaces de instruir a la gente de allí en la fé católica y en las buenas costumbres.» Con este mandato del Papa Alejandro VI a los Reyes Católicos se inicia la importantísima labor misionera y la evangelización de un número jamás imaginado de fieles del Nuevo Mundo.

3. Organización de la Iglesia en Indias

La obligación impuesta a los Reyes de velar por la conversión de los infieles, vino a convertirles en vicarios de Roma, aun cuando jamás existió tal título ni nombramiento. Esta intrusión del poder civil en el terreno eclesiástico se vio favorecida, indudablemente, por el hecho de que la Sede Apostólica otorgó a la Corona castellana el Patronato de la Iglesia en Indias, por la Bula

Un piadoso monje pide para los pobres, grabado del artista indio Poma de Ayala. Por las calles de ciudades como México o Perú no era difícil ver a monjes, especialmente franciscanos, pidiendo limosna para los pobres o para sufragar los gastos de los hospitales o de las casas de asistencia fundadas por los religiosos.

El celo misionero de la Reina Isabel quedaba manifiesto en la Real Cédula de 1503: «Mi principal deseo siempre ha sido y es de estas cosas de Indias que los indios se conviertan a nuestra fé católica, para que sus ánimas no se pierdan, para lo cual es menester que sean informados de las cosas de nuestra sante fe católica...»

Universalis Ecclesiae (1508), que incluía diversas prerrogativas: facultad de erigir templos y presentar dignidades; percepción del diezmo eclesiástico (*Eximiae devotionis* de 1501), y poder para establecer y variar la demarcación de las diócesis (1518).

Ya en el segundo viaje colombino (1493) se puso a prueba el deseo real de cumplir con el encargo misional recibido de Roma, a la par que se dejaba sentado un precedente de lo que iba a ser, en el futuro, la práctica vicarial. En efecto, el mínimo fray Bernardo Boil, hombre de confianza de los Reyes Católicos, que había acreditado con anterioridad sus cualidades diplomáticas, acompañó al Almirante dotado de amplísimas facultades ministeriales, que se le otorgaban en virtud de la *Piis fidelium* (de 25 de junio de 1493). Sin embargo, la desavenencia del religioso con Colón, que determinó el prematuro regreso de aquél a España, truncó este intento organizador.

Los Reyes hicieron un nuevo esfuerzo por mantener en Indias alguna persona sobre quien recayeran funciones que pudieran equiparar su jurisdicción a la episcopal. Así, ya que no había de pasar a América el recientemente regresado Boil, los monarcas expiden una Cédula, dirigida al Obispo Fonseca con fecha 7 de abril de 1495, en la que –entre otros– le hacen el siguiente encargo: «Nos vos mandamos y encargamos que busquéis algún clérigo para esto de buena conciencia e de algunas letras que vaya allá agora (...), y esté allá por algún tiempo en tanto que Nos proveemos en esto y aquí os enviamos poder de fray Buil para la persona que vos nombráredes». A la luz de esta disposición, parece evidente el interés real por colocar una persona de confianza en el gobierno supremo de las Indias, en lo tocante a cuestiones eclesiásticas y misionales. Cabe advertir, además, el carácter de provisionalidad que se otorga a esta autoridad religiosa, como si tan sólo se tratara de cubrir una laguna, mientras se concebía un modelo completo de organización eclesiástica.

Al fin y al cabo, la Iglesia vino a organizarse en Indias de acuerdo con su esencial constitución jerárquica, aunque presentó en los primeros momentos una situación peculiar. Primero se procedió tan sólo al envío de religiosos, circunstancia que se mantuvo durante varios años, pues aunque llegaron a crearse diócesis sobre los supuestos reinos de la isla Española, en la práctica ninguno de los Prelados previstos para regirlas llegó a pasar de su destino. Pero lo curioso es que tampoco se instaura un régimen puramente misional en esta primera época, pues los religiosos –franciscanos y dominicos– no vivirán entre los indios, sino que se asentarán en sus propios conventos, como hacían en España. Y así se da el caso insólito de que en las Leyes de Burgos de 1512 se determina que el cuidado de la evangelización del indígena ha de correr a impulso del encomendero. El propio encomendero será el encargado de buscar el sacerdote, pero sin que se hable para nada del Prelado.

Estos hechos son otras tantas pruebas de que el esfuerzo evangelizador no era fácil, pues a las dificultades que entrañaba la estructura conventual se unía la falta de experiencia (el propio Papado no disponía de un organismo que pudiera coordinar la labor misional en las Indias). De esta manera, será la propia experiencia la que permite ir perfeccionando el cumplimiento de la misión prevista en la donación pontificia.

Con el tiempo fueron ocupándose las primeras sedes episcopales. El primero que pasó a su destino fue el Obispo Manso, titular de Puerto Rico, que se incorporó en época de don Diego Colón. El primer ocupante efectivo de la sede domicana fue un personaje de gran importancia, don Alejandro Geraldini (1520-1525), que había tomado parte en las gestiones colombinas. Humanista destacado, su interés por los temas indianos llegó a plasmarse en un libro. Fue él, además, quien puso la primera piedra de la catedral de Santo Domingo. En todo caso, siguió otorgándose gran importancia al envío de religiosos, que se encargaron de cumplir las funciones que el escasísimo clero secular no podía desempeñar. Aún más, no pocos clérigos regulares llegaron a ocupar obispados. Es significativa de una mentalidad ampliamente extendida, que comprendía cuán necesaria era la presencia de religiosos, la petición de Cortés al Rey, formulada en su 3.ª carta de relación. En ella expresa su convicción de que deben enviarse religiosos antes que Obispos (petición en sí misma desorbitada).

No obstante, pese al afianzamiento de la presencia de la Jerarquía, la Corona siguió haciendo gravitar su peso considerable en todos los aspectos de la vida eclesiástica indiana. Así, la facultad rectora que se otorgó a los Reyes en este campo llegó al extremo de dar el «placet» a documentos pontificios, antes de que éstos pudieran aplicarse en América. Incluso quedaron abortados los esfuerzos del propio Alejandro VI por contar con Nuncios que le representaran en Indias. En el terreno puramente misional, los Reyes gozaron de la facultad de poder dar el visto bueno a los religiosos que pasaran a América y decidir el número de los mismos, todo ello sin necesidad de

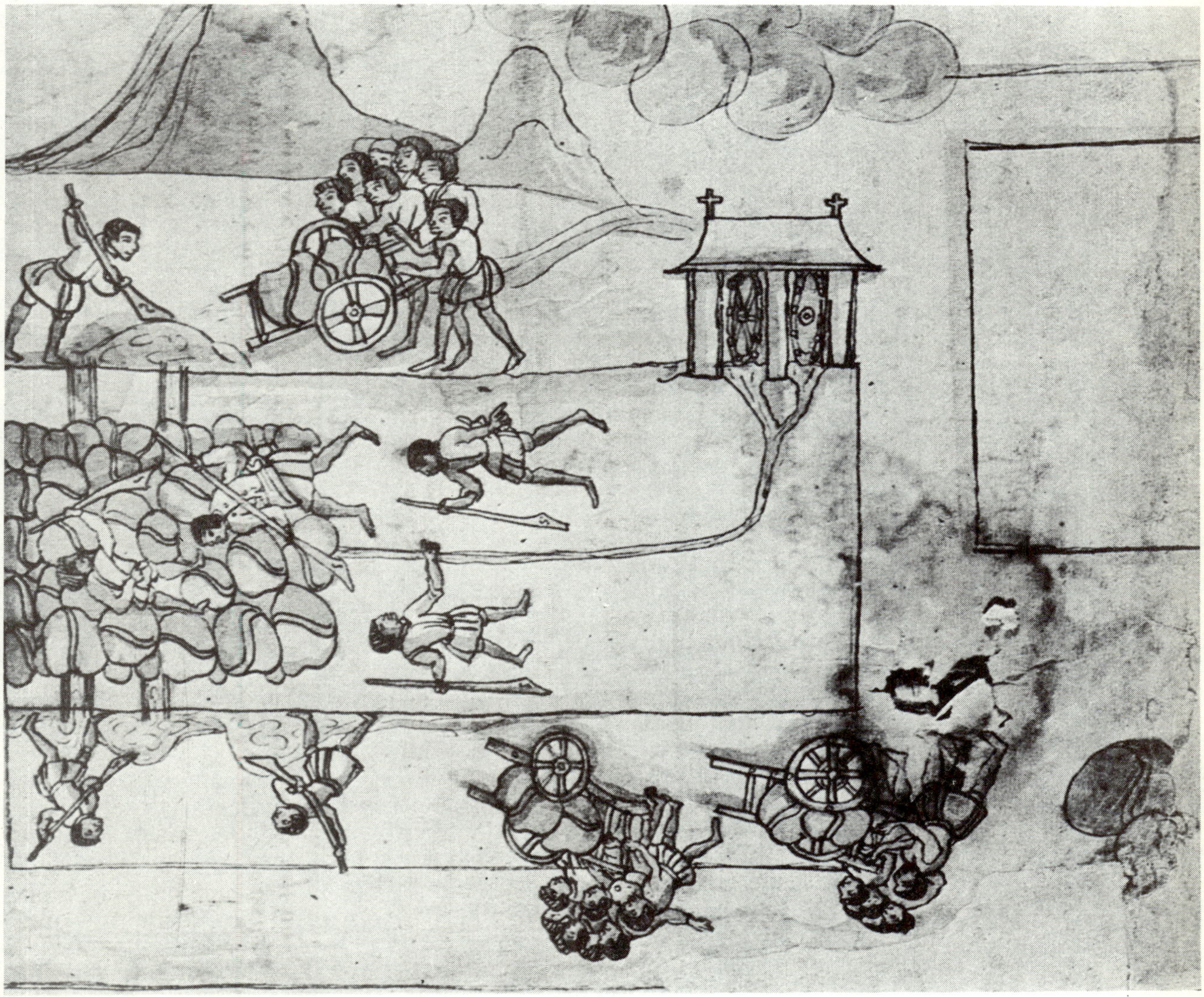

contar con los Superiores de la respectiva Orden (así se contempla en la *Exponi nobis,* de 9 de junio de 1522, llamada Omnímoda por conceder una amplísima jurisdicción eclesiástica).

Visto en lo esencial el esquema eclesiástico de los primeros años de la empresa indiana, tanto en lo relativo al papel de los Reyes, como en lo que hace referencia a las autoridades episcopales y a la presencia de religiosos, cabe señalar brevemente las diócesis que fueron configurando el marco de una nueva Iglesia.

Las primeras sedes nacieron en el mismo ámbito que conoció los iniciales conatos conquistadores y pobladores, las Antillas. Efectivamente, a las sedes de Higuatá, Magua y Bayuna (las tres de la Española), que sólo existieron en el papel, siguieron las verdaderamente pioneras en su erección: Santo Domingo, Concepción de la Vega (ambas en la citada isla) y San Juan (Puerto Rico), que fueron establecidas en virtud de la Bula *Romanus Pontifex* (1511). De las Antillas se produjo, también en el terreno eclesiástico, el salto a la

Poco después de concluida la conquista, los españoles comenzaron a construir edificios (hospitales, conventos, etc.).
Aquí vemos cómo se representa la difícil tarea de establecer los cimientos para la catedral de México mediante el acarreo de piedras en carretas. En los primeros tiempos había tal escasez de animales de tiro y carga que son los indios quienes las empujan.

Tierra Firme, a la ciudad de Santa María de la Antigua del Darién, cuya diócesis se creó el año 1513 y contó, al menos desde 1514, con un conocido Obispo, el franciscano Quevedo. La facultad para erigir esta catedral se aprovechó posteriormente para la de Panamá (1521), ciudad heredera de la anterior. Presumiblemente en 1516, o antes, se instauró en Jamaica una abadía, directamente dependiente de la Santa Sede. Aún en el ámbito antillano, nació en 1518 –como última fecha posible– la diócesis cubana de Asunción, trasladada en 1522 a Santiago en virtud de la *Régimen Universalis Ecclesiae.*

Cumplido en lo esencial el mapa diocesano de las Antillas, se fundaron, a medida que avanzaba la penetración española, mitras en nuevos puntos del continente. La primera, la carolense del Yucatán (Santa María de los Remedios), de 1518, no llegó a ocuparse por las precarias condiciones de la presencia española en aquellos lugares, de modo que pudo trasladarse el título al obispado de Tlaxcala (1526), cuyo primer prelado electo fue el dominico fray Julián Garcés. La sede tlaxcalteca se trasladó a la ciudad de Puebla. La de México adquirió tal dignidad por la Bula *Sacri Apostolatus ministerio* (1530). El primer Obispo mexicano fue una figura de ilustre memoria, fray Juan de Zumárraga. Inmediatamente surgieron otras iglesias locales en el territorio novohispano: la de Antequera de Oaxaca (1533) y Michoacán (en 1536).

En la misma década de 1530 se instituyeron otras catedrales en Centro y Sudamérica. En la costa de Tierra Firme surgen las de Coro y Santa Marta en 1531, y la de Cartagena en el 1534. En las tierras centroamericanas se erigen los obispados de León de Nicaragua en 1533, y Guatemala en 1534, a los que siguió el hondureño de Trujillo, en el año 1539. En el ámbito peruano, la primera catedral fue la de Cuzco (hacia 1538), que se benefició de los títulos que se otorgaron a la nunca existente de Túmbez. Le siguió la de Lima (1541).

4. La evangelización incierta. Franciscanos y dominicos en las Antillas. La cuestión indigenista

La empresa española en América tuvo, desde su comienzo un profundo sentido misionero: todas las leyes dictadas para Indias mandaban la evangelización del indio y en esta tarea quedaron comprometidas, desde muy pronto, las órdenes religiosas existentes en España.

Ya en el segundo viaje de Colón (1493), de acuerdo con los deseos expresados por el Papa en las Bulas otorgadas, embarcaron los primeros evangelizadores en América. Se trataba de los religiosos que acompañaron a fray Bernardo Boil, entre los que conocemos particularmente al ermitaño jeronimita fray Ramón Pané, famoso cronista de los indios antillanos.

En estos primeros momentos no se dio la especialización que se conocerá en poco tiempo (de modo que sólo determinadas órdenes enviarán a sus miembros). De esta manera, en la Instrucción que recibió Colón de los Reyes antes de emprender su tercer viaje (15 de junio de 1497) parece considerarse América como campo abierto a cualquier religioso que lo desee, al decir sin mayor concreción: «se debe procurar que vayan a las dichas Indias algunos religiosos e clérigos, buenas personas, para que allá administren los Santos Sacramentos a los que allá están, e procuren de convertir a nuestra santa fe católica a los dichos indios naturales de las dichas Indias». Otra prueba palpable de esta indiscriminación nos la ofrece la presencia de seis frailes en la expedición de Bobadilla a la Española en 1500, pues junto a varios franciscanos hallamos al benedictino fray Alfonso del Viso. El mismo Colón, en su carta al Papa de febrero de 1502, además de magnificar la importancia que para la cristiandad tenían sus descubrimientos, solicita poder para, sin posible impedimento de los respectivos superiores, llevar a Indias hasta seis religiosos idóneos, que él conoce, de cualquier Orden (y cita en concreto «San Benito, Cartuja, San Jerónimo, menores e mendicantes»).

En cualquier caso, en el período que estudiamos sólo cuatro órdenes se asentaron efectivamente en Indias: franciscanos, dominicos, mercedarios y agustinos. De ellos, los primeros en consolidar su presencia en las Antillas fueron los franciscanos, que llegaron en sucesivas expediciones: 1500 con Bobadilla, 1502 con Ovando, etc. Así llegó a constuirse en la Española la provincia franciscana autónoma de Santa Cruz (1505). Se sabe igualmente que, por lo menos en 1510, llegó también un grupo de dominicos a la Española. Se trataba de cuatro miembros de la Orden, a cargo de fray Pedro de Córdoba.

Con tal rapidez comenzó a extenderse la acción evangelizadora que era normal representar, en los mapas de la tierra conquistada, la cabecera de cada curato, generalmente a cargo de franciscanos o dominicos, por una iglesia grande que significaba la existencia de pueblo cristiano y por otras pequeñitas en torno que indicaban los lugares de predicación tal como aquí vemos.

Los franciscanos y dominicos se distinguirán, además de por su labor pastoral, por la defensa del indio, que asumieron al atacar la encomienda. En líneas generales podemos decir que, en estos años iniciales, los franciscanos se mostraron recelosos del sistema de encomiendas, que venían a admitir siempre que se garantizase un trato correcto para el indio, en tanto que los dominicos fueron acérrimos enemigos de tal práctica, por preferir la vida de los indios en su propio ambiente. Fruto de estas actividades críticas fue el conflicto que estalló cuando, el 30 de noviembre de 1511, el dominico fray Antonio de Montesinos pronunció el sermón del segundo domingo de Adviento, en el que consideró a todos los encomenderos en pecado mortal, merecedores de eterna perdición.

A consecuencia del alboroto que suscitó el sermón, el Provincial de la Orden –padre Córdoba– y Montesinos acudieron a la Península para defender su postura. Ante la gravedad de la situación, D. Fernando convocó una junta, que presidió el Obispo D. Juan Rodríguez de Fonseca, y contó con la presencia de destacados personajes como los Licenciados Santiago y Sosa y el Doctor Palacios Rubios, miembros del Consejo de Castilla; el predicador real, Licenciado Gregorio, o fray Matías de Paz, Catedrático de Teología en Salamanca. Fruto de las deliberaciones de la junta fueron las Leyes de Burgos (de 27 de diciembre del año 1512), que constituyeron una regulación de los derechos y deberes del indio en su relación con el encomendero, completadas –a instancias del padre Córdoba– con la «moderación» de Valladolid (28 de julio de 1513). De esta manera parece que puede hablarse de una parcial victoria del esfuerzo dominico, si bien no consiguieron los predicadores que se aboliera la encomienda.

La orden de San Francisco fue la primera en llegar a América: en 1500 los frailes franciscanos ya se encuentran en las Antillas y en 1524 pasan a tierra firme. De la orden saldrán dos de los santos más destacados en América: San Francisco Solano, español que se santificó en el Nuevo Mundo y San Felipe de Jesús, americano que sufrió martirio en Japón.

5. Los comienzos misionales en Tierra Firme. Los primeros intentos de conquista pacífica

Consecuentes con sus ideas sobre la bondad y la capacidad del indígena americano para recibir la fe, y rechazando los métodos violentos que sustentaban la penetración española en el Nuevo Mundo, los dominicos llevarán a cabo una serie de intentos de conquista pacífica. Para ello, ayudados en alguna ocasión en los franciscanos, se internarán en tierra india procurando excluir la presencia de otros españoles, por estimarla perjudicial para el indio. Se trataba de atraer a los naturales a la fe renunciando al empleo de las armas y utilizando tan sólo el buen tratamiento, la convivencia pacífica y la predicación evangélica.

El primero de estos intentos fue resultado de las gestiones que el propio padre Córdoba hizo en España, tras su llegada en 1512 con Montesinos, consecuencia de esta iniciativa fue la Real Cédula de 2 de junio de 1513, por la que se autorizaba el experimento evangelizador que aquél propugnaba. Debía realizarse en el territorio comprendido entre Cariaco y Coquibacoa, en Tierra Firme. En este ámbito costero quedaban prohibidas las armadas que frecuentaban tales lugares con el propósito de hacer esclavos para llevarles a las Antillas. Por determinadas circunstancias, no fue posible que los inicialmente designados para cumplir tal misión (los clérigos Córdoba y Montesinos y el aún lego Julián Garcés, luego Obispo de Tlaxcala) llevaran a cabo su cometido. A la postre, arribaron al lugar dos religiosos, uno clérigo y otro laico. Pero las esperanzas del padre Córdoba se disiparon, puesto que siguieron adelante las prácticas esclavistas, pese a la prohibición. En consecuencia, al continuar la acción de las armadas sobre los indios, éstos acabaron recurriendo a la violencia, y no hallaron mejor modo de saciar su apetito de venganza que dar cruel muerte a los dos religiosos, que de esta manera experimentaron el fracaso inicial del intento en que se empeñaba su orden.

Tras este desenlace, el Padre Córdoba y sus hermanos de Orden no se desanimaron, sino que continuaron con el anhelo de poder poner en práctica su idea. Conseguirán, en consecuencia, una nueva Cédula, esta vez datada el 3 de septiembre de 1516, gestionada en esta ocasión por el Padre Montesinos. El Rey prohibía ahora a los españoles ir al ámbito concedido por él a los evangelizadores (provincia de Cumaná y costa de las Perlas), imposibilitándoles además el envío de armadas. Todo el trato comercial –del cual el Rey debía sacar provecho– se haría a través de una persona que contara con el beneplácito de Córdoba. Por otra parte, los jerónimos que gobernaban la Española debían prestar todo su apoyo a este nuevo intento evangelizador.

En este segundo momento, los dominicos contaron con la ayuda de varios franciscanos reformados extranjeros (picardos). Unos y otros se repartieron el territorio concedido, de manera que los Predicadores, con el propio padre Córdoba al frente, se establecieron en «Santa Fe» (Chichirivichi), en tanto que los Mendicantes arribaban a la desembocadura del río Cumaná. Mientras aquellos tenían como cometido la predicación, estos llegaron a fundar dos colegios para la enseñanza de los niños indios. El empeño, una vez más, acabó trágicamente por las prácticas esclavistas que, pese a todo, siguieron en pie. Como consecuencia, se desató de nuevo la represalia indígena, lo que costó la vida a los dominicos –entre los cuales no había podido continuar fray Pedro de Córdoba–. Los franciscanos pudieron anticiparse al desastre y trasladarse a Cubagua, isla que poco después acabaría siendo evacuada. Este nuevo revés de los esfuerzos de colonización pacífica se consumó en 1520.

La orden de los dominicos llegaría a América poco después que los franciscanos: en 1510 están ya establecidos en las Antillas; en 1525 pasan a México y en el Perú preceden a los miembros de la orden franciscana. De la orden de los dominicos surgirán en América dos santos, San Luis Beltrán y San Martín de Porres, y un beato, Fray Juan Macías.

6. Aparición de las Casas. La etapa de los jerónimos

Los intentos de conquista pacífica llevados a cabo por los dominicos coinciden, parcialmente, con la apararición en la escena indigenista de Bartolomé de Las Casas, clérigo sevillano en quien se operó una transformación decisiva durante su estancia en Cuba. En efecto, allí era uno de tantos encomenderos hasta que, mientras preparaba un sermón para la fiesta de la Asunción de 1514, se convirtió en un decidido defensor de los indios, a la par que acérrimo enemigo del sistema de las encomiendas, que atacará durante el resto de su vida.

Una vez iniciada esta nueva etapa de su vida, actuará decisivamente en España y América en favor de los naturales, aunque más como difusor de ideales y proyectos surgidos de la mente de los dominicos, que como paladín de planes autónomamente concebidos por él mismo.

En esta manera, su primera actuación en la Corte tuvo lugar en 1516. En efecto, de acuerdo con el padre Córdoba, llegó Las Casas a España en compañía de fray Antonio de Montesinos. Mientras aquél se encargaría de gestionar un proyecto para corregir los errores y abusos cometidos por los españoles en las Antillas, el dominico intentaría conseguir –como de hecho lo logró– la concesión oportuna para realizar un nuevo intento de conquista pacífica en Tierra Firme. De los planes que el clérigo sevillano presentó en la Corte, es singularmente conocido el que proponía sus célebres «catorce remedios» (¿II-III? de 1516), entre los que pueden destacarse los siguientes: abolición de la encomienda; restitución a los naturales de los bienes que les arrebataron por la fuerza; reunión de los indios en comunidades, cuyos miembros sólo trabajarían para sí mismos y para tributar al Rey; y, finalmente, asentamiento de familias de labradores castellanos, que se mezclasen con los naturales y edificasen la vida cristiana de los mismos.

La información de Las Casas fue el motivo inmediato, ya que indudablemente no el único, que decidió al Regente Cisneros a llevar a cabo una política que reformara la actuación española en las Indias, y que, basada en la justicia, borrara los abusos hasta entonces cometidos.

Para realizar su plan, el Cardenal entregó el gobierno de las Indias a tres frailes jerónimos, los padres Figueroa, Manzanedo y Santo Domingo. De acuerdo con la idea de Cisneros, los miembros de la Orden de San Jerónimo serían los más aptos para cumplir la misión que se les encargaba por diversos

Fray Bartolomé de Las Casas (1474-1566). Dominico sevillano que defendió al indio frente al abuso que cometían contra éste muchos encomenderos españoles. Entre 1502 y 1515 estuvo en Santo Domingo y Cuba como militar. Desde 1510 fue capellán castrense y en 1523 se hizo fraile dominico. Después de dieciséis años de espera en Santo Domingo, Guatemala y Nicaragua es llamado por Carlos V, compareció ante el monarca presentándole el opúsculo «La Destrucción de las Indias» en el que acusaba a los descubridores del Nuevo Mundo de espeluznantes crímenes. Ese mismo año el Emperador dictó las *Leyes Nuevas* restringiendo las encomiendas y en 1543 lo nombró obispo de Indias.

Después de la llegada al Nuevo Mundo de los dominicos y antes de la de los jerónimos, realizarán su labor misionera los mercedarios (desde 1514) y los agustinos (1535).

motivos: su alejamiento del mundo les preservaría de la corrupción de la avaricia; estarían al margen de las diferencias que separaban a franciscanos y dominicos de la cuestión de las encomiendas; y, por último, gozarían de cierta experiencia agrícola, siempre útil para resolver los problemas económicos que afectaban a América.

En los comienzos de la labor de los jerónimos se halló también presente Las Casas, que les acompañó como consejero en su partida (noviembre de 1516). Incluso el propio clérigo –como él mismo se llamaba– llevaba, según su relato, el nombramiento de protector universal de indios. Pero las diferencias entre unos y otros, así como el sentido práctico que inspiró la actuación de aquéllos –y de Cisneros en suma–, impulsándoles a mantener la encomienda, acabaron motivando el abandono de Las Casas, que regresó a España para gestionar un nuevo plan de conquista pacífica, no sin antes organizar una campaña de fuerte oposición a las medidas de los nuevos gobernantes, en la que contó con el apoyo de los dominicos. Estos, y algunos franciscanos, proporcionaron al clérigo cartas de recomendación para la Península.

Con todo, antes de tratar sobre los nuevos proyectos de Las Casas, debemos recordar las directrices que debían seguir los jerónimos –a cuya concepción no era ajeno Las Casas–, así como los resultados de su actuación. Inicialmente se reunirían con españoles e indios principales, les explicarían su función y recogerían sus opiniones, que podrían serles útiles en el cumplimiento de su misión. Además, debían adoptar unos modelos de actuación alternativos en la cuestión indígena: la constitución de poblados donde los indios vivieran libres, tributaran a la Real Hacienda y se mantuvieran a sí mismos, bajo el gobierno de su propio cacique –aunque hubiera de contar con la administración a cargo de un español, o bien con el acuerdo del administrador y el sacerdote–; y, en caso contrario, el mantenimiento de la encomienda, si bien suavizada de acuerdo con los principios inspiradores de las Leyes de Burgos-Valladolid de 1512-1513, cuyo tenor no habían de observar con exactitud. Por fin, debían averiguar si los indios eran capaces de vivir en completa libertad, e informar en consecuencia.

En la obra del inca Poma de Ayala aparece un grupo importante de grabados bajo la común denominación de «Buenos Cristianos». En el primer grabado, un sacerdote celebra con unción la misa; en el segundo, un franciscano de gesto bondadoso extiende una cruz a un indio arrodillado.

Por último, podemos decir que, además de permitir la continuación del régimen de encomienda, los reformadores intentaron lograr un mayor desarrollo agrícola de la Española, a la par que solicitaron el envío de labradores de la Península; asimismo pidieron nuevos clérigos que atendieran las necesidades de la evangelización y obtuvieron, al menos sobre el papel, la obligatoriedad de residencia de los titulares en las sedes episcopales.

Los jerónimos volvieron a España en 1519, sin más que algunos logros parciales, tras haber sufrido el desinterés de don Carlos, que hizo morir el proyecto de Cisneros poco después de que éste desapareciera en julio de 1517.

Mientras se consumaba este fracaso en América, Las Casas actuaba en la Corte, donde sin duda entró en contacto con don Diego Colón. Ambos intentarían lograr una conjunción de sus mutuos intereses que permitiera, al hijo del descubridor, satisfacer sus pretensiones sobre el gobierno de todas las Indias, y al clérigo, contar con el apoyo de quien, por su máximo poder, pudiera evitar las prácticas esclavistas que podían perjudicar los planes de Las Casas, además de proporcionarle los adecuados medios financieros. Si una expresión de este entendimiento fue el memorial que presentó don Diego en la Corte, ofreciéndose para construir fortalezas en la tierra que pretendía don Bartolomé –si bien no surtió efecto–, otra muestra de tal comunicación puede apreciarse cuando, en 1520, Las Casas obtiene su ansiada capitulación para la conquista pacífica en Tierra Firme, y don Diego es repuesto como virrey en las islas. Así, si el clérigo podía contar con un poderoso aliado que evitara intromisiones en la Tierra Firme, el virrey se deshacía de posibles conquistadores que hicieran vanas sus pretensiones sobre el continente. Sin embargo, el fracaso final del proyecto lascasiano hizo inútil esta colaboración.

7. El plan de conquista pacífica de Las Casas en Tierra Firme

Tras abandonar a los jerónimos en la Española, Las Casas batalló en España para que se le aprobara un proyecto de experimento misional, de conquista pacífica, que debía realizarse en Tierra Firme. Para tal empresa solicitó la concesión de 1.000 leguas hacia Paria. En su plan , puntualmente detallado, preveía la ayuda de 12 dominicos y franciscanos, así como la compañía de 50 hombres intachables –cuyo reclutamiento haría en las Antillas–, que recibirían el título de caballeros. El postulante, suprema autoridad de la circunscripción, sería el único que podía dar licencia para comerciar con perlas y oro, y por su parte se comprometía a fundar tres pueblos con sus fortalezas en cinco años.

Mas la realidad no llegó a coincidir cabalmente con los deseos de don Bartolomé. Si el Consejo accedió a su petición, aunque restringiendo la extensión a 260 leguas desde Cumaná, y el Emperador firmó las correspondientes capitulaciones (19 de mayo de 1520), el resto de la historia fue un completo fracaso. La salida hacia América se produjo a finales de 1520. Además de los religiosos, zarparon algunos labradores. Tras arribar a Puerto Rico, Las Casas intentó, en la Española obtener equipamiento oportuno y reclutar a

Luis Beltrán. Nacido en Valencia en 1526, este dominico fue el evangelizador de Colombia donde, con el cambio de clima y geografía, transformó su vida retirada por otra de inusitada actividad, en la que a las dificultades físicas normales en aquellas tierras, va a añadir el santo penitencias constantes.

sus futuros caballeros. En esta isla se vio obligado a admitir la posibilidad de hacer la guerra a los indios que eran caníbales y a los que no aceptaran a los pobladores españoles o que se resistieran a la predicación de la Fe. Además, estos mismos indígenas podrían ser capturados como esclavos. Por otra parte, los impecables caballeros tan ansiados por el clérigo no llegaron a convertirse en personas de carne y hueso. Para colmo de males, tras llegar de regreso a Puerto Rico para emprender el viaje definitivo a Tierra Firme, se encontró con que sus labradores también le habían vuelto la espalda.

Sea como fuere, don Bartolomé continuó adelante con su plan y se estableció en el ámbito que se le había otorgado. Pero allí tampoco cesaron las dificultades y, pese a la oposición de Las Casas, continuó la práctica esclavista con miras comerciales y el tráfico de perlas. El desastre vino a consumarse cuando Las Casas, para defender sus derechos y su maltrecha autoridad, zarpó hacia la Española. En su ausencia, los indios, inevitablemente molestos por la cuestión de los esclavos, sembraron de nuevo el pánico y la muerte entre los compañeros del defensor de los naturales, de modo que el intento quedó definitivamente frustrado en enero de 1522.

Tras este fracaso, Las Casas ingresó en la Orden de Santo Domingo en 1523, y permaneció largo tiempo retirado en La Española. Al cabo de los años (1531) reapareció en la vida pública, impregnado de las mismas ideas indigenistas que habían caracterizado su período anterior. Baste decir ahora que concibió un nuevo plan de conquista pacífica, que en esta ocasión llevó a cabo en Centroamérica (Verapaz). Para ello contó, antes que con la autorización oficial, con la secreta del visitador de Guatemala, Alonso de Maldonado (1537). Con todo, este esfuerzo requirió una larga preparación, de modo que sólo comenzó a ser realidad en 1544, fuera ya de nuestro marco.

8. Consolidación de los evangelizadores en el continente: franciscanos, dominicos, mercedarios y agustinos

Resulta difícil imaginar cómo los primeros misioneros pudieron superar tantas dificultades y cumplir con su labor religiosa del modo en que lo hicieron. Su epopeya comienza con los largos, molestos y religiosos viajes al nuevo continente, sigue con las enormes distancias que luego debieron recorrer a pie, por una geografía desconocida, abrupta y llena de riesgos e incomodidades, y a veces acaba en la propia muerte.

Si los conquistadores pasaron al continente desde las Antillas, lo propio hicieron los religiosos, siendo de nuevo los franciscanos quienes dieron el primer paso. Algunos miembros de la Orden se encontraban en Tierra Firme en 1509, como compañeros del gobernador de la Nueva Andalucía Alonso de Ojeda. Más adelante los encontramos en la Nueva España, donde llegaron dos importantes y célebres expediciones: una en 1523 y la otra en 1524. La primera estaba compuesta por dos padres y un lego flamencos. Se trataba de Juan Tecto, autor entre otras obras de unos «Primeros rudimentos de la Doctrina cristiana en lengua mexicana», Juan de Ayora y Pedro de Gante, que asimiló en su Catecismo los sistemas ideográficos indígenas. Entregado a la predicación y la labor educativa entre los hijos de los indígenas, fray Pedro fue también un promotor de la beneficencia asistencial, como lo prueba el Hospital Real o de San José, que fundó hacia el año 1530. Entre las escuelas que fundó, cabe citar la de Tezcoco y la de adultos de S. José. La presencia de los tres flamencos en México responde al deseo del General de la Orden –de la familia de los Observantes Ultramontanos–, fray Alonso de Quiñones, de evangelizar en esa área personalmente, ilusión que no pudo realizar desde el momento en que fue elegido para tal cargo. No obstante, pudo ver cómo los citados extranjeros pasaban a cumplir su misión. La segunda expedición, denominada de los Doces Apóstoles, contaba entre otros conocidos frailes con fray Martín de Valencia y fray Toribio de Benavente (Motolinía). Aunque sea brevemente, merece la pena dedicar un recuerdo a ambos religiosos, sobre los que tanto se ha escrito y hablado.

Fray Martín, cabeza del grupo de apóstoles, demostró ser un hombre de gran iniciativa, vivamente preocupado por el cumplimiento de su cometido. El fue quien convocó una junta apostólica (1524-1525) en la que se trataron temas relativos a la catequesis y sus problemas, la administración de Sacramentos, etc. A la misma asistieron 19 religiosos, cinco clérigos y varios letrados. También al propio fray Martín se debió un proyecto de conquista pacífica del oriente –China–, que no llegó a hacerse realidad, pese al apoyo que Cortés prestó a los compañeros del promotor en el intento que efectuaron en 1532-33.

Fray Toribio de Benavente, por su parte, es conocido no sólo por su piedad, sino también por su carácter de cronista (recuérdense sus obras *Memoriales o libro de las cosas de la Nueva España y de los naturales de ella, Historia de los indios de la Nueva España, Relaciones de la Nueva España o Ritos antiguos, sacrificios o idolatrías).*

Ya desde los primeros tiempos de su presencia en la Nueva España (1524), los franciscanos permanecieron autónomos con respecto a los de la Provincia de Santa Cruz (Española). Inicialmente formaron la Custodia del Santo Evangelio, dependiente del Ministro General, para convertirse en Provincia independiente –sólo subordinada al Ministro General de la Orden –en 1535.

Una vez asentados en la Nueva España, los Mendicantes se extendieron por Centroamérica (Nicaragua en 1527; Guatemala en 1541), e incluso por las regiones andinas (Lima en 1535; Quito en 1538).

Una vez más, como ya ocurrió en las islas, a los franciscanos siguieron los dominicos. Su presencia en la Nueva España data de 1526, fecha en que llegaron los doce primeros, de los que al cabo de un año –aproximadamente– sólo quedaban tres. Uno de ellos, fray Domingo de Betanzos– que fue amigo de Las Casas y, posteriormente, será confesor de fray Juan de Zumárraga–, se convirtió en el verdadero fundador, por ausencia del inicialmente encargado de tal cometido, el Vicario de España, fray Tomás Ortiz. Los dominicos que vivían en México dependían durante los primeros años de la Provincia de Andalucía, como también los que residían en la Española. Pero la situación

jurisdiccional cambió pronto, de modo que los frailes de las Antillas vieron cómo Santo Domingo era erigida como Provincia de Santa Cruz –por disposición pontificia de 30 de agosto de 1530–, en tanto que los misioneros de la Nueva España constituían la Provincia de Santiago, autónoma de aquélla, por Bula de 2 de julio de 1532.

Desde esta plataforma mexicana los dominicos continuaron afianzando su presencia en tierras americanas, de manera que pronto llegan a Santa Marta (1529), Lima (1532) o Quito (1540).

Si las dos Ordenes que antes alcanzaron un rápido desarrollo geográfico en el nuevo campo apostólico que se les abría fueron medicantes y predicadores, no debe olvidarse la acción de los mercedarios, por más que éstos sufrieran incomprensiones que llegaran incluso a determinar, temporalmente, que se les privara de la consideración de misioneros, y, en consecuencia, viesen imposibilitado el paso de Indias en calidad de tales (1549, 1568,1576).

Los religiosos que acompañaron las primeras expediciones españolas tenían ante sí una tarea harto dificultosa: la evangelización del indio. De todas las labores que suponía su misión la de bautizar a los nuevos fieles era tal vez la más sencilla y agradable para los religiosos. En la pintura, el autor imagina a un fraile español bautizando a un indio mexicano en presencia de los conquistadores españoles y de otros indios.

Las sandalias misioneras lo recorren todo y, aún hoy, las distancias salvadas a pie por los religiosos parecen interminables en automóvil o avión. Los misioneros descubrieron tierras, determinaron nombres en la geografía americana y llevaron sus palabras de paz a los rincones más apartados del continente.

Si los mercedarios se hallaron presentes en el segundo viaje de Colón, en 1493, representados por la figura del Padre Solórzano, ya podemos encontrarlos en Santo Domingo poco después de los dominicos (en 1514). En esta ciudad apareció en 1516 el padre Olmedo, que en 1519 salió con Cortés para la conquista de la Nueva España. En esta empresa se distinguió como apóstol de los indios y consejero del hidalgo extremeño. Murió en México en 1524.

Una figura capital para la expansión mercedaria en América fue el Padre Francisco de Bovadilla. Posiblemente presente ya en Tierra Firme en 1514, fue Vicario de todos los conventos de la Merced en América, al menos entre los años 1524 al 1537. Pasó en 1528 a Nicaragua, acompañando a Pedrarias, con el encargo de asumir la organizacion eclesiástica, poder que delegó en el bachiller Bravo.

Comisionados por fray Francisco, los padres Talavera y Gonzalo de Vera intentaron fundar en México en el año 1533. La fuerte oposición que sufrieron los mercedarios les obligó a desistir del empeño, momentáneamente, entre los años 1543-47, viéndose obligados a esperar a los últimos años del siglo para afianzar su presencia en el territorio novohispano.

Mas si la fortuna no pareció acompañar a los mercedarios en su deseo

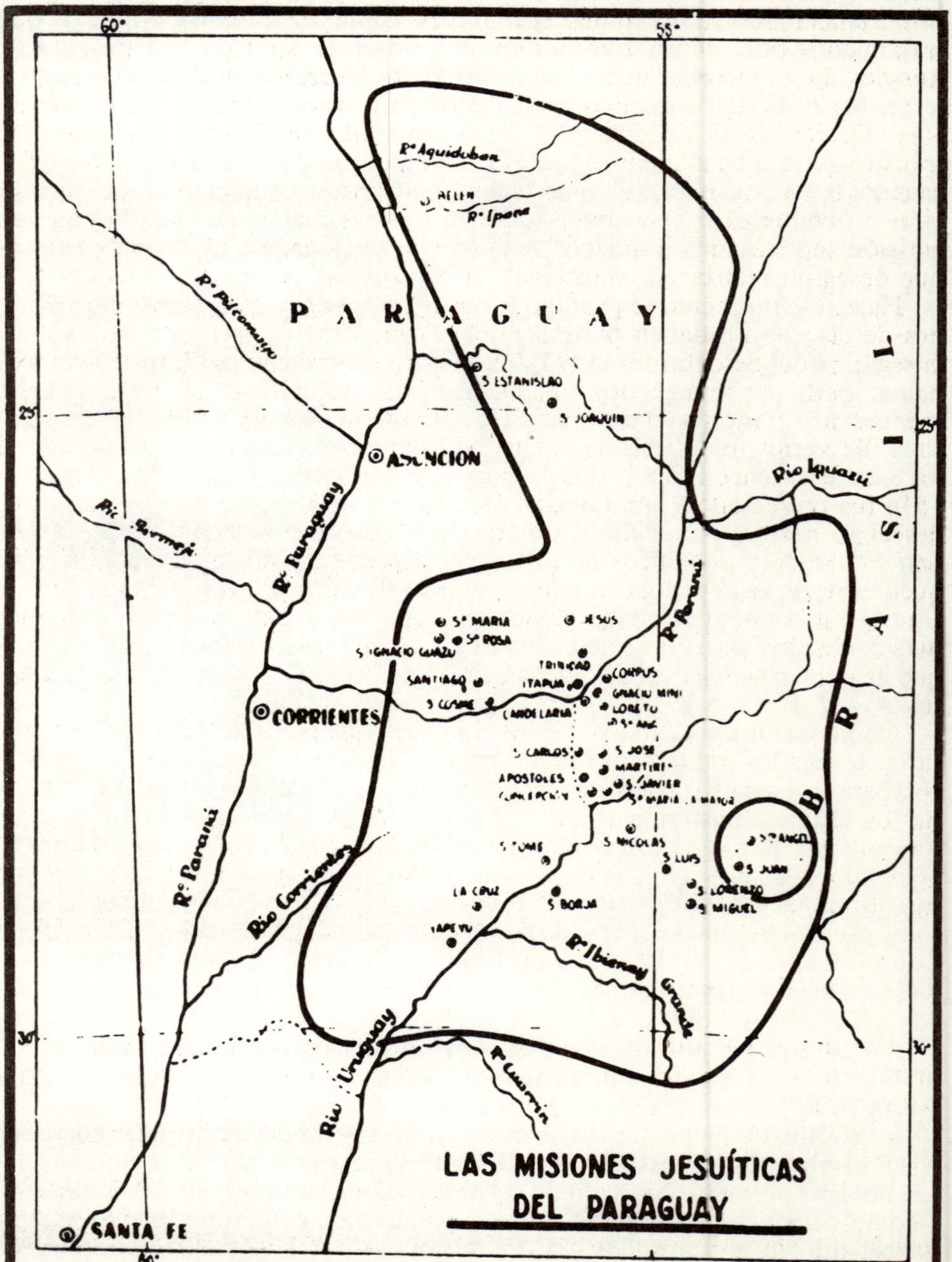

Los jesuitas fueron casi la última orden religiosa en cruzar el Atlántico y, sin embargo, una de las que más aportaron a la conversión del indio y la de más firme arraigo entre las gentes americanas. Su destierro en tiempos de Carlos III constituyó una verdadera hecatombe: las *misiones* de California, Sonora, Sinaeva, Orinoco, Mainas, Mojos, Chipnitos, Chiloé y Paraguay quedaron arruinadas y desiertas. Mapa de las misiones jesuíticas del Paraguay, en plena zona selvática.

de evangelizar en la Nueva España, como tampoco en Santa Marta, donde años antes –1527– había llegado el propio padre Bovadilla, distinto fue el caso de Guatemala, donde la Orden se estableció ya en el 1536, llegando a alcanzar un notable desarrollo; e incluso en el sur del continente, donde ya en los años de la conquista de Perú y Quito encontramos a los Padres de la Merced (a partir de 1534), cuyas casas irán igualmente proliferando.

Lo más destacado de la organización interna de los mercedarios en su dependencia, desde 1532, del Provincial de Castilla, de modo que los residentes en Indias, subordinados al mismo, eran autónomos del General de la Orden.

Por fin, la última de las Ordenes misioneras que hizo su aparición en América –dentro del período que tratamos– fue la de San Agustín, cuyos primeros miembros llegaron a México en el año 1533.

9. La cuestión de los misioneros extranjeros

Indudable interés tiene este problema, que ha sido objeto de diversos estudios de considerable categoría. Nosotros nos limitaremos a recordar la importancia que tuvieron los extranjeros en la tarea evangelizadora y el tratamiento que, como fruto de la necesidad de su labor, recibieron los mismos. Baste recordar que, al contrario de lo ocurrido con los demás extranjeros, los misioneros estaban capacitados para pasar a Indias, hasta que un Real Decreto de 9 de diciembre de 1530, dado en Ocaña, condicionó su tránsito a América a la posesión de la correspondiente licencia de un Superior español o, en su defecto, al visto bueno del Consejo. Aun cuando tal disposición no comenzó a aplicarse rigurosamente hasta algunos años después su emisión suponía una indudable traba para la actividad de los frailes europeos que desearon realizar su apostolado en las Indias.

Hasta ese momento se produjo la llegada a América de diversas expediciones de las que formaban parte algunos extranjeros. La primera de ellas fue la segunda del descubridor (1493), pues entre los franciscanos que le acompañaban podían contarse dos flamencos. Estas mismas personas y, cuando menos, otro franciscano de origen bretón embarcaron en 1500 una vez más. En 1502 varios miembros de la citada Orden acompañaron a Ovando, entre los cuales se encontraban dos franceses y un portugués. Más adelante, en 1516 fue presentado a la autoridad competente otro grupo de extranjeros que deseaban pasar a América: se trataba de 11 frailes picardos de la Orden de San Francisco y dos laicos bretones que les acompañaban. Algunos de ellos quedaron en la Española, mientras que otros alimentaron la fundación de Cumaná a la que más arriba hemos aludido. Por último, por citar sólo a los más conocidos, haremos referencia a los tres famosos franciscanos flamencos que llegaron a México en 1523: Juan de Tecto, Juan de Ayora y Pedro de Gante.

Como puede apreciarse por estos ejemplos, que podrían fácilmente aumentarse, fueron los franciscanos prácticamente los únicos que enviaron extranjeros para la evangelización de las Indias –se entiende que hasta la aparición de los jesuitas, posterior al año límite de nuestro estudio–. En cambio, no hay prácticamente extranjeros entre los dominicos, y menos aún entre los agustinos, cuya aparición en el continente americano es, por lo demás, relativamente tardía.

10. Métodos misionales

Los problemas que se plantearon a los apóstoles del Nuevo Mundo al entrar en contacto con los indígenas, y las soluciones que adoptaron para convertir a los mismos han sido ya objeto de importantes estudios. A nosotros toca únicamente señalar con brevedad algunas de las prácticas de que se sirvieron los religiosos en su empeño misional.

Los métodos que se siguieron fueron de lo más variados. Así, los predicadores enseñaban el Evangelio y las verdades de fe, no sólo con la palabra –para lo cual utilizaron intérpretes en tanto aprendían las nuevas lenguas–, sino también mediante las artes plásticas, la escritura ideográfica –fácilmente ase-

El primer paso hacia la evangelización de los indios fue la fundación de escuelas. En 1503 Ovando, gobernador de la Española, recibe unas instrucciones en las que se le ordena «que hiciese hacer una casa grande adonde, dos veces cada día, se juntaran los niños de cada población y el sacerdote les enseñase a leer, escribir y la doctrina cristiana con mucha caridad».

Página del Códex Azcatitlán que muestra a un fraile bautizando a un indio, a través de la peculiar visión de los convertidos mexicanos.

quible a los naturales en algunos casos–, las manifestaciones folklóricas, etc. Convencidos de la necesidad de vivir con dignidad humana para poder luego ser cristianos, los religiosos procuraron mejorar las condiciones de vida de los indios y hacerlos capaces de vivir civilizadamente. No podía faltar la formación integral de los niños, a través de la enseñanza: luego los hijos serían canal difusor de la nueva vida y la nueva fe entre las familias.

Por fin deben recordarse los denominados métodos de autoridad, verticales y capilares. En el primer caso se trataba de dar ejemplo a los naturales mediante la vida intachable del predicador. Similar era el segundo sistema, consistente en aprovechar el empuje de los caciques e indios principales que, una vez convertidos, debían arrastrar a todos los demás. Por fin, por métodos capilares se entiende los tendentes a propiciar la edificación de los infieles mediante el contacto con cristianos, ya sean éstos indios o españoles (la comunicación entre ambas razas se prohibió en 1535).

11. Consolidación de las primeras diócesis

Frecuentemente los frailes recurrían a métodos alegóricos para hacer comprender a los indios. Pronto descubrieron el impacto ejercido en éstos por la música y el teatro y emplearon ambas.

En otro momento hemos aludido a algunos de los primeros Obispos que fueron a ocupar las sedes antillanas –los señores Manso y Geraldini–. Cabe ahora delinear la actuación de los Prelados que dirigieron algunas de las principales diócesis americanas hasta el año 1542, es decir durante el período que venimos considerando de expansión inicial. Se trata de personajes señeros y, por ende, sobradamente conocidos, que pusieron las bases para una eficaz labor jurisdiccional y pastoral en tan vitales focos de irradiación apostólica.

Se trata de los señores Ramírez de Fuenleal, Zumárraga, Marroquín, Valverde y Quiroga, por no reincidir en las personas de los ya citados Quevedo y Garcés.

12. Don Sebastián Ramírez de Fuenleal, Obispo de Santo Domigo. Presidente de las Audiencias de Santo Domingo y México

Gran significación tuvo don Sebastián Ramírez de Fuenleal, tanto en la vida eclesiástica como en la civil, pues por diversas circunstancias se encontró en la presidencia de dos Audiencias.

Licenciado en ambos Derechos por la Universidad de Valladolid, y tras haber ejercido como oidor en la Chancillería granadina, fue presentado don Sebastián como sucesor del difunto fray Luis de Figueroa, Obispo de Concepción. Sin embargo, la sede que ocuparía Fuenleal reunía las de Concepción y Santo Domingo en esta ciudad, a la que llegó el Prelado en 1529, provisto también del nombramiento de Presidente de la Audiencia que residía en la misma. Pero su estancia en la Española fue corta, de modo que no tuvo tiempo para dar soluciones concretas a los múltiples problemas que afectaban a los pobladores. Con todo, sí sabemos que se preocupó de instituir un estudio para los naturales, como nos lo recuerda Herrera en sus «Décadas» (1).

El motivo de su pronta marcha fue su nombramiento como Presidente de la segunda Audiencia de México, que hubo de aceptar ante las constantes peticiones –órdenes por mejor decir– de la reina.

Una vez abandonada la Española, donde había comenzado a trabar amistad con Las Casas, se entregó don Sebastián a cumplir los designios reales para México. Esta disposición se concretó fundamentalmente en la elaboración de una descripción de la tierra y de la costumbre de los naturales, con el fin de facilitar el mejor gobierno de los mismos. El tema tenía indudable interés por su incidencia en la labor evangelizadora y en la organización eclesiástica novohispana, por lo que tambien se trató en dos juntas eclesiásticas que convocó Ramírez de Fuenleal en 1532.

Ese mismo año de 1532 comunica el Obispo-Presidente el envío a la Corte de la descripción solicitada, que fue tenida en cuenta para la creación de cuatro obispados y provincias distintos en la Nueva España: México, Michoacán, Coatzocalcos y Oaxaca.

En su faceta de indigenista puede apreciarse una doble vertiente, tras la que late su celo por la conversión del natural. En efecto, por un lado influyó con su actitud en la prohibición de herrar esclavos, así como en la limitación de las causas justificativas de la esclavitud. Además defendió la extensión de la jurisdicción real sobre todos los indios, de manera que sólo el tributo y el servicio personal de los indios encomendados podía beneficiar al encomendero, que jamás sería señor de los naturales, vasallos de la corona. Por otro lado, fue Ramírez de Fuenleal uno de los personajes que propiciaron los estudios que, sobre antigüedades indias, realizó el franciscano fray Andrés de Olmos, experto en varias lenguas indias, habitante del convento del Abrojo en la misma época que Zumárraga.

La labor evangelizadora choca con obstáculos insalvables de no haber contado los religiosos con una férrea voluntad y una fe inexpugnable: los indios poseían religiones doctrinalmente opuestas a la cristiana, con dioses feroces y vengativos y ritos funerarios y que permitían el concubinato, el homicidio, y tantas otras costumbres pecaminosas a los ojos de los europeos.

Finalmente, ya asentado de nuevo en Castilla, asistió el Prelado a la junta que se celebró en Valladolid en 1542, cuyo resultado final fue la promulgación de las leyes Nuevas del citado año.

13. Don Juan de Zumárraga, primer Obispo y Arzobispo de México

Nacido en las Vascongadas, pero formado en el Atrojo de Valladolid, el famosísimo franciscano fray Juan de Zumárraga fue el primer prelado que ciñó la mitra mexicana, tanto cuando esta sede tenía dignidad episcopal, como cuando fue elevada al rango arzobispal.

El Emperador Carlos V, que le había conocido en Valladolid, presentó a don Juan para su elección como Obisbo el 12 de diciembre de 1527. Sin embargo, el nuevo Prelado no recibió la consagración episcopal hasta el 27 de abril del año 1533, de manos de la autoridad episcopal de Tlaxcala, el dominico Garcés.

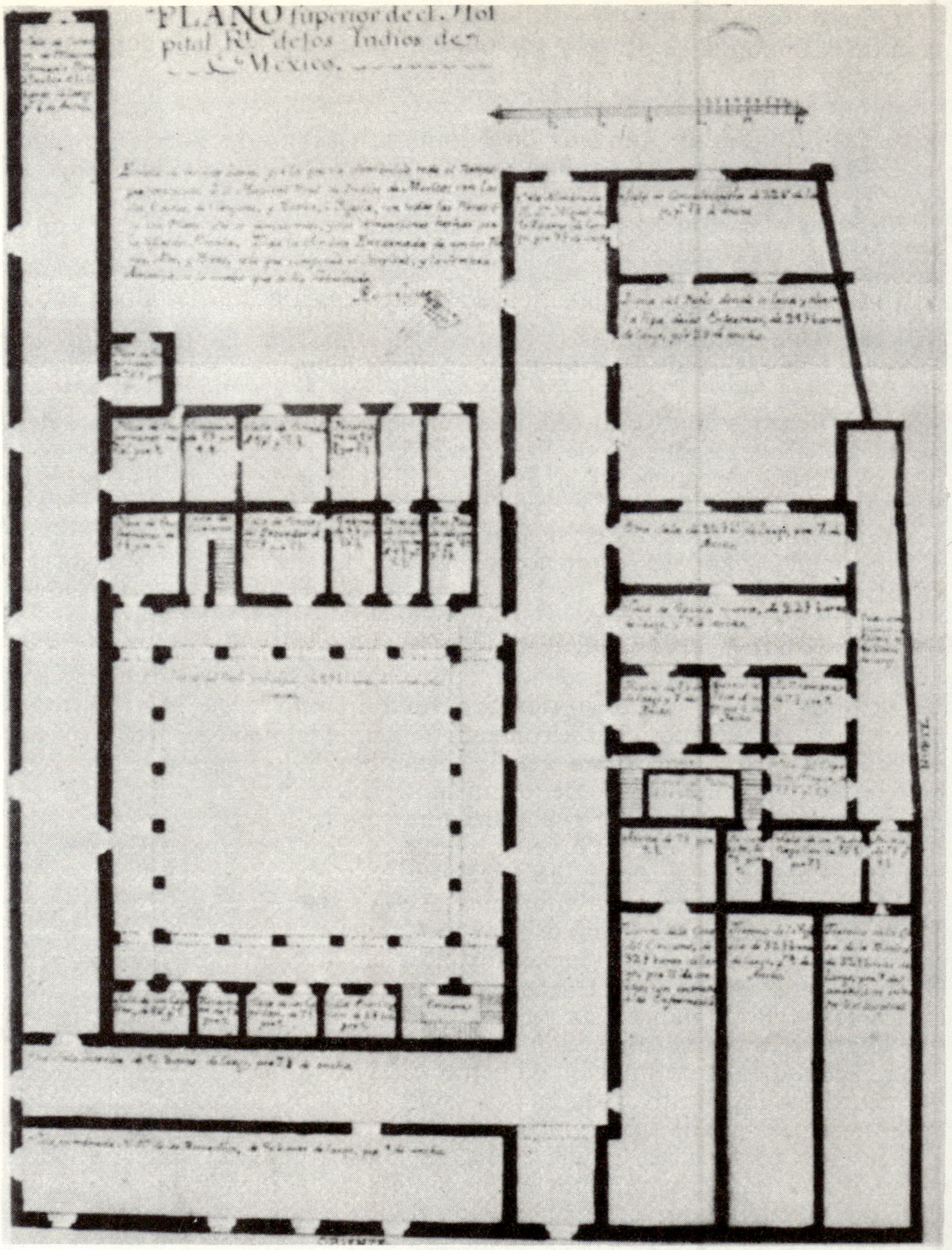

Plano interior del Hospital Real de las Indias, de la ciudad de México. La labor de evangelización misionera no dio sólo como resultado la predicación y conversión de los indios, sino también la fundación de establecimientos benéficos como este hospital, tan necesario en las epidemias frecuentes sufridas por los aborígenes.

En 1528 partió hacia su destino en compañía de los oidores de la primera Audiencia mexicana, los tristemente célebres Matienzo y Delgadillo –no citamos ahora los otros dos oidores, que murieron al poco tiempo de llegar–. Ostentaba además Zumárraga el título de *Protector de indios.* Y en verdad tuvo que defender los derechos de los indígenas –y de los españoles– frente a los reiterados abusos de autoridad cometidos por los nuevos gobernantes. En esta dura pugna contra las desviaciones del poder temporal, el Obispo contó con el incondicional apoyo de sus hermanos de hábito, sin olvidar a su confesor, el dominico padre Betanzos.

Hombre de talante humanista, mostró gran preocupación por la educación de indios y españoles. A tal fin fundó un recogimiento, dependiente del episcopado, en el que varias beatas –de las que llegaron oleadas sucesivas – educaban a los jóvenes y doncellas indias, a la vez que procuraban edificar su vida de piedad. Pese a la loable intención que motivó la creación de este centro, su pervivencia en el tiempo fue relativamente escasa. Entre los demás centros de enseñanza que promovió don Juan, cabe destacar sin duda el colegio de Santa Cruz de Tlatelolco, ideado para completar los estudios de los indios (se cursaban asignaturas como Latín, Gramática o Filosofía), dio incluso competentes profesores. Se inauguró el 6 de enero de 1536.

Otros dos grandes ideales por los que luchó Zumárraga fueron la introducción de la imprenta en México y la institución de una Universidad. Peo sus peticiones al Rey para conseguir la constitución de un estudio universitario, que comenzaron al menos en 1537, fueron infructuosas por el momento. Don Juan no llegó ver su sueño hecho realidad, pues él ya había muerto cuando, en 1551, alcanzó existencia la Universidad.

Otro aspecto de la labor desarrollada por el señor Zumárraga es el asistencial. En él destacó como fundador de un conocido hospital, «El Amor de Dios». Construído ya a comienzos de 1540, su fundación data del 13 de mayo de 1541.

Celoso de la salvación de su grey, estuvo atento el Obispo a las cuestiones relativas a la organización eclesiástica y a la administración de Sacramentos. Prueba de ello son las dos juntas eclesiásticas que se celebraron en México en los años 1537 y 1539. En la primera de ellas intervinieron los Obispos de México, Oaxaca (López de Zárate) y Guatemala (don Francisco Marroquín, consagrado como el anterior por Zumárraga). Fruto de las deliberaciones de los Prelados y demás participantes –autoridad civil y superiores de las Ordenes– fue la carta que, con fecha 30 de noviembre de 1537 remitieron al Emperador, en la que, entre otras cosas, pedían la constitución de un convento femenino, con idea también de propiciar la educación de las niñas indias y mestizas. Este deseo no pudo tener efecto, por el momento. En la junta de 1539 se trataron, por los obispos de Michoacán, México y Oaxaca, problemas relacionado con el buen gobierno de la Iglesia novohispana y con la administración de Sacramentos a los indios. Concretamente, por lo que se refiere a este último tema, se estudió la aplicación de la Bula *Altitudo divini consilii,* expedida por el Papa Paulo III en 1537. Este documento daba las directrices que debían seguirse en la administración del matrimonio, y zanjaba una vieja disputa en torno a la administración del bautismo a los indios. En ella el Romano Pontífice, a la par que excusa de pecado a los que –como los franciscanos– por la ansiedad de prontas conversiones bautizaban sin cumplir siempre los ritos prescritos, o preferían completar la formación doctrinal del indio después de bautizado. Pero también señala el Papa que, salvo caso de necesidad, deben observarse todas las ceremonias usuales –como propugnaban los dominicos.

Los religiosos fueron los verdaderos transmisores de la cultura europea en el Nuevo Mundo y la labor social desarrollada por la empresa española en América también es obra sobre todo de los misioneros, frailes, monjes, sacerdotes, obispos...

14. El Licenciado don Francisco de Marroquín, primer Obispo de Guatemala

Otro insigne Prelado, cuya actuación fue en extremo importante, fue don Francisco Marroquín, primero que ciñó la mitra guatemalteca.

Marroquín acompañó a Zumárraga como provisor de su obispado mexicano. Más adelante, en 1530, urgido por la petición de Pedro de Alvarado, salió hacia Guatemala, donde desempeñó la misión de predicador, hasta que muy pronto Zumárraga le nombro juez eclesiástico y cura de la iglesia de Santiago de Guatemala.

En 1532 fue presentado Marroquín por el Emperador, para ocupar la sede centroamericana, acaso por sugerencia del dominico fray Domingo de Betanzos, que había sido presentado para el cargo con anterioridad. Con todo, la erección de la diócesis y la proclamación de su primer Obispo, en la persona de Marroquín, no tuvo lugar hasta 1534, ya bajo el Pontificado de Paulo III. La consagración episcopal tuvo lugar el 7 de abril de 1537 en México, y corrió a cargo de Zumárraga. Duante esta obligada ausencia, el Prelado dejó su diócesis en manos de Las Casas.

Consciente de la trascendencia de su misión, Marroquín mostró honda preocupación por la escasez de predicadores que padecía su territorio. Para cubrir esta necesidad solicitó reiteradamente el envío de religiosos y, personalmente, llevó consigo a Guatemala, el regresar de su consagración y tras haber participado en la junta eclesiástica celebrada en 1537 en México, un cierto número de mercedarios.

Inseparablemente unido a su celo apostólico, su interés por la promoción humana del indio le llevó a declararse enemigo de la esclavitud y a impulsar la reducción de los naturales a poblados –lo que haría más fácil civilizarlos–. Procuró además fomentar la convivencia entre indios y españoles.

La gran autoridad moral de Marroquín y la estima que le profesaba la población explican que, tras la avenida de agua que asoló la ciudad de Guatemala el 10 de septiembre de 1541, los vecinos eligieran para gobernar la provincia a don Francisco Marroquín, junto con Francisco de la Cueva. En este cargo permaneció el Obispo hasta junio de 1542. Durante esos meses, sin olvidar su misión espiritual, se vio obligado a atender otras cuestiones, entre las que puede destacarse la reedificación de la ciudad de Guatemala.

Poco despues de estos sucesos del año 1542, Marroquín conoció el fraccionamiento de su territorio, parte de cuya extensión pasaba a integrar el obispado de Chiapas, cuyo titular, Bartolomé de Las Casas, se preparaba a impulsar desde su nuevo puesto la conquista pacífica de la Verapaz. las Casas ostentó este título desde 1544 hasta su vuelta a España y renuncia al mismo (1547).

15. Fray Vicente de Valverde, evangelizador y Obispo en Perú

Figura capital en los inicios de la evangelización en Perú fue el dominico fray Vicente de Valverde, que se había formado en el Colegio de San Gregorio de Valladolid.

El primer Obispo propuesto para Perú, de acuerdo con las capitulaciones que se firmaron en Toledo entre la Corona y los conquistadores (28.VII.1529), fue el socio de Pizarro y Almagro, Hernando de Luque. Pero éste jamás pasó a su destino (Túmbez), de modo que, al morir –según parece a comienzos de 1535–, pasó el territorio a depender del Obispo de Panamá, fray Tomás de Berlanga hasta que se instituyó una nueva diócesis, esta vez con sede en Cuzco, cuyo primer Prelado, el dominico Valverde llegó a su destino en 1538. Si él había sido uno de los religiosos que acompañó a Pizarro en la

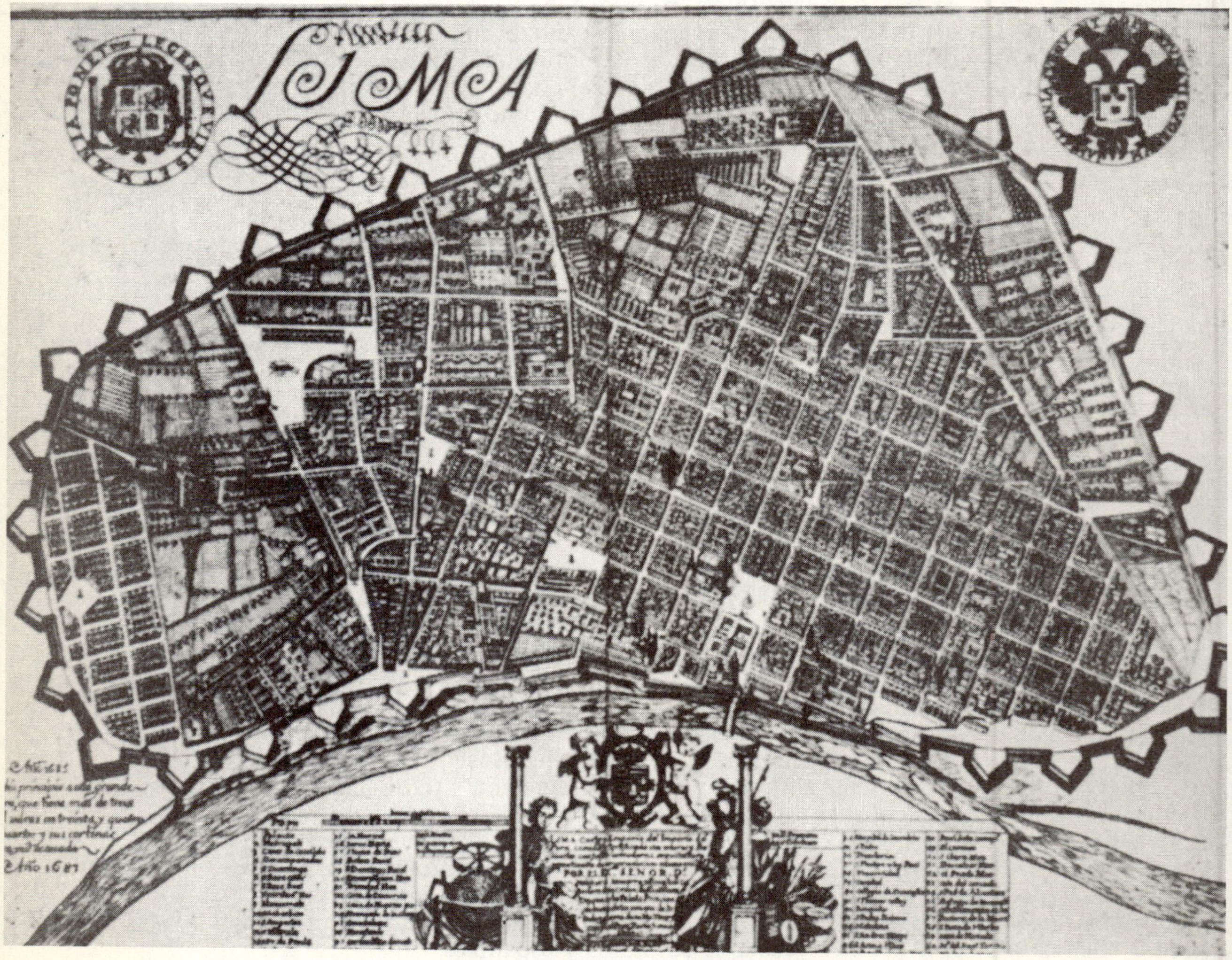

Plano de la ciudad de Lima. A orillas del río Rímac, Pizarro fundó la ciudad de Lima que pronto se convirtió en el centro civil, eclesiástico y cultural más importante de América del Sur, sede metropolitana y asiento de casi todas las órdenes religiosas.

conquista, en cumplimiento de lo estipulado en las capitulaciones de Toledo, y había sido el que pronunció el requerimiento ante el inca en Cajamarca, en esta ocasión será él quien, investido de la autoridad episcopal llegue acompañado de varios hermanos de religión.

La preocupación del Prelado por la población indígena se manifestó de diversas maneras. Concretamente, logró la autorización para fundar escuelas

En el campo cultural la labor de la Iglesia no se limitó ni a la fundación de escuelas de enseñanza elemental ni a la conversión al cristianismo de los aborígenes. La fundación de hospitales, la asistencia al enfermo tanto más necesaria cuanto que fueron frecuentes las epidemias desencadenadas a raíz de la conquista; la enseñanza de artes y oficios; la fundación de centros de enseñanza superior —los colegios y las universidades.

Toribio de Mogrovejo, segundo arzobispo de Lima. En mayo de 1581 llegó a esta sede y desde entonces puso en marcha una amplia labor de reorganización de la sede, acomodándola a las directrices emanadas del Concilio de Trento. Pese a ciertas hostilidades iniciales, el futuro santo no pudo imponerse en la diócesis y contar con el apoyo del concilio y las órdenes religiosas para su eficaz labor de evangelización.

en que los hijos de los caciques aprendieran, junto a la fe, los usos y costumbres cristianos (Real Cédula de 8 de diciembre de 1535). Si esta disposición no se llevó inicialmente a efecto, el mismo ideal motivó sucesivas disposiciones legales que favorecieron la educación de los niños indios. Además, el nuevo Obispo, nombrado protector de indios (14 de julio de 1536), para poder garantizar que se otorgara a éstos el mejor trato, se manifestó partidario de la encomienda perpetua.

Obligado por las rivalidades reinantes entre los españoles, fray Vicente se vio obligado a refugiarse en la isla de la Puná donde, fiel a sus deberes pastorales, se entregó a la predicación entre los indios. Precisamente allí encontró la muerte, en octubre de 1541, a manos de los naturales. Su sucesor fue el también dominico padre Solano, tras la negativa de Las Casas a ocupar la sede cuzqueña.

16. El Licenciado don Vasco de Quiroga, primero Obispo de Michoacán

Vasco de Quiroga era un oidor letrado de la segunda Audiencia de México, hasta que fue elevado a la sede de Michoacán, que fue el primero en ocupar. Propuesto para el cargo por el Consejo de Indias en 1535, no comenzó a ejercitar sus funciones hasta 1538, tras haber sido despachadas las Bulas correspondientes el 18 de agosto de 1536. Fue consagrado por el Prelado mexicano don Juan de Zumárraga en 1538.

Gran defensor de los indios, que pudieron comprobar el ardor y piedad de Quiroga en numerosas ocasiones, aportó don Vasco numerosas ideas para la defensa razonable y humanitaria del indio. Así, por ejemplo, refutó todos los argumentos que se consideraban justificativos de la esclavitud del indio, y en consecuencia solicitó su abolición completa, según lo escribió en su *Información en derecho* (julio de 1535). Aunque no era partidario de los encomenderos, veía útil el sistema en la medida en que establecía una relación mutuamente provechosa entre indios y españoles: aquéllos debían ser defendidos, instruidos y evangelizados por los españoles, que a su vez serían sustentados por los naturales. En cuanto a la guerra, Quiroga consideraba por principio injusta la violencia. No obstante, una situación de guerra podría justificarse si era el único modo de beneficiar a los indios y no permitir su perdición (deber éste último inexcusable para los españoles).

Tenía también don Vasco de Quiroga unas ideas sobre la organización social de los indígenas muy acordes con las corrientes de utopismo que recorrieron Europa durante la época del Renacimiento. No olvidemos que el oidor, hombre culto que se movía en ambientes humanísticos, había leído la *Utopía* de Tomás Moro entre otras obras de amplia difusión en los cenáculos del momento. Quiroga confesó sin recato su inspiración en el político y humanista inglés. Imbuído de su creencia en el carácter virtuoso del indio, don Vasco pensó poder construir unas comunidades dotadas del vigor de la primera cristiandad, tomando como base el modelo de sociedad que había contemplado en la *Utopía* moreana. Proyectó en consecuencia la constitución de poblados en que los naturales, con la asistencia espiritual de unos pocos frailes, llevarían una vida de piedad y trabajo perfectamente reglamentada. De acuerdo con su modelo ideal, fundó dos hospitales –pueblos cuando aún era laico, a los que siguieron otros en sus largos años de episcopado. Todos ellos se regirían por unas Ordenanzas que redactó el fundador en fecha que nos es desconocida.

Por último podemos recordar, en el terreno del gobierno diocesano, la participación de don Vasco en la junta eclesiástica de México (1539), en la que se estudió, entre otras cuestiones, la aplicación de la Bula de Paulo III sobre la administración del bautismo y matrimonio a los indios.

De esta manera podemos considerar concluido, en torno a 1542 –por señalar una fecha de gran significación– el proceso que marcó el inicio de la evangelización de América, a la que se unía inseparablemente la conformación de unas estructuras eclesiásticas estables. Fueron años en los que no desapareció la incertidumbre ante el resultado del esfuerzo misional. Pero, a la par, en estos años fue extendiéndose y arraigando la fe cristiana, gracias al empeño singular de los religiosos y Obispos que pusieron las bases para una eficaz labor apostólica y rectora.

Sin poder separarse los frutos espirituales de la acción de los eclesiásticos, aparecen las numerosas obras educativas, asistenciales y benéficas de todo tipo que, promovidas por la Jerarquía o por las Ordenes religiosas, contribuyeron también a potenciar y hacer respetar la dignidad del indio, de la que tantos de estos hombres fueron enérgicos defensores.

BIBLIOGRAFIA

ARMAS MEDINA, Fernando de: *Cristianización del Perú (1532-1600),* Sevilla, 1953.

ASPURZ, Lázaro de O.F.M.: *La aportación extranjera a las misiones españolas del Patronato regio,* Madrid, 1946.

BORGES MORAN, Pedro OFM: *Métodos misionales en la cristianización de América, Siglo XVI,* Madrid, 1960.

GARCIA ICAZBALCETA, Joaquín: *Fray Juan de Zumárraga. Primer obispo y arzobispo de México,* Buenos Aires, 1952.

LA HERA, Alberto de: *Los comienzos del derecho misional indiano.* VI Congreso del Instituo Internacional de Historia del Derecho Indiano, Vol. II. Valladolid, 1984, pp. 43-59.

LEON-PORTILLA, Miguel: *Don Sebastián Ramírez de Fuenleal y su impulso al conocimiento del pasado prehispánico del mundo nahuatl.* Cuadernos prehispánicos, n.º 6, pp. 5-20, Valladolid, 1978.

LOHMANN VILLANA, Guillermo: *Exponentes del movimiento criticista en el Perú en la época de la conquista.* Revista Española de Antropología Americana, XIII, pp. 143-153, Madrid, 1983.

PHELAN, John L.: *El reino milenario de los franciscanos en el Nuevo Mundo,* México, 1972.

RAMOS PEREZ, Demetrio: *Fray Pedro de Córdoba y Las Casas en el plan de conquista pacífica de Tierra Firme.* Estudios venezolanos, Caracas, 1976.

RICARD, Robert: *La conquista espiritual de México,* México, 1947.

SAENZ DE SANTAMARIA, Carmelo SJ: *El Licenciado Don Francisco Marroquín. Primer Obispo de Guatemala (1499-1563),* Madrid, 1964

TOBAR, Baltasar de: *Bulario índico.* Edición y estudio de GUTIERREZ DE ARCE, Manuel, Sevilla, 1954.

ZAVALA, Silvio: *Recuerdo de Vasco de Quiroga,* México, 1965.

(1) HERRERA Y TORDESILLAS, Antonio de: *Historia general de los hechos de los castellanos en las islas y Tierra Firme del mar Océano,* Madrid, 1601-1615. Década IV, Libro VI, Capítulo VI.

CAPITULO 3

LA EXPANSION DEL IDIOMA

Ana Gimeno Gómez

La expansión del idioma

Debemos partir del hecho de que el proyecto de ir a las Indias parte de supuestos medievales, cuando existe una lengua internacional, el latín, por lo que daban por supuesto que si no las gentes que poblaban las tierras a donde iban, sí sus reyes o dirigentes hablarían o entenderían el latín. Por eso, los Reyes entregaron a Colón sus cartas de presentación a aquellos príncipes, escritas en ese idioma, en el que también se esforzaron en interrogarles.

En el tiempo de la conquista del nuevo mundo, el castellano había alcanzado extraordinaria difusión. El «Amadís», la «Cárcel de Amor» y «La Celestina» habían sido traducidos ya a varios idiomas; en Italia, como expresa Valdés en su "Diálogo de la Lengua", «así entre damas como entre caballeros se tiene por gentileza y galanía saber hablar castellano» y otro tanto ocurrió en Francia o en Flandes.

Las precauciones que se toman son mínimas en este aspecto, ni fue motivo de dificultad ni preocupación al prepararse el viaje descubridor, lo que es totalmente comprensible si tenemos en cuenta que el móvil colombiano aspiraba a abrir una nueva ruta comercial con las tierras asiáticas, por ello se pensó que en este plano sería suficiente llevar alguien que supiera la lengua de los mercaderes que suponían llegaban hasta allí por la vía del Indico. Por eso se contentó Colón con llevar a una persona, Luis de Torres, que conociera el hebreo, por ser judío y también algo de árabe, las dos lenguas que creía que le podían ser útiles al llegar a las islas de la Especería, para las previsibles relaciones comerciales que se esperaba entablar.

En ese sentido, como en otros aspectos, la experiencia portuguesa desempeñó un destacado papel en los planes del Almirante en relación a la empresa descubridora y, partiendo de la misma, la idea de colonizar aquellas tierras, una vez efectuado con éxito el primer viaje, fue totalmente ajena a Colón, por ignorar que las tierras a donde había llegado pertenecían a un continente hasta entonces desconocido y por ser su intención la de crear un sistema comercial basado en la factoría y así comerciar con la población indígena,

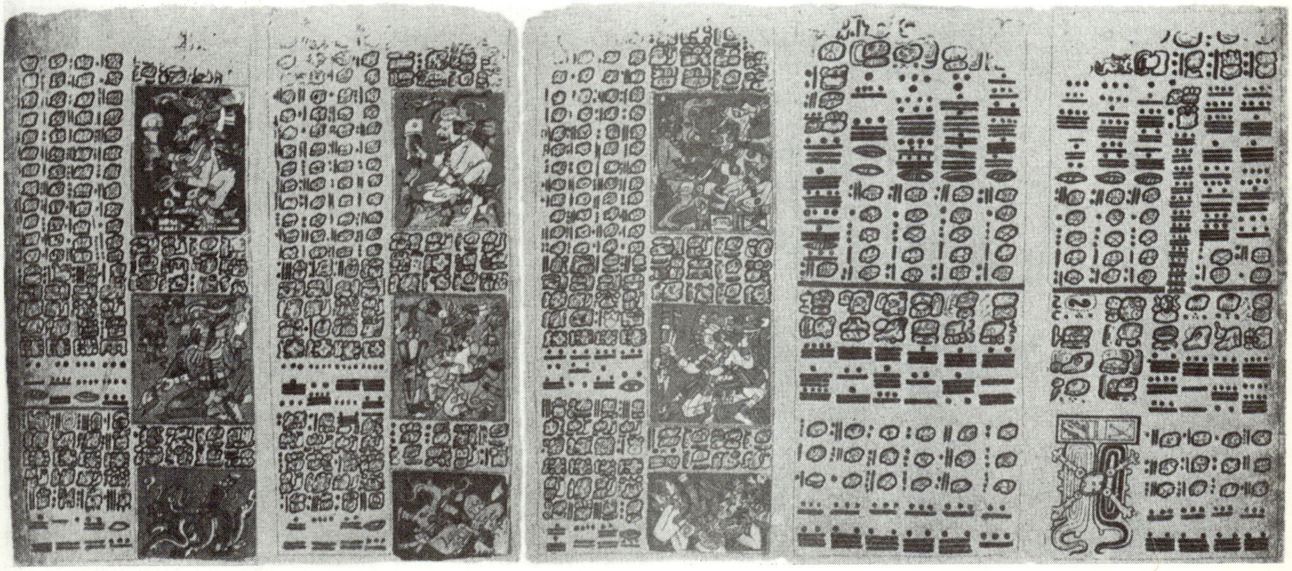

Códice de Dresde. Los mayas poseían desde muy antiguo un sistema de escritura ideográfica cuyos caracteres tardaron muchos siglos en ser desentrañados y a través de los cuales pudieron fijar sus sorprendentes conocimientos astronómicos. En la ilustración, cálculos astronómicos de estraordinaria precisión acerca de la posición de Venus.

como era práctica usual de los portugueses en sus recorridos por las costas africanas.

Para cubrir tales fines era suficiente y más fácil utilizar el sistema que llamaríamos de «muestreo», que no era más que enseñar a los naturales los productos que llevaban a cambio de los que deseaban adquirir. Esas formas, que tenían tanto de elementales como de prácticas, serían utilizadas por Colón en multitud de ocasiones, algunas de las cuales aparecen reflejadas en el Diario del primer viaje colombiano; así, cuando escribe Las Casas que «mostraron la canela y pimienta y otras especias que el Almirante les había dado, dijéronles por señas que mucha de ellas había cerca de allí al Sudeste», o cuando en otro párrafo se refiere a que «dióles muestras de especería para ver si alguna dellas topasen», o «preguntoles el Almirante por señas...» De ese modo era como el Almirante se informaba, tomaba sus referencias acerca de la existencia de determinados productos, tierras, gentes, etc.

Mas, como el objetivo del viaje no era únicamente de descubrimiento, sino también de apertura de una nueva ruta de relación y, en consecuencia, debían producirse otras expediciones, Colón empieza pronto a plantearse el futuro de la cuestión, que también conformará de acuerdo, fundamentalmente, con la experiencia portuguesa. Y así, del mismo modo que los vecinos lusitanos aprovecharon a alguno de los negros capturados para los mercados exclavistas, para llevarlos de Guinea a Portugal para que aprendieran la lengua portuguesa, Colón se llevará indígenas de las primeras islas descubiertas para que por su mediación fuera más cómodo el entendimiento. De ese modo advertimos que, si bien en un principio Colón no pensó en la necesidad de enseñar el castellano a los indígenas, ya que para sus fines comerciales no era imprescindible, transcurrido un mes de la fecha del descubrimiento, advertimos que reseña en su diario de viaje que piensa llevar a España a un grupo de indios para presentárselos a los Reyes Católicos y para que se les enseñara el castellano, de modo que el retornar a sus tierras de origen, sirviesen a los españoles de «lenguas», es decir, de intérpretes, y «porque volviendo sean lenguas de los cristianos...»

Sin embargo, se trataría sólo aparentemente de imitar las prácticas portuguesa, ya que el Almirante pendiente de la realidad que se le va manifestando, lo hace ante la posibilidad de éxito que cree descubrir en la identidad de las lenguas americanas, «esa gente es semejante a aquellas de las dichas islas, y una habla y unas costumbres», cosa que le parece realmente extraña «que es cosa muy singular» y más teniendo en cuenta el caso de Guinea, que le sirve de pauta en todas las cosas y donde las lenguas eran muchas.

Este, pues, podría ser el esquema del problema del idioma en los momentos iniciales del contacto de los europeos con los idígenas americanos y en el que se puede advertir un doble aspecto. Por un lado, el de las ideas preconcebidas que llevaba Colón al emprender su primer viaje de descubrimiento y, por otro, el manojo de impresiones, ya típicamente americanas, con el que regresa, si bien no todas demasiado fiables.

En agosto de 1482 mientras las naves de Colón se encontraban surcando el Océano en pos de las Indias, salió de la imprenta la Gramática castellana de Antonio de Nebrija, la primera gramática de una lengua romance. Los tratados rudimentarios existentes en otras lenguas vulgares son infinitamente inferiores al tratado de Nebrija.

De las dos experiencias que le sirvieron de guía para emprender su viaje de descubrimiento, se mantenía únicamente la portuguesa, aunque ya ligeramente modificada. No se planteaba ningún sistema de aculturación, ni se podía imaginar una colonización idiomática. Lo que primaba era la formación de intérpretes entre los grupos indígenas, que serían los que tendrían que aprender el castellano, pero fuera de su propio ambiente.

Dado, pues, que el propósito colombino no era colonizador, era suficiente la utilización de indios «lengua» para sus planes, hasta que lograran alcanzar las esperadas tierras asiáticas. Y ello fue tan claramente contemplado y asumido, que en la misma fecha del descubrimiento, decía Colón «...llevase de aquí al tiempo de mi partida seis [indios] a Vuestra Alteza para que deprendan fablar...», intención que reiterará en más de una ocasión.

Sobre el citado aspecto conviene señalar el optimismo que demuestra tener Colón de la rapidez y facilidad con que cree que los indios aprenderán el castellano, pues dice advertir que con gran destreza repiten cuanto los españoles les dicen, y por lo mismo, pensaba que en muy poco tiempo podrían estar adiestrados en el manejo del castellano.

En efecto, ese optimismo se ve mantenido por la propia realidad, pues transcurrido poco tiempo se dispone ya de indígenas que conocen algo la lengua castellana y que, en consecuencia, están prestos a rendir un importante

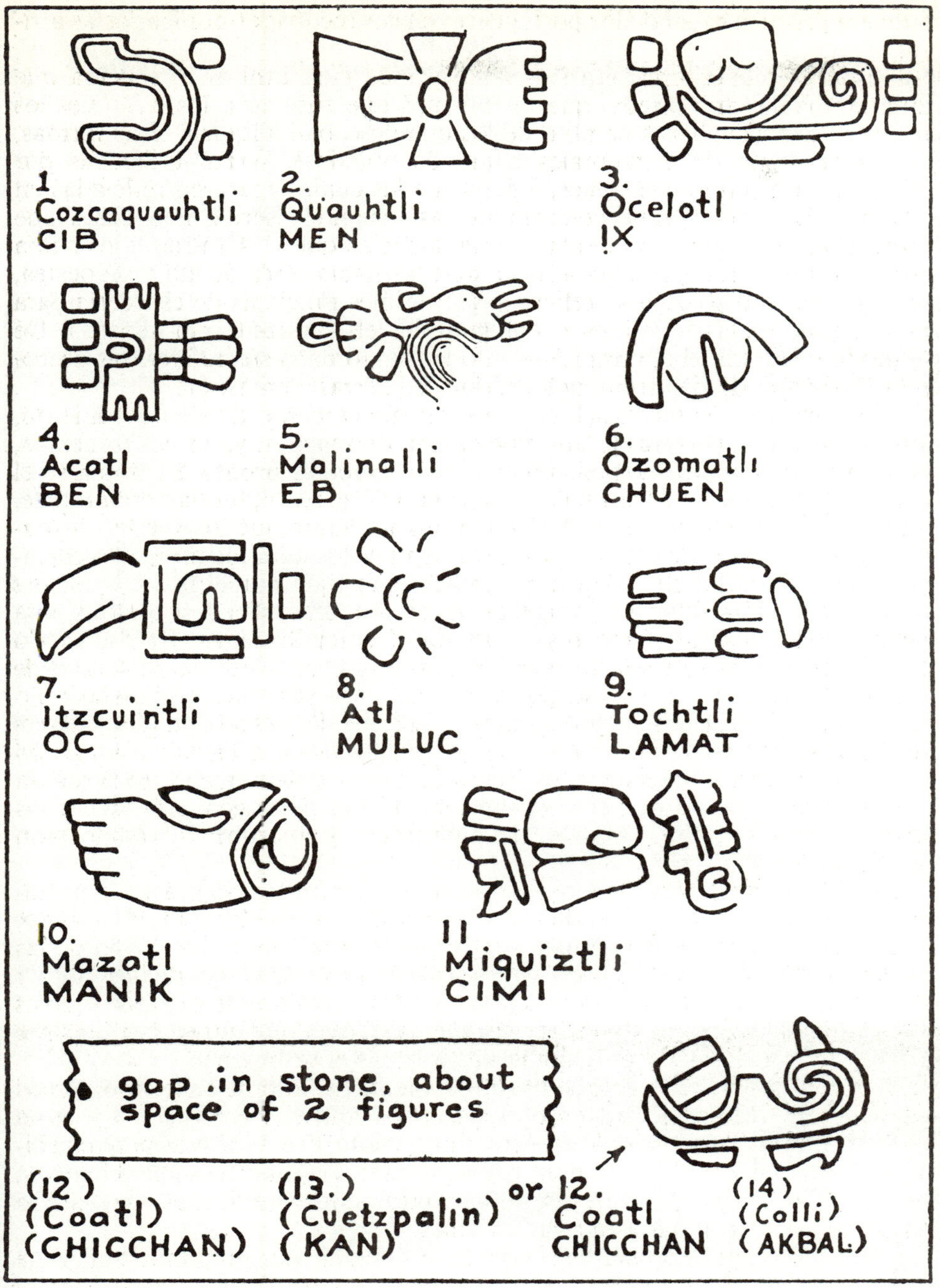

Inscripción del nahuatl en el Templo de Tepztecatl, Tepoztlan, Morelos, México según el análisis del lingüista Benjamín Lee Whorf. Los números de los ideogramas indican el orden de los mismos dentro del geroglífico situado en una parte bien conservada de la franja de la mitad sur del patio. Debajo de cada ideograma aparecen la palabra y el signo fonético equivalente. Como puede verse, la escritura nahuatl supone serias dificultades para su tranducción a cualquiera de los sistemas lingüísticos actuales.

servicio a los españoles. Mas, a la par, se producirá el hecho inverso, es decir, que algunos españoles a causa del trato y la convivencia con los indios que llevaban, también lograron entender algo a aquellos indígenas. Mas, aquella experiencia no fue fructífera ya que el indio, temeroso, huía desconfiado cuando se le acercaban los españoles intentando establecer o iniciar un diálogo. Ello venía a confirmar que lo oportuno era la utilización del indio como «lengua», más aún, cuando en aquellas primeras fechas seguía con la idea de que todos los indios se entendían entre sí con determinados vocablos, suficientes para poderse comunicar en su primitivo ámbito de relación.

Para Colón lo que utilizaba la población indígena no era propiamente una lengua, sino únicamente un conjunto mínimo de vocablos; por ese motivo, dice, en una de sus primeras manifestaciones que llevará indios a Castilla para que «deprendan a fablar». Da, pues, la impresión que quizá aquellos hombres del renacimiento al ponerse en relación con un mundo primitivo les pareciese aquella una situación de enquistamiento y que, de igual modo que no poseían una técnica, también podían carecer de otras facultades, como la del idioma.

Con todos esos supuestos Cristóbal Colón lleva adelante su plan cuando regresa con una serie de indios, muchos de los cuales fallecieron en el viaje, para que aprendiesen el castellano. Ese sistema de utilización de indios intérpretes no fue una novedad, pues, como hemos visto existía un precedente portugués, sin olvidar que también pudo servir de guía la tradición de captura de moros para su posterior utilización como intérpretes o mentores, que se dio en la época medieval en la propia España.

Todo ese planteamiento colombino tuvo en sus inicos resultados alentadores, ya que se apreció buena voluntad y disposición por parte de los indígenas, por lo que su práctica va a persistir en las sucesivas etapas de la conquista. Así, los distintos capitanes en sus viajes de descubrimiento y rescate van a valerse también de indígenas a los que harán conocer, por el mismo sistema que Colón, algo de la lengua castellana, si bien con alguna dificultad, debido a que fuera del área caribeña la población aborígen no se mostró tan dócil y sumisa, pues, del mismo modo que la conquista se hizo más dura y difícil a causa del clima, terreno y belicosidad de sus habitantes, también el problema idiomático se resintió por la cada vez más compleja diversidad lingüística.

Ya en su primer viaje, Alonso de Ojeda se hizo con varios indios para llevarlos a España, de los cuales ha quedado noticia de la india Isabel, que fue llevada como intérprete en otros viajes, a los que sirvió como valiosa auxiliar. Y hasta tal punto fue ese elemento un punto esencial en los viajes de descubrimiento que, por ejemplo, cuando en 1501 realizó Vicente Yañez Pinzón su segundo viaje a las costas de Brasil, se llegó a promulgar una cédula real para que le fuera devuelto un esclavo, por su calidad de indio «lengua».

Este personaje de tan inestimable valor, se va a ir prodigando en sucesivos viajes como acompañante imprescindible. Bernal Díaz del Castillo recoge en su Historia, entre otros, el caso del indio Juanillo, que después de acompañar a los españoles durante bastante tiempo, fue llevado en la expedición de Grijalva en 1518, viaje que relata Fernández de Oviedo en su Historia General de las Indias y sobre el que dará una serie de noticias relacionadas con el mismo.

En el memorable prólogo de su gramática, que Nebrija dirigió a la reina Isabel, expuso varios propósitos, entre ellos: «El tercero provecho desde mi trabajo puede ser aquel que [...] después que vuestra Alteza metiese debaxo de su ingo muchos pueblos bárbaros e nociones de peregrinas lenguas, e con el vencimiento aquéllos tenían necessidad de reçebir las mies quel vencedor pone al vencido, e con ellas nuestra lengua, entonces por esta mi arte podrían venir en el conocimiento della...»

Se trataba, pues, de una constante en las relaciones establecidas inicialmente con los indígenas y de las que se podrían aportar otros ejemplos.

Mas, si apreciable fue la labor de los indios lengua en el aspecto idiomático de la conquista, no fue ese el único camino, ya que también se obtuvieron buenos resultados del procedimiento a la inversa, es decir de la utilización de españoles que aprendieran aquellas lenguas desconocidas. De ese modo se venía a complementar el sistema anterior. En efecto, fueron muchos los españoles que por uno u otro motivo, casi siempre debido a las trágicas circunstancias en que se vieron inmersos, llegaron a hablar alguna lengua indígena, por ello son muchos los casos que se podrían aportar como ejemplos, la mayoría de ellos rodeados de un gran atractivo, debido a las particularidades que provocaron aquel aprendizaje.

Entre otros muchos casos merece recordarse el de Cristóbal Rodríguez, «la lengua», que cita el padre Las Casas y del que dice, que «fue el primero que supo la lengua de los indios de esta isla, y era marinero, el cual había estado ciertos años de industria entre los indios, sin hablar con cristiano alguno, por la aprender». Y, sobre todo, por ser la figura más representativa en este aspecto, no debe olvidarse al famoso Jerónimo de Aguilar, que llegó a conocer perfectamente la lengua de Yucatán y Tabasco y que gracias a él fueron de gran utilidad los servicios lingüísticos de doñar Marina, la india aliada de Cortés en la conquista de México. Otros casos destacados fueron los de Francisco Lorenzo y Esteban Martín.

Muy pronto el problema del entendimiento idiomático con los indígenas americanos va a adquirir otro cariz, otro aspecto, al que podríamos denominar la faceta jurídica de la cuestión. Y ello, en razón de que con la presencia de los españoles en aquellos territorios, se pretendía lograr, no sólo una relación sino también un sometimiento, es decir, que aceptaran la soberanía de los Reyes de Castilla. Y sobre ese criterio se podría aceptar como justa la guerra contra el indio rebelde, es decir el hecho de forzarles a que cumpliesen tal obligación. El método para que llegaran al conocimiento de tal necesidad no fue otro que el *requerimiento,* que redactó el jurista Juan López de Palacios Rubios. Mas, pronto se advirtió por parte de muchos su ineficacia, debido a que faltaban intérpretes que pudieran trasmitir a los indígenas su contenido, pues ya se había percibido que los indios no lo entendían y, en consencuencia, que los resultados que del mismo se esperaban iban a ser nulos.

En ese natural proceso de complejidad por el que va a ir discurriendo la expansión del idioma castellano en América, vamos a encontrarnos, también desde temprano, con un aspecto fundamental en esta cuestión. En efecto, los planes simplemente económicos de un principio, se vieron inmediatamente desbordados al pasar de unos iniciales y exclusivos presupuestos comerciales, a otros que incluían la *incorporación* de aquellas gentes a su sistema de vida, es decir a convertirlos en súbditos y vasallos. Mas, para esa incorporación, se imponía una necesidad de relación muy distinta, es decir, no bastaba ya, como en un principio, con un simple entenderse, sino que, tras el encuentro de Colón con los Reyes en Barcelona, verán la conveniencia de llegar a una asimilación cultural, a la par que la obligación de evangelizar a los nuevos súbditos, obligación que tenía su origen en las bulas que los Papas habían concedido a Portugal y que, al tener lugar el descubrimiento español, se establecía un paralelismo entre ambas situaciones.

Ese proceso de evangelización no supuso preocupación alguna, ya que en un principio se creyó que no era necesario una conversión de aquellas gentes, pues creían que no había una religión que desarraigar.

Al no plantearse seriamente obstáculos idiomáticos, era lógico que se creyera que el idioma y la religión podían ser transmitidos al mismo tiempo y con igual facilidad. La entrega, pues, de las verdades reveladas y la del idioma se podía realizar a la vez.

El envío de misioneros, principalmente franciscanos, se inició en el segun-

Página del Codel Zouche Nuttal, manuscrito mixteca que narra la leyenda de un antiguo jefe indio pintado sobre una tira larga de piel de ciervo muchos años antes de la llegada de los españoles

do viaje colombino y no cesó en los años sucesivos, confiándoles un papel protagonista y activo en las dos tareas anteriormente señaladas. Y así, aunque con lentitud, se va ganando alguna experiencia, hasta que en 1503 la Corona indica que se lleve a cabo la enseñanza elemental de la oración y la práctica de los sacramentos, con lo que, implícitamente, se indicaba la necesidad de la enseñanza del idioma.

El optimismo inicial no se abandonaba en relación al obstáculo lingüístico, en cambio se patentiza la dificultad en conseguir la conversión de aquellas gentes. La confianza se manifestaba en ese sentido excesiva, prueba de ello fue el sermón del P. Montesinos en 1511, que significó una llamada de atención acerca de lo conveniente que era llevar a cabo una acción que revisase la relación de los españoles con los indígenas americanos.

El número de lenguas americanas y de las variedades lingüísticas era en 1492 nutridísimo... Muchas de estas lenguas fueron desapareciendo, pero aún hoy, como expresa Antonio Tovar, sólo en América del Sur «alrededor de mil tribus y nombres de dialectos pueden ser inventariados en 23 secciones que comprenden 173 grupos». Otras como el quechua o quichua, que cuenta actualmente con más de cuatro millones de hablantes, o el guaraní, el maya-quiché, el otomí hablados por cerca de un millón de personas, muestran aún toda su pujanza.

Tras aquella advertencia, la Corona desplegará una política revisionista en relación a la singularidad del mundo americano. Se reunieron juntas para examinar el caso y se dictaron las Leyes de Burgos de 1512-1513, en las que el sistema de adoctrinar pasa a ser más próximo a la realidad americana, de tal manera que la misión de instruir al indio que estaba reservada a los religiosos principalmente, se hace ahora extensiva a los encomenderos, sobre los que se hacen recaer una serie de obligaciones referentes a la enseñanza del indio de los que hasta entonces se hallaba libre.

El método de enseñanza sería colectivo para lograr una mayor rendimiento en el aprendizaje del idioma, instando al indio, según proseguía la ley cuarta, a que aprendiese mediante un sistema de inspección para conocer como aprovechaban las enseñanzas que recibían, por medio de la persona que estaba a su cuidado, que era la encargada de escoger entre los naturales al que creyese más apto y la enseñaran a leer y escribir para que luego él hiciera de monitor entre los suyos.

Desde ese eslabón anteriormente indicado, se pasará a que sean los propios hijos de los caciques los que se conviertan en maestros, al ordenar a todo cacique que tenga hijos que los entregue a los frailes franciscanos, para que éstos les enseñen a leer y escribir, con la intención de que esos indígenas lleguen a alcanzar la suficiente formación para enseñar a su vez a sus compañeros. Con esa medida no sólo se aumentaba considerablemente el número de enseñantes, sino que, por su condición de indígenas podrían llegar mejor y con más eficacia a su propia gente.

Tanta importancia se le concedió en su momento a esa ley XVII que incluso se colocó por delante la necesidad de enseñar a leer y escribir al indígena, que la propia instrucción religiosa.

El sistema sería bueno pero, en general, se adelantó poco, si bien hubo algún caso bien meritorio y destacado, como el del cacique Enriquillo que con gran aprovechamiento recibió las enseñanzas que le prodigaron los franciscanos.

Para llevar a buen fin el citado plan era preciso poner los medios necesarios para ello. Con esa intención, a partir de 1512 fueron mandadas a Indias considerables cantidades de cartillas, tanto para la enseñanza de la población indígena como para los hijos de españoles. Con la misma intención se imprimieron también buen número de catones.

La confianza en el éxito de aquel plan llegó a ser tal que incluso se remitieron veinte ejemplares de la obra «Arte de la lengua castellana» de Antonio de Nebrija para «mostrar gramática a los hijos de los caciques», en la creencia de la facilidad con que el indio aprendería el castellano.

Ese interés por disponer de cartillas no se registró únicamente en los primeros momentos, sino que se mantuvo en fechas posteriores. Así se conoce que en 1530 la Casa de la Contratación adquirió trescientas cartillas encuadernadas en pergamino, y tres años después la misma Casa mandó veinte mil maravedís para el pago de doce mil ejemplares que se estaban imprimiendo con destino a la instrucción de los naturales de Nueva España.

Y fue en el territorio mexicano donde, precisamente fray Juan de Zumárraga llegó a ser la figura que con mayor empeño se dedicó a fomentar la instrucción del indio, tanto en el aspecto puramente civil, como en el religioso. Como prueba evidente de su extraordinaria dedicación, se puede destacar la creación del Colegio de Santa Cruz de Tlatelolco, inaugurado en 1536, con la finalidad de cubrir las necesidades educacionales de muchos niños indígenas. También fue Zumárraga el inspirador, junto al virrey Antonio de Mendoza, de la instalación en aquel territorio de un taller de impresión al que se dotó de todos los útiles necesarios para la impresión de libros de doctrina y otros.

Mas, todo ello con ser notorio, no debió ser suficiente aporte a las constantes demandas procedentes de la Nueva España, pues en 1539 el obispo Zumárraga y el virrey Mendoza concedieron un privilegio a la familia de Juan Cromberger, famosos impresores de Sevilla, para poder mandar al territorio mexicano cartillas y cualquier otra clase de libros. El privilegio les fue confirmado por real cédula en junio de 1542, considerándose caducado diez años después.

A la iniciativa del famoso obispo se debió también la aparición de libros en lengua castellana, tan importantes como la *Doctrina Cristiana* del Padre Córdoba, obra redactada a manera de historia, para hacer más asequible a los indígenas la comprensión de los artículos de la fe cristiana. La obra, que fue escrita en 1518, poco antes de la muerte del fraile acontecida en 1521, nos demuestra hasta que punto se mantenía la idea de la facilidad con que se podía enseñar el castellano, planteamiento en el que se basaron las Leyes de Burgos.

En los primeros tiempos de la colonización la dirección seguida por la política lingüística de la Corona, porque —tal como decía Nebrija— «siempre la lengua fue compañera del imperio», se impuso el castellano y su enseñanza en los indios para lograr, ante todo su evangelización. En 1580 Felipe II fue más allá y dispuso que se establecieran cátedras de las lenguas generales indias y que no se ordenaran sacerdotes que no supieran las de su provincia.
Los misioneros elaboraron, desde los principios de la conquista «artes» de las lenguas nativas porque, con ellas, creían posible un mejor acercamiento a las comunidades.

Esa obra representa, por consiguiente, la concreción en un valioso instrumento, del punto de vista que emanaba de aquella legislación.

Mas, a pesar de lo sostenido por algunos que se han ocupado de este asunto, la monarquía no siguió un criterio uniforme en relación a su política lingüística en Indias, sino que, por el contrario, fue variando y adaptándose a las necesidades que paulatinamente se le presentaban, de acuerdo con la nueva realidad americana, configurada por las ininterrumpidas expediciones que se iban realizando.

Desde que comenzaron las navegaciones a lo largo de la costa de Tierra Firme y al ser llevados a la isla Española indígenas capturados en las regiones costeras, se advirtió que no era una sola la lengua hablada, como se creía, sino que se hablaban diversidad de lenguas, dato que recoge Gonzalo Fernández de Oviedo, cuando escribe que «cosa es maravillosa que en espacio de una jornada de cinco o seis leguas de camino y próximas y vecinas unas gentes con otras, no se entiendan los unos a los otros indios».

Ante la evidencia de que no iba a ser útil ni provechoso el sistema previsto de ir mandando indios regularmente a España para que aprendieran el castellano, cosa evidentemente imposible, se planteaba el problema de cómo aprovechar a aquellos indígenas que ya conocían la lengua de los españoles, pero que únicamente podían ser utilizados como intérpretes en la reducida zona de donde procedían. Esa situación trató de resolverse llevándolos a los establecimientos misionales que se iban creando, para que actuaran como lenguas. Los franciscanos y los dominicos serían los primeros que se servirían de esos indios a partir de las fundaciones misionales de 1518. Así resultaría que la práctica esclavista se utilizaría de apoyo a la difusión idiomática.

Durante un cierto tiempo se mantuvo esa utilización del indio, efectuándose, a lo sumo, pequeñas adaptaciones acordes a las necesidades del momento. Mas, no tardarán en surgir las primeras vacilaciones sobre la conveniencia de mantener aquel sistema, que se acentuarán a partir de la conquista del imperio azteca.

En efecto, después de las grandes conquistas continentales, se obtiene una idea mucho más amplia de la realidad americana, que en poco tiempo ha desbordado la zona isleña del Caribe y sus entornos. Ello va a acarrear una importante consecuencia, la de comprobar que América estaba problada por gentes de muy distinto nivel cultural y que al lado de pueblos en una situación casi natural, se hallaban otros dotados de un alto nivel cultural.

En 1596 el Consejo de Indias dictamina que, frente a la abigarrada multiplicidad de las lenguas aborígenes y la dificultad de explicar bien en ellas los misterios de la fe cristiana, «se ha deseado y procurado introduzir la castellana como más común y capaz».
En el mismo año y aunque el rey expresa que «no parece conveniente apremiallos a que dexen su lengua natural», el virrey del Perú ordena que los misioneros y los caciques empleen sólo el castellano.

La situación, por ello, va a tender a modificarse, sobre todo al ponerse en marcha el sistema de doctrinas, no limitado, como hasta entonces a un reducido número de indios encomendados, sino dirigido a la gran masa indígena, en una situación muy distinta de la tenida hasta entonces en las Antillas.

Mas, el inconveniente que suponía desconocer las numerosas lenguas indígenas, provocaba una total incapacidad a los misioneros en su misión evangelizadora. Los medios y la voluntad que ponían, tanto para enseñar a los niños como a los adultos, eran inútiles, pues el desconocer sus lenguas, recurrían al empleo del latín. El recurso era, evidentemente, desacertado y ellos mismos reconocían que «era esta doctrina de muy poco fruto, pues ni los indios entendía lo que se les decía en latín, ni cesaban sus idiolatrias... por no saber (los misioneros), su lengua».

Ello fue motivo de seria preocupación por parte de los frailes, que intentaron remediar aquel fracaso mediante un contacto más estrecho y continuo, para lo cual construyeron escuelas, junto a los conventos, donde incluso podían dormir. En realidad se trataba de colegios donde los hijos de los principales recibían educación, exclusivamente religiosa en los primeros momentos, valiéndose de los gestos para intentar una comprensión de lo que se les trataba enseñar. Esa situación fue también transitoria, pues al poco tiempo se invirtió el método empleado y fueron los propios misioneros los que procuraron aprender las lenguas indígenas, convirtiéndose ellos mismos en «lenguas».

La convivencia y relación entre indios y españoles se manifestaba bastante

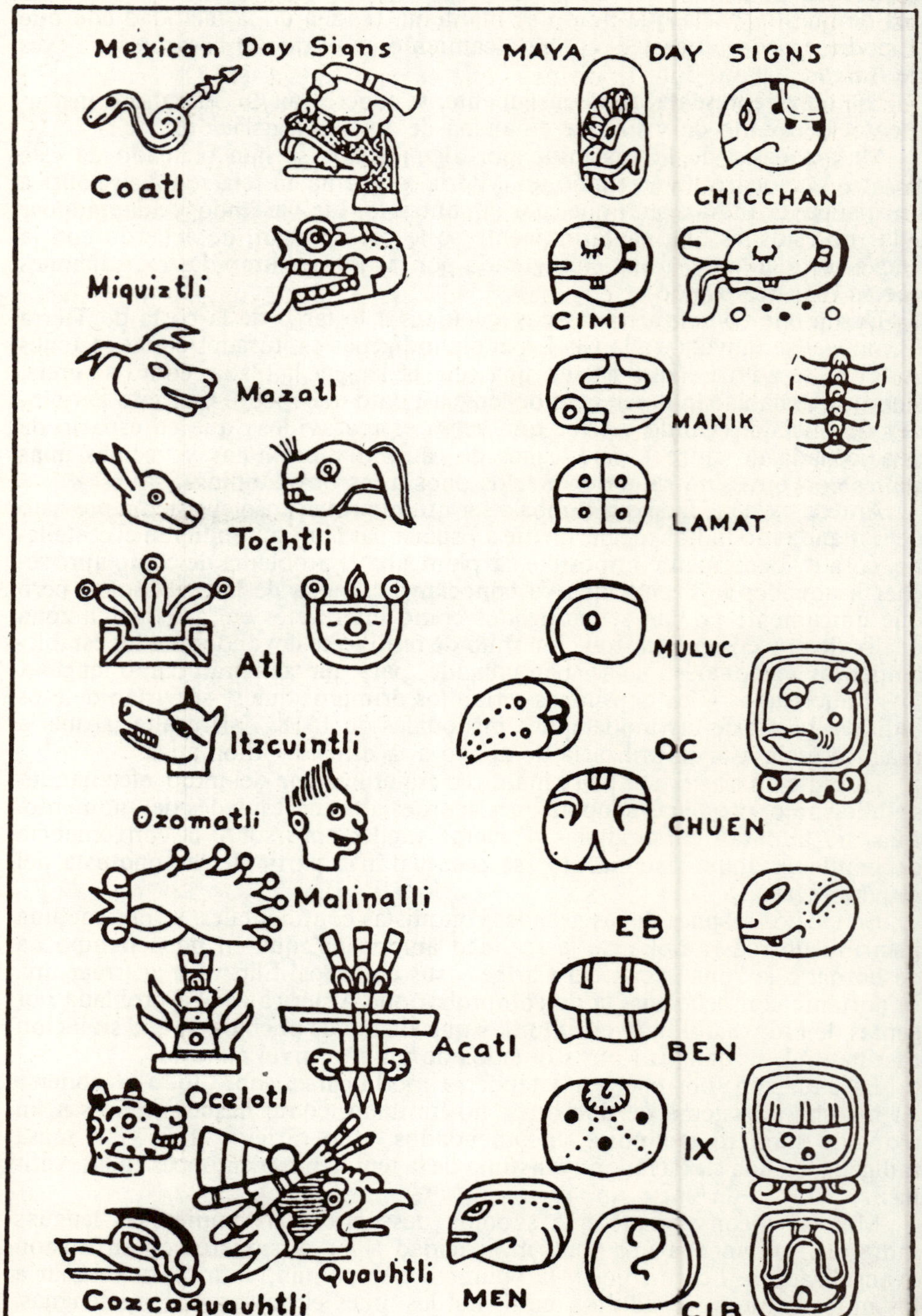

Signos mexicanos y mayas. Como ha demostrado el lingüista Benjamín Lee Whorf a quien pertenece el presente esquema, existen ciertas semejanzas entre ideogramas del maya y del nahuatl, lenguas de la América precolombina probablemente emparentadas entre sí, aunque la primera escritura mencionada precede en el tiempo, con seguridad, a la segunda.

difícil a medida que transcurría el tiempo. La obligación del encomendero de instruir a los indios en la fe cristiana, no siempre fue cumplida y será la experiencia de los clérigos la que pareció más eficaz a la Corona para conseguir sus fines.

La consecuencia, pues, de aquellos ensayos y de las impresiones que van llegando a Indias, será la promulgación de la cédula de 31 de mayo de 1538 dirigida al gobernador de Cartagena, en la que se ordenaba que «junto a la iglesia catedral de esa provincia se haga una casa grande como escuela, donde los hijos de los caciques de la comarca residan y sean enseñados en cosas de la fe y costumbres de los cristianos». Ese criterio se ratifica al poco tiempo, en otra real cédula de 23 de agosto del mismo año, dirigida al primer virrey de Nueva España, en la que se indicaba que en el colegio que se había levantado en la ciudad de México para los hijos de los naturales, sea «para que aprendan la lengua y doctrina cristiana». En ninguno de los dos documentos se señalaba que la enseñanza se realizase en castellano; la Corona no había fijado aún el método que debía emplearse para la enseñanza de la fe. La postura en ese sentido se clarificaría años después.

De lo dicho se puede deducir, que el paso inicial que otorga atención fundamental hacia el problema de la lengua, vino determinado por la aspiración adoctrinadora.

El sistema de valerse de los niños permite a los misioneros un fácil y más rápido entendimiento, pues no se busca el conocimiento de la lengua para la predicación, sino que es solamente un paso más para darles a conocer el significado de las oraciones que les enseñaban en latín y que tenían que ir aclarándoles mediante gestos. A partir de ese momento se advertirá la necesidad de enseñar el castellano y de ese modo, evitar las molestias e incovenientes de traducirles los misterios de la fe.

A la par que se van tomando disposiciones de carácter oficial, se van publicando una serie de libros que reflejan el momento en que se halla la cuestión del idioma. Así en 1539 se escribe *Breve y más compendiosa doctrina cristiana en lengua mejicana y castellana,* de acuerdo con la línea que propugnaba que los textos dedicados a la instrucción de los naturales fueran traducidos a las lenguas indígenas.

CAPITULO 4

LA CULTURA

Jaime Delgado

1. La Cultura

La aparición del hombre blanco, concretamente español, en América produjo un tremendo impacto en el mundo amerindio, no sólo ni principalmente por el choque militar que conllevó, sino, sobre todo, por las hondas repercusiones culturales que produjo, ya que los dos mundos enfrentados, el español y el amerindio, sólo tenían de común el estar constituidos por seres humanos, aunque en muy diferente grado de desarrollo. Sin embargo, las miradas superficiales han solido limitarse a valorar positivamente las gestas acometidas y victoriosamente realizadas por los conquistadores. Estos, sin duda, dotados de cualidades humanas en grado heroico, supieron, pudieron y quisieron sobreponerse a toda la gama de dificultades que la naturaleza y los hombres alcanzaron en su camino. Ellos penetraron en las tierras desconocidas a favor de una superioridad técnica innegable e incluso contando con la ventaja de

En el vasto continente americano habitaban en 1492 muchas culturas aborígenes, de diversos grados de desarrollo y con diferentes lenguas, costumbres, religiones y formas de vida. En poco más de un siglo y como resultado del proceso de la conquista y la colonización españolas, América compartió lengua, cultura y religión, aunque con las diferencias que la heterogeneidad inicial fue determinando.

La llegada de Cristóbal Colón al continente americano supuso el primer y definitivo contacto cultural de la civilización europea con pueblos de distintas razas, costumbres y religiones. Grabado de una edición florentina de las costas colombinas del 1493 en la que aparece representado el desembarco de Colón en las Indias en 1492.

El proceso cultural americano pasa en el siglo XVI por tres fases sucesivas: en la primera etapa, la de los descubrimientos, se opera el contacto de las culturas del descubridor y de los nativos del Nuevo Mundo; en la segunda, que coincide con la conquista, la confrontación cultural de ambos mundos culturales, el del conquistador y el del conquistado; y, finalmente, en la etapa de la colonización, la integración cultural que dará por resultado la nueva cultura iberoamericana.

la sorpresa y la admiración amerindias ante lo que la credulidad mágica del indígena le hizo ver como sobrenatural y divino. Este estado de ánimo cambió pronto, no obstante, y dio paso a una consideración más realista del invasor, en virtud de la cual hombres y caballos adquirieron su natural normalidad. A partir de entonces, la supremacía tecnológica de los españoles se vio compensada, a veces con ventaja, por las condiciones ambientales y el número de los amerindios, cuyo valor y ardimiento guerrero fueron casi siempre, individual y colectivamente, semejantes a los de sus ocasionales adversarios.

Todas esas particularidades de la empresa indiana de España dan a la gesta conquistadora la viveza, el colorido y la admirativa atracción de todo lo heroico. Sin hacer, frente a la leyenda negra, otra leyenda blanca, el derroche de energías, virtudes y defectos humanos que la Conquista implica enciende el asombro en todo hombre limpio de retorcimientos mentales y psicológicos.

El «Diario» de Colón en el que el almirante recoge la crónica del descubrimiento, es el primer testimonio escrito del Nuevo Mundo. El relato de las peripecias del viaje, del encuentro con las «nuevas fuentes», la descripción de una naturaleza hasta entonces desconocida, muestran el asombro que el europeo sintió ante una realidad tan nueva. En el grabado, extraído de una edición del «Diario» de 1493, Colón se encuentra con los habitantes de la isla La Española (Haití) descubierta en su primer viaje. Nótese como también nos refiere Colón en su «Diario» el desconcierto de los aborígenes ante la llegada de los españoles.

La incorporación de América a la Iglesia, a la Cultura y a la Historia tuvo, como todo parto humano, hermosura y dolor, pero siempre producirá, como todo nacimiento también, el estupor del hombre ante el misterio o lo inverosímil.

Esa gesta española, que se conoce generalmente con el nombre de «Conquista», consume durante tres siglos la inserción del nuevo continente dentro de los temas y preocupaciones de la cultura europea en la forma española de serlo. Ahora bien: el vocablo «Conquista» ha sufrido, por obra de la historiografía décimonona, un desprestigio que le ha dado una significación peyorativa, sin tener en cuenta que las fuentes contemporáneas del acontecimiento y la misma conciencia histórica que reflejan no veían en esa palabra ninguna alusión implícita a guerra o violencia contra los indios. Debe, pues, restaurarse el auténtico contenido del concepto «conquista» pensando que tal término no ampara sólo una carga de tipo militar, sino que sirve y debe seguir sirviendo a la conquista espiritual, política, social, económica y filosófica de América.

Es que paralela y posteriormente a la acción militar, España emprendió otra, quizá menos vistosa, pero igualmente trascendental. La realizaron, en ocasiones, los mismos hombres de espada y arcabuz, si bien la mucho más abundante participación de gentes civiles e intelectuales permite calificarla de empresa de frailes y profesores. Se trata de la gesta religiosa y cultural más importante de la Edad Moderna y supone el mayor esfuerzo pedagógico de la Historia, tanto en extensión como en intensidad. Tal hazaña comprende dos grandes apartados o aspectos: uno, la aportación a América de Cultura nueva; el otro, el rescate y estudio de las culturas amerindias y su posterior exportación a Europa en forma de nuevos saberes y disciplinas y de nuevas preocupaciones teológicas, filosóficas y jurídicas. Por último, fruto de este doble movimiento contrario, es decir, del contacto y fusión de lo que se envió con lo que allí hallose, la creación de un nuevo tipo de cultura, que es la propia y característica de los actuales pueblos hispanoamericanos.

La transmisión a América de la Cultura hispana incluye tres órdenes de hechos coincidentes y simultáneos: *difusión de pensamiento, difusión de instituciones y difusión de instrumentos y técnicas.* España, en el primer caso, envía al nuevo mundo algunos de los intelectuales mejores, que continúan allí su obra o que allí la emprenden o la maduran. De este modo, la *Teología, la Filosofía, la Mística y la Ascética, la Literatura, el Arte, el Derecho* y la *Ciencia pura y aplicada cruzan el Atlántico,* se instalan en las nuevas tierras y por todas ellas extienden su poderosa llama creadora. Y es, precisamente, el siglo XVI el lapso de más activo trasiego en este sentido. Tres grandes religiones –según la expansión de la época– ocupan el primer plano cultural y organizan la acción: la religión de San Francisco, la de Santo Domingo y la de San Agustín. A ellas sigue, en la segunda mitad de aquella centuria, la Compañía de Jesús, que alcanzará durante el XVII la hegemonía intelectual en todos o casi todos los reinos americanos, ya que la orden ignaciana, como nacida en la Edad Moderna, era la mejor preparada para el tipo de lucha religiosa que España tenía entonces planteada en el frente europeo y, en cierto modo, también en el americano.

Pero a alguien le ocurrirá preguntar, si ello era así, por qué la Compañía de Jesús no llegó a América hasta el último tercio del siglo XVI. La respuesta es obvia, ya que se basa en el hecho evidente de haber comenzado mucho antes la acción americana que la fundación de la Compañía. Ahora bien: tal contestación revela en seguida, a poco que se medite sobre ella, una raíz más profunda del carácter o sentido que es posible atribuir a la acción americana de España; a saber: ésta se planteó e iniciose como una empresa de tipo medieval; y ello así, no sólo por el momento histórico en que fue emprendida, sino porque, además, España fue la única potencia que echó a andar por el camino de la modernidad sin romper violentamente con la Edad Media y con lo que ésta había significado; más aún: incorporando a su nuevo proyecto colectivo la vida moderna todo lo que de permanente y vivo había tenido y seguía teniendo la concepción medieval del hombre y del mundo. Así, España llevó, en parte, Edad Media a América, y debido a ello, en la Historia del nuevo continente puede hoy advertirse un período de típicos rasgos medievales, explicables también por el conocido fenómeno de regresión cultural que se produce como consecuencia del contacto de una cultura más

En la relación de su primer viaje Colón refiere que los nativos de Santo Domingo comían carne humana y la noticia de tal costumbre inflamó la imaginación y despertó el horror de los artistas europeos tal como puede verse en este grabado de 1558.

En la transmisión de la cultura hispana a América jugaron un papel preponderante las órdenes religiosas que acompañaron a los descubridores primero y a los conquistadores después.

Si grande fue el asombro sentido por los indígenas en su primer contacto con los descubridores, este sentimiento fue recíproco y así lo demuestran las palabras de Colón en su diario cuando al descubrir a los naturales dice que son «muy bien hechos, de fermosos cuerpos y muy buenas caras; de cabellos gruesos, cuasi como sedas de cola de caballo, e cortos; los cabellos traen por encima de las cejas, salvo unos pocos detrás que traen largos, que jamás cortan. Dellos se pintan de prieto y ellos son de la color de los canarios, ni negros, ni blancos...»

avanzada con otra más primitiva. Tales rasgos son, entre otros, los siguientes: arquitectura gótica cuando el Gótico peninsular estaba en la agonía; teatro misional, eclesiástico y reducido al templo, cuando en España había salido ya, secularizado, a la plaza pública y a su escenario propio; organización social y territorial semejante –salvadas algunas distancias– a la de la Reconquista, y algunos otros caracteres propios del medievo. Entre éstos, la presencia de franciscanos, dominicos y agustinos no deja de ser tampoco sintomática.

Hay, ciertamente, otras *órdenes religiosas masculinas y femeninas* –la de la Merced en primer lugar–, pero ni se trata de hacer aquí un inventario, ni se podría ocultar que su acción fue, al principio, menos amplia y profunda que la llevada a cabo por las cuatro religiones citadas. Y hay también, junto con los frailes, el clero secular y los laícos, los seglares. Reunamos, al azar, unos cuantos nombres: fray Juan de Zumárraga, fray Toribio de Benavente o Motolinia, fray Alonso de Montúfar, fray Alonso de la Veracruz, fray Bernardino de Sahagún, don Vasco de Quiroga, Francisco Cervantes de Salazar, fray Diego Valdés, el padre José de Acosta, S.I., Alonso de Ercilla, Francisco de Terrazas, Gutierre de Cetina, Santo Toribio Mogrovejo, Juan de la Cueva, Lázaro Bejarano, Pedro de Ortigosa, S.I., Rosas de Oquendo y tantos otros. Todos estos sin contar algunos gobernantes ilustres e ilustrados, que fueron mecenas de escritores y artistas, como don Diego Colón, el segundo Almirante de las Indias, por ejemplo, que en la recién fundada Santo Domingo instaló, desde 1509, una verdadera corte del Renacimiento; y sin anotar tampoco a los cronistas indianos, quienes, si no específicamente intelectuales ellos mismos, supieron crear, al contacto con la realidad de las Indias, obras –como la de Gonzalo Fernández de Oviedo– que enriquecieron y otorgaron nuevo signo a la historiografía del Humanismo español. Merece la pena analizar brevemente en qué consiste tal novedad.

Los humanistas españoles revelan, como es sabido, un gran sentido de continuidad con el pasado, de continuidad histórica, que se pone de manifiesto en la admiración que todos ellos sienten por la Edad Media. Esto es solamente un aspecto de los afirmados antes, y se manifiesta en la producción historiográfica de los humanistas, casi todos los cuales se ocupan de y con la Historia, inclinados por su «fundamental afección por lo humano» y su «interés primordial por lo que al hombre le acontece en cuanto hombre». Pero, además, un factor importante de la corriente historiográfica humanística y que imprime a ésta una significación especial es el descubrimiento de América, que aparece como uno de los más importantes acontecimientos que los historiadores deben narrar y que influye en el tema y en el modo de la narración, pero también en el propio escritor, cuyo sistema de creencias básico queda alterado por el acontecimiento nuevo. Así, «el hecho de América constituye –ha escrito José Antonio Maravall– el ancho campo para las tareas literarias del historiador español, y la especial condición de este objeto histórico da lugar a una preferencia por un mundo que, si es maravilloso, se tiene, no obstante, ante los ojos, y al ofrecer cosas nunca oídas, llenas de sugestión y de interés, permite narrar novedades mucho más extraordinarias que otras que inventó la fábula y, además, con una doble ventaja a su favor: en primer lugar, ser verdaderas y comprobadas; y en segundo lugar, ser tan sorprendentes de por sí que la mejor manera de tratarlas es la más llana posible, porque sin necesidad de galas de estilo se imponen por sí mismas, y hasta es recomendable una cierta llaneza en contarlas, para que la afectación en las formas no perjudique, en la opinión del lector, a la verosimilitud de lo que se dice». Así, se logra, pues, veracidad mediante la experiencia, criterio que ahora se prefiera al de autoridad de los antiguos y a cualquier otro argumento histórico, y se logra también sencillez en el relato, lo cual es un factor más a unir al de la tendencia al realismo y la exactitud histórica –ya propios de la producción historiográfica anterior–, para explicar la anulación del estilo grandilocuente y encomiástico en la historiografía española.

Los indios se sorprendieron de las barbas y vestidos de los españoles y, superado el asombro inicial por las nuevas armas que traían consigo los descubridores, pronto adoptaron el uso de cuchillos.

Con la fundación de una nueva ciudad casi inmediatamente se levantaba una escuela, en general a cargo de religiosos. En 1505, a sólo siete años del descubrimiento del Nuevo Mundo, los franciscanos fundan el primer colegio del continente en Santo Domingo.

2. La enseñanza

Todo este riquísimo caudal de pensamiento encontró cauce adecuado para su discurso en las instituciones y organismos culturales fundados a la par que aquel manaba. Colegios de primera y segunda enseñanza para indios, mestizos y españoles, Academias, Colegios de Artes y Oficios y Universidades, con sus respectivas bibliotecas y material docente, fueron instalándose en todas las ciudades al mismo apresurado ritmo con que éstas se fundaban, y no parece necesario advertir que las ciudades iban naciendo allí donde la planta del conquistador acababa de pisar.

El descubrimiento de América supuso, además de un profundo choque cultural, la necesidad de revisar conocimientos, teorías y principios tenidos como definitivos desde varios siglos antes. Un buen ejemplo de ello es el de los conocimientos geográficos y astronómicos que, apoyados en las teorías ptolemaicas, habían sido principios de autoridad incuestionables. Pero después de tantas centurias de obediencia a los mismos, resultaría verdaderamente difícil al hombre europeo desembarazarse de ellos tal como lo demuestra esta carta geográfica de 1503 —de la «Margarita Philosophica»— y en la que aparecen reflejados aún datos que en la época ya se tenían por falsos gracias a las diversas exploraciones realizadas.

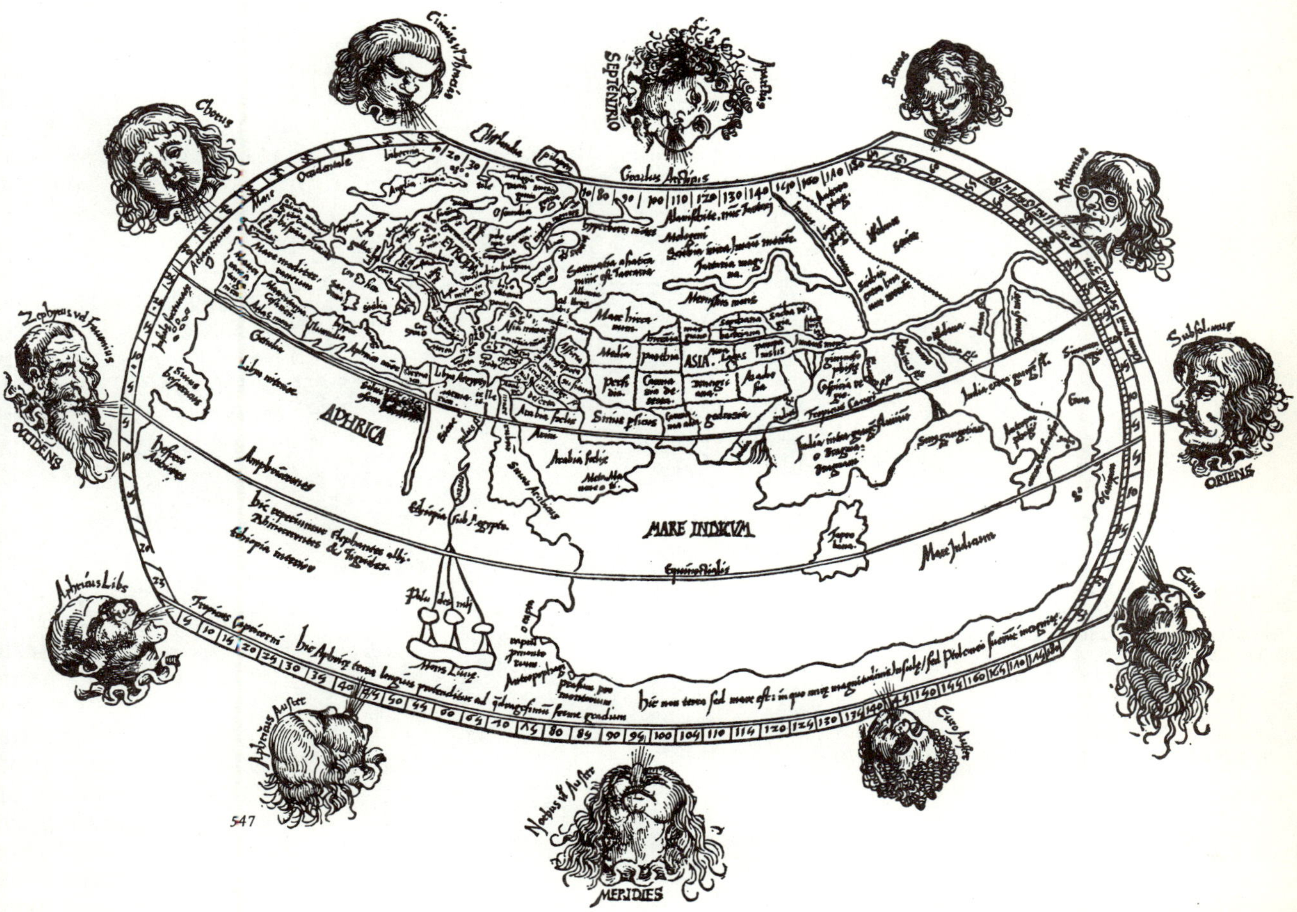

547

La necesidad de comunicación con los aborígenes y, consiguientemente, la del conocimiento de sus lenguas fue la consecuencia más inmediata del primer contacto entre mundos tan dispares.

Debe recordarse, en este aspecto fundacional, que, aparte la ciudad de Santo Domingo, fundada ya en 1494, sólo en el siglo XVI, entre los años 1508 y 1565, es decir, durante el transcurso de cincuenta y siete años, fueron creadas más de sesenta ciudades, sin contar los pueblos y demás centros menores de población. Resulta inevitable la enumeración de los conjuntos urbanos más importantes. Son los siguientes: San Juan de Puerto Rico, 1508; Santiago de Cuba, 1514; La Habana, 1515; Veracruz, 1519; Panamá, 1519; México, 1521; Guatemala, León de Nicaragua y Granada, también en Nicaragua: San Salvador y Santa Marta, 1525; Coro, 1527; Puebla de los Angeles, 1531; Cartagena de Indias y Guadalajara, 1535; Buenos Aires, primero en 1536, y abandonada después, fue fundada de nuevo y ya definitivamente en 1580; Asunción, en 1537; Santa Fe de Bogotá, 1538; Charcas o Chuquisaca, hoy llamada Sucre, en 1539; Santiago de Chile y Valladolid de Michoacán, hoy llamada Morelia, 1541; Mérida de Yucatán, 1542; Potosí, 1545; La Paz, 1549; Caracas, en 1562, pero fue abandonada poco después y restablecida en 1567; y San Agustín, en la Florida, en 1565, con lo cual es la ciudad más antigua de Estados Unidos de Norteamérica.

Pero a este asombroso ritmo de fundaciones urbanas no le fue en zaga el de la creación de instituciones de enseñanza y de cultura. La primera Real Orden sobre educación de los indios data del año 1503, y desde 1505 hubo

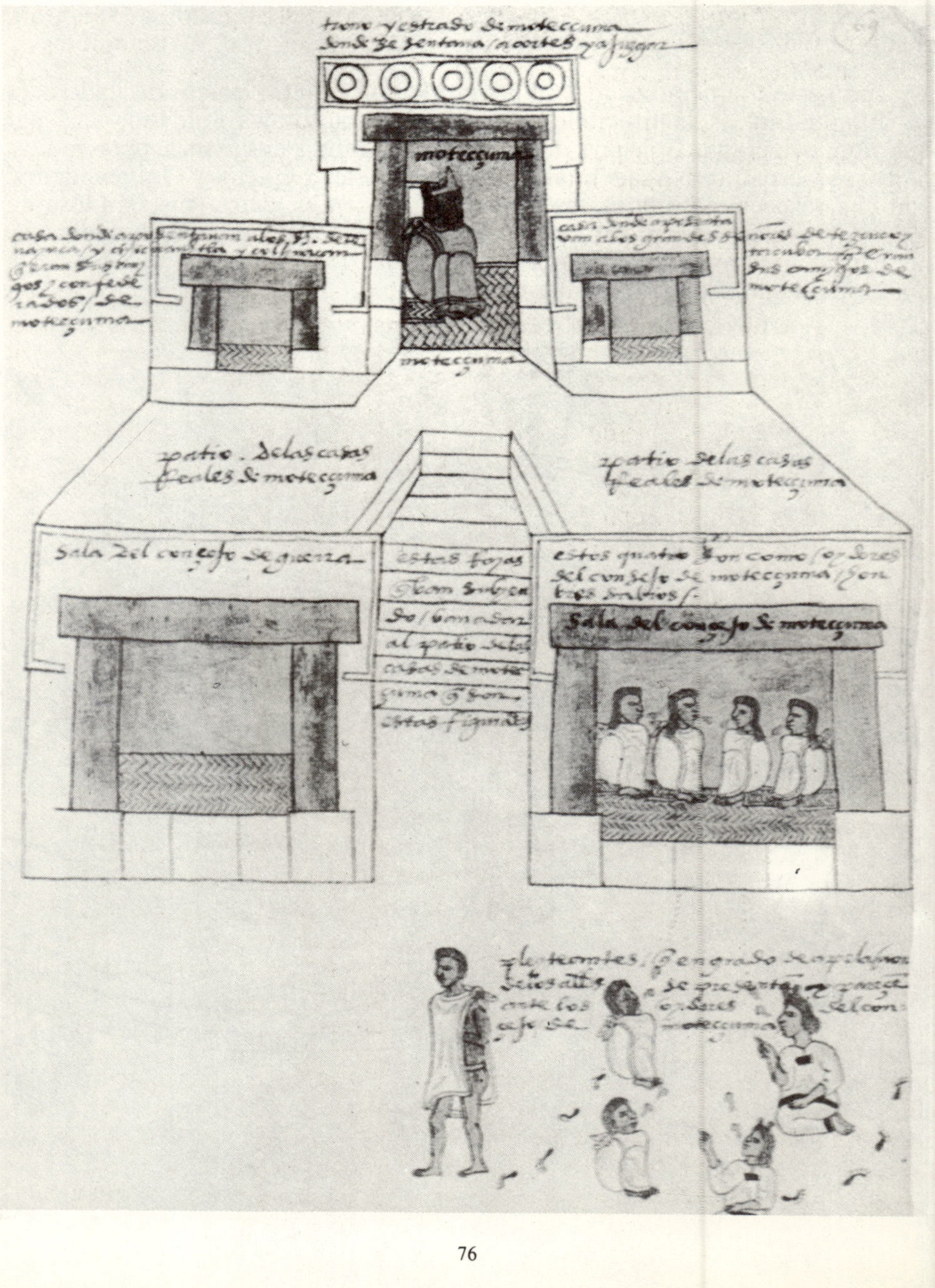

Dibujo del palacio de Moctezuma, con la sala del trono en la parte superior y la casa real y la sala del consejo debajo. Biblioteca Bodleiana, Oxford. En la etapa del descubrimiento y conquista de América, los españoles se encontraron con culturas desarrolladas, organizadas mediante complejos sistemas de administración, como las de México —imperio azteca— o de Perú —imperio inca— pero, a la vez, con una gran diversidad de pueblos agrupados en tribus y con mínimos sistemas de organización.

enseñanza escolar en el colegio que fundó fray Hernán Suárez en el convento franciscano de la ciudad de Santo Domingo. Ocho años después, en 1513, una nueva Real Orden dispuso que un maestro especial enseñara gramática latina a los hijos de los caciques de la isla Española, y en la misma fecha, la Casa de Contratación de las Indias ordenó enviar a dicho maestro veinte gramáticas, veinte pares de escribanías, veinte manos de papel y diez volúmenes de evangelios y homilías. Esto no quiere decir, sin embargo que no hubiese alguna oposición a esta corriente educativa por parte de quienes opinaban que los indios sólo debían aprender el Padrenuestro y el Ave María, ya que, por un lado –como en cierta ocasión dijo el padre Betanzos–, «ningún fruto se espera de su estudio», y, por otro, resultaría peligroso su aprendizaje. El virrey don Antonio de Mendoza ya descubrió el torpe origen de las opiniones contrarias a la capacidad intelectual de los indios cuando escribió a su sucesor: «Algunos dirán a Vuestra Señoría que los indios son simples y humildes, que no reina malicia ni soberbia en ellos y que no tienen codicia; otros, al contrario, y que están muy ricos y que son vagabundos y que no quieren sembrar. No crea a los unos ni a los otros, sino trátase con ellos como con cualquier otra nación sin hacer reglas especiales, porque pocos hay que en estas partes se muevan sin algún interés, ya sea de bienes espirituales o temporales, o pasión o ambición, ora sea vicio o virtud». Del mismo modo, el padre José de Acosta, en su *De natura novi orbis et de promulgando Evangelio apud Barbaros* (1589), quería «deshacer la falsa opinión que comunmente se tiene de ellos, como de gente bruta y bestial y sin entendimiento, o tan corto, que apenas merece ese nombre». A su vez, el dominico fray Juan Ferrer –uno de los primeros que empezó a estudiar en serio la arquelogía mexicana– compuso un tratado sobre la civilización de los indios, con el que esperaba acabar con las dudas sobre su racionalidad. Por último, fray Domingo de Santo Tomás, O.P., en el prólogo a su *Gramática o arte de la lengua general de los indios de los reinos del Perú,* decía el rey: «Mi intento, pues, principal, S.M., al ofreceros este Artecillo, ha sido para que por él veais muy clara y manifiestamente cuán falto es lo que muchos os han querido persuadir ser los naturales de los reinos del Perú bárbaros e indignos de ser tratados con suavidad y libertad que los demás vasallos vuestros lo son. Lo cual claramente conocerá V.M. ser falso, si viera por este Arte la gran policía que esta lengua tiene. La abundancia de vocablos. La convivencia que tiene con las cosas que significan. Las maneras diversas y curiosas de hablar. El suave y buen sonido al oído de la pronunciación de ella. La facilidad para escribirse con nuestros caracteres y letras. Cuán fácil y dulce sea a la pronunciación de nuestra lengua. El estar ordenada y adornada con propiedad de declinación y demás propiedades del nombre, modos, tiempos y personas del verbo. Brevemente, las muchas cosas y maneras de hablar, tan conforme en la latina y española; y en el arte y artificio de ella, que no parece sino que fue un pronóstico que españoles la habían de poseer [...] es lengua que se comunicaba y de que se usa por todo el señorío de aquel señor llamado Guanacapá, que se extiende por espacio de más de mil leguas en largo y más de ciento en ancho».

Tales opiniones en defensa de la implantación de la enseñanza revelan la opinión contraria, la de quienes se oponían a la instrucción del amerindio. No prosperó, sin embargo, tal idea. Por el contrario, se pidió al rey el envío de maestros y la creación y colegios y estudios, no sólo para la debida formación de indios y españoles, sino también para combatir la nostalgia española de éstos. Así se ve claramente en la carta del licenciado Tomás López al rey, fechada en la ciudad de Santiago de Guatemala el 9 de junio de 1550, en la que leo: «Es menester que Vuestra Alteza mande enviar por acá, ya en esta provincia, alguna doctrina, algunos principios de ciencia, siquiera para ocupar los muchachos que salen muy mal criados y de malas costumbres, y para los clérigos y frailes que se hacen acá o vienen de allá andes [sic] y sin letras, y para gente honrada y caballeros que se huelgan de saber, y aún para algunos de estos niños naturales que saliesen capaces y de buen entendimiento, que ayudase mucho a la conversión de los otros». Para ello, el rey debía «ordenar para todas las provincias de este distrito un colegio en que hubiese un Preceptor de gramática, otro de lógica, y sin sofisterías ni prolijidades, sino un curso de año y medio, y otro y otros dos para que leyesen una lección de la Santa Escritura y otra del maestro de las sentencias,

Contrariamente a lo que habían hecho las potencias colonialistas de Europa, los españoles y también los portugueses no implantaron un sistema de enseñanza discriminada para los hijos de los vencedores y los vencidos. Durante el siglo XVI se crearon infinidad de escuelas y colegios para instruir a la población indígena pero ninguna para los niños españoles.

Como bien expresa el maestro Jesús Estrada en «Música y músicos de la época virreinal», uno de los argumentos esgrimidos por los religiosos en defensa de la capacidad intelectual de los indios para recibir educación, fue la de la extraordinaria capacidad musical de éstos: «No es extraño que en esta atmósfera del siglo XVI, en la que el rigor de la dominación española que los misioneros buscaran el buen tratamiento de los indios frente a los insaciables buscadores de riquezas a costa de la pobreza y mal trato de los naturales, se arguyera como prueba de capacidad y merecimiento esas dotes para la música religiosa, que eran pruebas palpables de su capacidad para ser cristianos; esto es, hombres libres ante los ojos de Dios y frente a otros hombres. Hacia 1570, Alonso Zurita recoge el argumento diciendo que los indios de Nueva España siempre se han distinguido por la forma política en que vivían antes de la llegada de los españoles y que después se han mostrado aprovechados en todas las artes, pues hay entre ellos muchos cantores y músicos de flautas, chirimías, sacabuches, trompetas y vihuelas de arco; saben leer y escribir y hacen bien sus libros de canto llano y de canto de órgano con muy hermosas letras en los principios. Ellos los encuadernan y hay muchos latinos».

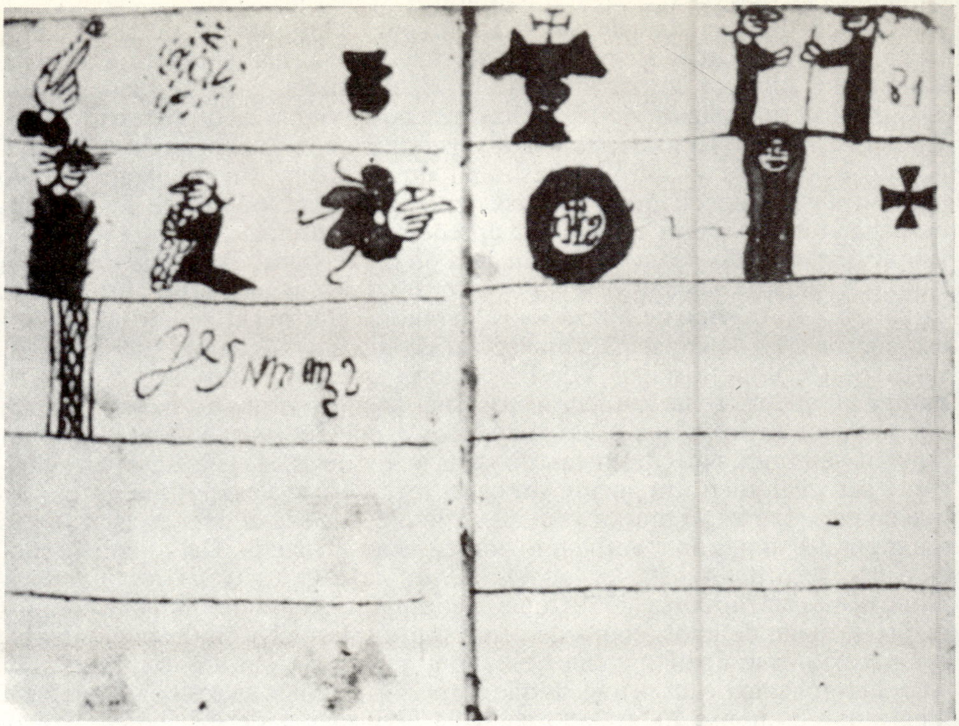

Una de las primeras dificultades con que se encontraron los misioneros en su labor de evangelización fue la de las diferencias lingüísticas. Para subsanar este problema pronto aparecieron catecismos en las lenguas aborígenes como el que aparece en la ilustración extraído de un manual utilizado por los frailes en la evangelización indiana. Los signos representan algunos de los puntos fundamentales de la doctrina.

sin opiniones ni revueltas de escuelas, llanamente, no más de la verdad». De este modo, «perderíase en algo el deseo de España».

Prevaleció, pues, el criterio favorable a la capacidad del amerindio para adquirir la cultura. Así, los misioneros fundaron en cada convento una escuela para niños indios, y se sabe que en 1559 había doscientas escuelas de este tipo en Nueva España; que en Perú y hasta 1551, sólo los dominicos tenían sesenta, y que en Cuzco había otra para hijos de yanaconas, fundada por el Cabildo eclesiástico. En estas escuelas se enseñaba aparte del catecismo, a leer y a escribir, el canto llano, el manejo de algunos instrumentos musicales y «algunas otras cosas de la Iglesia». La capacidad de los indios era buena, y así lo afirma fray Jerónimo de Mendieta: «luego con mucha brevedad aprendieron a leer, así nuestro romance como el latín y tirado o letra de mano. Y el escribir, por el consiguiente, se les dio con mucha facilidad [...]. Demás del escribir, comenzaron luego los indios a pautar y apuntar, así canto llano como canto de órgano [...]. Los primeros instrumentos de música que hicieron y usaron fueron flautas, luego chirimías, después ortos y tras ellos vihuelas de arco y ahora cornetas y bajones [...]. Comenzaron ellos de su ingenio a componer villancicos en canto de órgano a cuatro voces y algunas misas y otras obras [...]. En pocos años salieron tan buenos latinos que hacían y componían versos muy medidos y largas y congruas oraciones». El único temor del padre Mendieta consistía en que los niños indios no confirmaran tales virtudes al llegar a su edad adulta.

Esta instrucción elemental impartida a los niños indios no despertó recelos entre los españoles. La única restricción conocida en ese sentido obedeció a razones económicas, y fue la ordenada en Nueva España por la Junta eclesiástica de 1539, que mandó que no fueran tantos los niños indios internados en los monasterios y que no estuviesen en éstos tantos años. En virtud de tal disposición, los niños debían tener siete años como mínimo para ingresar en los cenobios misionales y no permanecer en éstos más de otros siete años.

La educación elemental fue concebida como un complemento de la evangelización, por esta razón ambas labores fueron realizadas por los religiosos, como una continuación de la vieja tradición medieval de la iglesia como depositaria de la cultura occidental.

Los misioneros enseñaron, además, artes y oficios manuales. El primer colegio destinado a esta enseñanza fue el establecido en la capilla de San José de los Naturales, contigua al convento de San Francisco, de México. El colegio de San Andrés, fundado en Quito por los franciscanos en 1552, continuó esa misma línea que comprendía, además de la enseñanza de la doctrina y la práctica cristinas, el aprendizaje de oficios prácticos para la vida del amerindio; así, por ejemplo, sastres, zapateros, carpinteros, pintores, batihojas de oro, bordadores, fundidores de campanas, fabricantes de sillas de gineta, etc. La finalidad de esta enseñanza no fue otra, en última instancia, que la de dotar al amerindio de unos conocimientos que le permitieran vivir de su trabajo artesano y libre sin verse constreñido a depender necesariamente de la servidumbre de la tierra.

Una enseñanza semejante se impartió también a las niñas, tanto indias como mestizas, y de ello es ejemplo la *Casa y Recogimiento de la Hermandad de la Caridad, de Lima,* donde en 1552 se recogía y adoctrinaba a españolas y mestizas. Al principio, los mismos niños indios, una vez adoctrinados, se constituyeron en maestros de las niñas, cuya instrucción fue siempre tema prioritario para los conquistadores, como lo demuestra el caso de Hernán Cortés, quien trató de fundar en México un monasterio de religiosas franciscanas para el adoctrinamiento de mujeres indígenas principales. Pocos años después, a partir de 1530, fueron enviadas a Nueva España varias «religiosas beatas» y «algunas dueñas devotas», para recoger y educar a las niñas en cristianas costumbres y en artes como la costura, el bordado, etc. Aunque no escasearon los problemas en cuanto a locales y régimen de escolaridad y mantenimiento, la enseñanza de las niñas fue considerada muy importante para la conversión de los pueblos indígenas, y por ello se mantuvieron muchos centros –de los que algunos figuran en las Leyes de Indias– destinados a enseñar a las niñas los oficios propios de la mujer.

La formación de los adultos mediante un tipo de enseñanza superior preuniversitario fue también objeto de la acción de las autoridades y de los misioneros. En este aspecto, hay que recordar el colegio de San Francisco de México, cuyo impulsor esencial fue fray Pedro de Gante; el Colegio de la Santa Cruz de Tlaltelolco –fundado por Zumárraga y otros franciscanos–, donde enseñaron fray Bernardino de Sahagún y fray Andrés de Olmos, entre otros; el colegio de San Juan de Letrán, dedicado a los mestizos; los estudios de Tiripitío, fundados por los agustinos en la tierra tarasca; las escuelas de don Vasco de Quiroga en sus excelentes pueblos-hospitales; las fundaciones franciscanas en Guatemala, Costa Rica y Panamá; las del obispo de Popayán don Juan del Valle y las del arzobispo de Santa Fe, Zapata de Cárdenas, y las del Perú, como el colegio del Cercado y el de San Francisco de Borja. Es legítimo advertir en este punto que la enseñanza superior a los amerindios encontró mayor oposición entre algunos españoles, pues contra ella conspiraba el deseo de quienes pretendían mantener al indio en su inferioridad cultural para mejor explotarle. De nuevo, no obstante, se impuso el buen criterio, y los centros educativos de este grado fueron multiplicándose y sirviendo la idea que guiaba a los frailes y demás educadores. «El intento que en esto se tiene –escribe el jesuita padre Avellaneda– es criar a estos niños hijos de caciques y principales en toda institución de policía y cristiandad, porque siendo ellos los que después han de mandar, será de mucha importancia su

Uno de los catecismos más difunfidos de la evangelización fue el de Fray Pedro de Gante (1486-1573), religioso franciscano flamenco que, al servicio de España, pasó a México y allí realizó una gran labor con los indígenas, sobre todo en la enseñanza de la música y de las artes manuales dentro del amplio plan de la evangelización.

ejemplo y enseñanza de todos los demás, como ya se experimenta este fruto. Y porque si de éstos hubiera algunos tan capaces y de tan probada virtud que pudieran ser sacerdotes de la doctrina cristiana, serían de mucha eficacia para la instrucción y cristiandad de los suyos, se procura que algunos de estos niños, los que más habilidad y asiento muestran, estudien latinidad». Y, en efecto, con tal objetivo fueron fundándose después los Seminarios Conciliares.

He dejado a propósito para el final de este balance que de la difusión de instituciones pedagógicas a América vengo haciendo, la fundación de Universidades, que constituye el más alto capítulo de la acción cultural española en el nuevo mundo. Francisco Esteve Barba explica así la creación de estos centros de cultura superior: «El alejamiento de los centros españoles encargados de los grados más altos de la formación cultural exigió desde muy pronto la creación de Universidades. Hacían falta teólogos, jurisconsultos y médicos, pues los grabados que voluntariamente se desplazaban desde España no eran suficientes para cubrir las necesidades de tan dilatadas tierras. No crear centros de estudios superiores en América hubiera prácticamente equivalido a impedir a los hijos de los conquistadores el acceso a los puestos eclesiásticos y civiles de responsabilidad, ya que un desplazamiento a la lejana metrópoli entrañaba dificultades que no es preciso ponderar.. Por otra parte, el primer paso para crear clérigos indígenas, aspiración de que muchos participaban, consistía en abrir centros donde pudieran formarse. Cierto que el Concilio de Trento había dispuesto la fundación de seminarios en cada diócesis, pero la orden tardó en cumplirse, y las Universidades tomaron a su cargo la formación del clero».

Resulta verdaderamente sorprendente el interés de los religiosos y de la Corona por establecer en Hispanoamérica instituciones universitarias cuando incluso la misma sociedad estaba empezando a formarse.

Rehuyendo una vez más todo inventario pormenorizado, si expresivo no menos fatigoso, me limitaré a señalar que ya en 1538 fue creada la Universidad de Santo Tomás en Santo Domingo; que en 1551 se fundaron las de México y Lima, que abrieron sus puertas a los estudiantes dos años después y no dejaron de funcionar nunca hasta el estallido de los movimientos emancipadores, y que durante el período de gobierno no español en América, se establecieron hasta veintiséis centros de enseñanza universitaria en las llamadas Indias Occidentales. Todas las Universidades americanas tuvieron la misma organización de las españolas. Fueron divididas, salvo casos excepcionales, en cuatro Facultades: Teología, Artes, Derecho y Medicina, y en su fundación sirvieron como modelo las Universidades de Salamanca y Alcalá de Henares, cuyas respectivas Constituciones inspiraron esencialmente las de las americanas.

3. La imprenta y el libro

Sólo habían pasado curenta y seis años del descubrimiento del Nuevo Mundo cundo ya Santo Domingo contaba con la primera universidad del continente.

Entre los medios o instrumentos materiales y técnicos necesarios para el desarrollo de la labor cultural, destacan la imprenta y el libro. La imprenta fue llevada a Nueva España gracias al obispo fray Juan de Zumárraga, quien estando en España, hacia 1533, escribió al Emperador haciéndole ver la conveniencia de establecer en su diócesis un taller de imprimir. El rey accedió a los deseos del prelado, y el 6 de mayo de 1538 ya estaba establecido en México un impresor, aunque muy probablemente éste ya trabajara allí desde tres o cuatro años antes. El primer libro impreso en la capital del virreinato fue –según el cronista dominico fray Agustín Dávila Padilla– la *Escala Espiritual para llamar al cielo,* de San Juan Clímaco, traducida por fray Juan de Estrada, y que debió de imprimirse entre 1532 y 1536, aunque ésta se la fecha más probable. No se conoce ningún ejemplar de esta obra, y por ello el que se considera primer libro impreso en América es la *Breve y más compendiosa doctrina cristiana en lengua mexicana y castellana que contiene las cosas más necesarias de nuestra santa fe cathólica para aprovechamiento destos indios naturales y salvación de sus ánimas,* mandada editar por fray Juan de Zumárraga y que se imprimió en casa de Juan Cromberger, donde el 13 de diciembre de 1540 imprimióse un *Manual de adultos.*

Dicho Juan Cromberger fue hijo de Jacobo, impresor alemán establecido en Sevilla desde 1500, y atendió las solicitudes del obispo Zumárraga y el virrey Mendoza para establecerse en México, lo que hizo mediante un contrato con Juan Pablos, de origen lombardo, quien instaló su taller, a mediados de

En 1400 Gutenberg concibió y costruyó la primera imprenta y en España, el primer impreso que se conoce data de 1468, una «gramática latina» estampada en Barcelona. Cuando aún en la península estaban apareciendo los primeros volúmenes impresos, la imprenta fue llevada a Nueva España gracias al obispo Fray Juan de Zumárraga hacia 1533

1539, en la Casa de las Campanas, propiedad de aquel prelado. Juan Pablos fue el verdadero impresor de los libros de su tiempo: doctrinas, gramáticas y vocabularios de lenguas indígenas, libros de leyes –como las Ordenanzas de Mendoza–, las Constituciones del Arzobispado, libros de Teología, otros sobre transacciones económicas, etc. Después, a lo largo del siglo XVI, Antonio de Espinosa, Pedro Ocharte, Pedro Balli y Antonio Ricardo fueron los impresores más importantes de la centuria decimosexta en Nueva España. Pero también es justo citar al ingenioso y polígrafo Enrico Martínez, impresor de sus propias obras científicas, ya en los primeros años del siglo XVII. Por último, y como muestra de la eficacia pedagógica y el rápido y buen aprendizaje de los indios, recordaré que del Colegio de la Santa Cruz de Tlaltelolco salieron, ya a mediados del siglo XVI, varios alumnos indígenas expertos en el arte de la tipografía, como Fernando Ribas, Agustín de la Fuente y Diego Adriano.

Casi medio siglo después que a Nueva España, llegó la imprenta al virreinato del Perú. En 1572, el virrey don Francisco de Toledo había expuesto al rey la necesidad de redactar un solo catecismo para todo el virreinato, así como la conveniencia de imprimirlo para su mayor difusión. La edición habría de hacerse en México, pues en Perú no estaba autorizada. Así, tras una reunión de la Compañía de Jesús en Lima y en Cuzco, en 1576, el padre visitador Juan de la Plaza fue a México en busca de un impresor que quisiera establecerse en Lima. Lo encontró en la persona de Antonio Ricardo, quien en octubre de 1580 obtuvo el permiso del gobernador de Nicaragua, Diego de Artiseda Chirino, para viajar al Perú. Llegado a Lima, tanto el Cabildo como el claustro de la Universidad apoyaron ante el rey la concesión del permiso para establecer la imprenta, la que quedó instalada, mientras llegaba la licencia real, en el Colegio de los jesuitas. Por entonces –abril de 1581– llegó a Lima como obispo Santo Toribio Mogrovejo, quien convocó y reunió un Concilio provincial, que aprobó los catecismos y manifestó la necesidad de imprimirlos. Esto influyó en la decisión real, y por Real Cédula del 7 de

Grabado en el que aparecen el virrey Mendoza, un franciscano y sacerdotes indios. La obra de la conquista espiritual a cargo de los religiosos se apoyó también en la formación de los aborígenes más adelantados, los que, a su vez, extendieron el cristianismo entre los suyos.

agosto de 1584 fue autorizada la impresión de libros en Lima y en el territorio del virreinato. Entre las primeras obras editadas en aquella capital figuran la *Doctrina y Catecismo para la instrucción de los indios y de las demás pesonas que han de ser enseñadas en nuestra santa fe, la Pragmática sobre los diez días del año* –sobre la corrección gregoriana del calendario–, un arte y un vocabulario quechua, el *Arancel Real de la Alcavala que el Rey Nuestro Señor manda se cobre en las Indias, la Relación de lo que hizo don Beltrán de Castro y de la Cueva en la entrada de Juan de Aquines, inglés, por el Estrecho de Magallanes y Mar del Sur,* una edición –de 1596– del *Arauco Domado,* de Pedro de Oña, el *Symbolo Cathólico Indiano,* de fray Luis Jerónimo de Oré, y, ya en 1602, la *Primera parte de la Miscelánea Austral,* de don Diego de Avales Figueroa.

Por lo que se refiere a los libros enviados desde España, cumple señalar la temprana difusión de éstos en las Indias. Al conquistador, en efecto, acompañaron o siguieron inmediatamente los libros. En la ciudad de Santo Domingo, don Diego Colón instaló, como apunté antes, una pequeña Corte renacentista, que él gobernaba desde su regio alcázar, donde frecuentaba el trato con libros, obras de arte y hombres letrados, como el cronista Gonzalo Fernández de Oviedo. Por los mismos años –desde el de 1501–, libros religiosos, gramáticas, diccionarios y obras de literatura popular pasaban a América desde España formando parte de las mercaderías y los productos que iniciaron ese sistema comercial hispano-americano, que sólo llegó a extinguirse prácticamente durante el cuarto de siglo que va desde 1810 hasta 1836. Del mismo modo, se sabe que don Pedro de Mendoza, primer fundador de Buenos Aires, llevó consigo un pequeño número de volúmenes, y otro Mendoza, don Antonio, primer virrey de Nueva España, hizo figurar entre su equipaje personal una caja con doscientos libros. Después, la fundación de las Universidades y la implantación de la imprenta favorecieron considerablemente el comercio librero y permitieron y auspicieron como acaba de verse, la edición y publicación de libros en la propia América.

En la Recopilación de Leyes de Indias *se expresa claramente el objetivo perseguido con la fundación de Universidades: «Conviene que nuestros vasallos, súbditos y naturales tengan en ellos (los reinos indianos) universidades y estudios generales donde sean instruidos en todas las ciencias y facultades y por el mucho amor y voluntad que tenemos de honrar y favorecer a los de nuestras Indias y desterrar de ellas las tinieblas de la ignorancia, criamos, fundamos y constituimos en la ciudad de Lima de los Reyes del Perú, y en la ciudad de México de la Nueva España, universidades y estudios generales.»*

Pero antes de pasar adelante en el examen que se viene haciendo, es preciso recordar que la influencia de las obras impresas empieza por advertirse ya en las personas de los conquistadores y en las acciones de sus propias gestas. Capitanes y soldados sentían plenamente, por ejemplo, esa indudable fascinación ejercida sobre toda la sociedad española contemporátnea por los libros de caballerías y las llamadas «historias mentirosas». Esta influencia no se explica solamente por la invención de la imprenta, que produjo la lectura de esas obras, sino, sobre todo, por los acontecimientos históricos acaecidos en aquella época, que favorecían la tendencia a confundir la línea divisoria entre la realidad y la ficción. Y no deja de ser curioso, por otra parte, el hecho de que siendo tan patente este fenómeno, la única mención clara de un libro de caballerías hecha por un conquistador sea la de Bernal Díaz del Castillo, en su *Verdadera Historia,* cuando al anotar la impresión que él y sus compañeros tuvieron al ver por primera vez la antigua Tenochtitlan, escribe estas palabras: «Y desde que vimos tantas ciudades y villas pobladas en el agua, y en tierra firme otras grandes poblazones, y aquella calzada tan derecha y por nivel como iba a México, nos quedamos admirados y decíamos que parecía a las cosas de encantamiento que cuentan en el libro de Amadís».

En su carta al rey, el chantre y el procurador de la ciudad de México, en donde se instaló la primera imprenta del continente (1536), explicaron claramente que lo que se pretendía con ello era «imprimir allí (en México) libros de Iglesia, de letra grande y pequeña; y de canto y de otros libros pequeños para instrucción de los indios y provecho de todos».

Esta ausencia de alusiones, sin embargo, podría explicarse por la sistemática hostilidad que las autoridades eclesiásticas y civiles, desencadenaron contra la literatura caballeresca aún antes de la inicialización de la conquista; hostilidad que se convirtió en verdadera cruzada de prelados y humanistas contra esas obras en la segunda mitad del siglo XVI. Y este punto enlaza directamente con el de la pretendida ignorancia y el supuesto oscurantismo en que España, según algunos, mantuvo a sus reinos de ultramar.

Por ser cuestión resuelta, no vale la pena de pararse más de un instante a recordar que todos esos asertos se deshacen con sólo repasar superficialmente la legislación que regía el paso de libros impresos desde España a sus reinos americanos. Cabe, empero, observar, en primer término, que todas aquellas terribles afirmaciones se deben a la ignorancia de sus autores, los cuales tuvieron como única fuente de noticias la *Recopilación* de 1680, en la que, si bien fueron recogidas algunas leyes reguladoras de los envíos bibliográficos, no aparecen todas las que se expidieron ni, mucho menos, los copiosos datos existentes acerca de los libros que se enviaban y que circularon ampliamente por la tierra americana.

Junto con las universidades, los libros eran la más alta manifestación de la cultura europea en América.

Por otra parte, del mismo modo que en ocasiones se recuerda –sin muy limpia intención– que la legislación era buena, pero no se cumplía, precisa advertir ahora que, otras veces, también quedaban incumplidas, por fortuna, las leyes malas o inconvenientes que en determinados momentos se dictaron; y algo de esto sucedió con las relativas a los libros. En efecto: como escribe Lohmann, «la repetida e insistente reiteración de las mismas envuelve implícitamente la sospecha de que no eran observadas fielmente por las autoridades a quienes se cometía su ejecución». Así, tras la Real Orden de 1505, en que Fernando el Católico prohibía la venta en la Española de los libros «profanos, ni de vanidades, ni de materias escandalosas» –que pasó inadvertida por no haber sido recogida en la *Recopilación*–, la piedra de escándalo para los críticos fue la ley expedida en Ocaña a 4 de abril de 1531, cuya aplicación no debió de ser muy rigurosa, ya que a 14 de julio de 1536 hubo necesidad de repetírsela al virrey Mendoza y de recordar de nuevo su contenido mediante las células de 13 de setiembre de 1543, 21 de febrero de 1575 y, sobrecartada, de 25 de abril de 1742.

La cédula de 1531, que tanto aspaviento produjera, tenía, por lo demás, un propósito muy claro. «Yo he sido informada –dice en ella la reina– que se pasan a las Indias muchos libros de romance, de historias vanas y de profanidad, como son el Amadís y otros de esta calidad, y porque este es mal ejercicio para los indios e cosa en que no es bien que se ocupen ni lean, por ende yo vos mando que de aquí adelante no consintais ni deis lugar a persona alguna a pasar a las Indias libros ningunos de historias y cosas profanas, salvo tocante a la Religión Cristiana e de virtud, en que se ejerciten y ocupen los dichos indios e los otros pobladores de las dichas Indias, porque a otra cosa no se ha de dar lugar». Con otras palabras: la primordial preocupación era la conversión y enseñanza religiosa de los indígenas, para los cuales se consideraba perjudicial la lectura de esos «libros de romance, de historias vanas y de profanidad». Tal objetivo, además, se confirma y aclara en las instrucciones enviadas a Mendoza en 1536, que expresan también explícitamente el incumplimiento de la cédula anterior.

Así, pues, las órdenes iban directamente encaminadas a favorecer la labor evangelizadora de los misioneros, y no a mantener en ignorancia a los criollos y españoles de las provincias americanas, para quienes sólo regía la política de tutela en lo relativo a las lecturas prohibidas por razones religiosas o

Los libros llegaron a América con los conquistadores: Don Pedro de Mendoza llevó consigo varias obras de Petrarca, Virgilio y hasta de Erasmo; el virrey de México Don Antonio de Mendoza llegó a la capital de Nueva España con 200 libros en su equipaje.

políticas. Que esto era así se demuestra, por otra parte, mediante las disposiciones del Nuevo Código de 1790. En esta época, transcurrida ya la etapa en que lo más importante era asegurar la instrucción religiosa de los indios, el calificativo de «profanos» aplicado a los libros cuyo paso a América se impedía es sustituido por el de «obscenos», debido a la creciente circulación de obras inmorales.

Por último, en lo que toca a la tutela por razones de tipo político, se obstaculizó el envío de dos grupos de libros: los que estaban prohibidos en la propia España y los que trataban de materias indianas. El primer grupo incluía las obras contrarias a la Monarquía, a las instituciones sociales y a las regalías del monarca, y, desde fines del siglo XVIII, los que propagaban las ideas de la Revolución Francesa. En cuanto al segundo grupo –mucho más numeroso–, comprendía los libros referentes a la geografía, la historia y la vida americanas en general, y su prohibición estaba fundada en la

El *Amadís de Gaula* fue el libro de caballerías castellano más leído en el siglo XVI en España y, el carácter fantástico de las aventuras del héroe, también atrajeron el interés de los conquistadores, muchos de los cuales llevaban en su viaje a América un ejemplar del mismo.

necesidad de evitar que las potencias europeas enemigas pudiesen disponer de datos y noticias acerca de la situación general, fortificaciones, detalles geográficos, caminos, etc., del Imperio.

Pero ya se ha visto que las leyes quedaban incumplidas con frecuencia. Este mal tenía su raíz en la propia España, donde el organismo encargado de vigilar no ejercía su función con el debido celo. Por eso, el Consejo de Indias multiplicó también las reales órdenes a los oficiales de la Casa de la Contratación, ordenándoles que revisaran los paquetes de libros uno por uno, pues se había comprobado que muchos envíos, amparados bajo la etiqueta de «Libros de Teología», contenían en realidad muchas obras prohibidas.

Las autoridades españolas, por lo demás, no sólo no prohibieron la difusión de la cultura y de los libros, vehículos de ésta, sino que la protegieron mediante órdenes y leyes que eximían a las obras impresas del pago de alcabalas, almojarifazgos y otros impuestos. Sobre los libros, en efecto, solamente pesaba el impuesto de «avería», destinado a pagar los gastos que producía el sostenimiento de los navíos que protegían las flotas comerciales en su navegación a las Indias; y añádase que esta tasa era variable y se adecuaba a los gastos de transporte, es decir, a la mayor o menor distancia de la provincia y al nivel económico de ésta. Así, se ordenó, mediante dos cédulas, que «los libros impresos en España que condujesen consigo sus propietarios pasarían libres de derechos; los que fuesen enviados para expenderse en Indias abonarían el 3 por 100 de su valor, y, por último, los editados fuera de España e introducidos en Indias debían satisfacer los derechos reales señalados a las demás manufacturas».

No fue, pues, la legislación severa ni oscurantista. De este modo, se puede explicar, por un lado, el interés de los libreros de la época en enviar libros a América; interés que ya había en la primera mitad del siglo XVI y que fue aumentando con los años, como demuestran, por ejemplo, las ediciones especiales para el mercado americano; y, por otro lado, solamente esa benévola legislación explica la extraordinaria actividad cultural y editorial desarrollada en las Indias durante los tres siglos del período español de su Historia. En el primer aspecto, sería muy largo y fatigoso dar cuenta aquí de la abrumadora cantidad de libros españoles enviados a América. Baste, pues, con la ligera enumeración de los géneros literarios que estuvieron más en boga y hallaron mejor acogida en cada época. En la primera mitad del siglo XVI, los libros de religión y los de caballerías fueron a la cabeza de las exportaciones, seguidos por los de asuntos históricos, de la historia española sobre todo. En el siglo XVII, la literatura dramática sustituyó a la caballeresca en el favor del público, excepción hecha de la *Celestina,* que ya había alcanzado enorme popularidad en la centuria anterior y que todavía la conservó en ésta. Por otra parte, también en el siglo XVII se difunden extraordinariamente las novelas picarescas, el *Lazarillo,* el *Guzmán de Alfarache,* el *Buscón* y la *Vida del escudero Marcos de Obregón,* especialmente. Durante la misma época y en la segunda mitad del siglo XVI, las obras de fray Luis de Granada y fray Luis de León, la novela pastoril, los cancioneros y, para la enseñanza de la lengua castellana, el *Arte* de Nebrija. Por el contrario, las crónicas de la conquista americana y los libros de temas propiamente indianos apenas lograron despertar la curiosidad de los habitantes de América, para quienes debió de carecer de atractivo de lectura de hechos que ellos mismos habían realizado u oído relatar directamente a los protagonistas; y sólo desde mediados del siglo XVII, López de Gómara y Antonio de Herrera lograron interesar a los americanos.

Ya en la primera década de la conquista la demanda de libros debió ser lo suficientemente importante como para que el librero alemán Johannes Schick pensara en instalarse en el Yucatán con el propósito de hacer buenos negocios.

4. Humanismo y corrientes renacentistas

Parece claro que América no pudo vivir con plenitud el Renacimiento ya que no podía «renacer» lo que apenas acaba de nacer. Sin embargo, los mismos conquistadores y, sobre todo, los religiosos y los letrados llevaron a Indias –especialmente a Nueva España, sede de la primera alta cultura amerindia que se halló– las ideas renacentistas. Ya en la ciudad de *Santo Domingo,* fundada en 1494, don Diego Colón, casado con doña María de Toledo, sobrina del duque de Alba, constituyó –como se dijo antes– una pequeña corte renacentista con su séquito de oficiales y criados. Primero en la Torre del Homenaje –arquitectura militar de Cristóbal de Tapia, 1503– y después

«El cuidadoso examen de los títulos debería convencer hasta a los más escépticos de que españoles, criollos y todos elementos instruidos de la sociedad colonial tenían acceso a los mismos libros que se leían en España; es más, se nota entre los gustos de ambos públicos una sorprendente similitud» (Irving A. Leonard, «Libros de los Conquistadores».)

El Humanismo renacentista trasladado a América tuvo en este continente un sentido práctico diametralmente opuesto a la visión idealista del movimiento en su origen italiano.

en el Alcázar, rodeado de libros y obras de arte, celebraba tertulias a las que asistía el cronista *Gonzalo Fernández de Oviedo.* La ciudad tenía ya, hacia 1509, escuelas, los conventos de San Nicolás, Santo Domingo, Santa Clara y San Francisco, y era sede episcopal, cuyo segundo obispo fue *Alejandro Geraldini,* quien puso la primera piedra de la catedral y lo celebró con un poema latino. Doce años antes, en 1511, los sermones de fray Antonio de Montesinos dieron origen a la polémica sobre los justos títulos de dominio y sobre la naturaleza de los indios, que ocuparía casi toda la primera mitad del siglo XVI, predicador tumultoso, antiescolástico, opuesto al medieval criterio de autoridad y futura presa del Santo Oficio; y como la de Lázaro Bejarano, poeta andaluz, autor de *Purgatorio de amor,* obra de claro humanismo erasmista.

Nueva España, a su vez, tuvo su propio renacimiento en la tarea de incorporar todo un mundo nuevo a la Cultura; tarea que se realiza en dos

En esta miniatura tomada de las «Instituciones Latinas», de Nebrija, nos muestra al ilustre humanista, al centro, dando unas lecciones en casa de su protector, Don Juan de Zúñiga. Antonio de Nebrija escribió la primera gramática de la lengua castellana; gracias a esta obra y a la labor de los evangelizadores en América, la lengua del imperio alcanzó una expansión jamás soñada.

direcciones: entre los españoles, porque la tierra nueva les ofrecía ocasión de llevar a feliz término todo lo que llevaban dentro; y hacia los amerindios, porque éstos debían ser formados y estudiados. Esto es lo que da al humanismo novohispano un sentido eminentemente práctico, actitud en la que no influye para nada la ideología de los humanistas italianos. Como describe Gabriel Méndez Plancarte, «no es un humanismo puramente literario que se agota en el culto a la bella forma de los clásicos y se encierra en su "torre de marfil" o en su invernadero aristocrático; sino un humanismo "humano", vivo e integral, que eleva al primer plano la consideración de la persona humana y de su valor trascendente, con todas las consecuencias fecundas que de tal consideración se desprenden en el campo social. Así, vemos a Zumárraga convertir una página de Erasmo –al decir de Bataillon– en manifiesto oficial de la evangelización de México, y hacer que Erasmo mismo contribuya impensadamente a la cristianización de nuestros indios con sus .12"remedios contra los vicios" expuestos en su *Enchiridion*. Vemos a fray Julián Garcés, discípulo de Nebrija, poner su clásico latín al servicio de la justa libertad de los mismos aborígenes y del reconocimiento de sus derechos como personas humanas. Vemos a don Vasco de Quiroga no quedarse en la estéril contemplación ideal del "Optimo Estado de la República" soñado por Tomás Moro en Inglaterra, sino lanzarse audazmente a realizarlo entre nuestros indios de Michoacán, sin bien modificándolo con sabia cordura, según las normas cristianas y de acuerdo con la realidad. Vemos a Las Casas, belicoso humanista medioeval, corroborar sus encendidas diatribas contra los abusos de los conquistadores, apelando a su profundo conocimiento de Aristóteles y de otros pensadores clásicos, como Cicerón y Plutarco, cuya estima e influencia habían crecido enormemente en la época del Renacimiento».

Así, no hay rastros en Nueva España de la renovación mística que los humanistas europeos rinden a la naturaleza, porque ésta sigue siendo, como en la creencia medieval, sierva y hechura de Dios. Pero, a la vez, los humanistas españoles se ven en la necesidad de superar el mundo medieval, porque la originalidad de la nueva tierra les obliga a revisar las ideas y las instituciones tradicionales, aunque sin romper con el pasado. Y este es el sentido renacentista que influye en América en la forma de un humanismo práctio y vital.

Las corrientes renacentistas se manifiestan en Nueva España en la afición por los estudios clásicos y las bellas formas del buen decir, que ya imperaban en España desde el siglo XV. Esa huella humanística se advierte incluso en hombres que apenas habían cursado estudios superiores, como el propio Hernán Cortés y su cronista Bernal Díaz del Castillo. Después, no pocos discípulos, compañeros y simples lectores de los renacentistas españoles pasaron a Nueva España y fueron –no pocos de ellos– los primeros maestros de la Universidad de México. Pero antes de fundarse ésta, ya se puede registrar toda una serie de «humanistas docentes», entre los que sobresale el maestro Blas de Bustamante, llegado a la capital de Nueva España hacia 1528, que puso en seguida escuela de Gramática latina y pasó después a la Universidad, donde en 1554 enseñaba Gramática. Sucesores suyos en la cátedra, cuando ésta estaba ya dividida en los grados de clásicos «mayores», «menores» y «mínimos», fueron los maestros Diego Díaz, Aguilar y Martínez. Paralelamente, para los indios se impartieron enseñanzas específicas, como la del latín que el franciscano fray Arnaldo de Basaccio enseñaba a los aborígenes, antes de 1536, en el colegio de San José de los Naturales, fundado por fray Pedro de Gante. Después, en ese mismo año, fundado el colegio de la Santa Cruz de Tlaltelolco, los indios estudiaban latín y retórica en las clases de fray Bernardino de Sahagún, fray Andrés de Olmos y fray Juan de Gaona, y a partir de 1559, fecha en que fue impresa, en la Gramática latina de fray Maturino Gilberti. La herencia greco-romana que todos ellos llevaban consigo constituye, así –como dice Gabriel Méndez Plancarte–, una «de las más hondas y fecundas raíces» del pensamiento mexicano. «El Renacimiento, en efecto –escribe Gallegos Rocafull–, con el culto que rendía a la antigüedad, había resucitado la oposición entre las dos fuentes, pagana y cristiana, de nuestra cultura, cuya lucha, interferencia y fusión es tal vez la más dramática peripecia de su larga gloriosísima historia; por otra parte, el conocimiento de las lenguas clásicas, que las exigencias renacentistas habían hecho indispensables en todos los hombres cultos de la época, les permitía remontarse a

La gran manifestación de la literatura americana en el siglo XVI fue la épica, *que se nutría fundamentalmente en el tema de la conquista y se expresaba en dos vías, la popular y la culta.*

Respecto de la épica popular, Menéndez Pidal manifiesta que «...la recitación de memoria de versiones conservadas en la tradición escrita está más asegurada en América que en España; de allá son numerosas versiones orales que he recibido de romances de ciego; son muchos los testimonios que tenemos de recitadores americanos de romances tomados de las colecciones impresas».

los orígenes greco-romanos de su cultura y familiarizarse con sus representantes más eximios; de esta suerte, con la cultura llega a las Indias también su historia, actualizada, presente y viva, y se convierte en el pasado inmediato, no sólo de los "nacidos en estas tierras", sino hasta de los mismos españoles que habían venido a ellas, en los que se había roto de algún modo la continuidad histórica española sin que les llegara la indígena; la necesidad de no quedarse en vilo les llevó como instintivamente a hacer de la tradición greco-romana la tierra en que hundir sus raíces».

Así, el doctor Bartolomé Frías de Albornoz, primer catedrático de *Instituta* de la Universidad de México, es llamado por el Brocense «doctísimo y en todas las lenguas perfectísimo»; el doctor Bartolomé de Melgarejo, traductor del satírico latino Persio, aunque él explicaba Derecho Canónico; el Bachiller Diego de Frías, catedrático de Retórica, y fray Julián Garcés, dominico,

Retrato de Francisco Sánchez de Las Brozas, el «Brocense». Humanista destacado y catedrático de la Universidad de Salamanca, uno de los centros más importantes del Renacimiento en España. Las corrientes renacentistas se manifestaron pronto en Nueva España en el gusto por los estudios clásicos y en el cultivo de las bellas formas del decir. Las aulas salmantinas contaron con alumnos como Hernán Cortés

primer obispo de Tlaxcala, discípulo de Nebrija y autor de la carta a Paulo III, que dio origen a la bula *Sublimis Deus* de éste y cuya conclusión afirma la no existencia de razas superiores, ya que la superioridad de unos pueblos sobre otros es solamente accidental y no destruye la igualdad de todos los hombres por ser hijos de Dios. Otros muchos humanistas podrían citarse, como fray José de Herrera, fray Francisco Martínez, y fray Diego de Contreras, profesores de Sagrada Escritura y de Teología, y fray Alonso de la Veracruz, fray Tomás Mercado y Francisco Hernández, médico de Felipe II, que pasó a Nueva España y es autor de un canto latino dedicado a Arias Montano, y de quienes me ocuparé más adelante. Gracias a ellos, México era entonces –en frase de Menéndez Pelayo– la «Atenas del Nuevo Mundo», y había allí –como dice Gabriel Méndez Plancarte– una verdadera «saturación humanística».

La poesía épica es escasa en el siglo XVI y se centró también en el tema de la conquista. La primera manifestación del género fue la «Relación de la conquista y del descubrimiento que hizo el marqués don Francisco Pizarro en demanda de las provincias y reinos que ahora llamamos Nueva Castilla», de autor anónimo; pero la más representativa fue «La Araucana», de Alonso de Ercilla.

Fruto de esa intensa labor cultural, ya en el mismo siglo XVI aparece un humanismo indígena y un humanismo mestizo; el primero representado por don Pablo Nazareo; el segundo, por fray Diego Valadés. Don Pablo Nazareo fue un indio de Xaltocan, formado en el colegio de la Santa Cruz de Tlaltelolco, que casó con doña María, sobrina de Moteczuma. Alonso de Zorita dice de él: «se crió desde su niñez con los doce primeros frailes y con los demás que después dellos fueron a aquella tierra; y era muy virtuoso y muy buen cristiano, y muy buen doctrinero, y muy buen latino y retórico, lógico, y filósofo, y no mal poeta en todo género de versos; y fue muchos años Rector y preceptor en el colegio de los indios desde que se fundó en el Tlaltelulco, que llaman Santiago». Pues bien: don Pablo Nazareo fue autor de una carta latina dirigida a Felipe II y fechada el 17 de marzo de 1566, en la que dice que, «para actuar mejor y más eficazmente entre los indios, traduje del latín a nuestro idioma, laborando sin dormir noche y día, todo lo que durante el transcurso del año se lee en las iglesias del orbe de la tierra, o sea, evangelios, domínicas santorales, cuaresmales, feriales y epístolas sagradas, y no sólo éstos, sino otros muchos libros análogos e innumerables sermonarios, que cuidé de traducir con gran diligencia; trabajos que por juicio y aprobación de varones doctos en Sagrada Teología y peritos en nuestra lengua, andan por doquiera en manos de predicadores regulares y seculares, los cuales, disfrutando de nuestra obra y gustando el fruto de nuestro sudor, son de gran utilidad a todos los habitantes de las Indias».

Fray Luis de Granada (1504-1588) fue uno de los más destacados humanistas, preocupado por la lengua de manera teórica y reflexiva. Su obra *«Retórica Eclesiástica»* sirvió de modelo a autores americanos como Fray Diego Valdés.

Fray Diego Valadés, mestizo hijo de un conquistador y de una india noble de Tlaxcala, nació en esta ciudad hacia 1533. Muy joven, entró en el convento de San Francisco, de México, donde entabló estrecha amistad con fray Pedro de Gante, con quien colaboró en la tarea apostólica y civilizadora. Tras algún tiempo de misionero entre los chichimecas, fray Diego embarcó para Europa, en 1570, como procurador de su Orden ante la Santa Sede, y en 1579 publicó en Perusa su obra *Rethorica Christiana,* escrita en latín y aún no traducida al castellano. Se trata de un vasto tratado, comparable literariamente con la Rhetórica Ecclesiástica de fray Luis de Granada (1578), y cuyo contenido histórico se refiere a los ritos y costumbres de los indios mexicanos. La obra, escrita en un latín suelto y elegante, aunque, a veces, con construcciones no muy clásicas y con inclusión de palabras indígenas –maíz, maguey–, demuestra que su autor poseía una vastísima erudición grecolatina y sobre los humanistas del Renacimiento –Petrarca, Luis Vives, fray Luis de Granada, Arias Montano– y admiraba a griegos y romanos, aunque sin ignorar sus vicios. El padre Valadés manifiesta en su obra el típico optimismo renacentista –«fácilmente podemos igualar a los griegos», afirma– y muestra otros rasgos del Renacimiento, como el elogio de la elocuencia en su aspecto de virtud civilizadora, la defensa del estudio de las artes liberales y su utilidad para los cristianos, y la predilección por Platón, a quien llama «summus philosophus».

La poesía lírica fue escasa aunque con testimonios valiosos en la obra de Eugenio Salazar de Alarcón o Fernández de Oviedo.

Humanista interesante fue también el poeta criollo *Francisco de Terrazas,* a quien un contemporáneo suyo llamó «excelente poeta toscano, latino y castellano», aunque no se conoce ninguna poesía latina suya, y de quien me ocuparé más adelante. Ahora he de referirme, siquiera sea brevemente, a don Fernando de Córdoba y Bocanegra, nacido en México en 1565, más o menos lejanamente emparentado con el marqués de Santillana, Garcilaso, el Gran Capitán y aun el Rey Católico, y quien ya a los catorce años, siendo alumno de los jesuitas, hacía versiones de Homero, Horacio y Virgilio. Ya por entonces

La primera poetisa conocida de América fue la religiosa doña Leonor de Ovando, de la isla La Española, quien escribió por lo menos cinco sonetos y algunos poemas sueltos.

era un gran músico de vihuela y tenía fama de excelente poeta en castellano y en latín. Pero a los veintiún años de su edad, renunció a su mayorazgo de marqués de Villamayor y Adelantado de Nueva Galicia, dio su hacienda a los pobres y se retiró a Texcoco, donde se entregó a una vida de pobreza y de caridad con los indios enfermos. Por último, decidido a ser franciscano descalzo, pasó a Puebla, donde recién recibido el subdiaconado, falleció en 1589, a los veinticuatro años. Dos poemas suyos han llegado hasta hoy: las estancias *Al Amor Divino* y *Al nombre de Jesús*, «las mejores quizá de nuestro XVI –según Alfonso Méndez Plancarte–, por la clásica nitidez de la forma, lo ceñido y lo hondo del pensamiento, y la contenida y apasionada emoción, de cuya sinceridad es fiadora toda la vida del noble y santo mancebo».

Pero los tres humanistas más importantes del siglo XVI americano son: *Francisco Cervantes de Salazar,* don Vasco de Quiroga y fray Juan de Zumárraga, de quienes me ocuparé sucesivamente a continuación.

Francisco Cervantes de Salazar. Nació en Toledo, en el primer cuarto del siglo XVI, quizás en 1518, hijo del matrimonio formado por Alonso de Villaseca de Salazar y María de Peralta. Después de estudiar Humanidades con el

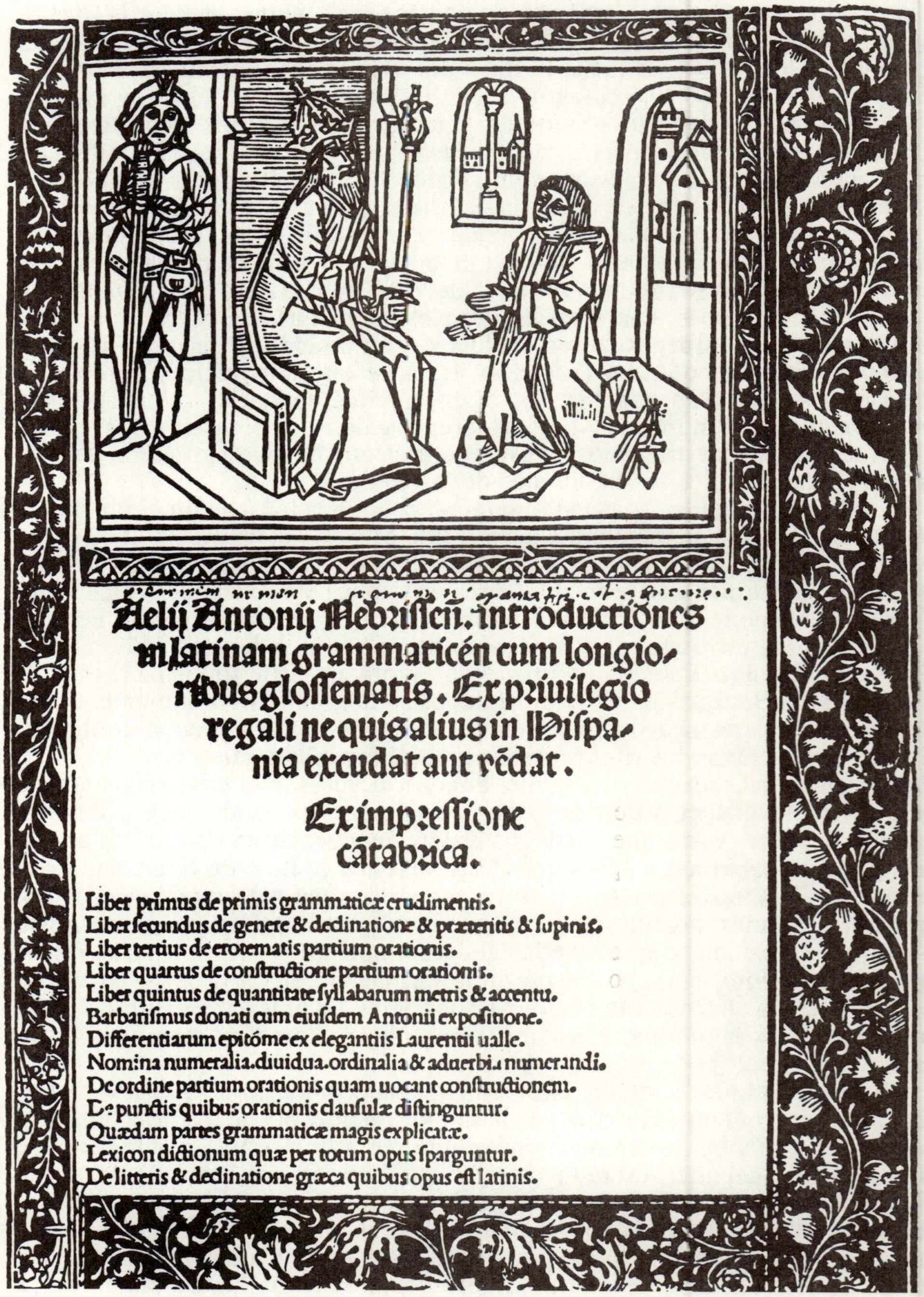

Aelij Antonij Nebrissen. introductiones in latinam grammaticén cum longioribus glossematis. Ex priuilegio regali ne quis alius in Hispania excudat aut vẽdat.

Ex impressione cãtabrica.

Liber primus de primis grammaticæ erudimentis.
Liber secundus de genere & declinatione & præteritis & supinis.
Liber tertius de erotematis partium orationis.
Liber quartus de constructione partium orationis.
Liber quintus de quantitate syllabarum metris & accentu.
Barbarismus donati cum eiusdem Antonii expositione.
Differentiarum epitóme ex elegantiis Laurentii ualle.
Nomina numeralia. diuidua. ordinalia & aduerbia numerandi.
De ordine partium orationis quam uocant constructionem.
De punctis quibus orationis clausulæ distinguntur.
Quædam partes grammaticæ magis explicatæ.
Lexicon dictionum quæ per totum opus sparguntur.
De litteris & declinatione græca quibus opus est latinis.

Reproducción de la página inicial de la «gramática latina» de Nebrija, en su edición original de 1510. Modelo en su género, la «gramática latina» del gran humanista se constituyó en un instrumento eficacísimo para la enseñanza de la lengua del Lacio y para el cultivo del gusto por lo clásico tan caro al espíritu renacentista, tanto en las Universidades y Escuelas Superiores de España como de América.

maestro Alejo de Venegas en su ciudad natal, pasó a Salamanca, en cuya facultad de Cánones alcanzó el grado de Bachiller. Hacia 1543, pasó a Flandes en la comitiva del licenciado Girón, y a su regreso fue, entre agosto de 1545 y abril de 1546, secretario de latín del cardenal García de Loaisa, presidente del Consejo de Indias. Aproximadamente en ese último año, conoció a Hernán Cortés, a quien dedicó su traducción del *Diálogo de la dignidad del hombre,* de Fernán Pérez de Oliva, incluida en un volumen que contenía también una glosa y moralización del *Apólogo de la ociosidad,* de Luis Mexía, y la traducción y adiciones hechas a la *Introducción y camino para la sabiduría,* de Luis Vives. Para entonces ya había publicado una Epístola en latín y en castellano, incluida en los preliminares de la obra *Vergel de sanidad,* del doctor Luis Lobera de Avila (1540); traducción castellana de *Introducción para ser sabio,* de Luis Vives (1544), y la Epístola latina a Juan Maldonado (Valladolid, 1545). En 1550, era catedrático de Retórica en la Universidad de Osuna, y poco después –según Beristain–, profesor de la de Alcalá de Henares, lo que no es creíble, ya que lo hubiera dicho. En ese mismo año, publicó su *Epístola a doña Isabel Pacheco,* abadesa del monasterio de Santa Clara, de Montilla, y que fue incluida en los pleliminares del *Arte tripharia,* de fray Juan Bermudo.

Muy poco tiempo después, quizás en el mismo año 1550, o al siguiente, Cervantes de Salazar fue a Nueva España, donde vivía su primo carnal, el riquísimo minero Alonso de Villaseca, en cuya casa vivió en México y con quien después, desde 1569, se enemistó hasta 1575. Era seglar entonces, y al principio enseñó *gramática latina* en una escuela particular. Pero cuando en 1553 se iniciaron los cursos de la Universidad de México –fundada dos años antes–, nuestro humanista fue encargado de inaugurarlos, lo que hizo el 3 de junio de aquel año, con una elegante oración latina. Acababa de ser nombrado catedrático de Retórica, cargo que desempeñó hasta febrero de 1557. Mientras tanto, se graduó de licenciado y maestro en Artes, bachiller en Cánones y bachiller, licenciado y doctor en Teología, y recibió las órdenes sagradas, a la vez que era diputado de la Universidad en 1554 y 1555, diputado de Hacienda en 1567 y, por fin, Rector desde noviembre de 1567 hasta el mismo mes de 1568 y otra vez en 1572.

Esas actividades intelectuales no le impidieron a *Cervantes de Salazar* realizar varios viajes por Zacatecas, entre 1560 y 1562, ni hacer una carrera eclesiástica, que le llevó a alcanzar una canonjía y la dignidad de chantre en la catedral de México, dignidades que no están en consonancia con las alcanzadas en su actividad universitaria. ¿Cuál fue la causa de ello? La respuesta podría hallarse, quizás, en el informe al rey –24 de marzo de 1575– del arzobispo Moya de Contreras sobre las calidades personales de su clero y en el que dice: «El canónigo Francisco Cervantes de Salazar, natural de tierra de Toledo, de edad más de sesenta años, ha veinte y cinco que está en esta tierra, a la cual vino lego, en opinión de gran latino, aunque con la edad ha perdido algo de esto. Leyó muchos años la cátedra de retórica en esta Universidad. Graduóse de todos tres grados en Artes por suficiencia. Ordenóse habra veinte años de todas órdenes, y oyó Teología cuatro años, al fin de los cuales se graduó de bachiller, y después de licenciado y doctor, habiéndose graduado a los principios de bachiller en Cánones por reunión de cursos. Es amigo de que le oigan y alaben, y agrádale la lisonja; es liviano y mudable, y no está bien acreditado de honesto y casto, y es ambicioso de honra, y persuádese que ha de ser obispo, sobre lo cual le han hecho algunas burlas. Ha doce años que es canónigo; no es nada eclesiástico ni hombre para encomendarle negocios». Tal juicio es, por lo menos, sorprendente, ya que si Cervantes de Salazar fue hombre abierto, franco y deseoso de mejorar en su carrera, no hay nada en su obra ni en lo que se conoce de su vida que justifique –como escribe Millares Carlo– «Las desdeñosas palabras de su prelado», las cuales están, por otra parte, en contradición con la buena opinión que el Santo Oficio tenía de él en 1571, cuando le nombró Consultor, y con la del propio Moya de Contreras, quien dos meses antes de su citado informe, le había nombrado examinador de los aspirantes a oficios y beneficios eclesiásticos. Por eso, tiene razón García Icazbalceta cuando escribe: «Sin disminuir en nada el respeto debido a este prelado, podemos creer que, como hombre, incurrió en error. ¿Cómo no era Cervantes persona para encomendarle negocios, y la Universidad le fiaba por dos veces el manejo de los suyos?».

La historia escrita durante la etapa de las conquistas fue una de las máximas aportaciones culturales y la fuente a donde poder recurrir para el conocimiento del momento de la incorporación de las Indias a la Corona de Castilla.

La realidad de la conquista, tan nueva y fantástica, atrajo el interés de gran número de escritores tanto profesionales como ocasionales que incursionaron en el género con visiones a veces totalmente opuestas.

Respecto de la conquista, López de Gómara manifiesta a Carlos V que: «La mayor cosa después de la creación del mundo, sacando la encarnacaión y muerte del que lo crió, es el descubrimiento de las Indias».

La valoración azteca de la conquista es diametralmente opuesta a la de Gómara: «En los caminos yacen las espadas rotas, nos hemos arrancado los cabellos de dolor, las casas no tienen ahora tejados [...], y las paredes están ahora salpicadas de sangre...»

Consultor de la Inquisición y representante del Cabildo catedral de Puebla ante el Santo Oficio de México, tres años después, el 14 de noviembre de 1575, Cervantes de Salazar moría en México. Su tamaño físico no había estado nunca en correspondencia con su tamaño mental. Así se lo decía el obispo de Michoacán, cuatro años antes de la muerte de aquél: «Quisiera que la primera vez que le vio fuera en la mula grande, por que no le perdiera de vista. No sé donde diablos se juntó tanta ciencia en un codo de cuerpo».

No exageraba, ciertamente, el prelado michoacano en cuanto a la estatura intelectual de Cervantes Salazar. La demostró en sus obras, entre las cuales hay que distinguir especialmente, sobre las ya mencionadas, la titulada *México en 1554. Tres diálogos latinos* y la *Crónica de la Nueva España,* sin olvidar el *Túmulo imperial de la gran ciudad de México* en honor de Felipe II. La primera relata un paseo de tres personajes –dos mexicanos y un forastero– por México y sus alrededores, y una visita a la Universidad mexicana. En ambos casos, los diálogos constituyen una inapreciable fuente de datos acerca de la situación de la ciudad y del funcionamiento real de la institución universitaria un año después de inaugurada. En cuanto a la *Crónica,* aunque suele tratar de corregir a López de Gómara, sigue a éste casi siempre, aunque también se sirve de otras fuentes, como los testimonios y relatos de personas que intervinieron en la conquista, algunas relaciones personales –las de Jerónimo Ruiz de la Mata, y Alonso de Ojeda, hijo del navegante compañero de Colón–, y ciertos datos que pudieron proporcionarle el propio Hernán Cortés y el hijo de éste don Martín. En cualquier caso, la crónica de Cervantes de Salazar es obra de un humanista erudito y preocupado por la aportación de datos, aunque aficionado también al misterio y –como era corriente en su época– a la imaginación en arengas y diálogos.

Don Vasco de Quiroga, nacido en Madrigal de las Altas Torres, muy probablemente en 1470, estudió en Salamanca, donde licencióse en leyes. En 1530, nombrado oidor de la segunda Audiencia, que presidía el obispo de Santo Domingo don Sebastían Ramírez de Fuenleal, pasó a Nueva España, y llegó a México el 9 de enero de 1531. Al año siguiente, fundó, cerca de la capital novohispana, lo que llamó pueblo-hospital de Santa Fe. Enviado por la Audiencia en 1533 a Michoacán, fundó allí el pueblo-hospital de Santa Fe de la Laguna, el de Nuestra Señora de la Concepción y Santa María en Pátzcuaro y el Colegio de San Nicolás, fundaciones en las que gastó todo su salario de oidor. Erigido el Obispado de Michoacán por Paulo III en agosto de 1530 y habiendo renunciado a la sede su primer prelado fray Luis de Fuensalida, don Vasco fue nombrado obispo, y tras ser ordenado sacerdote, tomó posesión del solio episcopal en 1538. La sede estaba entonces en Tzintzuntzan, pero él la trasladó, en 1540, a Pátzcuaro, un año antes de la fundación de la ciudad de Valladolid de Michoacán donde estaba el pueblo de Guayangareo. Entre 1547 y 1554, don Vasco estuvo en España, con el fin de resolver diversos asuntos de su diócesis, entre ellos un pleito con los vecinos del citado pueblo de Guayangareo. De vuelta en Nueva España, continuó su obra benéfica, que arraigó de tal modo en la población tarasca, que todavía hoy los indios de aquella región la recuerdan y hablan de él con el nombre de «Tata Vasco», es decir, el padre Vasco. Estando en Uruapan, el 14 de marzo de 1565, don Vasco de Quiroga falleció a los noventa y cinco años de edad.

Don Vasco de Quiroga fue, sin duda, más hombre de acción que escritor, aunque también escribió –su *Información en Derecho*, dirigida al Consejo de Indias en 1535– para exponer sus ideas, en un estilo que a Gabriel Méndez Plancarte le parece «enmarañado y lleno de anacolutos, que nos recuerda a San Pablo». Sobre la base de un humanismo benéfico y utópico, la personalidad de don Vasco presenta tres estratos claramente diferenciados. El primero y más profundo está constituido por las ideas cristianas, que son el cañamazo de todas sus obras. En segundo lugar, está su formación de jurista, adquirida en sus estudios salmanticenses y realizada en sus años de oidor y administrador de justicia. Por último, ya en su edad madura le llegan los aires renacentistas, que amplían su horizonte y dan a su obra valor de verdadero humanismo. Como cristiano y como obispo, don Vasco es partidario de la evangelización pacífica y afirma que los indios tienen un alma natualmente cristiana, lo que no tiene nada que ver, pese a semejanzas superficiales, con la teoría del «buen salvaje». «Dios sabe –escribe don Vasco– cuánto estos naturales mejor vendrían, responderían, obedecerían, servirían, confiarían, se conservarían y convertirían, y con más esperanza, confianza, voluntad y fidelidad, sin hacerles guerra y sin hacerles esclavos y sin otras crueldades e injurias de ella y sin golpes de lanza ni espada, por la vía de darles a entender la bondad, verdad y piedad cristiana, y con las obras de ella [...] que no por estas crueldades y rigores que a mi ver les hacen más espantadizos, indómitos, zahereños e inconversables e impacables».

Acentúa, pues, don Vasco lo bondadoso del Cristianismo y la utilidad de las buenas obras para atraer a los indios, y no le convencen, como es natural, las razones de quienes defendían la necesidad de utilizar las armas por la supuesta rebelión aborigen contra la predicación evangélica. Apunta, en consecuencia, la idea de la bondad natural de los indios y tiene una visión optimista de éstos, ya que cree que son moldeables como la cera y que el Cristianismo podía cambiar la fisonomía moral del mundo descubierto. En su condición de jurista y en el ejercicio de su cargo de oidor, don Vasco tuvo que enfrentarse con problemas muy graves, como la esclavitud, las encomiendas, los tamemes –indios de carga–, los tributos y otros. Para él, la esclavitud era lo más clave, y arremete contra ella alegando que su única justificación consistiría en que los indios hubieran movido guerra contra los españoles, lo que –según él– no se ha producido. Por razones semejantes, se opone don Vasco al alegato esclavista del Requerimiento, cuyo fundamento jurídico respeta, pero cuya validez práctica niega, ya que los indígenas no entendían lo que se les decía.

En todas estas ideas hay un eco renacentista, no sólo por la frecuente alusión de don Vasco de Quiroga a la Iglesia primitiva como un ideal asequible y realizable entre los indios, sino por su defensa de la libertad indígena –humanista reconocimiento de la dignidad humana– y su visión de la armonía entre los poderes espiritual y temporal, que mostraba la esperanza española de la época en rehacer la unidad cristiana. En efecto: don Vasco forjó y realizó un proyecto típicamente renacentista a la española, en el cual se reconoció deudor de Tomás Moro. Ahora bien: es necesario interpretar y explicar esa influencia de la *Utopía,* pues si don Vasco cita al canciller inglés y dice que se inspira en él, su actitud espiritual es muy distinta de la de Moro. «Don Vasco –escribe Gallegos Rocafull– es un hombre profundamente creyente, en cuyo proyecto influye decisivamente la fe y, de manera accidental, la rica tradición de los municipios españoles; sea cual fuere la influencia a que esté sometido, su obra será siempre la de un creyente y de un español. Tomás Moro, que quiere vivir y sobre todo morir de la fe cristiana, no accede a ella cuando se pone a construir su utopía [...]. Quiroga, de una manera más o menos expresa, pero siempre decisiva, tiene presente la acción divina [...]. Tomás Moro arbitrariamente da por existente una sociedad en la que los hombres, sin coacción externa y sin flaquezas internas, como si no hubiera ni pecado ni demonio, adoptan unánimente una manera de vivir racional y perfecta». Por último, Tomás Moro «construye su utopía fuera del espacio y del tiempo [...]; Quiroga tiene no uno, sino dos mundos, el viejo de Europa, a cuyas ideas y creencias sigue vitalmente unido, y este otro de las Indias, en el que vive y obra, y al que sueña hacer, con su tesón humano y la gracia divina, mejor que el de Europa».

Quiroga tiene su cuenta el «aquí» y el «ahora» al hacer su proyecto: las Indias, cuyos habitantes son –dice– «cuasi de la misma manera que he hallado que dice Luciano en sus *Saturnales* que eran los siervos entre aquellas gentes que llaman de oro y edad dorada de los tiempos de los reinos de Saturno, en que había en todo y por todo la misma manera e igualdad, simplicidad, bondad, obediencia, humildad, fiestas, juegos, placeres, beberes, holgares, ocio, desnudez, pobreza y menospreciado ajuar, vestir, calzar y comer según la fertilidad da la tierra se lo daba». Sobre esta base, don Vasco, influido por las descripciones de la isla utópica de Moro, cree que los indios de Nueva España son capaces de realizar el sueño del canciller, ya que él entiende que su misión consiste, no sólo en trasplantar las instituciones y normas del viejo mundo, sino en superarlas y elevar a los indios a una existencia paradisíaca.

Para realizar tales ideas, don Vasco de Quiroga hace su proyecto de *pueblo-hospital,* que expuso en su carta del 14 de agosto de 1531 al Consejo de Indias, en la que daba como razón fundamental para hacerlo la «buena conversión» de los indios. El proyecto se basaba en la idea de poder moldear

Dibujo procedente del códex Yanhuitlán en el que aparece un indio realizando la operación del lavado para la extracción del mineral precioso. Los indígenas fueron sometidos a la esclavitud para la extracción del oro y la plata por los conquistadores de México y Perú. Muchos religiosos como Don Vasco de Quiroga, lucharon por la abolición del sistema de las encomiendas que suponían un brutal sometimiento del indígena y, al mismo tiempo, el desconocimiento de su dignidad humana.

El deseo de anteponer la finalidad evangelizadora a la de usufructo de la mano de obra indígena mediante el servicio de la encomienda, determinó una lucha entre quienes defendían el carácter de la conquista y los que veían en la misma palabra «conquista» un vocablo tiránico, mahomético, abusivo, impropio e infernal (padre Las Casas).

La polémica se desató con el sermón del padre Montesinos en 1511 y, desde entonces, en ella intervinieron, entre otros, el padre Las Casas, el padre Córdoba, fray Matías Paz, Francisco de Victoria y Ginés de Sepúlveda.

Fray Domingo de Santa María, vicario de Tepozcolula en México y célebre pedagogo que, al igual de muchos religiosos, que consagra sus esfuerzos y su vida a la defensa de los indígenas.

Frente a los defensores de la conquista como tal, un buen número de religiosos intentaban nuevas formas de evangelización, formación y trabajo de los indios que no estuvieran reñidas con los principios de la fe cristiana.

a los aborígenes como «tabla rasa y cera muy blanda», y aunque encontró enemigos muy fuertes, la Audiencia halló en él «intereses políticos y económicos», y la Corona aprobó el plan, que don Vasco empezó a realizar en seguida. En síntesis, el pueblo-hospital –lo de «hospital» lo puso su fundador por costumbre medieval– era, como dice Josefina Muriel, una «ciudad tutelada», donde se hacía vida comunal. Tenía un «Patrón protector» –el rey, y si éste no aceptaba, los cabildos eclesiásticos de México y Michoacán–, un «Patrón perpetuo» o ejecutivo –lo fue don Vasco durante su vida, y a su muerte lo serían el Rector del Colegio de San Nicolás, o el Deán y Cabildo de Michoacán, o la Audiencia– y un Rector que dirigía la institución y fue nombrado, primero por el fundador y después por el Patrón perpetuo. Dicho Rector debía ser elegido entre los colegios de San Nicolás, ser presbítero y hablar la lengua indígena del lugar, podía nombrar dos capellanes –igualmente presbíteros y conocedores del idioma indígena–, y su cargo duraba un período de tres años, aunque podía ser reelegido si tenía dotes excepcionales y su remoción perjudicase al pueblo-hospital. La institución tenía, además, un «Principal» y varios «Regidores», que eran indios, jefes de familia y, generalmente, los abuelos. El centro estaba constituido por edificios llamados «Familias», cada uno de los cuales albergaba a doce de éstas y estaban construidos en común. Una «familia grande», de espacio doble que las otras, era la enfermería. Las casas, las tierras y los aperos de labranza eran propiedad de la institución, porque los indios eran cultivadores, pero no propietarios de nada. El trabajo era comunitario, tanto en las industrias de la ciudad como en la agricultura y la ganadería del campo, y la jornada laboral era de seis horas diarias.

Los fines del pueblo-hospital eran de dos tipos: uno, religioso, es decir, la cristianización de los indios, y de ahí el que la institución fuera un centro catequístico para niños y adultos; y otro fin religioso-social, que don Vasco llamaba de «moral exterior» y que trataba de lograr que los indios vivieran la fe cristiana. Las enseñanzas estaban, pues, de acuerdo con estas aspiraciones. A los niños –escribe don Vasco–, «juntamente con las letras del A B C y con la doctrina cristiana, moral de buenas costumbres y prudencia, se les ha de enseñar la agricultura en la manera siguiente, que después de la hora de la doctrina se ejerciten los días de la semana en la agricultura, sacándolos su maestro al campo [...] destinado para ello, y esto a manera de regocijo y juego». Debían trabajar en común y repartir entre ellos lo obtenido, pero también se premiaba a quien hiciese mejor su trabajo. Don Vasco concedía mucha importancia a este tipo de educación, hasta el punto de no importarle que por ello «se menoscabe la hora de la Doctrina», pues, «esto también es doctrina y moral de buenas costumbres». Las niñas recibían la misma enseñanza teórica, pero en vez de las faenas agrícolas se les enseñaba a hilar y tejer para el bien suyo y el de la comunidad. Niños, niñas y adultos aprendían el catecismo en una «Doctrina» que don Vasco mandó imprimir en Sevilla, para enseñar con arreglo a su texto y no con otro, ya que en ése se encontraba la doctrina espiritual y la «temporal, moral y exterior humana» que don Vasco trataba de inculcar a los indios. Se trataba, en definitiva –como escribe Josefina Muriel– de enseñar a los indígenas a vivir en plena convivencia humana.

El producto del trabajo comunitario se repartía entre todos de manera que todos tuvieran lo suficiente para vivir dignamente. El sobrante se destinaba a los gastos generales de la comunidad y a los de la enfermería, y si aún había excedente, éste se destinaba, una vez aseguradas las cosechas de los dos o tres años siguientes, a remediar a los pobres de fuera del pueblo-hospital. Pero los habitantes de éste –cuya vida se regía por reglas muy severas contra la codicia y el lujo– colaboraban también en los trabajos de la enfermería. En ésta había separación de enfermos contagiosos y no contagiosos; tenía un mayordomo o administrador, un despensero, y médico, cirujano y boticario, al principio asalariados, mientras la institución no los tuviese propios –y la pretension consistía en el autoabastecimiento del pueblo-hospital en todos los aspectos. Pues bien: el pueblo participaba en los trabajos de la enfermería de dos modos: visitando a los enfermos no contagiosos y colaborando a su cuidado, para lo cual se estableció un turno semanal entre los indios sanos, los cuales se llamaban por ello «semaneros».

Los pueblos-hospitales lograron los objetivos para cuya consecución fueron creados. Eran instituciones tuteladas, porque Don Vasco no creía que los indios se inclinasen por naturaleza a esa vida de perfección, pero contribuyeron esencialmente a la cristianización y la educación de los indígenas. Los pueblos-hospitales trataron de salvar a los indios mediante su agrupación orgánica, el ordenamiento económico de su comunidad y, sobre todo, la práctica activa de su vida religiosa. Como escribe Bataillon, «más que a una sociedad económicamente feliz y justa, aspira Quiroga a una sociedad que viva conforma a la bienaventura cristiana. O, mejor dicho, no se distinguen para él los dos ideales. Para él, como para otros, se trata de cristianizar a los naturales de América, de incorporarlos al cuerpo místico de Cristo, sin echar a perder sus buenas cualidades. Así se fundará en el Nuevo Mundo una «Iglesia nueva y primitiva», mientras los cristianos de Europa se empeñan, como dice Erasmo, en «meter un mundo en el cristianismo y torcer la Escritura divina hasta conformarla con las costumbres del tiempo», en vez de «enmendar las costumbres y enderezarlas con la regla de las Escrituras».

Frente a la defensa del indio, algunos españoles como Juan Ginés de Sepúlveda (1490 ?-1573), propugnaron el derecho del conquistador sobre los aborígenes. En su obra «De justis belli cusis apud Indos» Sepúlveda se opone a Las Casas, controversia que luego se transfomó en debate ante un consejo especial de teólogos y altos funcionarios en Valladolid, entre 1550 y 1551.

Fray Juan de Zumárraga y el erasmismo americano. Entre las muchas personalidades culturales de América en el siglo XVI, la más prominente y significativa fue, seguramente, la del franciscano fray Juan de Zumárraga. Nacido en el seno de una familia humilde y en año no concretado, aunque se supone algo anterior al de 1468, no se sabe nada de su vida anterior a su profesión religiosa en la Orden de San Francisco, que se realizó, según unos autores, en el convento de Aránzazu y, según otros –entre ellos García Icazbalceta–, en el de la Concepción, lo que es más probable, pese a la opinión de fray Jerónimo de Mendieta. En este monasterio cursó fray Juan sus estudios, después de los cuales llegó a ser gran letrado y predicador y guardián, definidor y provincial de la provincia de la Concepción. Siendo guardián del convento del Abrojo en 1527, el emperador pasó allí la Semana Santa, conoció y trató al fraile y, muy poco después, le nombró inquisidor para juzgar a las brujas de Zugarramurdi, cargo en el que tomó como compañero a fray Andrés de Olmos –después evangelizador con aquél y excelente conocedor del mundo mexica– y desempeñó su oficio –como afirma Mendieta– «con mucha rectitud y madureza». El 10 de enero de 1528, el César Carlos eligió a fray Juan obispo de México y Protector de los indios, lo que él aceptó «por cruz y martirio», y tuvo que marchar a Nueva España, en cuya capital estaba a principios de diciembre de 1528. Dos años después, el pontífice Clemente VII erigió el Obispado de México y confirmó en el cargo a Zumárraga, quien volvió a España para su consagración episcopal, que se celebró, el 27 de abril de 1533, en el convento de San Francisco de Valladolid. Año y medio después en octubre de 1534, fray Juan regresó a México, donde continuó y amplió su obra evangelizadora y cultural. Así, introdujo la imprenta, intervino decisivamente en las labores previas que condujeron a la fundación de la Universidad, fue uno de los fundadores del Colegio de la Santa Cruz de Tlaltelolco y pidió al emperador el nombramiento de una autoridad suprema en Nueva España que pacificara y ordenase el país, todavía agitado y en peligro de destrucción por la nefasta obra de la primera Audiencia.

Humanista, teólogo, inquisidor, misionero, prelado y editor de libros, la labor de fray Juan de Zumárraga fue impresionante en todos los aspectos. No es de extrañar, por ello, que a raíz de su fallecimiento –acaecido en México el 3 de junio de 1548–, el cabildo eclesiástico de la capital dijera al emperador: «su muerte nos ha puesto mucha soledad». No es, en consecuencia, exagerado el juicio de García Icazbalceta cuando escribe: «Preciso es hacer ver que lejos de haber sido el señor Zumárraga un *fraile ignorante,* destructor encarnizado y ciego de los monumentos de la civilización mexicana, fue un varón apostólico, pobre, humilde, sabio, celoso, prudente, ilustrado, caritativo, enemigo mortal de toda superstición y tiranía, propagador infatigable de la verdadera doctrina de Jesucristo, amparo de sus ovejas desvalidas, benefactor del pueblo en el orden material lo mismo que en el moral, y eminentemente práctico en todas sus disposiciones y consejos». Así, cumplió la misión general de «establecer una nueva Iglesia que recogía en su gremio dos razas tan distintas y opuestas; proseguir la conversión de la una y ampararla contra los ataques de la otra; quebrantar la dureza de los conquistadores y enfrenar su codicia sin levantar por eso demasiado a los vencidos, que debían permanecer sujetos firmemente a la nueva dominación; mantener la

En 1514 los dominicos del padre Córdoba iniciaron el experimento de la evangelización pacífica en la región de Cunaná y al año siguiente se les unen los franciscanos.

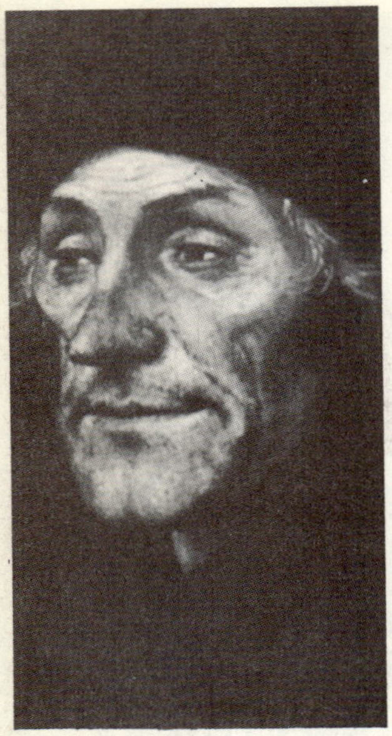

Erasmo de Rotterdam (1466-1536) a sus cincuenta y siete años de edad, según retrato de Holbein —profesó en los Canónigos Agustinos y en 1482 fue secretario del obispo de Cambrai— A partir de 1498 inicia su vida de sabio errante: hasta 1500 estudia griego en la Universidad de Oxford, donde inicia su amistad con Tomás Moro; en 1500 pasa a París donde prepara sus «Adagia»; entre 1500 y 1509, en Francia, Inglaterra e Italia y publica su tratado teológico del «Enchiridion Militis Christiani»; la etapa 1509-14 la pasa en la Inglaterra de Enrique VIII mientras elabora su «Elogio de la Locura» y enseña griego y teología en Cambridge. Entre 1517 y 1536 estuvo en Lovaina y Basilea

La influencia de Erasmo fue decisiva en los humanistas españoles y los admiradores del pensador de Rotterdam formaron legión no sólo en la península, sino también en América.

En el «Enchiridion», Erasmo estudia la moral cristiana y su práctica y como en muchos de sus escritos, preconiza una reforma interior de la iglesia y de sociedad a partir de las enseñanzas de Cristo, preocupado ya por la corrupción eclesiástica.

paz entre las órdenes monásticas, rivales, que ya no enemigas, y armadas de grandes privilegios que casi las ponían fuera de la jurisdicción episcopal; formar el clero secular los escasísimos elementos y darle prestigio a pesar de su poco valer y de la mala voluntad con que le veían los frailes».

En toda esa ingente labor cultural de fray Juan de Zumárraga, se ha señalado la influencia de la persona y la obra de *Erasmo de Rotterdam,* lo cual ha permitido calificar de «renacentista» la religiosidad representada por el primer obispo de México. ¿En qué sentido se produce esa influencia de Erasmo en Zumárraga? Como es sabido, en la obra del humanista holandés hay tres vertientes esenciales. La primera –en un orden puramente enumerativo– es mística, pietista, paulina y reformista, que aspira a la implantación de un cristianismo espiritualizado, como producto del «descubrimiento» de la metáfora del cuerpo místico de Cristo. Tal hallazgo produce en Erasmo un entusiasmo indescriptible, bajo cuya influencia escribe el *Enchiridion militis christiani* o *Manual del caballero cristiano,* algunos de sus *Colloquia* y varias de las *Paraphrases* de los evangelios, los Actos de los Apóstoles y las Epístolas paulinas. La segunda vertiente es de tipo satírico, jocoso y frívolo, y está destinada a socavar las ideas, instituciones y costumbres de la Edad Media, a veces con el tono irrespetuoso y agresivo que caracteriza el *Elogio de la locura.* Por último, la tercera vertiente erasmiana es filológica, histórica y escrituraria, y comprende los comentarios de Erasmo a las Sagradas Escrituras, los Santos Padres y varios autores de la antigüedad clásica, como Cicerón, Eurípides, Isócrates, Plutarco, Luciano, Séneca y Suetonio.

De esas tres vertientes, la influencia de Erasmo en fray Juan de Zumárraga se produce en el primer aspecto de la obra de aquél, lo cual no era un caso único ni extraño, ya que coincidía con lo que puede considerarse una corriente general en la época, que postulaba una vuelta a un cristianismo más puro y esencial. *Erasmo influyó mucho en su tiempo,* no sólo por la sencillez de su exposición, sino también por la confusión ideológica de aquella época, en virtud de la cual ni él ni muchos de sus lectores «podían percatarse –según leo en Gallegos Rocafull– del peligro que representaba para la ortodoxia el desmedido afán racionalista con que interpretaba una doctrina basada fundamentalmente en la fe».

Es muy probable que Zumárraga conociera los libros de Erasmo en España, donde se produjo un gran fervor erasmista en la Corte y en los centros de cultura religiosa a raíz de la coronación de Carlos V en Aquisgrán y en la Dieta de Worms. El emperador y su Corte volvieron a España en 1522, después de haber vivido dos años en contacto con la rebeldía luterana, la cual, aun reprobada por el César y su séquito, hizo sentir a éstos la crisis religiosa y el deseo renovador de las gentes por volver al espíritu eclesial primitivo y a sus fuentes. Esa influencia de Erasmo en España se ve claramente en la carta de Schets a Erasmo –del 30 de enero de 1525–, publicada por José Almoina y en la que le dice: «Escriben todos cuánta fama, cuánto rumor glorioso se está difundiendo allí en torno a tu nombre, notable gloria por cierto y merecidísima. Hasta tal punto te glorifica la mayor parte de los hombres grandes, doctos e ilustres de aquella nación que, si te aconteciese ir a su tierra, saldrían a tu encuentro hasta la mitad del camino. De doctrina y escritos se lee ya ni se estima entre ellos que no sea tus libros. Dicen que con su lectura se alumbran verdaderamente en espíritu de Dios, consolándose sus conciencias».

Fray Juan de Zumárraga, a la sazón prior del convento franciscano del Abrojo, fue una de las personalidades ganadas por la corriente erasmista de cristianismo «más esencial e interior», debido a la lectura del *Enchiridion,* traducido por Alonso Fernández de Madrid, arcediano de Alcor, y publicado en 1526. Vio también la enérgica oposición a Erasmo que empezaron a hacer los frailes, no por móviles interesados, sino porque la espiritualidad erasmiana era difícilmente conciliable con la ortodoxia, y por «el aire pagano y el gusto por la vida» que traslucían los escritos de Erasmo. La campaña antierasmista culminó en las Juntas de Valladolid de 1527 y acabó con la persecución inquisitorial del erasmismo, que culminó con la prohibición del *Enchiridion* por la Sorbona –1544– y la de casi todas las obras de Erasmo por Paulo IV y el inquisidor Valdés en 1544 y 1559.

Erasmo, no obstante, influyó mucho en España antes de la condenación de sus obras, y así lo prueba el foco reformista sevillano por inspiración

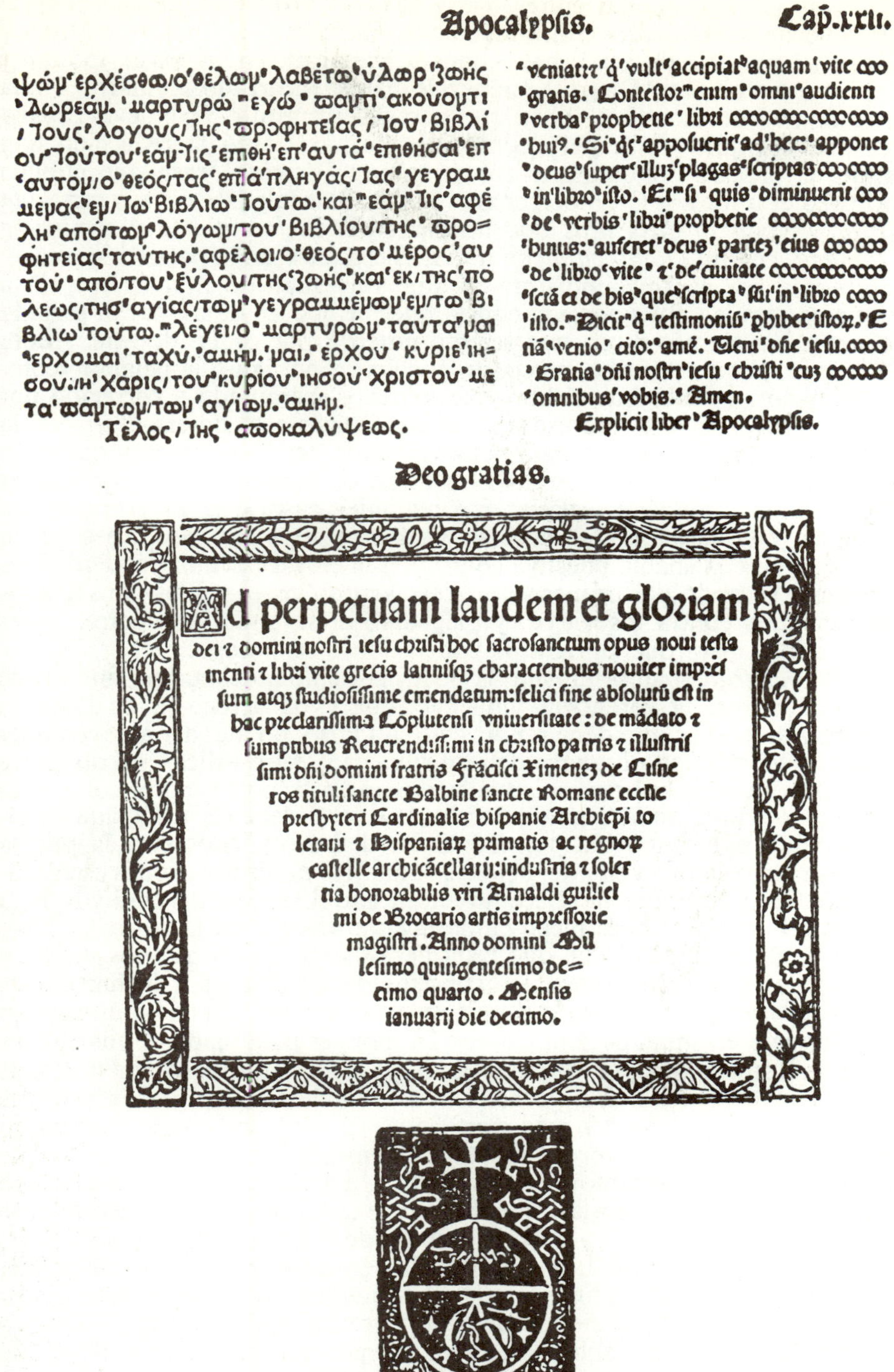

381

La Biblia Políglota fue una de las manifestaciones más destacadas del Humanismo español. Realizada bajo la supervisión del Cardenal Cisneros presentaba el texto del Pentateuco en hebreo, en arameo, en griego y en latín; la parte restante del Antiguo Testamento, en las dos últimas lenguas mencionadas. La página de la ilustración perteneciente al «Apocalipsis» fue impresa en 1514.

erasmiana, que dirigieron el doctor Constantino Ponce de la Fuente, Juan Gil –llamado el Doctor Egidio– y Francisco Vargas, triunvirato espiritual –como dice Bataillon– de ex-alumnos de la Universidad de Alcalá, que propagó la «reforma» sevillana mediante el rejuvenecimiento del sermón y el catecismo en forma de diálogo, que se llamó *Doctrina.* Hasta entonces, se utilizaban las llamadas «cartillas» para enseñar a leer y en las que se reproducía, junto con las oraciones usuales, una cancioncilla en verso que facilitaba el aprendizaje de lo esencial de la doctrina cristiana: el Credo, los mandamientos, los sacramentos, las obras de misericordia, los pecados, las virtudes, etc. Las nuevas *Doctrinas,* en cambio, trataban de presentar un cristianismo esencial, libre de toda carga excesiva. En esta línea, apareció en Sevilla, en 1543, la *Suma de doctrina cristiana en que se contiene todo lo principal y necesario que el nombre cristiano debe saber y obrar,* del doctor Constantino, que tuvo

El afán evangelizador fue la causa de la aparición de «Doctrinas» y catecismos, así como la necesidad de difundirlos de modo rápido y a un número lo más amplio posible de indígenas, determinó el desarrollo de la actividad impresora.

La primera obra impresa que vio la luz en América fue seguramente la «Escala espiritual para llamar al cielo», de San Juan Clímaco y traducida por Fray Juan de Estrada.

Es probable, aunque no queda ningún ejemplar, que debieron de publicarse, poco tiempo después de la impresión de la «Escala espiritual para llamar al cielo», la doctrina de Fray Toribio de Benavente (Motolinia) y el catecismo mexicano de Juan Ribas.

Don Juan López de Zárate, obispo de Oaxaca, con un gran rosario en la mano, predica el cristianismo a los indios. La publicación de doctrinas y catecismos fue profusa en la primera mitad del siglo XVI y constituyó un medio valiosísimo para la evangelización directa de los aborígenes.

gran éxito –cinco ediciones entre 1543 y 1551– y provocó la publicación de otras muchas «Doctrinas», entre las cuales figura el *Enchiridion o Manual de doctrina cristiana,* de fray Diego Ximénez, publicado en Lisboa en 1552.

A este mismo fray Diego Ximénez le había encargado Zumárraga una *Doctrina,* porque ése era el libro que deseaba imprimir en Nueva España antes que cualquier otro; pero como el dominico tomó la redacción con lentitud, el prelado novohispano compuso una *Doctrina breve,* que publicó en México el impresor Cromberger en 1544. Es la titulada *Doctrina cristiana muy provechosa de las cosas que pertenecen a la fe católica y a nuestra cristiandad, en estilo llano para común inteligencia.* Y en la portada se añade: «Compuesta por el Reverendísimo Sr. don fray Juan de Zumárraga». Esta es la única obra en cuya portada consta que fue «compuesta» por el prelado mexicano. Las demás dicen que se imprimieron por orden de éste. Ahora bien: como subraya Alfonso Junco, en el colofón no figura la palabra «compuesta», y sólo se dice que el libro fue «visto y examinado y corregido por mandado» del obispo e impreso a su costa. Quizás esto quiera decir que la «Doctrina breve» no fuera escrita personalmente por Zumárraga y que haya que dar a la palabra «compuesta» el sentido de «arreglada», y aun pensar que el prelado mandó arreglarla. En cualquier caso, esta *doctrina* estaba –como leo en Bataillon– «destinada visiblemente a los sacerdotes de su diócesis», y en ella «había puesto a contribución el *Enchiridion* y la *Paráclesis* de Erasmo, sacando del primero de estos escritos los capítulos consagrados a los remedios contra los vicios, y plagiando el segundo, con correcciones insignificantes, para que sirviera de conclusión a su libro».

En el *Enchiridion* glosa Erasmo la doctrina paulina del cuerpo místico de Cristo y dice que la verdadera vida del alma es la actuación de Dios en nosotros. Así, el cristiano debe rendir culto a Dios y no atender a devociones menudas que le hacen olvidarse del espíritu. Es preciso –dice– no olvidarse del espíritu y realizar obras espirituales y hacer oración íntima y conocer la ley divina, que está en la Sagrada Escritura, la cual debe ser traducida en las lenguas vulgares y conocida por todos. En definitiva, conservar la pureza evangélica sin recargarla con devociones rutinarias ni disquisiciones escolásticas. En la *Paráclesis,* Erasmo hace un encendido llamamiento en favor de la lectura del Evangelio. Pues bien: Zumárraga aprovecha en la *Doctrina breve* la parte final del *Enchiridion,* que trata de los remedios contra los vicios, y reproduce, alternado su orden, los consejos de Erasmo para luchar contra soberbia, avaricia, lujuria, envidia, gula, pereza e ira, sin detenerse ante avisos tan claramente erasmianos como éste: «Tú, por ser perdonado de tus culpas, navegas a Roma o vas por tu pie a Santiago, y das tu dinero por las bulas de indulgencia plenaria. Yo por cierto no reprehendo lo que haces. Mas aunque todo esto hagas, ten por cierto que no hay otra propia manera ni más breve camino para reconciliarte con Dios, habiéndole ofendido, que hacer paces con tu próximo que te ofendió». La *Doctrina breve* acaba con una «Conclusión exhortatoria», que reproduce casi literalmente la *Paráclesis.* Así, dice Zumárraga: «No apruebo la opinión de los que dicen que los idiotas no leyesen en las Divinas Letras traducidas en la lengua que el vulgo usa, porque Jesucristo lo que quiere es que sus secretos muy largamente se divulgen. Y así desearía yo por cierto que cualquier mujercilla leyese el Evangelio y las Epístolas de San Pablo. Y aún más digo: que pluguiese a Dios que estuviesen traducidas en las lenguas de todos los del mundo, para que no solamente las leyesen los Indios, pero aun otras naciones bárbaras [las pudiesen] leer y conocer; porque no hay duda sino que el primer escalón para la cristiandad es conocellas en alguna manera». El párrafo similar de la *Paráclesis* decía: «para que no solamente las leyesen los de Escocia y los de Hibernia, pero para que aun los turcos y los moros las pudiesen leer y conocer». En este sentido, fray Juan indica la necesidad de la doctrina, sobre todo para los indios, y escribe: «Y para estos naturales, y por diez años, bastaría predicarles y hacerles entender esta doctrina o otra semejante que mejor pudieran y puedan ordenar y copilar y declarar los padres doctos de las Ordenes de acá, y, si les pareciere, traducirla en las lenguas, pues tantos trabajos por su buen celo y gran caridad han querido tomar por las aprender».

Pero Zumárraga no reproduce entera ni exactamente a Erasmo. Mucha e importante parte de su *Doctrina breve* le pertenece a él, y sus enseñanzas no difieren de lo fundamental de las otras «Doctrinas» del siglo XVI ni de la ortodoxia más exigente. Por otra parte, suprime de la *Paráclesis* una página sobre los precursores paganos de la filosofía cristiana y algunos párrafos polémicos contra los frailes y los teólogos escolásticos, y cambia una alusión a Averroes por otra a «Avicena y Bartolo y Baldo», como ejemplo de los libros más leídos que el Evangelio. Sobre los filósofos de la Antigüedad, el pensamiento de fray Juan queda claro en estas líneas: «ciertamente ninguno hay, si bien lo mira, que no conozca que es cosa muy torpe y fea que el que se precia de llamarse filósofo aristotélico no sepa qué es lo que Aristóteles sintió de la Primera Causa y de las causas y de lo infinito; lo cual todo, ni al que lo sabe hace dichoso, ni el que no lo sabe es desdichado [...]. Está claro que sería una impía locura querer comparar la doctrina de Jesucristo con la de Aristóteles o con los preceptos filosofales [...]. Esta manera de filosofía, siendo tal alta que así de una vez hizo necia y boba toda la sabiduría y ciencia de este mundo, de unos poquitos libros como de fuentes muy claras le podemos sacar, y esto con menos trabajo que sacaríamos la doctrina de Aristóteles de tantos y tan escabrosos libros y de tanta multitud de intérpretes, los cuales jamás en uno concuerdan [...]. Las disciplinas y doctrinas de los filósofos, dejando aparte que la felicidad que prometen es falsa y engañosa, a muchos apartan de sí por la mucha dificultad de sus preceptos».

Erasmo realizó diversas ediciones de textos antiguos, entre ellos el Antiguo y Nuevo Testamento en la versión griega y una traducción al latín de los Evangelios, con la que pretendía mejorar la Vulgata, edición oficial de la Iglesia. Impulsó también a los humanistas de su época para que realizaran nuevas traducciones de los textos bíblicos desconfiando de las versiones oficiales y este aspecto de su influencia fue uno de los más criticados.

Fray Juan de Zumárraga adapta, en cambio, el pensamiento expresado por Erasmo contra algunos vicios, especialmente la codicia, la soberbia y la ira, ya que le parece muy conveniente para moralizar a los españoles de las Indias. Para ello, bastaba con quitar una malintencionada alusión a la pobreza de los frailes y referirse a las Indias, a donde iban los españoles movidos por su ansia de riqueza. Así fray Juan escribe: «Si no dime, si tú solo poseyeses todo cuanto oro y cuantas perlas y piedras hay en estas Indias y en el mundo todo, ¿por ventura sería por eso tu alma un solo pelo mejor?». Por ello, Bataillon puede afirmar que la *Doctrina breve* es «un monumento notable de la influencia del evangelismo erasmiano en el mundo.

Hacia 1544, fecha de la publicación de la *Doctrina breve,* llegaron a México los primeros ejemplares de la *Suma* de Constantino. Era ésta una exposición del «cristianismo esencial», y Zumárraga debió de estimar que constituía un inmejorable «catecismo para indios». Así, pues, reprodujo la *Suma,* «sin quitarle ni añadir cosa alguna» y sin nombrar al autor, a pesar de ser éste el mejor y más famoso predicador en la Sevilla de aquel tiempo, como tampoco había citado a Erasmo en la *Doctrina breve,* ni lo cita ahora en la conclusión de esta otra «Doctrina» publicada en 1546. Es la que lleva por título *Doctrina cristiana cierta y verdadera para gente sir erudición ni letras, en que se contiene el Catecismo o Información para Indios con todo lo principal y necesario que el Cristiano debe saber y obrar, con suplemento y adiciones.* Pues bien: en el prólogo de la obra, Zumárraga dice: «Este catecismo me pareció que cuadraba más, a lo menos para esta gente y tiempo presente, y aun para algunos años adelante no tendrán necesidad de otra doctrina, y mi deseo siempre ha sido que a esta gente fundásemos ante todas cosas en la inteligencia de nuestra fe, de los Artículos y Mandamientos, y que sepan en qué pecan, dejando los sermones de otra materia para más adelante».

La obra impresa más antigua del que ha quedado un ejemplar es «Breve y más compendiosa doctrina cristiana en lengua mexicana y castellana, que contiene las cosas más necesarias de nuestra santa fe católica para aprovechamiento destos indios naturales y salvación de sus ánimas» fue editado por Juan de Cables en 1539.

Esto último no debe olvidarse. Anótese que «los sermones de otra materia» se dejan «para más adelante». Es decir: se trata de evitar, en lo posible, que el indio confunda a la Virgen y a los Santos con otros tantos dioses, como podía suceder debido a la tradición politeísta de los amerindios. El misionero pretendía subrayar, por tanto, lo esencial de la nueva fe: el Dios uno y su ley, el conocimiento del pecado y la fe en la redención por Cristo, aunque todo esto tuviera que lograrse aprovechando en lo posible –como método práctico y provechoso de evangelización– las costumbres y tradiciones de los indios. Sabemos ya, por ejemplo, que los frailes aprovecharon la costumbre indígena de festejar a sus ídolos con danzas, sones y otras solemnidades, y que debido a ello dieron a las procesiones y al culto en general un carácter de gran solemnidad y aparato. Pero esto no quiere decir que los misioneros concediesen a esos «profanos triunfos» mayor importancia que la de meros sistemas útiles de atracción del indígena ni que dejaran de considerar los inconvenientes anejos a esos sistemas. Zumárraga, por el contrario, como todos los grandes evangelizadores de América, opinaba que esas gentílicas costumbres no debían consentirse «entre los naturales de esta nueva Iglesia», con cuya erección trataba de realizarse un experimento trascendental. «Desde

En este dibujo del códex Yanhuitlán un indio muestra el producto de la extracción del oro al conquistador español. La avidez por el oro y la plata de los conquistadores y la dureza con que dirigían a los indios en la operación de extracción de metales preciosos, contrastan vivamente con la defensa del aborigen y los métodos de evangelización de la mayor parte de los religiosos.

La fuerza de la doctrina erasmista con su séquito de consejos de modificación de la vida espiritual y moral para cumplir de forma más profunda y cristiana los principios de los Evangelios, parece evidenciarse en las obras atribuidas a fray Zumárraga aunque idénticas advertencias ya habían sido manifestadas por San Agustín y San Ignacio de Loyola, entre otros.

los días de las invasiones tartáricas –escribe Almoina a este respecto–, no se había vuelto a presentar ante la voluntad misionera y utópica de los hijos del Serafín de Asís una etapa y propuesta más incitadoras. América ofrecía a la evangelización pueblos nuevos, limpios de deformaciones, ante los cuales el Cristianismo podría presentarse sin los abusos, disputas e interpretaciones que lo atarazaban en el Viejo Mundo y con una experiencia, para los misioneros acendrados, que tanto desprestigio causaron a la Iglesia entre las naciones de Europa. Se comprenderá así fácilmente, conociendo la vida de renunciación de fray Juan de Zamárraga y aquella austeridad y porte devoto que bajo su rectorado llevaban los observantes del monasterio del Abrojo, que el primer Obispo y Arzobispo de México se sintiese como elegido para ejercer una decisiva labor inicial de contenido franciscano puro, es decir, 'espiritual', que llevase a cabo la reforma ortodoxa del catolicismo en lugares apartados, distantes y distintos, esto es, que plantease la cristianización evangélica integral tal como se quiera ver florecer entre los cristianos del Antiguo Continente, en donde no dejaban arraigarla los intereses terrenales enquistados en el cuerpo social-religioso».

Se echa de ver en este ensayo cristianizador el mismo sentido utópico que se advirtió en don Vasco de Quiroga. En este sentido, debe aducirse el testimonio de Silvio Zavala, quien dio a conocer en 1942 un ejemplar de la *Utopía* de Tomás Moro manejado por Zumárraga, y Bataillon observa que ese propósito de fundar en las nuevas tierras una renovada cristiandad deriva del erasmismo español y crea en América una corriente erasmista que el propio Erasmo nunca llegó a sospechar.

Como nueva muestra de esa corriente de influencia erasmista, algunos historiadores –Bataillon entre ellos– han señalado una pretendida o supuesta condena de los milagros hecha por Zumárraga en un párrafo de uno de los libros que él mandó compilar e imprimir en México. Se trata de la *Regla Cristiana breve para ordenar la vida y tiempo del Cristiano que se quiere salvar y tener su alma dispuesta para que Jesucristo more en ella,* impresa en la capital de Nueva España en 1547. La obra se compone de siete «Documentos» y un «Tripartito». Está claro, por un pasaje o párrafo del final de los «Documentos», que no se trata de una obra original, sino de una compilación, en la cual es muy probable que haya algunos trozos personales de Zumárraga –una evocación del convento del Abrojo (segunda sección del «Tripartito») y un ejemplo que «halló el autor en un libro de pergamino en el coro del monasterio de Santisteban, cabe Burgos» (final del «Tripartito»)– y muchos otros de distintas manos; todo lo cual quizá no fuera personalmente revisado por Zumárraga, aunque Almoina, en la Introducción a la primera reimpresión de la *Regla,* atribuye la paternidad al primer obispo de México. Pues bien: en el segundo «Documento» de la obra, se proponen unas consideraciones sobre la Pasión de Cristo y se recuerda que Herodes hizo vestir al Señor con una vestidura blanca, como de loco; y se añade: «Esto hizo Herodes porque no sólo nuestro Redentor no hizo algún milagro, según él lo pedía vanamente, más aún no le quiso hablar palabra». Y este pasaje provoca en el texto del libro el siguiente comentario: «No debeis, hermanos, dar lugar a los pensamientos y blasfemias del mundo, el cual tienta a las almas para que deseen ver por maravillas y milagros lo que creen por fe. Estos son semejantes a Herodes que, como burladores de sí mismos, quieren vanamente y sin necesidad ver visiones y revelaciones, lo cual es falta de fe [...]. Ya no quiere el Redentor del mundo que se hagan milagros porque no son menester, pues está nuestra fe tan fundada por [tantos] millares de milagros como tenemos en el Testamento Viejo y Nuevo. Lo que pide y quiere es vidas milagrosas, cristianos humildes, pacientes y caritativos, porque la vida perfecta de un cristiano es continuado milagro en la tierra. Lo que podéis, hermanos, pedir es una revelación que San Agustín pedía diciendo: «Señor, suplico a Vuestra Majestad me reveléis mis pecados y no quiero ver otra cosa en esta vida, para que, puestos los ojos en mí y conocíendome tan pecador, dé voces y diga como aquel publicano: ¡Dios mío, habed misericordia de mí!».

El párrafo transcrito se ha presentado, por una parte, como un argumento más en favor del erasmismo de Zumárraga y, por otro lado, como prueba de la irrealidad de la aparición milagrosa de la Virgen de Guadalupe, ya que fue fray Juan, precisamente, quien recibió al indio Juan Diego cuando éste le llevó, por orden de la Virgen, las rosas del Tepeyac y, en vez de éstas,

apareció grabada en su tilma la sagrada imagen de María. Sin embargo, hay que tener en cuenta que la expresión «ya no quiere el Redentor del mundo que se hagan milagros» es hiperbólica y resultaría falsa si se separase de su contexto. Por lo demás, el citado párrafo se limita a recoger afirmaciones pertenecientes a la doctrina común de la Iglesia, y no es necesario acudir a Erasmo para encontrar su origen. Mucho antes del humanista de Rotterdam, San Agustín, San Gregorio Magno, Juan Gerson y San Ignacio de Loyola,
44 entre otros muchos, habían hecho afirmaciones idénticas; y debe recordarse que San Ignacio no fue nunca simpatizante de Erasmo, aunque coincida con él en este punto. Del mismo modo, el maestro toledano Alejo Venegas escribió su *Agonía del tránsito de la muerte,* publicada en Toledo en 1537, que, si está inspirada en la *Praeparatio ad mortem* de Erasmo –como dice Bataillon–, incluye sobre los milagros –según indica Junco– la doctrina tradicional de la Iglesia, y es posible que fuera una de las obras utilizadas por el compilador o los compiladores de la *Regla.* Por último, Junco señala una razón de crítica interna que corrobora la idea de no deberse la *Regla* totalmente a la mano de Zumárraga y que éste no fue el autor del párrafo copiado. Este párrafo no contiene sino la doctrina tradicional de la Iglesia sobre los milagros, pero no se acomoda, en cambio, a las circunstancias religiosas de la Nueva España en el siglo XVI. «Porque aquí –escribe Junco–, en un mundo novísimo, ante muchedumbres inmensas de indígenas no cristianos aún, viviase una aventura

La aparición de la Virgen de Guadalupe tuvo lugar en tiempos de fray de Zumárraga y fue éste quien precisamente recibió al indio Juan Diego, escuchó su relato y asistió —en fin— al milagro del grabado de la santa imagen en la Tilma.

Ilustración de Holbein al famoso libro de Erasmo «Elogio de la Locura» en la cual aparece el gran humanista ante su escritorio y, debajo, la Locura bajando del púlpito.

excepcional que explicaba y justificaba caminos excepcionales de atracción a la fe, semejantes a los concedidos por Dios a la primitiva Iglesia».

Fray Juan de Zumárraga mandó editar varios libros más, ninguno de los cuales muestra influencia erasmiana. Y adviértase, en fin, que la doctrina de Erasmo no estaba condenada por la Iglesia cuando se imprimieron esos libros; y que *Doctrina breve*, que estuvo retirada desde 1559, aun contra el criterio del Consejo de Indias, volvió a permitirse por breve de Gregorio XIII, del 27 de agosto de 1573.

* * *

No fue solamente fray Juan de Zumárraga el influido por las doctrinas de Erasmo en su versión reformada de la Iglesia. Muchos otros religiosos y seglares sintieron también el deseo de restaurar un cristianismo interior y esencial. Esta tendencia, sin embargo, no significó siempre una influencia directa de la opinión del humanista del Rotterdam, pues la tradición reformadora de la Iglesia católica estaba viva en España mucho antes del Concilio de Trento, y este ambiente explica el que había en América como extensión del erasmismo español. Pero el concepto de erasmismo debe entenderse en su sentido más amplio, es decir, como una amplia y no siempre bien definida simpatía por los ideales religiosos de Erasmo. En América, el erasmismo tuvo en parte –como se ha visto al hablar de Zumárraga– aspectos específicos, aunque siempre en relación con la significación de Erasmo en la reforma religiosa de su tiempo.

Después de contar con un gran número de lectores en España y América, tanto en versión latina como en traducciones, las obras erasmistas fueron prohibidas de un modo general pero el hacer cumplir dicha disposición resultó realmente difícil en los vastos territorios ultramarinos.

Entre los españoles y los portugueses que iban a América, hubo no pocos seglares aficionados a leer a Erasmo, porque hallaban mejor alimento espiritual en sus obras devotas, morales e históricas que en los libros novelescos y, por otra parte, las obras de Erasmo «daban –como leo en Bataillon– una nota de piedad ilustrada y libre, grata a aquellos hombres desgarrados de su ambiente nativo». Los que fueron a América solían ser hombres de pocos libros, pero escogidos y, sobre todo, muy estimados. Así, Diego Méndez de Segura, escribano mayor en el cuarto viaje de Colón y que fue en una canoa desde Jamaica hasta Santo Domingo para pedir auxilio y que después se avencindó en la Española y quien al otorgar testamento en Valladolid, en 1536, deja a sus hijos, «por mayorazgo», sus pocos libros, entre los cuales figuraban el *Arte del bien morir,* un *Sermón* y los *Coloquios* de Erasmo.

Los libreros, por su parte, enviaron también a América bastantes libros de Erasmo, bien traducidos al castellano, bien en el original latino, y así se demostró en el momento de dictarse la prohibición contra las obras erasmianas. Así, en 1564, el mercader Alonso de Castilla fue procesado por comprar y vender libros prohibidos, entre ellos seis *Enquiridiones* de Erasmo en romance. Después, en 1572, 1576, 1583, 1584 y 1600 fueron interceptadas también varias partidas de libros en las que figuraban obras de Erasmo y de varios erasmistas españoles.

En el Río de la Plata, debe recordarse el caso de don Pedro de Mendoza, quien leía «un libro de Erasmo, mediano, guarnecido en cuero negro», que probablemente fuera el *Enchiridion* o el *Adagiorum Chiliadis.* En 1592, Blas de Peralta llevó unos volúmenes de fray Luis de Granada y un *Contemptus mundi fecho por Juan Gerson, chanciller de París, con el Sermón del Niño Jesús, compuesto por Erasmo,* publicado en Toledo en 1526. A finales del siglo XVI, el general Manuel de Fonseca Contreras, vecino de Córdoba, llevó otro *Contemptus mundi,* que es el mismo que el anterior. Por último, fray Reginaldo de Lizárraga (1545-1615), teólogo, filósofo tomista y escriturista o exégeta bíblico, fue autor, en su condición de historiador, de la obra *Descripción breve de toda la tierra del Perú, Tucumán, Río de la Plata y Chile,* en la que abundan «ideas y conceptos de filosofía moral y política, reflexiones pedagógicas y atinadas observaciones sobre los fenómenos de la naturaleza», y en cuyos escritos –según Furlong– «no hallaremos conclusiones filosóficas ni exposición alguna doctrinal, pero, a la manera de Erasmo, es un filósofo de la realidad viva, un sutil captador de las fuerzas humanas en acción y un perspicaz analizador del medio social».

Oficialmente el Santo Oficio, órgano encargado de mantener el cristianismo dentro de la ortodoxia católico-romana se trasplantó a América en 1517. Hasta 1519, fecha en la que se nombran dos comisarios de la Inquisición, todos los obispos de Indias poseían facultades inquisitoriales.

Lo expuesto hasta ahora no quiere decir que todos los que leían a Erasmo fueran erasmistas, pero sí que el humanista de Rotterdam era leído, bien acogido e interesaba. Es indudable que en América escasean los procesos inquisitoriales contra eclesiásticos y seglares por libertad erasmiana, pero ello se debe, quizás, a que el evangelismo erasmista no escandalizaba a los misioneros ni a algún obispo e inquisidor como Zumárraga. Hubo, sin embargo, algunos procesos por erasmismo, como el que en 1539 la Inquisición novohispana hincó al extremeño Francisco de Sayavedra, habitante de Jalisco, que no era un «alumbrado» que esperase todo de la oración y la gracia, sino un lector de Erasmo que en conversación con unos vecinos sobre el libre albedrío, dijo que «había oido decir que Dios había dado un libre albedrío para que si siguiese el buen camino se fuese a la gloria, y que si siguiese el mal camino, que Dios le esperaba para que se arrepintiese»; y el único testigo llamado a declarar por el Santo Oficio no denunció la afición del reo a leer a Erasmo, pero «sí le dio a conocer como hombre más amigo de rogar a Dios que a los santos, incrédulo en materia de indulgencias anejas a determinadas oraciones, mal cumplidor de los preceptos de oir misa [...], y confesar por cuaresma y guardar las fiestas».

Pero el caso más sonado de erasmismo se produjo, en marzo de 1558, en Santo Domingo, que tenía –como dice Bataillon– «algo de sucursal de Sevilla». El cabildo catedralicio denunció los errores «luteranos» de fray Diego Ramírez, mercedario, y de Lázaro Bejarano, casado, que constituye –según el mismo Bataillon– «una curiosa figura de erasmista». Bejarano se

Entre 1538 y 1568 existen comisarios del Santo Oficio en Lima (1539), Chile (1562), Río de La Plata (1565) y México, lugar éste último donde se distinguió el arzobispo fray Juan de Zumárraga (1528-1548).

IO. FROBENIVS PO-
litioris literaturæ cultoribus, S.

Adnisi sumus æditione proxima, ut hoc opus cum primis frugiferũ, quam emendatissimũ prodiret in lucem. nec arbitror quenq; inficiaturũ, id nos infeliciter fuisse conatos: nunc quicquid in arte mea possunt promittere curæ, id totũ exromptũ est. Accessit & autoris opera, qui multa uel auxit, uel reddidit meliora. Atq; utinã hoc diu illi liceat, in studiorum lucrum potius quàm meũ. Sed uereor ne hãc recognitionem ab illo simus habituri postremã. Qui literario gaudẽt lucro, habent hic lucrũ nõ aspernandũ: quibus res est angustior domi, quam ut identidẽ idem opus mercent̃, habẽt postremã, ni fallor, autoris recognitionẽ, simul & locupletationẽ. Bene ualete, & nostræ industriæ, si promereor, fauete.

BASILEAE, AN. M. D. XXIII.
Ex autoris recognitione postrema.

Portada de los «Adagia» de Erasmo, grabada en madera y dibujada por Hans Holbein, el Joven. El erasmismo tuvo una importantísima influencia no sólo en los escritores y religiosos de América. Y las acusaciones de «erasmista» resonaron hasta en Santo Domingo.

formó en Sevilla, donde tomó parte –con Pedro y Cristóbal Mexía– en las justas poéticas en honor de varios santos, organizados bajo la presidencia del arzobispo Manrique y de don Baltasar del Río. En 1535 pasó a América, donde contrajo matrimonio con la hija del ex-Factor Juan de Ampiés, y en 1540 gobernó la isla de Curcaçao –donde conoció a Juan de Castellanos– hasta el año siguiente, en que se instaló en Santo Domingo, donde se le recordaba como poeta satírico y autor de un *Diálogo apologético* contra Juan Ginés de Sepúlveda. Pues bien: él y Ramírez se burlaban de la veneración a las relíquias, de la devoción ignorante que era rezar a los santos el Padrenuestro y de lo que llamaban prácticas supersticiosas, como la bendición de las candelas y cerros de lino y hierros de Santa Catalina. Pero los mayores delitos de que se acusaba a Bejarano eran los siguientes: su actitud contraria a la enseñanza y la predicación común del Cristianismo, su desprecio de la teología escolástica, la burla que hacía de los predicadores profesionales, el abogar por la lectura de la Biblia en lengua romance, la interpretación privada de la Sagrada Escritura, la defensa de la predicación desligada del sacerdocio, afirmar que no se había entendido a San Pablo hasta que escribió Erasmo, y que «un su amigo que solamente oyó gramática y no sabe otra cosa, que es el mejor teólogo que acá ha pasado», y si le preguntaban si su amigo había oído Artes y Teología, contestaba que «tampoco la oyeron los Apóstoles de Cristo, que nunca anduvieron en escuela».

Lázaro Bejarano ejemplifica, pues, el erasmismo práctico, que fue el tipo de erasmismo que major influencia ejerció en América y que hizo realidad aquel deseo que el propio Erasmo expresó en su *Ecclesiastes,* «obra seria de su ancianidad», como escribe Bataillon; porque al principio, la noticia del hallazgo de un nuevo mando no inspiró al de Rotterdam sino unas cuantas burlas sobre el oro que se decía haber hallado: «Aquí vivíamos –dice– con la idea de que allá se encuentran países enteros en donde el suelo no es sino oro puro, pero que, a diferencia de la India, no hay allí hormigas guardianas del oro, sino que cada cual es libre para sacar cuanto quiera». En el *Ecclesiastes,* en cambio, consideró el ancho campo que las regiones nuevas ofrecían a la predicación del Cristianismo. «¡Cuánta extensión de terreno en el mundo, en que la simiento evangélica no había sido echada todaví o lo ha sido tan mal que la cizaña es más que el trigo! La menor parte del mundo es europa. La región más brillante de todas en Grecia, con Asia Menor, donde primero pasó desde Judea el Evangelio, con gran éxito. Pero ¿no está casi toda en manos de musulmanes y enemigos del nombre de Cristo? Ya en el Asia Menor, cuya extensión es inmensa, decidme, ¿qué hay que sea nuestro? La misma Palestina, de donde primero irradió la luz evangélica, es de extraños. ¿Qué hay que sea nuestro en Africa? No cabe duda de que, en tanta extensión de países, hay pueblos rudos y sencillos que fácilmente podrían ser atraidos a Cristo si se mandase gente para hacer la buena siembra. Y ¿qué diremos de los países hasta ahora desconocidos que se descubren cada día, y de los que dicen que quedan en regiones a donde ninguno de los nuestros ha llegado hasta la fecha? [...] ¡Cuánto se ganaría entre ellos para Cristo si se mandasen trabajadores activos y fieles para echar la buena simiente, arrancar la cizaña, sembrar plantas buenas y extirpar las malas, edificar la casa de Dios y derribar los edificios que no se fundan en la piedra de Cristo, y finalmente segar la mies madura, pero segarla para Cristo, no para sí, y cosechar almas para el Señor, no riquezas para sí!». Y después, quejándose del poco celo con que se realizaba la evangelización, agrega Erasmo: «¡La cristiandad tiene tantas miriadas de franciscanos, entre los cuales habrá muchísimos que andan verdaderamente en fuego seráfico! Y no hay menos miriadas de dominicos, y es natural que haya entre ellos muchísimos de espíritu querúbico. De estas cohortes elíjanse hombres verdaderamente muertos para el mundo, vivos para Cristo, que enseñen sinceramente la palabra de Dios entre las gentes bárbaras».

Erasmo estaba, sin duda, mal informado cuando escribía esos párrafos. Lo que él pedía en ellos era, precisamente, lo que se estaba haciendo exactamente por franciscanos y dominicos, sobre todo, y también por otros frailes –agustinos, mercedarios y, después, jesuitas y capuchinos–, que por centenares se entregaban, con verdadero espíritu evangélico y celo de auténticos apóstoles, a la oración y a la predicación y conversión de los infieles de América, tratando de formar con ellos una Iglesia nueva y primitiva, como la que

El auténtico Tribunal de la Inquisición se estableció, por real cédula de 1569, primera en Lima (1570) y luego en México (1571), con jurisdicción tanto en los hispanos criollos como en los indios.

deseaban fray Juan de Zumárraga, don Vasco de Quiroga y muchos otros. Y fue entre esos hombres de la Iglesia donde se halla la huella más eficaz de Erasmo en América, continente en el que el erasmismo de la pureza cristiana encontró una vertiente práctica que el propio humanista de Rotterdam no llegó nunca a sospechar.

Juan Luis Vives (1492-1540), el más grande de los humanistas españoles y uno de los primeros de Europa. Admirador y discípulo de Erasmo, vivió consagrado al estudio y a la composición de sus obras —«Diálogos», «De Disciplinis», «De Anima et Vita», «De Veritae fidei christianae», «De Concordia et Discordia in humano genere», etc.— casi siempre fuera de España, principalmente en Lovaina, Brujas y Oxford. Su pensamiento trascendió también a las colonias españolas en América.

Juan Luis Vives (1491-1540) fue amigo de Erasmo y juntos acometieron la empresa de editar las obras de San Agustín.

5. El pensamiento teológico

La renovación teológica realizada en España a partir de los primeros años del siglo XVI repercutió amplia y profundamente en América, especialmente en Nueva España. Así, la obra de los teólogos novohispanos en los dominios estrictamene teológico, moral y jurídico, y ascético y místico adquiere pleno sentido dentro del renovador movimiento teológico español. Es natural que en la Teología americana de la centuria decimosexta falten genios como los de fray Francisco de Vitoria, Melchor Cano y fray Domingo Soto, pero su conjunto figura decorosamente en el equipo de pensadores que creó en América una cultura cristiana y moderna. Si bien negativamente, el Humanismo y la Reforma prepararon el advenimiento de la renovación teológica, ya que sus ataques obligaron a hombres como Luis Vives, Melchor Cano y fray Francisco de Vitoria, entre otros, a considerar las razones de los críticos. Estos reprochaban a los estudios teológicos tradicionales su alejamiento de la Biblia, su abundancia de cuestiones inútiles, su pobreza de conocimientos, la fragosidad de su argumentación, su falta de espíritu crítico, su ignoracia de las fuentes, su petrificación en las fórmulas tradicionales, y la separación de la cultura y la vida por la ignorancia de las nuevas inquietudes.

Cuando la Teología llegó a América, ya se había renovado en España, y por ello los teólogos americanos y, sobre todo, los novohispanos se mostraron muy atentos a los problemas de su tiempo y comprendieron que no servían ya, y menos para el nuevo mundo, las soluciones medievales. Así, procuraron que la cultura nueva fuese cristiana y adaptada a las condiciones de las nuevas tierras. El núcleo fundamental de esa cultura fue la Teología, ya beneficiada de los buenos frutos del Renacimiento; a saber: mejor conocimiento de Aristóteles y, por tanto, interpretación más pura de Santo Tomás; utilización de Platón y Porfirio en la Teología mística; aprovechamiento de lo mejor de la herencia estoica –sobre todo, de Séneca– en los estudios teológico-jurídicos; mejor contacto con la tradición patrística, debido al estudio de las lenguas clásicas; conocimiento más profundo de la Biblia, cuyo estudio en sus lenguas originales da luz a cuestiones antes oscuras, y enriquecimiento de la temática tradicional con los nuevos problemas derivados del cuerpo de la doctrina medieval, que se completa y perfecciona, y de la nueva situación histórica, en la cual el individuo se destaca de la comunidad, la división nacional deshace la «Cristiandad», las noticias del mundo nuevo producen curiosidad e inquietud, y la forma hablada y escrita de la Teología se hace más humana y elegante. Como es natural, en esa renovación también aparecen nombres extranjeros –Cayetano, Roberto Belarmino, Pedro de Bruselas, etc.–, pero sólo en España, gracias a la unidad religiosa, se desarrolla y crea –como dice Gallegos Rocafull– una nueva ciencia teológica. Esta se desarrolla en intensidad y vuelve a ser ciencia viva en continuo progreso, de tal manera que los comentarios a Santo Tomás son verdaderas recreaciones, y los teólogos españoles enseñan en las Universidades de toda Europa, desde París y Burdeos hasta Polonia, Bohemia y Lituania pasando por Roma, Padua, Lovaina, Oxford y Cambridge.

Al igual que en España, en México, el saber teológico y sus representantes gozaron de enorme popularidad; la mejor Facultad universitaria y la más numerosa en alumnos era la de Teología, y los problemas debatidos en ella saltaban a la calle y eran temas de conversación tanto en la Corte virreinal como en los conventos –donde había catédra y bibliotecas de la materia– y en otros círculos menos especializados. Las cátedras universitarias, además de la de Prima y la de Vísperas, se dedicaron, sobre todo, al estudio de Santo Tomás, Scoto y Suárez. Pero este saber teológico no era solamente especulativo, sino que cuajaba en una vida ajustada a los preceptos del Cristianismo.

Tal floración teológica se vio impulsada por el envío a América de gran

Para contrarrestar con eficacia al protestantismo, la Iglesia redefinió su propio dogma en el Concilio de Trento donde los teólogos españoles jugaron un papel importantísimo. En 1558 una ley de censura de 1502 fue reforzada y para poder publicarse un libro necesitaba antes de la oposición de los censores que se imprimía entre las notas preliminares. La importación de libros extranjeros sin real licencia se castigaba y la Inquisición española comenzó a publicar los «index».

cantidad de libros teológicos, ascéticos y místicos. Por lo que se refiere a Nueva España, la *Bibliografía* de García Icazbalceta es muy ilustrativa a este respecto, ya que de ciento ocho títulos que registra en total, setenta y siete son de Teología en sus distintas facetas: doctrinas, sermonarios, confesionarios, obras estrictamente teológicas de fray Alonso de la Veracruz, de fray Bartolomé de Ledesma y de otros, y libros de ascética y mística. En Nueva España, *publicaciones* características fueron *bulas* y *privilegios* para recordar los concedidos por la Santa Sede a las *Ordenes mendicantes,* lo que se inscribe dentro de la *rivalidad entre los frailes y los obispos.* En fin, durante los siglos XVI y XVII, se publicaron en México varios miles de obras, de las cuales las más importantes demuestran los tres aspectos fundamentales de la Teología de la época; a saber: el estrictamente teológico, el moral y jurídico, y el ascético y místico.

En el primer aspecto, la figura más importante fue, sin duda, fray Alonso de la Veracruz. Nacido en Caspueñas, en la diócesis de Toledo, la posición acomodada de sus padres –Francisco Gutiérrez y Leonor Gutiérrez– le permitió recibir una educación esmerada, que incluyó estudios de Gramática y Retórica en la Universidad de Alcalá de Henares y de Artes y Teología en la de Salamanca, donde fue discípulo del *padre Vitoria.* Graduado en Teología y ordenado sacerdote, leyó en Salamanca un curso de Artes, y en esta actividad estaba cuando el agustino fray Francisco de la Cruz, llegado a España desde México para reclutar misioneros, convenció al maestro para ir a Nueva España. En Veracruz vistió el hábito de San Agustín y en México profesó en julio de 1537. Después de ser maestro de novicios poco tiempo, fue a Michoacán como catedrático de Artes y de Teología en la Casa de Estudios de la provincia agustina y en Tiripitío *instaló la primera biblioteca conocida de América* con libros llevados desde España. En 1542, cuando don Vasco de Quiroga pensó asistir al Concilio de Trento, dejó a fray Alonso el gobierno de la diócesis michoacana, que ostentó durante nueve meses. Al año siguiente, fue elegido Definidor de su Orden, y en 1548, Provincial. A fines de 1552 o principios de 1553, se le designó obispo de León (Nicaragua), dignidad a la que renunció por considerarse indigno. Poco después, abierta la Universidad de México, fue llamado a regentar la cátedra de Escritura, y cuando se creó la de Teología tomista, se le dio a fray Alonso. Después de ser Diputado de la Universidad y Provincial –por tercera vez– de su Orden, fue llamado a España, donde estuvo –en Madrid y Sevilla– desde 1566 hasta 1573. Vuelto a México, en 1575 fue elegido Provincial por cuarta vez, fundó el Colegio de San Pablo –donde los veinte religiosos que lo habitaban leían y estudiaban Teología, aprendían el nahuatl y doctrinaba a los indios–, apadrinó en la Universidad varios grados de Bachiller, Maestro y Doctor en Teología, entre 1579 y 1582, y falleció en julio de 1584, cuanto tenía aproximadamente ochenta años de edad.

El espíritu contrarreformista presente en España se trasladó a las tierras americanas concretándose en la publicación de obras de carácter teológico como los comentarios de San Pablo y al igual que ocurriera en la península, en un notable aumento de libros religiosos y moralizantes.

Fray Alonso de la Veracruz es autor de diez obras importantes, tanto de contenido estrictamente teológico, como filosófico, jurídico y moral, y ascético. Entre ellas, no puede dejar de citarse la titulada *Recognitio, summularum,* en la que comenta algunas partes del «Organon» de Aristóteles; la *Dialectica resolutio cum textu Aristotelis,* que es la segunda parte de la anterior; los comentarios a San Pablo, orientados a combatir el protestantismo; los «Avisos que daba a los teólogos» al acabar el curso, y, sobre todo, el Speculum coniugiorum, impreso en México (1556) y reeditado en Salamanca (1562), Alcala' (1572) y Mediolami (1599). Esta es obra estrictamente teológica, escrita hacia 1547, pero no publicada hasta nueve años después, que constituye –como dice Bolaño Isla– «un verdadero manual, a un mismo tiempo teórico y práctico, acerca del matrimonio». La obra –en el que su autor cita en apoyo de sus pensamientos a teólogos, comentaristas de Derecho civil y canónico y autores de la antigüedad clásica– está dividida en tres partes: la primera, sobre el matrimonio en general y sus impedimentos dirimentes y no diremententes; la segunda, sobre el matrimonio entre los infieles, y la tercera sobre el divorcio. La segunda parte, muy interesante para la Etnología, proporciona muchos datos acerca del matrimonio entre los *tarascos,* tanto en los príncipes como en el pueblo, y también entre los indios de México y los de Nicaragua. Fray Alonso examina la cuestión de la validez de los *matrimonios contraidos por los indios antes de su conversión al Cristianismo,* y opina que eran verdaderos matrimonios, expone lo relativo a los modos de repudiar y, al

LA PERFECTA
CASADA
POR EL MAESTRO
Fray Luys de Leon.

FERRO ABSCISSO REFLORESCO

Con priuilegio.
EN SALAMANCA,
En casa de Iuan Fernandez.
M. D. LXXXIII.

Portada de la edición príncipe de «La Perfecta Casada» de Fray Luis de León, publicada en Salamanca en 1583. Siguiendo el hilo del último capítulo de los «Proverbios» de la Biblia, trata de moderar el tipo de la casada cristiana, fijando sus caracteres esenciales y sus deberes indeclinables. Simular preocupación por el matrimonio aparecen en la obra de Fray Alonso de la Veracruz, el «Spectrum Coniugiorum» impreso por primera vez en México en 1556.

hablar del Derecho natural, distingue entre los primeros principios, vigentes en todas partes, y las conclusiones que de ellos se derivan y que cambian según los pueblos y pueden ser olvidados. En este sentido, fray Alonso establece la doctrina para que no se acuse a los indios de quebrantar la ley natural. Como la publicación del *Concilio Tridentino* alteró en muchos puntos la doctrina sobre el matrimonio, el autor tuvo que modificar algunos conceptos de su obra, para lo cual publicó un *Apéndice* que remite a ésta. «Quizá –escribe Gallegos Rocafull– sea éste, de todos los libros de fray Alonso de la Veracruz, el que mejor revele el carácter del autor: comprensivo, caritativo, muy consciente de su responsabilidad, deseoso de ayudar a los demás, informado, seguro de juicio, abierto, gran conocedor de las materias de que trata, tanto en su vertiente teórica como en la práctica. No es la obra de un intelectural puro, sino de un hombre honradamente preocupado por las necesidades de los que le rodean y ansioso de darles un remedio».

Los dominicos llegaron a La Española en 1510 y desde la isla desarrollaron un vasto plan de expansión evangelizadora; a ellos se debe además el interesante experimento de evangelización pacífica en la región de Cumaná, la oposición frontal al sistema de las encomiendas, la construcción de colegios y templos. En 1526 representantes de la orden se encuentran ya en Nueva España y en 1532, en Lima.

Concilio de Trento, pintura de la Escuela Veneciana del siglo XVI. El Concilio Tridentino se reunió en 1545-47, 1551-52 y 1562-63. Canalizó los anhelos de depuración de costumbres y redefinición de los principios de la doctrina cristiana. Sólo a partir de 1560 comenzó la lucha contra el protestantismo.

FRAY BARTOLOMÉ DE LEDESMA, dominico que estuvo en el famoso convento de San Esteban, en Salamanca, fue otro importante teólogo tomista de Nueva España, consejero del arzobispo Montúfar –por quien gobernó la archidiócesis durante doce años–, profesor de Teología en la Universidad de México y obispo de Oaxaca. Su obra más importante es *De septem Novae Legis Sacramentis Summarium,* publicada en México en 1566. En ella, su autor acentúa la tendencia «práctica y simplificadora» que ya se observó en fray Alonso de la Veracruz. La realidad exigía urgentes soluciones y remedios a los problemas que planteaba, pues no se olvide que estaba construyéndose deprisa una nueva sociedad, y solamente era interesante lo que ayudase a facilitar esa labor. Así, Ledesma escribe su tratado –por mandato de Montúfar– clara y brevemente y exponiendo tan sólo la doctrina necesaria para la buena administración de los sacramentos, para lo cual sigue a Santo Tomás, Ricardo de San Víctor, Durando, Melchor Cano y fray Domingo Soto. El libro empieza con un tratado sobre los sacramentos en general, al que siguen otros sobre bautismo, confirmación, Eucaristía, penitencia, excomunión, entredicho, extremaunción, orden sacerdotal y matrimonio. Acerca del bautismo, el autor plantea el tema de la licitud o ilicitud de coaccionar a los adultos infieles para que reciban el sacramento, y siguiendo al padre Vitoria, se pronuncia en contra del constreñimiento, aunque afirma la posibilidad legítima de combatir con las armas a quien se oponga a la predicación. «El estilo de Ledesma –leo en Gallegos Rocafull– es monótono, pesado, sin soltura ni elegancia; la argumentación floja, apoyada más en la autoridad que en la razón; la información, de buena fuente, aunque intencionadamente suprime toda erudición innecesaria; rara vez se refiere a la realidad que tiene ante los ojos, ni tampoco se advierte en él aquel afán de ayudar a los demás, que hace tan humanos y cordiales los escritos de Veracruz; prefiere dar una impresión de dogmatismo engolado, aun en las materias de libre discusión, que lo constituye representantes del *magister dixit*».

El jesuita PEDRO DE ORTIGOSA, nacido en Ocaña y estudiante de Filosofía y Teología en Alcalá, fue a México en 1576, y allí explicó Artes, Filosofía y Teología, y allí murió en 1626. Sus obras principales –manuscritas aún y conservadas en la Biblioteca Nacional de México– son las siguientes: *De Deo,* sobre la existencia de Dios, sus atributos, su conocimiento por el hombre, etc.; *De Sacramento Poenitentiae, De angelis,* y *De fide, spe e charitate.* La cuestión 40 de ésta se dedica a la guerra, tema acerca del cual el autor establece tres conclusiones: 1.ª, que la guerra no siempre es ilícita, ya que es honesta si se hace con arreglo a las condiciones debidas; 2.ª, esas condiciones son tres: autoridad pública, causa justa e intención recta; 3.ª, si falta alguna de dichas condiciones, la guera es ilícita. Considerada en su conjunto, la obra del padre Ortigosa demuestra muchos conocimientos, buena argumentación y un estilo literario claro.

La Compañía de Jesús reunió en México, en la segunda mitad del siglo XVI y el primer tercio del XVII, un grupo de teólogos interesante, de entre los cuales hay que destacar al padre Andrés de Valencia, sucesor de Ortigosa en la cátedra de Teología del Colegio de San Pedro y San Pablo; el padre Juan de Ledesma, mexicano de nación y de quien dice el padre Alegre que «era tenido generalmente por el segundo de la provincia después del P. Pedro de Ortigosa»; el padre *Agustín Cano,* uno de los primeros criollos que ingresó en la Compañía, y el padre Antonio Arias, profesor de Sagrada Escritura en el Colegio de San Pedro y San Pablo y autor del libro *La perfecta religiosa* –en el que aplica a las monjas los elogios que los Proverbios dedican a la mujer casada y de una *Apología contra los judíos de este tiempo.* A su vez, en la Orden de Predicadores sobresalen los teólogos fray Pedro de la Pena –nacido en Burgos, discíputlo de fray Domingo Soto y que legó a ser obispo de la Vera Paz y, después, de Quito– y fray Pedro de Pravia, estudiante en el colegio de San Esteban de Salamanca, docente en el de Santo Tomás de Avila y que en México enseño Filosofía y Teología en la Universidad e intervino como teólogo en el III *Concilio Provincial* (1585). Los franciscanos, al principio sólo ocupados con la evangelización, tuvieron, no obstante, grandes teólogos, como fray Jacobo de Testera, fray Marcos de Niza, fray Juan de Tecto, fray Juan de Gaona, el mallorquín fray Miguel de Gornales y fray Diego Ordóñez, que enseñó Teología en Guatemala y en México, donde fue calificador del Santo Oficio y murió centenario en 1608. En cuanto a los agustinos, tuvieron destacadísima intervención en la Universidad mexicana desde su fundación, y allí enseñaron Teología, Sagrada Escritura y Artes, materias en las que destacaron fray Juan de Contreras y el mexicano fray Juan de Rueda. Por último, el carmelita fray Pedro de la Concepción, portugués, y el mercedario fray Juan Olaechea son también dignos de mención.

Los concilios comienzan a celebrarse a partir de la segunda mitad del siglo XVI. En Lima el primer concilio interdiocesano se reúne desde 1551 a 1552; el segundo, entre 1567 y 1568; el tercero, en 1582; en 1591, el cuarto y en 1597 se convoca el quinto, que se reunirá en 1601.

En México, el primer concilio interdiocesano se reúne en 1556; el segundo, diez años más tarde y el tercero, en 1585.

Los estudios bíblicos experimentarion en Nueva España un gran desarrollo, especialmente a partir de la apertura de la Universidad de México en 1553. Desde el primer momento, hubo en ella cátedra de Sagrada Escritura, que regentó fray Alonso de la Veracruz, cuyo prestigio y el de su Orden explican que dicha cátedra quedase adscrita, en cierto modo, a los agustinos. La regentaron, entre otros, el granadino fray Melchor de los Reyes –que la regentó durante veintiún años–, fray Juan Adriano y el mexicano fray Diego Contreras, después arzobispo de Santo Domingo. Pero, además, debe recordarse al Venerable Gregorio López, llegado a México en 1562 y que evangelizó a los zapotecas, y al franciscano fray Marcos Cámara, lector de Filosofía y Teología.

Las cuestiones morales y jurídicas tuvieron un tratadista eminente en la persona de FRAY TOMÁS MERCADO (o de Mercado), que nació en Sevilla y pasó a Nueva España muy joven y en 1553 tomó el hábito de dominico en el convento mexicano de Santo Domingo, donde estudió y se formó bajo la dirección de fray Pedro de Pravia. Cuando en 1575 viajaba a España, enfermó a la vista de San Juan de Ulúa, en cuyas aguas fue sepultado. Su obra *Suma de tratos y contratos* –primera edición, Salamanca 1569, y segunda, muy aumentada, Sevilla 1571, con «censuras» de personajes tan importantes como fray Juan de Guevara, fray Alonso de la Veracruz y fray *Luis de León,* entre otros– tiene una finalidad claramente declarada por el autor. «Siempre juzgué –escribe– por un gran descuido no tener cualquier congregación de tratantes, como ésta, Burgos, Medina, Lisboa, determinado por alguna Universidad de Teólogos qué es lo lícito e ilícito en los negocios que más se cursan entre ellos», para que los mercaderes tuvieran «luz y hacha para ver los malos pasos que hay en el camino peligroso de su arte». Con su obra –según el autor– se resolvía ese problema, ya que el padre Mercado había hecho que vieran su libro, para dar a éste mayor autoridad, «todos los catedráticos de Teología de la Universidad de Salamanca» y otros muchos maestros de gran erudición [...] de manera que se puedan asegurar con ella y holgarse en tener resueltos y determinados sus contratos por toda aquella famosa Universidad». La obra se divide en seis libros, respectivamente dedicados a los temas siguientes: el primero, a la ley natural; el segundo, al trato de los mercaderes; el tercero, a la Pragmática del trigo; el cuarto, a los cambios y la Decretal del Papa sobre este asunto; el quinto, a las usuras, y el sexto, a la restitución.

Fray Luis de León (1527-1591), según un grabado del siglo XVIII. Hombre de vastísima cultura, es, sin duda, la figura más representativa de la poesía ascética española del siglo XVI que contó también en América con una legión de lectores admirados.

La literatura religiosa había llegado en España, en la segunda mitad del siglo XVI, a su momento de máximo esplendor coincidiendo con la Contrarreforma y la floración de santos y de héroes.

El autor distingue entre las que llama «justicia legal» y «justicia conmutativa», que es la que rige en los contratos, y afirma que «es suficientísima causa para reprobar algún negocio, por de gran interés que sea, no ser conforme al recto dictamen de la razón». En fin, con un estilo claro y directo y lleno de alusiones a la vida real, el padre Mercado se opone a quienes desde Sevilla pretendían explotar con sus mercancías a las Indias, con iguales valentía y constancia con que otros dominicos se oponían a los explotadores de los indios.

El problema de la «alternativa» –costumbre ya impuesta a fines del siglo XVI y según la cual a un prior español peninsular debía sucederle otro criollo– ocupó también la atención de varios tratadistas de materias teológico-jurídicas. Así, el dominico fray Luis López, autor del *Instructorio de conciencia para el contento de las dos partes,* publicado en 1585; el también dominico fray Juan Ramírez, profesor de Teología de México durante veinte años y obispo de Guatemala, donde falleció en 1609; fray Sebastián de Santa María, carmelita descalzo; el franciscano fray Miguel Agia, natural de Valencia, que pasó a Nueva España en 1563 y explicó Teología en el convento de Guatemala, y el dominico fray Alonso Noreña, que comentó las resoluciones tomadas en el capítulo provincial de Chiapas de 1568.

Mucha mayor importancia tuvo, sin duda, el tratamiento de los temas teológicos sobre Mística y Ascética. Como es sabido, la Mística constituye la aportación española de mayor trascendencia a la Cultura universal, y su

San Juan de Avila, retrato de El Greco. La rica y abundante literatura religiosa —mística y ascética— pasa pronto a Indias. El famoso predicador Juan de Avila fue sin duda una de las figuras literarias más admiradas en el Nuevo Mundo.

gran momento está, precisamente, en el siglo XVI y lo producen las extraordinarias figuras gigantescas de San Juan de la Cruz, Santa Teresa de Jesús, el Beato Juan de Avila, fray Pedro Malón de Chaide, fray Luis de Granada y otros. Estos, junto con humanistas y prelados del Renacimiento, emprendieron entonces una especie de cruzada contra los libros de caballería para evitar que sus narraciones influyeran en doncellas y mancebos con el efecto hipnótico de sus relatos sobre lugares y riquezas maravillosos. En esa línea, se encuentran desde un Luis Vives hasta un Cervantes de Salázar. Pues bien: *Mística y Ascética* pasan a Indias, donde continúan las vías purgativas, iluminativa y unitiva, y la doble nota esencial de la mística española, que consiste en no perder la personalidad propia en la unión con Dios ni excluir la vida activa en la contemplación directa de la Divinidad, como ejemplifica en su existencia la santa andariega. Así, en América se editan las obras de San Buenaventura, de San Juan Clímaco, de Gerson, del cartujano Dionisio Rickel y de los grandes místicos españoles. Al mismo tiempo, los dominicios fray Pedro Calvo, con sus *Meditaciones espirituales,* y fray Francisco Camacho, con su carta sobre la pobreza religiosa; el agustino fray Pedro Suárez de Escobar, con su *Espejo divino de vida cristina,* y el ermitaño y asceta Fernando Córdoba y Bocanegra, fallecido a los veintitrés años de edad, contribuyen al mantenimiento en América de esta corriente de pensamiento y de acción españoles.

Entre los ascéticos españoles sobresalen Fray Luis de León (1527-1591), Fray Luis de Granada (1504-1588) y entre los místicos, Santa Teresa (1515-1582) y San Juan de la Cruz (1542-1591). Las obras de todos ellos, que pasaron primero en volúmenes de edición española y luego fueron impresos en América, dejaron pronta huella en la literatura del Nuevo Mundo.

6. El pensamiento filosófico

El siglo XVI es la época de la predominación y el auge de la filosofía escolástica, que se prolongará hasta mediados de la centuria décimoctava. Muy pura al principio, como procedente del vigoroso ímpetu reformador que en los dominios filosóficos representaban Vitoria, Soto, Cano y Suárez, esa corriente filosófica mostró una preocupación fundamentalmente docente y dirigida, sobre todo, a podar y simplificar la dialéctica con arreglo a la influencia esencial de fray Domingo Soto, aunque también con el aprovechamiento de los elementos humanísticos de Erasmo y, en mayor medida, de Luis Vives. El pensamiento de éste, que intentó armonizar las doctrinas aristótelicas tradicionales con el criticismo renacentista, fue introducido en América por Francisco Cervantes de Salázar, que tradujo y amplió la *Introducción y camino para la sabiduría,* a la que añadió siete diálogos de su propia minerva. Sin embargo, «las corrientes predominantes de la Filosofía fueron determinadas –como escribe Esteve Barba– por las que prevalecían en cada una de las cátedras americanas su peculiar carácter, y así, mientras agustinos y dominicos continuaban la tradición medieval tomista, los franciscanos se inclinaban por los pensadores de su Orden, especialmente por Duns Scoto, haciendo sentir constantemente su influencia. En cambio, los jesuitas aceptaron el tomismo, pero enmarcando en él nuevos problemas, que hicieron de su pensamiento el más flexible y avanzado».

Con la Contrarreforma, respuesta de la Iglesia católica a la amenaza del protestentismo, la Iglesia intentó revivificar la cultura tradicional de la cristiandad y aspiró a moldearla y dirigirla en todos sus aspectos. La educación fue considerada a justo título como instrumento vital para la tarea que la Iglesia se había señalado.

El autor filosóficamente más importante fue, en cualquier caso, FRAY ALONSO DE LA VERACRUZ con sus obras sobre Dialéctica, Física y Súmulas, situadas en la línea filosófica escolástica. No obstante, los filósofos de la Compañía de Jesús siguieron el pensamiento de Francisco Suárez, quien fue –según el padre Furlong– «el filósofo más popular que hubo en América desde fines del siglo XVI hasta principios del XIX». Dentro de esta escuela suarecista, el filósofo más importante de la centuria décimosexta fue el jesuita ANTONIO RUBIO, nacido en la albaceteña villa de Roda, estudiante en Alcalá y que en setiembre de 1576 llegó a México, en cuya Universidad regentó la cátedra de Filosofía y Teología durante veinticinco años. Hombre de gran erudición y capacidad de síntesis, fue autor de varias obras de comentario a las de Aristóteles, entre las cuales destaca la titulada *Commentaria in universam Aristotelis Logicam,* más conocida por el título –al parecer, puesto por él– de *Lógica mexicana.* Comentó, además, los libros aristotélicos sobre poética, física, el alma, generación y corrupción, y sobre el cielo y el mundo, y sus tratados, reunidos en cinco gruesos volúmenes, fueron libro de texto de Artes en la Universidad de Alcalá. Sus *Assertiones adversum Erasmi pestilentissimos errores* (Salamanca, 1568) constituyen una de las más claras

En la búsqueda de mejores métodos para la evangelización jugó un papel destacado la música. «Ya lo señalaban claramente algunos misioneros, quienes en su afán de incorporar al «tierno rebaño» dentro del seno de la Iglesia, se valieron del canto para adoctrinar y hacer del aprendizaje del catecismo algo atrayente» (Jesús Estrada, «Música y músicos de la Epoca Virreinal»).

pruebas del cambio producido en la estimación de la obra de Erasmo después de la condenación de las obras de éste.

El territorio peruano, conquistado y constituido en virreinato algunos años después que Nueva España, no ofrece un panorama teológico ni filosófico de riqueza similar al novohispano. Las quejas de Suárez por la ida a Perú del padre Atienza, que había profesado Filosofía en Avila y que después fue rector del limeño Colegio de San Pablo, expresan solamente el alto varlor intelectual que Suárez concedía a Atienza y la semejanza ambiental que filosóficamente había entre España y sus recién nacidos reinos americanos. Pero nunca se limitó en éstos el pensamiento filosófico a un maestro determinado. «A ningún maestro ni estudiante –escribió el General de la Compañía al padre Juan de Frías Herrán en 1624– se le ha de obligar que siga este o aquel doctor, sino que se le deje libertad para seguir y defender la doctrina de los padres Molina, Suárez y Valencia, que son los autores a quienes siguen nuestros lectores y también los de otras religiones [...]. Cuando algún rector hablare con menos respeto del que es razón del autor que tiene la contraria opinión de la que él defiende, adviértasele su falta; y si esto no bastaré, désele una penitencia. Lo que he dicho de los lectores se debe observar con más rigor de los estudiantes».

La figura más importante de la Filosofía en el Perú fue, sin duda, el padre JOSÉ DE ACOSTA, jesuita, quien en relación con los indios siguió el pensamiento de fray *Francisco de Vitoria,* como se advierte en su *De promulgando Evangelio apud barbaros sive de procuranda Indorum Salute.* El padre Acosta, nacido en Medina del Campo en 1539, fue destinado en 1567 –tras dieciséis años en la Compañía– a varias misiones de enseñanza en Segovia, Salamanca, Alcalá de Henares y Ocaña, y tres años después pasó al Perú, por cuyo territorio viajó visitando los principales colegios de aquella provincia jesuita, lo que le puso en contacto con los indios y le decidió a *pensar los mejores métodos para la evangelización* de éstos. El III Concilio Provincial le encargó la recopilación de sus conclusiones y unos catecismos y confesionarios en las lenguas castellana, quechua y aymara. De tales conocimientos y experiencias nacieron los libros sobre la *enseñanza del Evangelio,* ya citado, y el *De natura novi orbis.* Quizá por choques dialécticos con las autoridades, el padre Acosta marchó a Nueva España en 1586, y dos años después regresó a España, de donde marchó a Roma, y allí estuvo hasta 1589, fecha en que regresó a su patria como visitador de las provincias jesuitas de Aragón y Andalucía. Por entonces, exactamente el 11 de abril de 1589, se le dio licencia para

Pedro de Gante compuso algunos versos acerca de la doctrina cristiana; como dice a Felipe II el 23 de junio de 1558, «considerando que antes de convertirse estos indios no cesaban de bailar y cantar en sus ceremonias religiosas, he compuesto versos en que ven cómo Dios se hizo hombre para salvar al mundo, cómo nació de la Virgen María, concebido sin mancha de pecado, y donde aprenden también los mandamientos de ese Dios que los salvó».

Página del Códice de Bernardino de Sahagún, verdadero diccionario de lenguas amerindias y antecedente de los estudios de la ciencia antropológica moderna.

imprimir la *Historia Natural y Moral de las Indias,* su obra fundamental. Diez u once años después, en 1599 ó 1600, el padre Acosta fallecía ejerciendo el cargo de rector del Colegio Salmanticense de la Compañía.

La *Historia Natural y Moral de las Indias* demuestra un método riguroso y, sobre todo, la preocupación de su autor por averiguar las causas de las novedades y cosas extrañas de la naturaleza indiana, lo que constituye al padre Acosta –como dice Alvárez López– en un verdadero filósofo de la naturaleza. A la vez, se propone también el aspecto moral, es decir –según sus palabras– «los hechos e historia de los mismos indios antiguos y naturales habitadores del nuevo orbe». En este sentido –dejando aparte sus estudios meteorológicos y físicos y sus anticipaciones sobre zoogeografía–, Acosta afirma, sobre la llegada a América de las especies de fauna y flora, que «el nuevo orbe que llamamos Indias no está del todo apartado y dividido del otro orbe». En cuanto al poblamiento de aquél, su intuición fue más certera aún y levantó una voz de sensatez contra los muchos absurdos proclamados

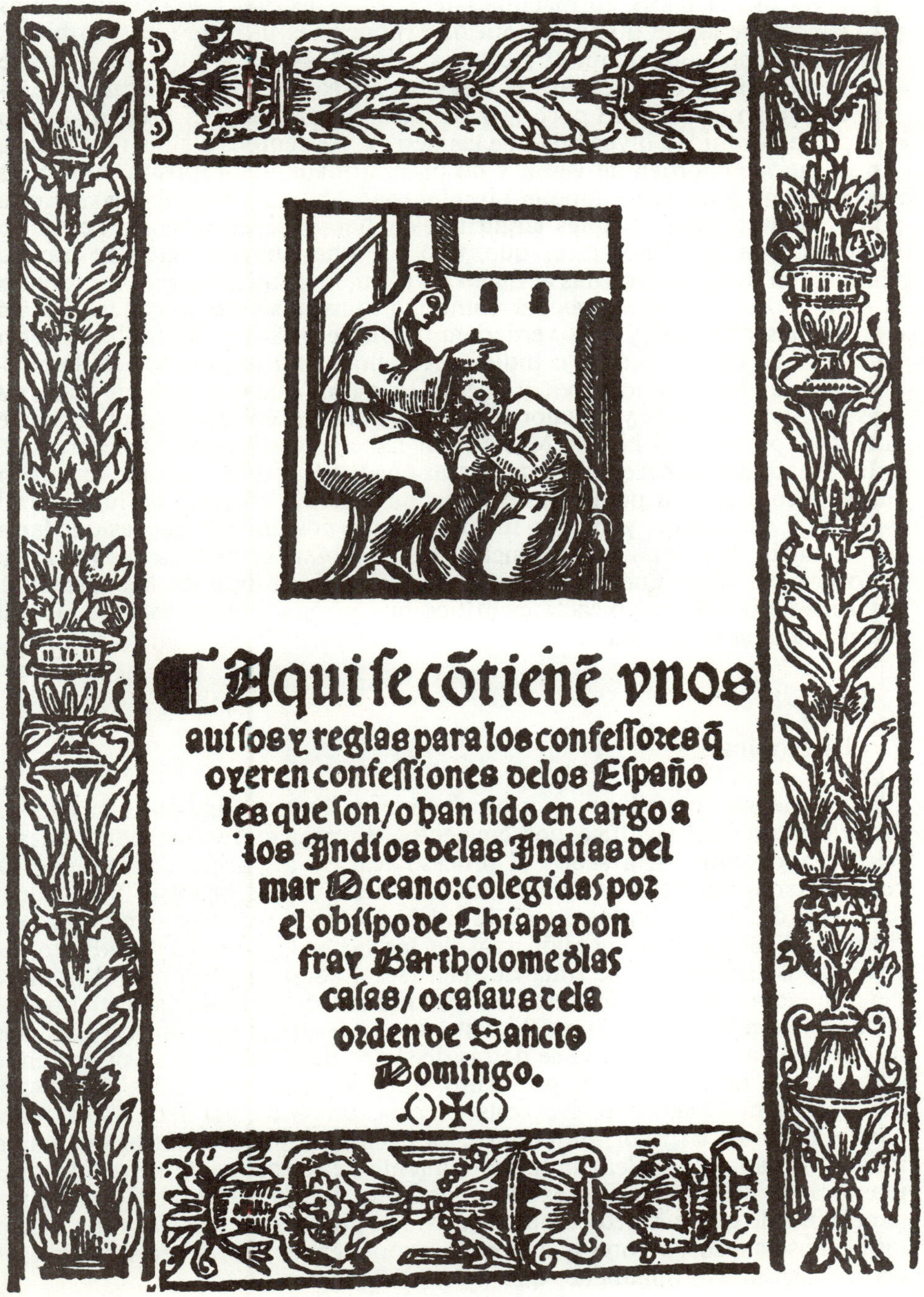
Aqui se cōtienē vnos
auisos y reglas para los confessores q̄
oyeren confessiones delos Españo
les que son/o han sido en cargo a
los Indios delas Indias del
mar Oceano: colegidas por
el obispo de Chiapa don
fray Bartholome d'las
casas/ o casaus de la
orden de Sancto
Domingo.

Como reza en la portada de la obra de Las Casas: «Aquí se contiene unos avisos y reglas para los confesores que oyeren confesiones de los españoles que son o han ido en cargo a los indios de las Indias del Mar Océano.» En ésta, como en sus restantes obras, fray Bartolomé de las Casas solicita justicia y trato humanitario para los indios americanos.

Francisco López de Gómara (1512-1572). Historiador nacido en Sevilla, capellán de la familia de Hernán Cortés. Escribió «Historia general de las Indias y Crónica de la conquista de Nueva España» en la que aportaron datos, además de Cortés, los conquistadores Andrés de Tapia y Gonzalo de Umbría y el navegante Sebastián Caboto.

La «Historia general...» de Gómara tuvo un éxito enorme y se reimprimió en Medina del Campo, Zaragoza y Amberes. Se tradujo también al latín, parcialmente, y en su totalidad al italiano y al francés.

Gómara fue un escritor de extraordinaria cultura; sólo por su afecto hacia Cortés se detiene demasiado en la figura del conquistador. También escribió los «Anales del Emperador Carlos V» y se le atribuyen otras obras como los «Sucesos del año 1535».

por autores anteriores. Así, rechaza enérgicamente las pretendidas relaciones entre los indios, por una parte, y las Diez Tribus de Israel o cualesquiera otros judíos, por otra, pues señala que en América no había huella alguna, por remota que fuese, de lengua, linaje, ceremonias y tradiciones judías. Por otra parte, el padre Acosta muestra también un sano escepticismo ante las teorías enunciadas por los autores de su tiempo. Rechaza, en primer lugar, las que pretendín apoyarse en milagrosas intervenciones divinas, «pues el problema –dice– no está en lo que Dios hubiera podido hacer, sino en lo que cabe suponer según el orden racional de las condiciones humanas». Del mismo modo, califica de muy inverosímil la opinión que defendía el paso a América por mar, ya que sin brújula y con embarcaciones pequeñas, la travesía era sumamente difícil, y aunque no descarta la posibilidad de ser arrojados algunos por las tormentas a las costas de América, considera más aceptable la idea de la entrada en aquel continente por vía terrestre, pero no por el Atlántico, es decir, negando que éste fuera el resultado del hundimiento de un continente desaparecido.

Acosta asegura, pues, en síntesis, que sólo un hombre «temerario y muy arrojado» osaría hacer afirmaciones tajantes y decisivas sobre tan oscuros problemas. De ahí el que a la hora de exponer sus propias ideas, lo hiciera con la prudencia que demuestra este párrafo: «Más así, a bulto y por discreción, podemos colegir de todo el discurso arriba hecho que el linaje de los hombres se vino pasando poco a poco hasta llegar al nuevo orbe, ayudando a esto la continuidad o vecindad de las tierras, y a tiempos alguna navegación, y que este fue el orden de venir, y no hacer armada de propósito, ni suceder algún grande naufragio: aunque también pudo haber en parte algo de esto; porque siendo estas regiones larguísimas y habiendo en ellas innumerables naciones, bien podemos creer que, unos de una suerte y otros de otra, se vinieron en fin a poblar. Más al fin en lo que me resumo es que el continuarse la tiera de Indias con esotras del mundo, a lo menos estar muy cercanas, ha sido la más principal y más verdadera razón de poblarse las Indias; y tengo para mí que el nuevo orbe e Indias occidentales no ha muchos millares de años que las habitan hombres, y que los primeros que entraron en ellas eran más hombres salvajes y cazadores que no gente de república y pulida; y que aquéllos aportaron al Nuevo Mundo por haberse perdido de su tierra, o por hallerse estrechos y necesitados de buscar una tierra, y que, hallándola, comenzaron poco a poco a poblarla, no teniendo más ley un poco de luz natural, y ésa muy oscurecida, y cuando mucho algunas costumbres que les quedaron de su patria primera». Estas conclusiones denotan –como ya señaló Pablo Martínez del Río– que el Padre Acosta constituye «uno de los casos más extraordinarios de perspicacia científica que se conocen en toda la historia del pensamiento humano».

7. La crónica.

En la lengua castellana –por antonomasia, lengua española–, la palabra *historia* expresa o significa dos conceptos diferentes, aunque directamente relacionados entre sí; a saber: el proceso real de los hechos humanos y el conocimiento «científico» que el hombre tiene de ese proceso. Para poder distinguir dichos conceptos, se usa la palabra «historia» escrita con minúscula cuando se refiere a la sucesión real de los hechos, y se escribe «Historia» con mayúscula cuando se trata de referirse al conocimiento que el hombre tiene de aquel proceso. El descubrir del mundo de la Historia fue –tras los atisbos y sugestiones de Juan Bautista Vico– Hegel, quien afirmó que «los momentos que el Espíritu tiene detrás de sí, los tiene también en su profunda actualidad». La Historia es, por tanto, un descubrimiento del siglo XIX, el descubrimiento hegeliano. En consecuencia, antes de esa fecha solamente puede hablarse, en rigor, de *crónica,* es decir, de relato o narración más o menos verdadero y ordenada temporalmente de los acontecimientos y cosas memorables del pasado. Ello explica, por tanto, que aquí se hable de «crónica» para tratar de quienes dedicaron su actividad literaria en el siglo XVI a narrar los hechos pasados; autores que, por las razones expuestas, deben ser llamados «cronistas» más propiamente que «historiadores».

Hecha esa aclaración, debe decirse que el descubrimiento de América produjo muchos temas que la crónica anterior no pudo narrar y que carecían de antecedentes en la tradición clásica europea. Sin embargo, los conquistadores que narraron sus propias empresas –Cortés, Valdivia– y los que participaron en éllas –Bernal Díaz del Castillo, por ejemplo– aplicaron casi siempre lo sabido por sus lecturas u «oidas» a la nueva realidad. Dentro de ésta, no es infrecuente que lo fantástico ocupe un lugar sobresaliente, del mismo modo que también predomina, a veces, el punto de vista amerindio y el casi siempre apasionado, favorable o no al indígena, de los frailes evangelizadores, como López de Gómara y fray *Bartolomé de las Casas.* Pero, en general, interesa el hombre amerindio y su situación vital y cultural, lo que explica que no pocos de esos cronistas sean excelentes etnógrafos, como es el caso ejemplar de fray Bernardino de Sahagún.

La crónica del Descubrimiento se inicia con Cristóbal Colón, quien en los Diarios de sus viajes y en sus cartas fue dando cuenta de sus hallazgos con sencillez y naturalidad. Caso estilísticamente semejante es el de Américo Vespucio, cuyas Cartas –que hablan de cuatro navegaciones, de las que sólo dos son seguras– decidieron el nombre del nuevo continente y ocasionaron entre los historiadores de nuestro tiempo grandes y no siempre apacibles polémicas, que aún continúan. No es este el caso de la expedición de Fernando de Magallanes y Juan Sebastián Elcano, cuyo cronista más importante y minucioso fue Francisco Antonio Pigafetta, natural de Vicenza, en el Véneto, que se enroló en el viaje como «sobresaliente», es decir, sin cargo específico, aunque –según algunos historiadores– para escribir la crónica de la expedición, lo que hizo con sorprendente detallismo y suma riqueza de datos, pero con increible injusticia con Elcano, a quien no cita una sola vez en su obra.

Algún funcionario de la primera hora indiana hizo relación de sus actividades a la Corte, como Alonso de Zuazo, enviado por Cisneros a la Española y que escribió al canciller Xeures, el 22 de enero de 1518, un largo escrito sobre la situación de la isla, en el que insinúa la sustitución de los indios por esclavos negros en los servicios personales y en los trabajos mineros. Pero tuvieron, sin duda, mayor importancia los relatos de viajeros y conquistadores protagonistas de las grandes empresas indianas. En espe aspecto, debe reseñarse la relación de Pascual de Andagoya, primer español que tuvo noticia cierta del Estado inca –Birú o Pirú– y que, conocida por Francisco Pizarro, decidió a éste a emprender la entrada en aquel territorio desconocido. Andagoya, regidor de Panamá en 1522, fue nombrado al año siguiente Visitador General de los Indios de Castilla del Oro, y como tal visitó todos los cacicazgos del golfo de San Miguel, continuó hacia el sur y halló una fortaleza defendida por los guerreros del señor de Birú, a quienes venció. Para entonces, Hernán Cortés habiá consumado ya su empresa de Nueva España y había dirigido al Emperador cuatro de sus *Cartas de Relación* –las de 1511, 1520, 1522 y 1524–, a las que siguió la fechada en 1526. Estas narraciones demuestran que Cortés era, además de gran militar y político, un observador agudo y penetrante de la realidad geográfica, política, social y económica de las tierras que incorporó a la Corona y, además, un gran escritor, al que se ha comparado justamente con Julio César. El más relevante de sus lugartenientes, Pedro de Alvarado, dirigió a su jefe, desde Guatemala, tres relaciones, de las que se conservan dos, incluidas en la cuarta carta de Cortés. Gonzalo Jiménez de Quesada, ya viejo y retirado en Suesca, pueblo de Cundinamarca, redactó unas memorias de su empresa neogranadina, que tituló *Ratos de Suesca,* y Diego de Almagro envió al Emperador relatos de su entrada en Chile, hoy conocidos por haber sido utilizados por Gonzalo Fernández de Oviedo. A su vez, Pedro de Valdivia fue también cronista de su empresa a través de diez cartas, siete de ellas dirigidas al Emperador, una al prícnipe don Felipe, otra a Hernando Pizarro y otra al hermano de éste Gonzalo. Valdivia suele repetir algunos datos, pero siempre dice algo nuevo en cada carta, o matiza algo ya expuesto antes. El conquistador se revela en sus textos como buen prosista, de estilo sencillo, directo, natural y, en ocasiones, salpicado de frases y dichos populares. Por último, el capitán Antonio de Quiroga, combatiente en Chile, redactó sus memorias, que comprenden desde que dejó su casa hasta 1592.

Salvo los casos de Gonzalo Fernández de Oviedo y fray Bartolomé de las Casas, que estuvieron en América, los demás cronistas generales de las

Bernal Díaz del Castillo, (1492-1581?), acompañó a Hernán Cortés en la conquista de México. Como reacción ante la falta de objetividad en López de Gómara y Gonzalo de Illescas escribió, ya en la vejez,, su «Historia Verdadera de la Conquista de Nueva España», una de las más interesantes crónicas militares, escrita con estilo rudo y enérgico. Ya el autor advierte que en la obra «no van razones hermosas y afeitadas que suelen componer los cronistas que han escrito en cosas de guerra, sino toda una llaneza».

Como primer cronista oficial de Indias, Gonzalo Fernández de Oviedo (1478-1557) marchó a América y allí se sintió cautivado por la grandiosa belleza de su flora y de su fauna, por el erotismo de sus pueblos, sus razas y sus costumbres. De todo ello da cumplida y minuciosa cuenta en su obra, «Historia general y natural de las Indias», obra de un hombre maravillado por lo que descubre y que lo describe en detalle, de forma viva y amena, ajeno a toda otra preocupación humanista.

Grabados de 1568 de la «Historia General de las Indias», de López de Gómara, publicadas conjuntamente con la crónica de Cortés en 1552 bajo el título de «Historia de las Indias y conquista de México». El relato rebaja los méritos de los españoles que combatieron junto a Cortés y dedica a éste, por el contrario, toda clase de alabanzas, destacando en todo momento que el verdadero protagonista de la empresa americana fue el conquistador extremeño. Como puede verse en ambos grabados, Gómara describe con minuciosidad y ojos europeos las costumbres de los indios. Como reza en el primero, referido al canibalismo, trata «de los ritos y sacrificios que estos indios tienen y cuán grandes carniceros son de comer carne humana»; en el segundo presenta «el gravísimo pecado de la sodomía» de los naturales.

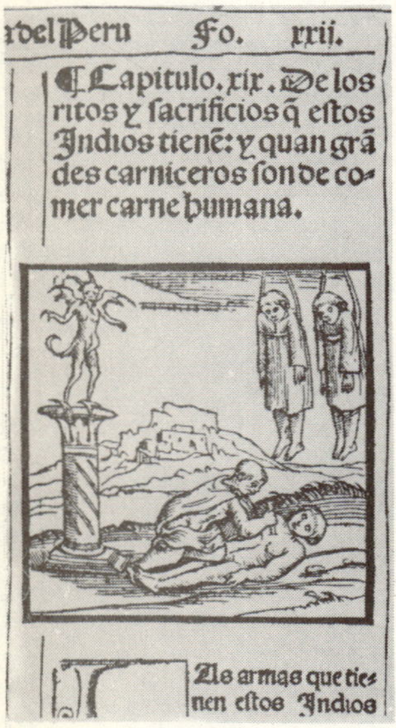

Indias –Pedro Mártir de Anglería, Francisco *López de Gómara* y Juan Ginés de Sepúlveda– no tienen, en rigor, cabida aquí, ya que si sus obras narran los acontecimientos del nuevo mundo, sólo indirectamente pueden considerarse autores indianos, si bien sus relatos contribuyeron indudablemente al desarrollo de la cultura americana. Pedro Mártir alude varias veces al nuevo continente en su *Epistolario,* pero en sus *Décadas del Nuevo Mundo* trata de éste con la debida amplitud. El autor se siente atraído, sobre todo, por lo más exótico y pintoresco de lo que le contaban los propios descubridores, y lo trasladaba al texto en un latín elegante y plagado de neologismos. López de Gómara tampoco estuvo en Indias, pero fue capellán de Hernán Cortés, lo que le llevó a escribir la conquista de Nueva España. Después, pensó poner a su relato una introducción y escribió su *Historia General de las Indias,* que fue impresa con la crónica cortesiana, y ambas se publicaron, en 1552, con el título de *Historia de las Indias y conquista de México.* Pese a los ataques de Bernal Díaz del Castillo por no haber pisado América, Gómara logra en su obra una excelente visión de conjunto, aunque en ocasiones es excesivamente breve; no así en lo referente a Cortés, a quien dedica todo género de loas y exaltaciones y a quien atribuye todo el mérito de la empresa. Por su parte, Juan Ginés de Sepúlveda escribió, tras su polémica con Las Casas sobre el régimen político a que debían ser sometidos los amerindios, una *De rebus hispanorum gestis ad Novum Orbem,* cuyos datos están tomadas de Fernández de Oviedo en su mayor parte.

El primer gran cronista indiano fue Gonzalo *Fernández de Oviedo.* Madrileño de nación, tuvo temprano contacto con la Corte de los Reyes Católicos, pues fue paje de cámara del príncipe don Juan hasta la muerte de éste en 1496. A partir de esta fecha, hizo varios viajes, ocupó cargos y escribió gran cantidad de páginas. Veedor de la fundición del oro, escribano general y alcaide de la fortaleza de Santo Domingo, pudo conocer directamente la realidad americana. Murió en aquella capital hacia 1557. Su obra fundamental es la *Historia General y Natural de las Indias,* escrita en la lengua romance, es decir, en castellano, y cuyas características más salientes son su veracidad y su detallismo. Por ello, este libro es un riquísimo almacén de datos, que su autor extrajo, no sólo de su visión directa de la realidad indiana, sino de toda clase de informes oficiales y privados, relaciones yotros documentos. Las Casas sólo tiene, en realidad, dentro de su abundante y apasionada bibliografía, una obra historiográfica: la *Historia de las Indias,* muy importante para el conocimientos de los viajes colombinos –él rescató el Diario del primero– y de los primeros años de los establecimientos indianos, pero su enorme egolatría y su afán de protagonismo –dice saberlo todo y casi todo lo bueno se lo atribuye– le hacen caer en errores, faltas de precisión y frecuentes ataques a quienes osaron escribir sobre temas indianos.

La preocupación regia por la acción española en América y el modo de realizarlo determina el encargo a *Fray Antonio de Guevara,* cronista de Castilla, para continuar la obra de Pedro Mártir. Ello no quiere decir, sin embargo, que fuese nombrado Cronista Mayor de Indias, cargo que fue creado después de la visita de Juan de Ovando al Consejo y que ocupó por primera vez Juan López de Velasco, quien asumió también el de Cosmógrafo mayor. Al pasar éste a la secretaría real, el cargo de cronista se dividió entre Arias de Lozoya y el cosmógrafo Ondériz. Por fin, en 1596 recayó en Antonio de Herrera y Tordesillas, natural de Cuéllar, provincia de Segovia, cuya obra capital es la *Historia General de los hechos de los castellanos en las Islas y Tierra Firme del Mar Océano,* comúnmente conocida con el nombre de *Décadas.* Pero la publicación de esta importante obra empezó en 1601, y excede, por tanto, del lapso –siglo XVI– que trata este capítulo.

Corresponde ahora, pues, realizar el estudio, siquiera breve, de la obra de los cronistas de cada uno de los reinos americanos durante aquella época. Así, empezando por Nueva España, aparece la figura de Bernal Díaz del Castillo, natural de Medina del Campo, donde nació en 1495, aproximadamente, que fue a América con la expedición de Pedrarias Dávila en 1514 y que, instalado en Cuba, participó en las expediciones de Hernández de Córdoba –1517–, Juan de Grijalva –1518– y Hernán Cortés, en 1519. Después de dos viajes a España, se instaló en Guatemala, de cuya capital era regidor cuando conoció la publicación de la crónica de López de Gómara. Bernal Díaz tenía entonces unos setenta y dos años de edad, y aunque ya en esa fecha había comenzado la redacción de su libro, la aparición de aquél constituyó un importante acicate para continuar su empresa literaria y refutar la del capellán de Cortés, al que trata de invalidar por no haber conocido personal y directamente la gesta cortesiana. Es, en sin'tesis, la de Bernal Díaz la voz de la hueste, a la que reivindica frente a la exaltación gomariana del héroe. No ataca a éste, sin embargo, pero resalta, con memoria prodigiosa, los méritos de los soldados de filas, a casi todos los cuales cita con sus respectivos nombres y apellidos, lo mismo que los apelativos de los caballos. No obstante, incurre en no pocos errores cronológicos, aunque la verdad –su verdad– que él transcribe, en estilo de mucha sinceridad y absoluta llaneza, contribuye en altísimo grado al mejor conocimiento de la conquista mexicana. Eso significa, en síntesis, la *Historia verdadera de la conquista de la Nueva España.*

El franciscano español Fray Toribio de Benavente (1490-1568) partió en 1524 hacia México junto con un grupo de once franciscanos; una vez allí y tras ser recibido por Cortés adoptó inmediatamente el nombre de «Motolinía», palabra que significa «pobre» y que los indios utilizaban para designar a los miembros de la orden de San Francisco.

Otros soldados conquistadores –Alonso de Aguilar (después fray Francisco de Aguilar, dominico), Andrés de Tapia y el hasta hoy desconocido por su obra Jerónimo de la Torre Aguirre– escribieron sobre la empresa novohispana, pero sin abarcar la totalidad de ésta. A la vez, fray Toribio de Benavente, *Motolinia,* y fray Jerónimo de Mendieta trataron de la conquista y de los indígenas en sus respectivas obras *Historia de los indios de la Nueva España* e *Historia eclesiástica indiana.* Por último, pertenecientes a la segunda generación, deben ser citados Juan Suárez de Peralta y sus *Noticias históricas de la Nueva España,* y Baltasar Dorantes de Carranza, autor de la *Sumaria relación.*

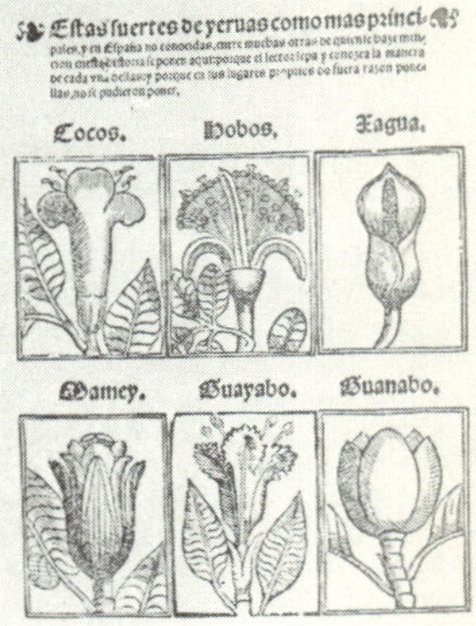

En su «Historia de las Indias», Gómara manifiesta, como puede verse en los dos grabados, su asombro frente a la nueva fauna y a la extraña flora del continente americano —como reza en el texto de uno de ellos (superior) «en España no conocidas»— Gómara, sin más puntos de referencia que la flora y la fauna europeas, define a los ejemplares descubiertos por primera vez en Indias desde una óptica europea; al bisonte americano, por ejemplo, lo llama «vaca corcovada» (inferior).

El conquistador Gonzalo Jiménez de Quesada fue, quizás, el primer cronista neogranadino, que relató su gesta en su hoy desconocida obra *Ratos de Suesca.* Por ello, debe considerarse primer cronista de Colombia y Venezuela a Pedro de Aguado –Valdemoro, 1538–, que fue a América a fines de 1561 y regresó a España hacia 1585, después de obtener la licencia para imprimir su obra, de la cual la primera parte es la *Historia de Santa Marta y Nuevo Reino en Granada* y la segunda la *Historia de Venezuela.* Por lo que se refiere a la crónica eclesiástica, debe recordarse a fray Esteban de Asensio, quien trató el tema en su *Historia memorial de la fundación de la provincia de Santa Fe en el Nuevo Reino.* Por último, Juan de Castellanos tiene también aquí un lugar eminente con sus *Elegías de varones ilustres de Indias,* largo poema en octavas reales, del que me ocuparé al exponer la creación literaria.

La crónica de la empresa peruana es muy abundante en autores y títulos, desde la carta de Pedrarias Dávila (1525), la relación de Andagoya, la firmada por Sámano –atribuida a Xerez–, la de Hernando Pizarro y la de Cristóbal de Mena. Francisco de Xerez o Jerez fue secretario de Francisco Pizarro y, vuelto a España, publicó en Sevilla su *Verdadera relación de la conquista del Perú y provincia del Cuzco, llamada la Nueva Castilla,* que después continuó Pedro Sancho de Hoz, y que al final incluye una relación de Miguel de Estete. Más tardíos son Pedro Pizarro, Diego Trujillo, Juan Ruíz de Arce y Alonso Enríquez de Guzmán. El primero de ellos, primo del conquistador, escribió una *Relación del descubrimiento y conquista del Perú, y del gobierno y orden que los naturales tenían, y tesoros que en ella se hallaron* (1571). En este mismo año, Diego Fernández de Palencia, llamado *el Palentino,* publicó en Sevilla su *Historia del Perú,* escrita en un estilo claro y elegante. De estos y de otros cronistas de los que trataré más adelante, se beneficiron Juan Cristóbal Calvete de Estrella y Pedro Gutiérrez de Santa Clara. El primero, que no estuvo nunca en Indias, es autor de tres libros americanistas: *Rebelión de Pizarro en el Perú y vida de don Pedro Gasca, De rebus Indicis* y el poema *De rebus Vaccae Castri* sobre Vaca de Castro. Gutiérrez de Santa Clara, mexicano, quizá mestizo, conoció gran parte del territorio peruano y escribió una *Historia de las guerras civiles del Perú (1544-1548) y de otros sucesos de las Indias,* «Los cinco libros llamados *Quinquenarios...*» y, vuelto a México, unos *Coloquios,* obra desconocida, sobre las guerras contra los chichimecas.

Pero el cronista más importante del Perú es Pedro Cieza de León, nacido en Llerena entre 1520 y 1522, que pasó a Indias en 1535, estuvo en Cenú, Urabá y Perú, recibió de La Gasca el tíulo de cronista de Indias y escribió una gran *Crónica del Perú* dividida en cuatro partes. La primera –impresa en Sevilla en 1533– describe vivamente la tierra, el clima, las razas, las costumbres, los trajes y los monumentos de los incas, así como las ciudades fundadas por los españoles; en la segunda se refiere a la historia y las institucio-

Entre 1527 y 1529 «Motolinía» llevó a cabo una importante labor evangelizadora en Guatemala y Nicaragua, donde fundó varios conventos (Quetzaltenango, Granada); en 1530 volvió a México, allí participó en la fundación de Puebla de los Angeles y se dedicó a evitar el atropello de los indios por parte de los colonos españoles.

Una de las primeras crónicas de la conquista fue la de Hernán Cortés. Su testimonio personal de la conquista de México aparece en las cinco «Cartas sobre el descubrimiento y conquista de la Nueva España» dirigidas al emperador Carlos V. En sus páginas no sólo refiere las peripecias militares que le tocó vivir, sino que también nos habla de la ciudad, las costumbres, la organización social, la religión y hasta las cualidades del pueblo azteca.

nes indígenas; la tercera comprende el descubrimiento y la conquista hasta las guerras civiles, y de la cuarta parte, dividida en cinco libros, se conocen los tres primeros, dedicados a la guerra de la Salinas, la de Chupas y la de Quito, respectivamente; los otros dos, sobre las guerras de Huarina y Xaquixaguana más dos comentarios, uno sobre la función de la audiencia y la salida de La Gasca, y el otro hasta la llegada del virrey Mendoza, siguen siendo desconocidos. Por último, Agustín de Zarate, enviado a Tierra Firme y Perú a fines de 1543, es autor de una *Historia del descubrimiento y conquista del Perú,* dividida en siete libros, que comprenden desde las primeras noticias que se tuvieron de aquella tierra hasta la muerte de Gonzalo Pizarro.

Sobre el Río de la Plata solamente cabe citar la obra del alemán Ulrico Schmidel, publicada con el tíulo de *Derrotero y viaje a España y las Indias,* y las de Alvar Núñez Cabeza de Vaca, *Naufragios* y *Comentarios,* que suelen publicarse juntas y de las cuales la última trata de las andanzas y acciones del autor en Argentina y Paraguay, y no fue escrita por él, sino por Pedro

Fernández, secretario de aquella gobernación. Más importante es, sin duda, la obra de los cronistas chilenos. Dejando aparte a Almagro, Cristóbal de Molina y Pedro de Valdivia, ya tratados antes, hay que citar ahora a Alonso de Góngora Marmolejo y su *Historia de Chile,* narración desapasionada de los hechos presenciados por él como soldado de la empresa. Pedro Mariño de Lovera, pontevedrés, presente en Chile desde 1551, escribió otra crónica, cuyo texto original se conoce sólo a través de una refundición posterior, aunque por ésta puede afirmarse que su autor inquirió todo detalladamente y lo narra sin ninguna preocupación estilística y sólo con su atención puesta en decir la verdad. De su obra tomó casi todos los datos el doctor Cristóbal Suárez de Figueroa, autor de *Hechos de don García Hurtado de Mendoza, cuarto marqués de Cañete.* Por último, debe recordarse aquí el gran poema épico de Alonso de Ercilla, *La Araucana,* que se estudiará, con sus continuadores e imitadores, en el parágrafo dedicado a la Literatura.

Cumple ahora hacer la imprescindible referencia a los cronistas del mundo amerindio. En Nueva España hay que anotar la *Historia tolteca chichimeca,* los *Anales de Cuauhtitlán,* la *Leyenda de los Soles* y la *Historia de la Nación Mexicana* o *Códice de 1576,* obras en casi todas las cuales se combina, gracias a la alfabetización del nahuatl, la transmisión oral con los glifos ideográficos. Del mismo modo, deben ser citados el *Códice Ramírez* –que es la misma obra del tezcocano Juan de Tovar– y el *Códice Durán* del dominico fray Diego Durán. Pero el cronista, etnólogo, lingüista y antropólogo de mayor significación en el siglo XVI novohispano fue el franciscano fray *Bernardino de Sahagún,* nacido en este pueblo de la provincia de León en 1499 ó 1500, aproximadamente, y que después de estudiar en Salamanca, pasó a Nueva España en 1530. Fundado el Imperial Colegio de la Santa Cruz de Tlaltelolco, fray Bernardio enseñó allí latín a los indios, y tras algunos años oscuros en su biografía, hacia 1558 empezó a reunir los materiales de lo que sería su magna obra *Historia de las cosas de Nueva España,* realizada e Tepepulco, Tlaltelolco y México, y que terminó hacia 1569 ó 1570. La monumental obra estudia las creencias, las costumbres, las instituciones, la lengua y la naturaleza de los mexica, y gracias a ella se conoce hoy casi todo lo relativo a ese pueblo. Muy interesantes son también, aunque no de la envergadura de la

El militar alemán Ulrico Schmidel participó en la expedición de Pedro de Mendoza al Río de la Plata en 1535 donde permaneció dieciocho años. En 1553 regresó a Alemania y allí, en 1567, publicó «Derrotero y viaje a España y a las Indias o viaje al Río de la Plata», único relato de un testigo presencial sobre la conquista de dicha región.

Mapa de México y Perú, del «Islario General de las islas del mundo», de Alonso de Santa Cruz. En el mismo quedan manifiestos los convencimientos geográficos de la época, en gran parte imprecisos, como puede vese en la cercanía que muestran entre sí los territorios de Nueva España, Nueva Granada y Perú.

Fray Bernardino de Sahagún (1500-1590) recibió del provincial Francisco del Toral la orden de escribir una obra en el idioma de los nativos sobre la cultura, la religión y las costumbres del país. En Tepepulco, Tlatelolco y México realizó una profunda investigación sobre el pasado de sus habitantes. Para su obra adoptó la escritura jeroglífica, única adaptada a la mentalidad india y recogió los relatos por medio de dibujos.

El método empleado por Bernardino de Sahagún, para la obtención de datos se adelantaba en cuatro siglos a los procedimientos de los modernos etnólogos y garantizaba una información absolutamente auténtica. Se hacía hablar a los informantes indígenas, especialmente sacerdotes y príncipes, sin interrumpirles, acerca de sus costumbres, tradiciones, convecimientos y antepasados. Los discípulos de fray Bernardino, jóvenes indígenas conocedores de la escritura latina y de la lengua castellana, escribían directamente al dictado, en azteca.

El cosmógrafo y cronista sevillano Alonso de Santa Cruz (1505-1567) tomó parte en la expedición de Sebastián Caboto en 1526 y, a su regreso, trabajó para la Casa de Contratación. El emperador Carlos V lo nombró maestro de astronomía y cosmografía de palacio, y a sus lecciones acudieron altas dignidades de la corte. Trazó, hacia 1530, una carta de variaciones magnéticas; quiso también reemplazar los mapas planos, a los que consideraba defectuosos, por los esféricos. Además del «Islario general del mundo», que escribió en 1560 por orden de Felipe II, son obras suyas la «Crónica de los Reyes Católicos», continuación de la de Hernando del Pulgar, «De los linajes de España» y «De lo que sucedía en Sevilla cuando las comunidades».

obra sahaguniana, la *Crónica Mexicayotl,* de Hernando Alvarado Tezozomoc, redactada hacia 1609; la *Relación de Tezcoco,* de Juan Bautista Pomar, y la *Historia de la Ciudad y República de Tlaxcala,* de Diego Muñoz Camargo.

En la zona maya –Yucatán y Guatemala– son importantes *Los Libros de Chilam Balam,* título al que se agrega el nombre del pueblo en que cada uno fue escrito –Chumayel, Mani, Tizimin–, que tienen contenido histórico; el *Popol Vuh,* redactado en quiché con carácteres latinos hacia 1557 y que tiene carácter sagrado, aunque también valor histórico; los *Anales de los Cakchiqueles,* escritos o elaborados por tres autores; las *Crónicas de Yaxcucul y de Chac-Xulub-Chen,* y la gran obra del franciscano y obispo de Yucatán, fray Diego de Landa, *Relación de las cosas de Yucatán,* que constituye el paralelo de la obra de Sahagún en el mundo maya, y que fue escrita en España alrededor de 1566. En cuanto al Perú, las informaciones de Vaca de Castro –dudosa– La Gasca, Cañete y Tolego inspiraron las crónicas de Cieza, Juan de Betanzos y Pedro Sarmiento de Gamboa, respectivamente. La obra de Betanzos se titula *Suma y narración de los Ingas* y comprende desde los míticos orígenes de este pueblo hasta el último señor, con cuya biografía concluye la obra. Titu Yupanqui –Diego de Castro en el bautismo– es autor de una *Relación de cómo los españoles entraron en el Perú y el suceso que tuvo Mango Inga en el tiempo que entre ellos vivió,* que es la única narración de la conquista vista desde el lado de los vencidos. Fernando de Santillán es autor de la *Relación de los Incas,* de 1572, y el jurista Polo de Ondegardo, del *Tratado de los ritos e idolatrías de los indios del Perú,* publicado en 1584 junto con la *Doctrina Cristiana y Catecismo para instrucción de los indios.* De mayor importancia es la *Historia Indica,* de Pedro Sarmiento de Gamboa, una de las de mayor autoridad sobre el Perú prehispánico. Por último, al mestizo Blas Valera, jesuita, se deben una *Historia Occidentalis,* un *Vocabulario histórico del Perú* y el tratado *De los indios del Perú, sus costumbres y su pacificación.* La herencia cultural del padre Blas Valera fue recogida por Garcilaso de la Vega el Inca, nacido en Cuzco el 12 de abril de 1539, la mayor figura literaria del siglo XVI americano, pero cuya obra –salvo su traducción de los *Diálogos de amor,* de León Hebreo, publicada en 1590– nos corresponde a este capítulo.

8. La Geografía

Desde el Descubrimiento hasta mediados del siglo XVI, el conocimiento geográfico del mundo nuevo se basó más en las leyendas –casi todas procedentes de la antigüedad clásica– que en el saber científico, ya que descubridores y conquistadores no lo poseían. Durante esa época, la fantasía prevalece sobre la ciencia, lo cual explica la proliferación de mitos característica de aquel tiempo. El Dorado, la tierra de los Césares, el país de la plata, las Siete Ciudades de los siete obispos huidores de la invasión árabe, la fuente de la eterna juventud, la tierra de las amazonas, los seres monstruosos y las riquezas fabulosas del Perú dominaron la imaginación de aquellos primeros exploradores. El saber medieval, más preocupado de ahondar en las ideas y el concepto de las cosas que en el conocimiento de la realidad circundante, ocupaba la mente de quienes iban ensanchando el planeta por la vía de la experiencia. Tempranamente, sin embargo, quiso aprovecharse ésta y sistematizarla, lo que explica las instrucciones dadas a navegantes y conquistadores para que informaran detalladamente acerca de la situación y condiciones de las tierras descubiertas. Así nacieron los cuestionarios, cuyas respuestas constituyen el inapreciable contenido de las llamadas *Relaciones geográficas,* de las cuales las más importantes fueron las del tiempo de Felipe II.

Con tales informaciones y otros relatos, memoriales y mapas fue dibujándose trabajosamente la imagen verdadera de América, desde las cartas geográficas de Colón y el mapa de Juan de la Cosa (año 1500) hasta la más seria labor cartográfica de la Casa de la Contratación de las Indias, con la creación del cargo de Piloto Mayor, la cátedra de Cosmografía y toda una escuela cartográfica, dentro de las cuales hay que situar los trabajos del propio Juan de la Cosa, Américo Vespucio, Juan Díaz de Solís, Andrés de Morales, Nuño García Torreño, *Diego Rivero y Alonso* de Chaves, entre otros. Gracias a esos estudios, pudieron hacerse importantes aportaciones a la ciencia y la técnica geográfica, como la determinación de las longitudes –Andrés de San Martín, el *Libro de las Longitudes,* de Alonso de Santa Cruz, la *Cronografía o Repertorio de los tiempos,* de Jerónimo de Chaves–, las cartas esféricas y el magnetismo terrestre.

Van apareciendo, a la vez, grandes obras y tratados de geografía y náutica, entre los que debe destacarse la *Suma de Geografía que trata de todas las partidas e provincias del mundo, en especial de las Indias* –que es, en frase de Esteve Barba, «como un *mapa-mundi* explicador»; el *Tratado del Esfera y del Arte de Marear,* de Francisco Falero; el *Arte de navegar,* de Pedro de Medina (Valladolid, 1545), y la *Instrucción náutica para el buen uso y regimiento de las naos, su traza y gobierno conforme a la altura de México,* del doctor Diego García de Palacio, que es el primer libro que trata de construcción naval.

La conquista de Perú tuvo también sus cronistas. El primero de ellos fue el jesuita Blas Valera, en cuyos manuscritos encontró el Inca Garcilaso de la Vega abundante información para sus obras. Francisco López de Jerez, secretario de Pizarro, escribió la «Verdadera relación de la conquista del Perú» por orden del conquistador; Pedro Cieza de León nos ofrece en su «Crónica del Perú» profusión de datos acerca de la geografía, la historia, las costumbres, etc., del vasto imperio incaico, y Agustín de Zárate nos dejó en su «Historia del descubrimiento del Perú» testimonio de la rebelión de Gonzalo Pizarro. De entre los religiosos cabe destacar al fraile dominico Reginaldo de Lizárraga que nos dio en su «Descripción breve de toda la tierra del Perú, Tucumán, Río de la Plata y Chile» el más amplio cuadro de la América del Sur del siglo XVI, en la que —como él mismo expresa— trata de respetar ante todo la verdad: «lo visto es verdad, y lo oído, no menos.»

De mucha mayor amplitud que las anteriores son las obras de Alonso de Santa Cruz y de Juan López de Velasco. El primero –ya citado antes en relación con las longitudes geográficas– es autor del *Islario General de todas las islas del mundo,* cuya parte cuarta está dedicada a las islas del nuevo continente, desde la península del Labrador hasta el estrecho de Magallanes. «Acerca del Labrador –leo en Esteve Barba– escribe poco y de oidas; tampoco sabe mucho de San Juan, de las islas de las Vírgenes o de la Bermuda e islas adyacentes a la tierra que descubrió el piloto Esteban Gómez, aunque de todas inserta al lado el gráfico transido por los rumbos. Otra cosa es cuando, por las Lucayas, empieza a adentrarse «en nuestro archipiélago lleno de islas, dicho así a semejanza del mar Mediterráneo y del vecino de la India Oriental». La Española o Santo Domingo, «una de las insignias islas del mundo», le sugiere largas páginas en que mezcla con la geografía noticias etnográficas, de historia natural y de historia humana. De Cuba pasa a Jamaica para extenderse luego hacia los caníbales, costeando por el norte la América Meridional apoyándose en Trinidad, Cubagua y Margarita, ascender hasta Yucatán, describir las islas adyacentes e introducirse en México, ya que «la disposición y asiento que tiene en agua la hizo subiecta a nuestra tractación de islas». Desde Panamá y Nombre de Dios da un tremedo salto hasta las islas que flaquean las costas del Brasil y desciende luego hasta acabar en la «tierra que por la parte austra hace el estrecho llamado de Magallanes», esperando en Nuestro Señor, como dice Santa Cruz al final de su obra, «las restantes que quedaron en partes del mar hasta hoy ignoto». En cuanto a Juan López de Velasco, Cronista Cosmógrafo Mayor –cargo crado por Felipe II para el autor–, escribió la *Geografía y Descripción Universal de las Indias,* que él mismo resumió en su *Demarcación y división de las Indias.* La obra de López de Velasco rebasa ampliamente el tema geográfico, ya que trata también de la fertilidad de la tierra, las costumbres de los amerindios y el trato o régimen político a que éstos fueron sometidos por los españoles.

Preciso es, por último, hacer referencia, siquiera brevísima, a los informes y relaciones de los viajes realizados durante el siglo XVI al norte, centro y sur de América y a las islas del Pacífico. Esta lista comienza con el itinerario de Grijalva, al que siguen las relaciones del «Hidalgo de Elvas» y de Luis Hernández de Biedma y el Diario de Rodrigo Rangel sobre la expedición de Hernando de Soto a Florida –no incluyo *La Florida del Inca,* de Garcilaso de la Vega Inca, por ser de 1605–, las siete cartas al rey de Pedro Menéndez de Avilés, los *Naufragios* del Alvar Núñez Cabeza de Vaca, la relación de su viaje por fray Marcos de Niza, la *Relación de la jornada de Cibola* por Pedro Castañeda de Nájera sobre la expedición de Francisco Vázquez Coronado, la de Juan Rodríguez Cabrillo sobre su exploración de las costas californianas, y las de los viajes de Sebastián Vizcaíno. Del viaje de Miguel López de Legazpi a Filipinas –en el que iba fray Andrés de Urdaneta, Esteban Rodríguez y la del propio capitán. Muy interesante es el Diario de fray Alonso Ponce –12 de junio de 1584 a 29 de octubre de 1588– acerca de su viaje a México y América central, así como el *Itinerarium ad regiones sub aequinoctiali plaga constitutas* de Alejandro Geraldini, obispo de Santo Domingo, y la revelación del licenciado Juan de Echegoyen sobre esta isla. Acerca de la expedición de Francisco de Orellana al Amazonas se conserva el relato –copia del cual insertó Fernández de Oviedo en su *Historia*– de fray Gaspar de Carvajal, y del viaje de Pedro de Ursúa al Dorado y la tierra de Omagua se citan hasta diez relaciones, de las cuales la más interesante es la titulada *el Marañón,* de Diego de Aguilar y Córdoba. Fray Reginaldo de Lizárraga, dominico natural de Medellín, escribió la *Descripción breve de toda la tierra del Perú, Tucumán, Río de la Plata y Chile,* narración sencilla y absolutamente imparcial sobre lo sucedido en aquellas tierras hasta los primeros años del siglo XVII. Por último, de la expansión oceánica el Pacífico y el estrecho de Magallanes hay que recordar a Sarmiento de Gamboa, ya citado antes, y a Alvaro de Mendaña, adelantado y gobernador de las islas Salomón, de cuyas empresas se conserva el relato titulado *Varios viajes a la mar del Sur y descubrimientos de las islas de Salomón, las Marquesas, las de Santa Cruz, Tierras del Espíritu Santo y otras de la parte austral incognitas, ejecutados por Alvaro de Mendaña y Fernando de Quirós [sic] desde el año de 1567 hasta el de 606.*

Mientras en Europa el siglo XVI asiste al movimiento de nuevas ciencias y a la publicación de tratados de carácter tanto teóricos como prácticos, en América la ciencia es fundamentalmente aplicada.

La ciencia aplicada en Europa cuenta con varios hitos fundamentales en el siglo XVI: en 1537, el tratado «Invención de una mueva ciencia» del italiano Tartaglia da comienzo a la balística; en 1540, se publico «De la pirotecnia» del italiano Biringuccio, el primer tratado sobre metalurgia y las artes del fuego; en 1556, el tratado póstumo del alemán Agricola «De re metallica» inicia la minería.

9. Las ciencias.

América, como es sabido, no es desde el principio objeto de consideración filosófica ni histórica, sino que aparece en cuanto naturaleza, es decir, como objeto de la «Historia» natural, y así se comprueba no sólo en Fernández de Oviedo y en el padre Acosta –ejemplos tópicos–, sino en Colón, Pedro Mártir de Anglería, el propio fray Bartolomé de las Casas, López de Gómara, Cervantes de Salázar, fray Juan de Torquemada, etc. Esa idea se confirma en diversas obras de naturalistas y médicos del siglo XVI, entre las que sobresalen el llamado *Códice Badiano* y la del doctor Francisco Hernández. El *Códice Badiano* recibe su nombre del de uno de sus autores, Juan Badiano, indio ex-alumno del Colegio del Tlaltelolco al igual que el otro autor, Martín de la Cruz, hermano de raza y compañero de estudios del anterior. La obra está dividida en trece capítulos, cada uno de los cuales se refiere a un grupo de enfermedades. Las ciento ochenta y cuatro ilustraciones van encabezadas con el nombre nahuatl de la planta correspondiente y debajo el de la enfermedad que cura. El manuscrito es el único texto médico de los mexica conocido hasta ahora.

En el Viejo Continente el saber científico se enriquece durante la centuria (1500-1600) merced a la labor de Münster y de Rondelet, los iniciadores de la geografía moderna y de la zoología, respectivamente; del cirujano francés Ambroise Paré, fundador de la cirugía moderna y, ya en 1609, del astrónomo alemán Kepler, con sus trabajos sobre el movimiento de los astros.

Francisco Hernández, natural de Puebla de Montalbán nació en los primeros años de la segunda década del siglo XVI y murió en 1578. De su biografía, mal conocida, se sabe que fue médico en el hospital del monasterio de Guadalupe; que estuvo en Sevilla y dedicose a recoger plantas para el estudio de la flora andaluza, y que llegó a ser médico de Felipe II, quien le encargó estudiar las plantas y los animales de Nueva España, hacia donde salió a principios de 1570 y donde estuvo algo más de siete años entregado a su amplísima y muy dificultosa tarea. Fruto de ésta fueron los dieciséis tomos de su *Historia natural de la Nueva España,* que nunca llegó a editarse completa y hoy se conserva en la biblioteca del monasterio de El Escorial. Con un equipo de médicos, herbolarios, pintores, un nahuatlato y su hijo Juan, el doctor Hernández logró hacer una investigación monumental, a la que pensaba agregar la corografía de Nueva España, la conquista de este reino, sus antigüedades y las costumbres de sus habitantes indígenas. Según Baltasar

Dibujo extraído de un libro manuscrito de Diego Durán en el que se representa la matanza de indios en un templo a manos de los españoles.

Las ciencias naturales americanas tuvieron en la «Historia Natural y Moral de las Indias» (1590) del padre José de Acosta uno de los tratados más rigurosos de su tiempo. Sorprende además del volumen, la minuciosidad y la perfección de la obra el hecho de que la botánica y la zoologíaa eran ciencias apenas fundadas por Fuchs, a través de su «Historia de las Plantas» (1542) y por Rondelet, respectivamente.

Porreño –a quien cita Esteve Barba–, en las láminas de la obra figuraban las especies «con sus nativos colores [...] poniendo el mismo color que tiene el árbol y la yerba en raíz, tronco, ramas, hojas, flores, frutos; el que tiene el caimán, la araña, el conejo, el perro y el pez, con sus escamas; las hermosísimas plumas de tantas diferencias de aves, los pies y el pico y aun los mismos talles, colores y vestidos de los hombres y los ornamentos de sus galas y de fiestas, y la manera de sus corros, y bailes y sacrificios, cosa que tiene singular deleite y variedad en mirarse. En los unos de estos libros puso la figura, forma y color del animal y de la planta, partiéndolos como mejor pudo, y en otros, a quien se remite por sus números, puso la historia de cada cosa, las calidades, propiedades y nombres de todos, conforme a lo que pudo colegir de aquella gente bárbara y de los españoles que allí han nacido, vivido y criádose. Hizo, fuera de estos quince libros, otros dos de por sí; el uno es el índice de las plantas y la similitud y propiedad que tienen con las nuestras; el otro es de las costumbres, leyes y ritos de los indios y descripciones del sitio de las provincias, tierra y lugares de aquellas regiones y Nuevo Mundo, repartiéndose por sus climas». Casi todo el manuscrito conservado en El Escorial pereció en el incendio de 1617, pero años después Juan Bautista Muñoz encontró otro ejemplar en la biblioteca del Colegio Máximo de la Compañía, de Madrid, hoy Instituto de San Isidro, que después pasó a la Real Academia de la Historia, la cual sacó a luz tres tomos en 1780. Por último, el Instituto de Biología de la Univesidad Nacional Autónoma de México publicó una versión castellana de la edición latina de Madrid.

El agustino fray Agustín Farfán, con su *Tratado breve de Medicina,* publicado en 1579, figura entre los autores que aprovecharon los trabajos del doctor Hernández. Pero no es posible extenderse más sobre este punto. En consecuencia, debe recordarse ahora al doctor Juan de Cárdenas y su *Primera Parte de los Problemas y secretos maravillosos de las Indias,* publicada en México en 1591. Cárdenas, nacido en Constantina (Sevilla) en 1563, fue a Nueva España en 1577, donde redactó su obra a los veintiséis años de edad. En realidad, el libro se compone de las respuestas que su autor va dando a las preguntas que sobre todas las cosas exóticas y desconocidas del nuevo mundo iba formulándose. Así, trata de los temblores de tierra, el oro, la plata el tabaco –del que hace encendida defensa–, la falta de calvicie en los indios, etc. Bernardo de Vargas Machuca, por su parte, dedicó sus años de pretendiente en Corte a escribir su obra *Milicia y Descripción de las Indias,* publicada en Madrid en 1599. El autor había servido veintidós años en el nuevo mundo como soldado, con el cargo de maestro de campo y de «caudillo general», y vivió en Santa Fe de Bogotá. Conocía bien, por tanto, la realidad indiana, tanto desde el punto de vista militar como desde el jurídico y natural, y por ello además de opinar acerca de lo que debe hacer en América un buen militar, trata de las polémicas entre los teólogos juristas, de las plantas medicinales, las costumbres indígenas, los animales e incluso la cosmografía.

Una de las primeras preocupaciones de la ciencia médica en América fue la determinación de las enfermedades nuevas que los españoles sufrían en la navegación atlántica —por ejemplo, el escorbuto— y en el clima y en la geografía del nuevo continente —el mal de altura, el mal de minas, etc.—, así como la búsqueda de sus causas.

La enorme importancia de las minas americanas de oro y plata hizo que desde el mismo momento de las conquistas, los españoles se preocupasen por la mejor explotación de los yacimientos e inventaran, o adoptasen, en su caso, toda una serie de métodos para el más rápido, técnico y económico beneficio de los metales preciosos. En este sentido, debe registrarse aquí el nombre de Bartolomé Medina, que llegó a México en 1554 en compañía del alemán Gaspar Loman, quien realizó la amalgamación en frío o procedimento de patio. A su vez, en Perú, Enrique Garcés descubrió que el polvo rojo que los indios usaban para pintarse la cara era el mineral de cinabrio, gracias a lo cual descubrió las minas de Palcas. Después, entre 1564 y 1566, Amador de Cabrera descubría las minas de azogue de Huancavelica. Cuatro años después, en 1570, Pedro Fernández de Velasco, que había residido en Potosí, aplicó a los yacimientos de este cerro el sistema de amalgación, con el que dichas minas aumentaron su producción. En 1576, Juan Capellín, minero en Taxco, inventó la «capellina», que se utilizó en la destilación de la amalgama.

En el Códice Badiano, único que se conserva sobre la medicina azteca, puede constatarse al alto grado de conocimiento que los mexicanos poseían sobre plantas medicinales y sus efectos en las enfermedades conocidas por ellos antes de la llegada de los españoles.

La ciencia médica experimentó escaso desarrollo en las Indias del siglo XVI. En México, el primer protomédico fue Pedro López, nombrado por el ayuntamiento, y después, otro Pedro López fundó los hospitales de San Lázaro y de San Juan de Dios. Pero la primera obra de Medicina se debe a Pedro Arias de Benavides, que la publicó en Valladolid, tras su estancia en

Guatemala y México, en 1567, con el título de *Secretos de Chirurgía, especialmente de las enfermedades de morbo gálico y Lamparones y Mirrarchia y assimismo la manera como se curan los indios de llagas y heridas y otras passiones de las Indias,* cuya primera parte está dedicada a las plantas y otras materias indianas, y la segunta trata de los males señalados en el título de la obra. Francisco Bravo publicó en México, en 1570, su *Opera medicinalia* –primer libro americano de Medicina–, al que siguió el de Alonso López, *Summa y recopilación de Cirugía,* impreso en 1578, que tuvo una segunda edición en 1595.

Miguel de Cervantes Saavedra (1547-1616), la figura más brillante de la literatura española, tuvo en cuenta la obra de los poetas americanos como Francisco de Terrazas, al que llamó «nuevo Apolo» entre los «ingenios soberanos» de América, según sus propias palabras en «La Galatea» (1584). Este hecho resulta verdaderamente revelador de la existencia de una corriente fluida y dinámica entre la Literatura peninsular y la que se estaba gestando en América.

10. La creación literaria.

En las Indias Occidentales, como en el resto del mundo desde la aparición del hombre culto, es decir, desde Homero, en el principio fue la Poesía: la épica y la lírica. Inmediatamente después, van la narración en prosa y el Teatro; aquélla, de contenido histórico, o crónica, y éste, medievalizante, es decir, de contenido religioso y reducido al ámbito eclesial. No hay novela en el siglo XVI americano, y no la habrá, en rigor, hasta fines del siglo XVIII y primeros años del XIX. Acompañan al conquistador los romances de tradición medieval, cuyos temas se indianizan, como se ve en Bernal Díaz del Castillo, en los relatos peruleros sobre Pizarro, Almagro y Hernández Girón y en los de fray Antón de Lezcamez, Fernández, de Valenzuela –sobre Jiménez de Quesada–, Juan de Salazar y Espinosa, fundador de Asunción, y el mismo Francisco de Carvajal, llamado «el demonio de los Andes».

Hay también, ya en la primera mitad del siglo XVI, poesía latina, la cual dio «el primer vagido de la poesía clásica en el Nuevo Mundo» con los *Dísticos* del burgalés Cristóbal de Cabrera (1540) y que se desarrolla en los epigramas del «Túmulo Imperial», en Coloquios y Tragedias, en Eglogas y Odas, como las del padre Llanos y otros jesuitas, en el cano heroico de «La Visitación», del criollo mexicano padre Pedro de Flores, y en otros versos –hoy desconocidos–, como los que escribió Francisco de Terrazas. Pero tiene mayor interés la poesía en castellano, a la que contribuyó poderosamente la presencia en México de Gutiérrez de Cetina, que llegó a la capital de Nueva España, primero en 1546, en breve estancia, y después hasta su muerte –mayo de 1577–, y allí escribió –según Pacheco– «un libro de comedias morales en prosa y otro de comedias profanas en verso, con otras muchas cosas»; y aunque en su obra no hay citas ni alusiones a asuntos indianos, puede ser llamado poeta hispanomexicano, como lo hace Amado Alonso. Juan de la *Cueva* (Sevilla, 1543-1610) vivió en México desde 1574 hasta 1577, y desde allí envió a España varias epístolas poéticas, en una de las cuales describe la ciudad y en otra, dedicada al maestro Diego Girón, convida a éste a vivir «la vida apacible». El doctor *Eugenio de Salázar y Alarcón,* madrileño, fue a México en 1581, donde vivió hasta 1598, y aunque sus *Cartas* le oscurecen un tanto como poeta, lo fue –según Menéndez Pelayo– «muy personal», lo mismo en el tema amoroso que en el descriptivo, en el cual se parecian rasgos «de color local y americano», de «realismo poético» y una sencillez que le aproxima «a la manera blanda y apacible de Garcilaso».

La figura gloriosa del emperador Carlos V mereció la alabanza y exaltación de los poetas, entre ellos Herrera en España y Cervantes de Salazar en América.

Ello habla de unos vínculos poéticos directos con España, y así se advierte también en las *Flores de varia poesía,* manuscrito recopilado en México en 1577, en el que se recoge trescientos treinta poemas de más de treinta vates –casi todos de las escuela sevillana–, entre los que figuran poetas criollos, como Terrazas, Carlos de Sámano, Miguel de Cuevas y el mismo don Martín Cortés, hijo del conquistador de Nueva España, autor de un epitafio para su padre y de unas «Octavas de las flores». Ya plenamente novohispano, aunque nacido en Plasencia en 1534, es Pedro de Trejo, quien aparece casado en 1561 en Guayangareo y, después, residente en Zacatecas y Lagos, sentenciado por la Inquisición en 1576 –por temeridades e impropiedades teológicas–, a cuatro años de galeras y a que «perpetuamente no haga coplas»; pero su *Cancionero* (1570) y otros poemas contenidos en su proceso muestran a un poeta de rica inspiración y varia temática –amatorioa, satírica, elegiaca, religiosa–, enraizado en la poesía medieval –especialmente del siglo XV– y en las novedades italianizantes, dentro de las cuales introduce innovaciones propias en sonetos y serventesios.

El toledano Francisco Cervantes de Salazar (1514-1574) fue catedrático de la Universidad de Osuna hasta que en 1551 emigró a México donde fue nombrado cronista de la ciudad y rector de su universidad. Gran latinista, escribió la «Commentaria en Ludovici Vives exercitationes lingual latinal» (1554) compuesto de cuatro diálogos a la manera de Luis Vives y tres sobre la ciudad de México; la «Crónica de Nueva España», de seis libros, inspirada en las Cartas de Relación de Cortés y para los funerales de Carlos I, el «Túmulo imperial de la gran ciudad de México», en 1560.

En la cultura que se iba gestando a lo largo de siglo XVI en América, la música no estaba de ningún modo ausente, por el contrario en su desarrollo, que fue extraordinario, jugó un papel importante la capacidad musical de los indios de la que nos habla el musicólogo Jesús Estrada: «La destreza de los indios para tañer y para hacer los instrumentos de música fue generalmente reconocida como una cualidad aneja a su buena afición por el canto y en el temple de instrumentos. Por todas partes se multiplicaron los buenos ejemplos de estos músicos. Algunos sorprendentes como aquel indio de Tlaxcala que, viendo a un español que tañía el rabel, hizo otro y suplicó al español para que le enseñase a tocarlo; con sólo tres lecciones, antes de diez días, «tañía el rabel entre las flautas y... discantaba sobre todas ellas», o sea, «echaba el contrapunto sobre los pasos que marcaban las flautas».

En el *Túmulo Imperial* dedicado al «invictísimo César Carlos V (México, 1560) hay sonetos muy apreciables de *Cervantes de Salázar* y algunas octavas nuevas –no «reales»– de éste. Pero el poeta americano de mayor ambición e impulso líricos, pese a seguir estando catalogado como épico, no sin falta de razón, fue *Francisco de Terrazas,* «el más antiguo poeta mexicano de nombre conocido», al decir de Menéndez Pelayo. Hijo del soldado conquistador del mismo nombre, mayordomo de Cortés, Alcalde de México y calificado por el arzobispo Moya de Contreras como «hombre de calidad, señor de pueblos y gran poeta», el autor del *Quijote* le llama –en «La Galatea», 1584– «nuevo Apolo» entre los «ingenios soberanos» de América, y Baltasar Dorantes de Carranza –hijo del Andrés Dorantes salvado del naufragio de la armada de Pánfilo de Narváez en Florida– le considera «excelentísimo poeta toscano, latino y castellano». Diego Muñoz Camargo, en su *Historia de Tlaxcala,* cita un *Tratado del aire y tierra,* de Terrazas, donde éste relataba los ímprobos trabajos sufridos por Cortés en su expedición a la Hibueras, y Alonso Pérez le dedica un epitafio, en el que dice: «Cortés en sus maravillas/con su valor sin segundo,/Terrazas en escribillas/y en propio lugar subillas/son dos extremos del mundo». No eran elogios hiperbólicos o exagerados, porque el poema *Nuevo Mundo y Conquista* acredita a su autor de buen poeta épico, casi a la altura de Ercilla, cuyo magisterio puede advertirse en no pocos pasajes del poema, dedicado a la empresa cortesiana. Sin embargo, ya Menéndez Pelayo notó en esos versos que el poeta parecía «más apto para la suavidad del idilio», por el de Quetzal y Huitzel, y así se comprueba en este soneto, que imita y aun mejora el muy conocido de Camoens:

Dejad las hebras de oro ensortijado
que el ánima me tienen enlazada,
y volved a la nive no pisada
lo blanco de esas rosas matizado.
Dejad las perlas y el coral preciado
de que esa boca estarán adornada:
y al cielo, de que sois tan enviada,
volved los soles que les habéis robado.
La gracia y discreción que muestra ha sido
del gran saber del celestial maestro
volvédselo a la angélica natura;
y todo aquesto así restituido,
veréis que lo que os queda es propio vuestro:
ser áspera, cruel, ingrata y dura.

Don Fernando de Córdoba y Bocanegra –ya citado antes–, nacido en México en 1565, sobresalía ya, a sus catorce años, como traductor de Homero, Horacio y Virgilio, y se le consideraba uno de los mejores *músicos de vihuela* y excelente poeta en castellano y latín; pero su temprano fallecimiento no le permitió confirmar esos favorables presagios. Parecida suerte corrió doña Leonor de Ovando, primera poetisa americana conocida, cuyos cinco sonetos y otros poemas sueltos incluyó Eugenio Salázar de Alarcón en su *Silva de varia poesía.* Gonzalo Jiménez de Quesada –el conquistador de Nueva Granada–, Lorenzo Martín, Lorenzo de Cepeda –hermano de santa Teresa de Jesús–, Carlos de Maluenda, Miguel Cabello Balboa, Pedro Paniagua, Diego Vaca de la Vega, Diego de Aguilar y Pedro Montesdoca figuran también entre los vates americanos del siglo XVI en el género lírico, y Mateo Rosas de Oquendo, aunque éste ya en la transición del siglo XVII.

La épica española murió en el instante mismo en que Fernando de Herrera miró fijamente los insondables ojos de la condesa de Galves. Pero en el nuevo mundo se producían constantemente hazañas que cantar. Así, Gabriel Lasso de la Vega escribió un *Cortés valeroso,* impreso en Madrid en 1588, que tuvo otra edición, de 1594, aumentada en trece cantos. Pedro de la Cadena relató *Los actos y escenas valerosas del capitán Diego Hernández de Serpa,* y Juan de Miramontes y Zuazola, en sus *Armas antárticas* poetizó en veinte cantos de octavas reales la conquista del Perú. Mayor importancia tiene *El peregrino indiano,* publicada en Madrid en 1599 –primera obra de un mexicano impresa en la capital del Imperio– y debida a la pluma de Antonio de Saavedra Guzmán, quien debía de tener buenas relaciones litera-

Retrato de Hernán Cortés realizado por Francisco Weiditz en el siglo XVI. La figura del conquistador de México y la magnitud de su empresa merecieron, en la segunda mitad del siglo XVI, la alabanza poética de Gabriel Lasso de la Vega y Antonio de Saavedra Guzmán.

rias en la Corte, ya que su libro contiene, entre otros, elogios poéticos de Lope de Vega –que le llama Lucano– y de Vicente Espinel. Los veinte cantos del poema están escritos en loor de Hernán Cortés, y comprenden temporalmente desde la salida de cuba hasta la prisión de Cuauhtemoc. Según García Icazbalceta, «es un verdadero diario de operaciones, adornado con *parlamentos* de los indios, arengas de Cortés: batallas, tempestades y amoríos de indias, todo pobrísimo» y «su versificación rara vez pasa de una prosa rimada, llena de ripios y de consonantes triviales; pobre, desmayada, sin invención ni asomo de estro poético». Más ponderado y ecuánime es el juicio de Alfonso Méndez Plancarte, quien –excediéndose por el otro extremo– compara *El peregrino* con *La Araucana.* Esta –escribe– «también carece de plan y perspectiva, con monotonía, convencionalismos, trivialidades, y un concepto del canto histórico para el que no es afrenta el nombre de 'crónica' [...]. En cambio, aunque con entonación menos sostenida, Saavedra ofrece cuadros bélicos no indignos de aquél, paréntesis de amor y llanto que nada le piden, *homéricas* comparaciones que pueden confundirse con las suyas, carácteres de semejante relieve, aciertos musicales y luminosos no muy inferiores, igual ingenuidad y realismo, y una suave llaneza que nos sabe también a Garcilaso». Por último, debe registrarse también la *Relación de la conquista y del descubrimiento que hizo el marqués don Francisco Pizarro en demanda de las Provincias y Reinos que ahora llamamos Nueva Castilla,* primero de los poemas de contenido histórico conocidos, dividido en dos partes –la primera distribuida en cinco cantos y la segunta en tres– y compuesta en octavas reales de imperfectos versos dodecasílabos.

Alonso de Ercilla (1533-1594) nació en Madrid, aunque es oriundo de Vasconia, y viajó por Europa acompañando a Felipe II. Después de pasar a Indias, tomo parte activa en la conquista de Arauco, en Chile. De regreso a España, obtuvo el hábito de Caballero de Santiago. Entre 1569 y 1589 escribió «La Araucana», largo poema épico en treinta y siete cantos con las luchas entre españoles y araucanos. Los retratos de los araucanos como Colocolo, Tucapel y, sobre todo, Caupolicán, revelan la simpatía que inspiran a Ercilla por su noble afán de independencia y sus virtudes guerreras.

Pero el gran poema épico americano del siglo XVI se debe a un madrileño, nacido en 1533: don Alonso de Ercilla y Zúñiga, y se titula *La Araucana.* Por su madre, doña Leonor de Zúñiga, dama de la Corte, el autor fue paje del príncipe don Felipe, a quien acompañó –tras estar en Italia, Austria y Brabante– cuando su señor, ya rey de Nápoles, fue a Inglaterra para casarse con María tudor en 1554. Y allí estaba Ercilla cuando supo que –tras la gran rebelión araucana y la muerte de Valdivia– se preparaba una gran expedición al mando de Jerónimo de Alderete, nombrado Adelantado. Ercilla dejó todo y partió hacia las Indias, impulsado, sin duda, por el deseo de gloria, típicamente renacentista. Muerto inesperadamente Alderete, el virrey del Perú nombró gobernador de Chile a su hijo, don García Huertado de Mendoza, a cuyas órdenes pasó a servir don Alonso, quien durante año y medio hizo las campañas contra los indómitos araucanos. Y –como dice Luis Sainz de Medrano– «la guerra le hizo poeta», ya que ni un sólo dato permite afirmar que antes escribiera versos. Los creara o no, cierto es que había vivido inmerso en un ambiente literario y conocía a Virgilio, a Lucano, a Tasso y a Ariosto. Dentro de esta atmósfera poética y con esas lecturas, Ercilla, al contacto directo con la realidad chilena, concibe y escribe un grandioso poema, que no tiene para en la creación épica de las lenguas españolas de todos los tiempos. *La Araucana* consta de tres partes, respectivamente publicadas en Madrid en 1569, 1578, 1589, y que totalizan treinta y siete cantos. La primera parte está escrita en el mismo lugar de los hechos; las otras dos, cuando su autor ya había regresado a España. Pero en las tres demuestra Ercilla su gran amor a la tierra chilena –aunque sus descripciones paisajísticas están taradas por convencionales ideas renacentistas– y por su admiración a la valentía y al esfuerzo araucanos, nada extraña en la época. De modo que Ercilla no cita siquiera a don Gacía Hurtado de Mendoza –tuvo con él un enfrentamiento importante–, pero exalta el valor y las virtudes de Caupolicán, Lautaron, Galvarino y Colocolo. Como dice Esteve Barba, «en el ambiente existía, en cambio, la admiración al indio, hacia 'el valor de estas gentes'; y en un rapto caballeresco de generosidad, muy propio del siglo en que vivió Las Casas, centra la acción –regalando a los enemigos la epopeya– en el bárbaro y gallardo espíritu araucano de independencia y, más concretamente, en Caupolicán, un indio oscuro, cuyo nombre acaso oyera en las guerras a que contribuyó con su espada». Generalmente, Ercilla describe y trata con mayor realismo a los tipos masculinos que a los femeninos, probablemente porque a la mujer araucana solamente alcanzó a verla de lejos y tuvo que retratarse con su sola imaginación. En todo caso los expertos están contentos en afirmar el alto valor del poema. Dice el profesor Sainz de Medrano: «Con todos sus eventuales defectos –versos de ritmo forzado, rimas artificiosas,

Alonso de Ercilla y Zúñiga. Su largo poema épico —«La Araucana»— fue escrito según sus propias palabras para deleite de los que gustan de las obras en que se cantan hechos de guerra, para recuerdo de las hazañas de los españoles y para alabanza del heroismo de los araucanos.

PRIMERA PARTE
DE ARAVCO
DOMADO,
COMPVESTO POR EL LICEN-
ciado Pedro de Oña. Natural de los Infantes de
Engól en Chile. Collegial del Real Co-
legio mayor de Sant Felipe, y S.
Marcos, fundado en la Ciu-
dad de Lima.

CON PREVILEGIO,
IMPRESSO EN LA CIVDAD DE LOS
Reyes

Esta tassado a tres quartillos el pliego,
en papel.

Portada de «El Arauco Domado», de Pedro de Oña, año 1596.

episodios farragosos, longitud excesiva–, el poema contiene los elementos suficientes para codearse dignamente con las piezas más relevantes de la épica del siglo XVI: poderosas imágenes que con frecuencia toman forma de hipérboles, aguda y colorista adjetivación, estrofas rotundas y, sobre todo, en lo esencial, la captación del horror de la guerra y del espíritu del pueblo araucano con un vigoroso y noble sentido, en ese aspecto, de la realidad». Y el gran hispanista argentino-alemán Rudolf Grossmann corrobora: «la epopeya de Ercilla es una obra maestra que trata un argumento colonial, sacado de la actualidad de entonces, que se destaca tanto por sus descripciones homéricas de las batallas, como por la caracterización plástica de los indios, y sólo rara vez incurre en aquel tono descriptivo e insípido que es típico de casi todos sus imitadores, que reducen sus obras a meras crónicas rimadas, mientras que aquí estamos ante una obra de arte estética de primera categoría».

El maestro Eugenio d'Ors decía: «Bienaventurados sean nuestros imitadores, porque de ellos serán nuestros defectos». Y esto aconteció exactamente con los continuadores y copiadores de Ercilla. El primero y más estimable de los cuales fue Pedro de Oña, cuyo poema de diecinueve cantos *El Arauco domado,* publicado en Lima en 1596, podría conceptuarse de «anti-araucana» en el sentido de estar destinado a enaltecer los méritos y virtudes de don García Hurtado de Mendoza. Oña no llega, en ningún aspecto, a la altura de Ercilla, pero su obra es un buen poema épico, que ofrece la novedad de estar escrito en unas octavas reales cuya rima no es la clásica, sino la ABBAABCC. De menos categoría son el leonés Diego de Santistegan Osorio, que tuvo la osadía de agregar unas partes cuarta y quinta a *La Araucana,* de ningún valor; el sargento mayor Juan de Mendoza Monteagudo, con sus *Guerras de Chile,* y Hernando Alvárez de toledo, con sus libros *La Araucana* y *Purén indómito,* ambos ya en el tránsito al siglo XVII.

Fuera de la línea ercillista hay que hablar, siquiera sea brevemente de dos poetas que no pasan de discretos: Juan de Castellanos y Martín del Barco Centenera. El primero (1522-1607), nacido en Alanís, provincia de Sevilla, autor de *Elegías de varones ilustres de Indias* –el poema más largo (unos ciento cincuenta mil versos) de la literatura española–, pasó a Indias muy joven, estuvo en Puerto Rico y después se enroló en la expedición de Antonio Sedeño a Tierra Firme. Ordenóse de sacerdote y fue cara y tesorero de la catedral de Cartagena de Indias y, por fin, beneficiado en Tunja, donde escribió su obra. Esta es más Historia que Poesía, pues las octavas reales de

Arriba: Mapa de las islas del Caribe y de Florida, por Theodoro De Bry, con los territorios españoles de ultramar. En el ángulo superior izquierdo aparecen los reyes Isabel y Fernando, y entre ambos, el escudo de la Corona.

Debajo y a la izquierda: retrato de Carlos I de España, tomado de una miniatura del monumento de las estatuas del Toisón de Oro, siglo XVI. Instituto de Valencia de Don Juan. Bajo el reinado de Carlos I de España y V de Alemania, se llevaron a cabo las grandes conquistas —México, Perú— que ampliaron aún más los límites del vastísimo y poderoso Imperio Español.

Debajo, ángulo derecho. *Felipe II* (1527-1598) retrato del «Libro de Los Privilegios» de la Catedral de Santiago de Compostela. El segundo Austria heredó de su padre un vasto imperio pero también conflictos con países europeos que repercutieron vivamente en los territorios españoles de ultramar.

Grabado que representa una escena de la tragicomedia de Calixto y Melibea, en una de las tantas versiones que circularon en Europa a fines del siglo XV y principios del XVI. Mientras en España se desarrollaba un rico teatro profano, en América sólo se representaban obras de carácter religioso que, siguiendo el modelo de los autos medievales, tenían una finalidad esencialmente didáctica y formaban parte importante del vasto plan de la evangelización.

Occidentalis America partis Vel earum
Regionum quas CHRISTOPHORUS
COLOMBUS Primus detexit Tabula Cho
rographicae multorum Auctorum scriptis
praesertim vero ex Hyeronymi Benzoni
(qui totis XIIII annis eas Provincias diligenter
perlustravit) Historia, Constata & in aes
incisa a Theodoro de Bry Leod
ANNO MDXIIII.
REYNA YSABEL
CHRISTOPHORUS COLOMBUS
LA FLORIDA
Golfo Mexicano
Circulus Cancri
MAR DEL NOR
CUBA INSULA
JAMAICA
HISPANIA NOVA
NICARAGUA
CARIBANA
MAR DEL SUR
MAYEPIEN

Arriba, planisferio del siglo XVI con el itinerario seguido por la expedición de Magallanes alrededor del mundo y, alrededor, representación de los vientos. Biblioteca Nacional de París.

A la izquierda, retrato de *Hernando de Magallanes* (1480-1521). Perdió la vida, en el transcurso de la expedición que efectuó la primera circunvalación al orbe. Museo Naval. Madrid.

En la página siguiente, ángulo superior: mapa del siglo XVI en el que aparece representado el océano Indico. La Espezia. Museo Naval.

◀ Página anterior: Arriba: Mapa de las islas del Caribe y de Florida, por Theodoro de Bry, con los territorios españoles de ultramar. En el ángulo superior izquierdo aparecen los reyes Isabel y Fernando, y entre ambos, el escudo de la Corona.

Debajo y a la izquierda: retrato de Carlos I de España, tomado de una miniatura del monumento de las estatuas del Toisón de Oro, siglo XVI Instituto de Valencia de Don Juan. Bajo el reinado de Carlos I de España y V de Alemania, se llevaron a cabo las grandes conquistas —México, Perú— que ampliaron aún más los límites del vastísimo y poderoso Imperio Español.

Debajo, ángulo derecho, "Felipe II" (1527-1598) retrato del "Libro de Los Privilegios" de la Catedral de Santiago de Compostela. El segundo Austria heredó de su padre un vasto imperio pero también conflictos con países europeos que repercutieron vivamente en los territorios españoles de ultramar.

Arriba, derecha: retrato del navegante portugués Vasco de Gama (1469-1524) que extendió con sus expediciones los dominios lusitanos en el Oriente y fue nombrado por ello primer virrey de las Indias (1524) por el rey Juan III.

A la izquierda: carta de 1558 en la que puede verse la costa africana y el «mar» Indico. La Corona de Portugal intensificó, sobre todo a partir del Tratado de Tordesillas, la exploración de las costas de Africa y los mares del Oriente y bien pronto estableció factorías que fundamentalmente se dedicaban al tráfico de esclavos.

En esta página, ángulo superior: Mapa del siglo XVI en el que aparece representado el Océano Indico. La Espieza. Museo Naval.

Arriba, cuadro en el que se representa a Vázquez de Coronado en busca del mítico reino de Cibola, en tierras norteamericanas.

A la derecha, retrato de Isabel I de Inglaterra en majestad, con la mano derecha sobre el globo terráqueo en señal de poderío y las naves piratas con las que logró el imperio sobre los mares (detrás y a la izquierda) y atacó sistemáticamente las posesiones y barcos españoles.

En la página siguiente, *Cartógrafos* del siglo XVI. Gracias a los descubrimientos realizados en los siglos XV y XVI, la cartografía alcanzó un gran desarrollo del mismo modo que avanzaron extraordinariamente los conocimientos geográficos.

En la última página, el retrato ▶ de una mujer inca principal, después de la conquista del Perú por los españoles.

Arriba, dibujo imaginario en el que aparecen un indio de América septentrional en actitud de alerta.

Izquierda, *Pelea de Bisontes* en la pradera norteamericana.

Angulo inferior derecho: *Indios de Virginia* construyendo una canoa mediante el uso del fuego.

Angulo inferior izquierdo: *Pareja de indios norteamericanos* comiendo, según un dibujo de Jhon White.

Arriba: Doña Marina, comunica a los indios mexicanos las órdenes de Cortés. Detalle de las Escenas de la Conquista de México. Museo de América, Madrid.

A la izquierda: Salida de una expedición portuguesa desde Lisboa rumbo a Brasil, hacia el 1592.

Debajo: Retrato imaginario de Fray Bartolomé de Las Casas, el dominico que denunció en sus cartas las duras condiciones de vida del indio americano. Biblioteca Nacional de Madrid.

que se compone son mediocres, aunque proporcionan gran cantidad de datos para conocer los hechos del Descubrimiento y la conquista de América. El profesor Manuel Alvar ha establecido la relación entre las *Elegías* y la obra de Bernal Díaz del Castillo, y el doctor Sainz de Medrano compara esta obra –salvando todas las distancias– con Pablo Neruda en su *Canto general,* no por los valores poéticos –Neruda sí era un enorme poeta–, sino por la intención totalizadora de sus respectivas visiones de lo americano. Castellanos quiere imitar a Ercilla y sigue a Fernández de Oviedo y Jiménez de Quesada, entre otros. Le preocupaba, ante todo, decir la verdad, y por ello consultó toda clase de fuentes documentales y da todo tipo de pormenores, a veces insignificantes, sobre las personas y los sucesos que relata. Pero ya algo más: como leo en Alvar, «su poema resulta –sin querar– no sólo testimonio de historia, sino de un proceso de creación lingüística que tenía mucho más de medieval que de renacentista; que la propia arquitectura de las *Elegías* hace pensar –en la independencia de figuras, cuadros y episodios– más en el retablo y de tapiz, que en un conjunto en el que cada fragmento fuera solidario de todos los demás». Son –agrega– «más de ciento veinte mil versos en que el poeta lucha a brazo partido con su capacidad, con su tiempo, con sus motivos. Y todo –abnegadamente– como el albañil, ni siquiera artesano, que coloca ladrillos e ignora que está labrando una obra perdurable. Por eso, Castellanos elige un metro y lo usa como puede e incluso como no debe y, en vez de buscar los modelos que pudieran darle instrucción, cae en brazos de Juan de Mena, anacrónicamente, pero así es, al intentar crear su lengua poética». Y concluye Alvar: «Todo le va resultando al revés de lo que piensa: la lengua más empingorotada cae en los términos más rústticos y plebeyos; el desprecio a los metros cortos le lleva a escribir endecasílabos con preocupaciones medievales; el estímulo de Ercilla sólo sirve para evocar un nombre y bien poco más. Sin embargo, las *Elegías* son el testimonio único y singularismo para conocer los procesos que el español siguió en su propagación por el Nuevo Mundo».

Falta, por último, hacer breve referencia al extremeño, nacido en Logrosán, Martín del Barco Centenera, autor del poema titulado *Argentina y conquista del Río de la Plata,* publicado en 1602, pero probablementre escrito varios años antes, que puede afirmarse –como escribe Grossmann– es «padrino de bautismo de la futura república del Río después de obtener el título de Arcediano del Río de la Plata, y después, ya en América, en 1575 pasó a Asunción, donde ejerció su labor pastoral. Incorporado a la expedición de Juan de Garay –nuevo fundador de Buenos Aires en 1580–, pasó después de Perú y fue capellán de la Audiencia de Chuquisaca, vicario de Porco, secretario del Concillo limeño de 1583 y Comisario del Santo Oficio en el distrito de Cochabamba. Su obra, literariamente menor que mediana, no revela en su autor conocimiento alguno de la literatura clásica ni castellana, pero tiene el valor histórico de ser la única crónica de la expedición de Juan Ortiz de Zárate.

Al llegar al nuevo mundo, el Teatro experimentó un retroceso en comparación con el que en aquellas fechas se representaba en España. Así volvió a tener un contenido esencialmente religioso y fue utilizado como medio de evangelización. Las iglesias, sus atrios y las capillas abiertas a los indios fueron los escenarios de esas incipientes representaciones teatrales durante buena parte del siglo XVI. Se nutrían de pasajes de la Biblia y de los Evangelios, de la vida de Cristo desde la Anunciación y de otros temas religiosos, tratados en la forma de los *Autos* medievales; así, el *Auto del Juicio Final,* de fray Andrés de Olmos, que lo escribió en néhuatl, una *Adoración de los Reyes,* y otras piezas de este tipo. Ya en el último cuarto del siglo XVI, empiezan a aparecer autores laicos de Teatro, de los cuales Juan Bautista Corvera es el más antiguo y autor –hacia 1561– de una comedia pastoril, que fue representada ante el virrey don Luis de Velasco y el arzobispo Montúfar. Pero el primer autor teatral conocido quizá sea Fernán González de Eslava, nacido en España hacia 1534 y que veinticuatro años después llegó a México y escribió el Coloquio VIII, titulado *Del Testamento Nuevo que hizo Cristo nuestro Bien* y un volumen de dieciséis de sus comedias simbólicas, que recopiló, con el título de *Coloquios espirituales y sacramentales y Canciones Divinas,* su amigo fray Fernando Vello de Bustamante, agustino. A partir de 1586, aproximadamente, fecha de la llegada a México de la primera compañía teatral procedente

Martín del Barco Centenera (1535-1605). Nacido en Logrosán, marchó en 1573 a América y vivió durante veinte años en el Río de la Plata, donde comenzó a escribir su largo poema épico titulado «Argentina y conquista del Río de la Plata con otros acontecimientos de los reinos del Perú, Tucumán y estado del Brasil».

Página opuesta: Retrato de mujer inca principal después de la conquista del Perú por los españoles

de España, el Teatro fue secularizándose, y así aconteció también en Santo Domingo –fiesta del Corpus de 1588–, Cuba –Juan Pérez de Vargas y Francisco de Mújica–, Bogotá y Lima, donde, tras las representaciones religiosas, Florestán de Lasarte aparece como el autor más antiguo, al que siguen diversos autores premiados por los gremios.

CAPITULO 5

LA PRODUCCION

Ana Gimeno Gómez

La Producción

Aunque la primera preocupación de la Corona respecto de los territorios descubiertos en el Nuevo Mundo fue fundamentalmente comercial, pronto debió atender a la agricultura sobre todo cuando se producen los primeros establecimientos de colonos.

En los presupuestos que se hicieron con motivo del viaje de descubrimiento, tal como lo vemos en los documentos del momento, nada estaba previsto sobre la agricultura. Ello se debió a que la empresa se concibió con un fin puramente comercial. Se trataba, en efecto, de abrir una nueva ruta para obtener, por un camino más cómodo, una serie de productos, metales y especias, fundamentalmente, que constituían las materias más codiciadas del comercio de la época. Para tal fin era suficiente el sistema de factoría, ya utilizado por los portugueses en su intenso comercio a lo largo de la costa africana. Al no pensarse entonces crear establecimientos permanentes, ni un proceso colonizador, no era tampoco necesario tomar ninguna medida para poner en marcha una incipiente agricultura.

Nada, pues, estaba previsto en el campo agrario, ya que los expedicionarios cubrirían sus necesidades alimenticias como lo hacían habitualmente todas las empresas, es decir, mediante el aprovisionamiento de los alimentos necesarios para el número de hombres y tiempo previsto para el viaje, desde los lugares de partida. Ese planteamiento de la empresa se encuentra adecuadamente reflejado en toda la normativa y legislación de la época, ya que el mismo no era, en esas fechas tan tempranas, crear asentamientos fijos y estables, sino, únicamente, puntos de comercio y factoría.

En las instrucciones que se dan a Colón para sus viajes no se concede importancia a la actividad agrícola. Sin embargo, con el establecimiento de los primeros poblados se comprenderá la necesidad del cultivo y aclimatación de plantas alimenticias por el desabastecimiento que sufrían los primeros españoles en las Indias.

Y así, al repasar las instrucciones que se le dan a Colón para la organización de sus viajes, vemos que se soslayan esos aspectos, pues no se creen necesarios, en cambio, se aprecia interés por que pasen a Indias determinados grupos de personas con unas concretas aptitudes, como ocurrió al hacer los preparativos del segundo viaje en el que se determinó, por ejemplo, el envío de un grupo de lanzas jinetas, o como queda reflejado en una cédula de marzo de 1493, que se buscase a veinte hombres de campo y otro que supiera hacer acequias; más, ni siquiera en esa ocasión, aquellas personas irían para realizar un trabajo agrícola, sino que se trataba de utilizarlas como grupos de apoyo para los expedicionarios, dedicados a la tarea de desmontar el terreno, abrir el camino y facilitar, en suma, la labor de los descubridores, «para que después que en las dichas islas sea llegada la armada descubran la tierra, porque en poco tiempo lo sabrán ellos hacer mejor que otros...», según recogía la mencionada cédula.

Pero muy pronto la necesidad impondrá sus exigencias ante una realidad cada vez más apremiante. Ello queda perfectamente reflejado en un interesante documento colombino, en el que el Almirante exponía a los Reyes Católicos en enero de 1494, las circunstancias en que se desenvolvía la vida de los españoles en La Isabela, destacando entre ellas la del lastimoso estado de salud de la mayor parte de aquellos, a causa decía «del mudamiento de aguas y aires», así como de que carecían de los alimentos a que estaban acostumbrados en España, ya que los disponibles resultaban insuficientes para atender a las necesidades de los más de mil expedicionarios que integraron el segundo viaje colombino. Se llegó, fundamentalmente por ello, a una situación muy crítica, ante el desabastecimiento de alimentos básicos. Y así, los primeros atisbos de agricultura se producirían cuando aquellos hombres se encontraron sorprendidos y totalmente desvalidos ante la escasez, lo que, además, incidía

Todo establecimiento de españoles en América, aunque fuera temporal, requería de un soporte alimentario: las provisiones que llevaban de España en el viaje pronto se acababan y era necesario el cultivo de la tierra. En esta realidad se encuentra la base del futuro desarrollo de la agricultura en el continente.

Las zonas de altas culturas de la América precolombina conocían y cultivaban, aproximadamente, el 17 por 100 de las especies cultivadas hoy en todo el mundo. Son de origen americano el maíz, la mandioca, el cacao, la patata, la batata, los frijoles, el magüey, el tabaco, el tomate, el pimiento, la coca, el algodón, entre otros muchos productos agrícolas.

muy negativamente en el estado de salud de la población, cuyos males se achacaban a que no disponían de los alimentos que les eran familiares. Ello abocó a una etapa experimental de producción de ciertos cultivos, como el trigo, la cebada, la vid o la caña de azúcar.

Esos primeros intentos de la época colombina tendrían muy pocas posibilidades de éxito debido a varios factores; así, la dificultad de encontrar un lugar adecuado para establecerse, el reducido número de personas dispuestas a realizar labores agrícolas, unido a la escasez de animales que pudieran ayudar en los trabajos de laboreo de la tierra, como diría el mismo Colón, «pocas bestias y tan magras y flacas...». Con todo, algo se sembró, si bien más con la intención de ensayar el resultado que podía dar la siembra de ciertas semillas, «para probar la tierra», como observaba el Almirante, que para cubrir las necesidades de alimento. Y ello se produciría en la línea de demostrar, como en tantos otros aspectos, que aquella era una tierra de grandes posibilidades y riquezas, por lo que tal opinión podía interesar para la prosecución de sus planes.

Evidentemente pronto aquellos colonos sufrieron la falta de suministros, ya que era muy difícil mantener abastecidas aquellas islas con el sistema de envíos periódicos de productos desde la península, por lo que tal sistema tenía de arriesgado y aleatorio. Por tal motivo, pronto vemos al Almirante reclamando a la Corona, como en el Memorial de enero de 1494, biscocho, vino, trigo, «porque el camino es largo y no se puede preveer» y otros, como pasas, azúcar, almendras, miel, arroz de los que decía «vino muy poca e aquella que vino es consumido y gastado».

El cacahuete fue uno de los tantos productos prehispánicos que los conquistadores conocieron en América. En Brasil crece expontáneamente, pero los aztecas lo cultivaban —su nombre es de origen nahuatl— por las propiedades alimenticias de su fruto.

Tales circunstancias llevaron irremediablemente a tener que suplir aquella escasez con productos indígenas. Sería como una nueva etapa, que podría denominarse de adaptaciones impuestas y, de ese modo, los españoles empezaron a consumir productos propios de la dieta indígena.

Esa adopción de productos exóticos a sus hábitos alimenticios supuso para los españoles entrar en una etapa de integración y acomodación en aquel nuevo mundo, realmente interesante, pues, además de permitirles la subsistencia en momentos críticos, ayudó a que fuera posible la continuidad de las exploraciones y conquistas. Más, por el contrario, no estimuló el interés por el trabajo de la tierra, que fue despreciado y por el que, naturalmente, no se manifestaba ningún interés, ya que la permanencia en aquellas tierras se entendía en función de lograr fortuna y riqueza rápidamente y eso no se obtenía de la agricultura. Por otra parte, la Corona no impulsó actividades agrícolas hasta transcurrido un cierto tiempo, más atenta, también a las riquezas que podían derivarse de aquel descubrimiento.

La agricultura difícilmente podía prosperar, pues, a esa falta de interés se unió el hecho, como consecuencia de la misma, de que el trabajo agrícola, el poco que se realizaba, estaba en manos de los indígenas que utilizaban técnicas muy rudimentarias y era, además, un aspecto marginado por la política real ya que el potenciarlo, es decir, el proporcionar medios de transporte, útiles de trabajo, simientes, etc. resultaba muy costoso y que, en definitiva, el trabajo del campo se veía fuertemente influenciado y mediatizado por la empresa militar propiamente dicha, cuyos efectos eran mucho más sensibles que las normas o instrucciones que se proyectasen desde España para aquel fin.

Por consiguiente, el estudio de la agricultura deberá iniciarse contando con la utilidad y el aprovechamiento de distintas plantas indígenas por parte de los primeros colonos. Las principales fueron el maíz, la patata, la batata, el tomate, el pimiento, los frijoles, el cacao, el tabaco, el agodón, el *cacahuete* y la vainilla entre otros, así como numerosas *frutas tropicales.* Todos esos productos se siguieron cultivando a lo largo de todo el período hispánico, explotados por los españoles y sembrados en tan gran volumen que se convirtieron en importantes productos de exportación. En los primeros tiempos se dieron fundamentalmente en las zonas de densa población indígena, cuyos hábitos alimenticios exigían aquellos productos. Más, no fueron consumidos únicamente por la población nativa, sino que los conquistadores, en la mayoría de las ocasiones obligados por las circunstancias, adoptaron aquellos alimentos en su dieta. Así, de la *yuca,* un tubérculo típicamente antillano, se obtenía el cazabe o pan de *cazabe,* un elemento básico en la alimentación del pueblo taíno y conocido en algunos lugares como mandioca, el cual fue

El fracaso inicial del intento de aclimatación de productos europeos en América, por las condiciones tan distintas del medio, llevó a los españoles al cultivo y al aprovechamiento de las distintas plantas indígenas para su dieta.

adoptado por los españoles en su régimen alimenticio, de tal manera que se convirtió en un producto indispensable en las expediciones descubridoras, entre otras cualidades por la de su larga conservación. Las mayores cosechas se obtuvieron en la isla de Jamaica, cuyos excedentes se exportaban por todo el ámbito caribeño, gracias a la acción que en ese sentido llevó a cabo Juan de Esquivel en 1510.

Otro alimento fundamental en la dieta de los nativos y que también adoptaron los españoles fue el *maíz,* una planta que se daba casi espontáneamente en América y que evolucionó y mejoró a lo largo del tiempo hasta ser sometida a un cultivo de tipo intensivo, ya que de ella dependía la subsistencia de la mayor parte de la población humana y de la mayoría de los animales domesticados de aquel continente. Su consumo no se vió interrumpido con el descubrimiento, ya que se siguió cultivando normalmente durante todo el siglo XVI, pues, a pesar de la introducción de nuevas plantas, el maíz nunca dejó de ocupar un primer lugar en la alimentación de los indígenas, no sólo por ser uno de los cereales de mayor riqueza alimenticia del mundo, abundante rendimiento y buena adaptabilidad a la tierra y clima, sino, fundamentalmente, por la ancestral tradición que existía en América de su cultivo.

Un producto también genuinamente americano fue el *cacao,* del que tuvieron noticia los españoles desde el momento de su llegada a las Indias y cuyo cultivo desarrollaron desde fechas muy tempranas en plantaciones de gran extensión como monocultivo. Originario de la zona centroamericana, era de uso común entre los indios mexicanos como bebida y también como *medio de intercambio.* Inicialmente su área de mayor producción fue la de la América Central, desde donde se extendió hasta la zona litoral del Pacífico, donde se consiguieron los mayores rendimientos. El cacao disuelto en agua y aderezado con azúcar y especias, a la manera indígena, se convirtió en el chocolate, uno de los manjares de mayor aceptación por los colonos españoles. Por ello, fue también usado como medio de tributo indígena.

Otra planta cultivada desde los inicios de la conquista fue el *tabaco.* Colón y sus gentes fueron los primeros que, con gran asombro vieron a los indios antillanos aspirar el humo de unos tizones que se introducían en la boca, costumbre que también observaron entre los nativos del Yucatán y de la Nueva España. Era, pues, una planta que se daba tanto en las *Antillas* como en el *continente.* Su cultivo en la época prehispánica estaba reducido a la zona centroamericana, en la que se hallaban las principales plantaciones, de donde pasó luego a Venezuela, en la que llegó a adquirir tanta importancia como la que tendría el cultivo del cacao, pero ello no sería hasta fines del siglo XVI.

También en el campo de las plantaciones indutriales debe citarse el *algodón,* una materia textil utilizada por la población indígena para la elaboración de sus tejidos y en la época de la conquista, como en los casos anteriores, como medio de pago de tributo, cuando el oro no abundaba. También fue motivo de una gran industria de exportación hacia los *mercados textiles europeos.*

Su cultivo no fue en la época que nos ocupa muy próspero, a pesar de no requerir terrenos demasiados especiales, y ello se debía a que era un artículo que no ofrecía las enormes ganancias de otros. Las grandes plantaciones se dieron en las Antillas. En Jamaica, por ejemplo, su cultivo fue fomentado por Juan de Esquivel, para que los indígenas dispusieran de materia primar para confeccionar hamacas y tejidos.

También para la producción industrial el mundo americano proporcionó ciertas plantas de las que se obtenían *sustancias colorantes,* que se destinarían a la industria textil europea. Debido a los grandes beneficios que su producción daba, la Corona española, desde fechas muy tempranas, mostró un gran interés por el conocimiento, uso y cultivo de la planta del *xiquilite, la productora del añil,* por lo que fueron muchos los informes y estudios que se hicieron sobre ella a lo largo de todo el siglo XVI. La gran demanda de la industria textil europea hizo que su producción fuera en continuo auge, hasta alcanzar las más altas cotas en el siglo siguiente. Su explotación fue tan decisiva que llegó a determinar una estructura social y económica singular en el reino de Guatemala y su comercio centró todas las actividades económicas de aquel territorio en la época colonial.

Los intentos de aclimatación de productos europeos obtuvieron, según las condiciones meteorológicas y del terreno, distintos resultados. Los cereales, por ejemplo, que no granaban ni en Cuba ni en la Española y lo hacían demasiado deprisa en las Antillas no permitiendo su maduración, se aclimataron, sin embargo, muy bien en Jamaica hasta llegar a constituir la base de una economía latifundista que pudo abastecer a los núcleos españoles de tierra firme.

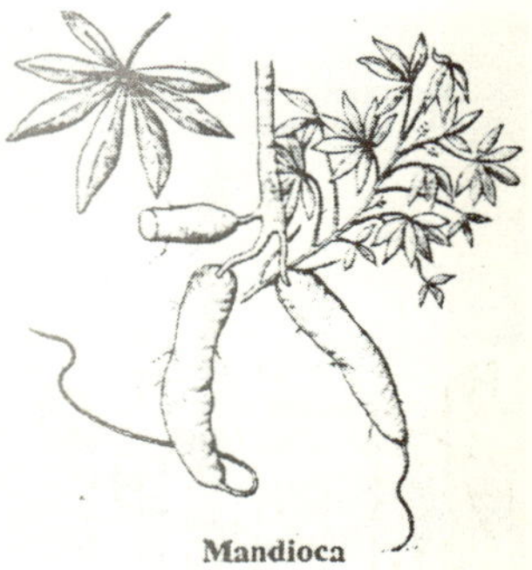

Mandioca

La planta de *mandioca*, típicamente americana, da al igual que la *patata* o *papa*, cultivos ambos prehispánicos, unas raíces tuberculares de gran valor en la alimentación. De las raíces grandes y carnosas de la mandioca los indios extraían una sustancia feculenta, la *tapioca* que, una vez cocida pierde su toxicidad y puede ser consumida.

La transformación operada en la agricultura con la conquista española se hizo tanto por la aclimatación de productos europeos como por el intercambio de plantas autóctonas entre diversas regiones americanas. Así, gracias a este intercambio regional el pino piñonero *pasó de México a Perú; la* patata, *de Perú a México; el* algodón, *de Perú al Río de la Plata; el* cacao, *de Nueva Granada a Venezuela; el* añil, *de México a Venezuela.*

Entre los productos tropicales, el cacao *que llegó a constituirse en un elemento básico de la alimentación en América, se cultivó principalmente en Guayaquil (Ecuador), Centroamérica y Venezuela.*

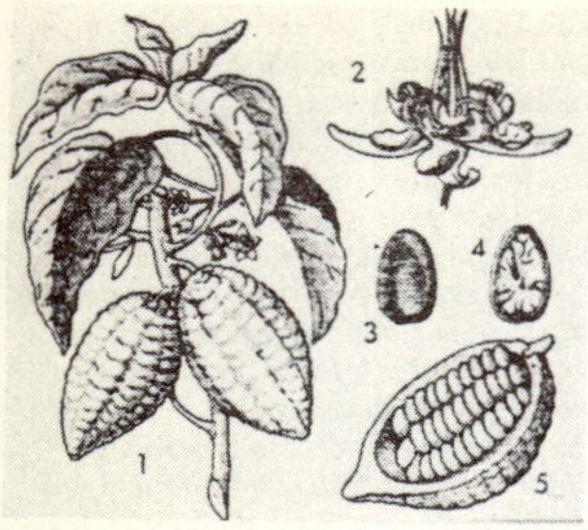

El *cacao* es un árbol de unos 12 a 20 metros de altura, de madera blanca y porosa recubierta de una corteza de color canela, flores inodoras que aparecen en cualquier estación y fruto en baya voluminosa llamada mazorca, apepinada, de color amarillo y que contiene de 20 a 40 semillas carnosas, alojadas en una pulpa blanca. Dichas semillas, secas y pulverizadas, sirven para fabricar el chocolate y también de ellas se extrae la manteca de cacao. En la América prehispana las semillas de cacao se usaban como unidades comerciales de intercambio ya que no conocían la moneda o semejante. El caso de esta «moneda de la tierra» perduró hasta bien entrado el siglo XIX y en 1555 la autoridad virreinal de Nueva España equiparó el real de plata a 140 granos de cacao.

Más, el producto tintóreo que mayores beneficios reportó a los españoles fue el *palo brasil,* utilizado para la fabricación de un tinte rojo. En las grandes áreas de las selvas tropicales se daban hasta *cuatro variedades* aptas para su uso como tinte. Su cotización sería tan alta que su comercio marcó un ciclo en la *economía antillana,* y así, junto *al oro,* se le puede considerar una de las fuerzas impulsoras de los descubrimientos. Ello se debió a que las materias tintóreas fueron unos productos sumamente apreciados en Europa, pues eran imprescindibles para mantener la próspera industria pañera. En consecuencia, también los españoles, al arribar a aquellas nuevas tierras, confiaron en hallar materias colorantes para abastecer las industrias textiles peninsulares. Los primeros expedicionarios lo hallaron en las *Antillas,* en Centroamérica, en *México* y en las costas del *Brasil.* La obtención del palo corría a cargo de los indígenas, mediante un procedimiento tan primitivo como la quema de la base del árbol para abatirlo.

Colón ya descubrió, al poco de arribar a las Indias, las cualidades tintóreas de aquel árbol, por lo que prometió a los reyes el envío de una considerable remesa. Mas, el primero que cortó una gran cantidad fue Pinzón, con ocasión de su viaje a las *costas del Brasil.* La Corona, ante el gran valor de aquel producto, estableció muy pronto una vigilancia sobre el mismo. Y así, en las instrucciones de gobierno que se le dieron a fray Nicolás de Ovando se le recordaba la especial atención que debía dispensar a aquel tema y la conveniencia de observar las recomendaciones dadas sobre como se debía obtener el palo brasil sin cortar el árbol «por el pié», salvo en los casos precisos. Y ello, con el fin de evitar que una obtención excesiva provocase una baja de precios y desequilibrase el mercado y, sobre todo, por el peligro de que los expedicionarios acudiesen a aquel fácil recurso y abandonaran la búsqueda de metales preciosos o de las especias. Así, la libre explotación del palo al sur de La Española fue motivo de presión por Ovando y sus capitanes en la guerra de Yaguana, cuando no pudieron contar con otros recursos que compensasen o premiasen aquellas acciones.

Más, aquella explotación encontró serios inconvenientes en el mercado español, por la *competencia* que ofrecía el palo procedente de países extranjeros, con el natural perjuicio para la venta y salida del originario de las Indias. Por ese motivo, la Corona va a tener que legislar en apoyo y defensa del palo brasil americano y de sus propios intereses, que se veían amenazados por una competencia que se manifestará muy fuerte en años sucesivos.

Sobre ese particular cabe recordar que en época de la reina Católica se ordenó, mediante una pragmática, la prohibición de importar, vender o comprar palo que no procediese de los reinos castellanos de Ultramar, bajo muy severas sanciones que iban desde la aprehensión del producto hasta la pérdida de sus bienes e incluso la pena de ser desterrados de su lugar de residencia. Más como tal legislación se seguía vulnerando, se recordó nuevamente en 1510 y también en 1518 el emperador Carlos tuvo que insistir en la vigencia de tal ley y obligatoriedad de cumplirla, recordando las penas establecidas, muy especialmente a los oficiales de la Casa de la Contratación, con el fin de que atendieran que no se produjese ningún fraude.

Si, como hemos visto, fueron muchos y variados los productos americanos que llegaron al Viejo Mundo, no lo fueron menos los que se trasladaron a América y consiguieron una perfecta adaptación, transcurridos los primeros años en que la agricultura se vió postergada por el mayor interés que tenían los colonos en la búsqueda de metales.

En primer lugar se debe mencionar *el trigo,* el primer cereal que se llevó a Indias, por ser el alimento fundamental de los españoles y que, ante la necesidad y apetencia de seguir con sus hábitos alimenticios, hizo que, aunque tímidamente, se intentase su cultivo, junto al de otras plantas, como leguminosas, otros cereales, vid, olivo, frutales, etc.

El cultivo del trigo se intentó en las Antillas desde los primeros momentos, como ya indicamos, más los primeros ensayos no dieron los buenos resultados que se esperaba, por ser la zona antillana poco apta para aquel tipo de cultivo, que no prosperó, a pesar del interés que demostró la Corona por el mismo, con el fin de que las islas se abastecieran y evitar así los constantes envíos de alimentos desde la península. Un ejemplo lo tenemos en la indicación que le hace la Corona a don Diego Colón, en una carta del mes de noviembre de 1509, en la que se le dice que intente de nuevo la siembra de trigo,

El *tabaco común* o *nicotina tabacum* es una planta de 0,5 a 3 metros de altura, típicamente tropical. Colón descubrió su uso entre los indios de la isla de Cuba y ya en el siglo XVI se habría extendido entre las clases bajas de España. La polémica desatada en Europa acerca de las propiedades supuestamente curativas del tabaco no impidió que ya en el siglo XVII fuera un importantísimo producto del comercio colonial. En la ilustración del siglo XVI, aparece representada por primera vez la planta del tabaco.

probando en los distintos meses y en tierras diversas, hasta dar con las condiciones más idóneas; para dar opción a ello se disponía que la Casa de la Contratación enviara doscientas fanegas de trigo para ser reepartido entre los colonos. Mas, ante aquel fracaso, el área del Caribe quedó destinada al cultivo de otras plantas, que se probaron más adecuadas a sus condiciones naturales y de cuya explotación se obtendrían excelentes resultados.

Después de aquel fracaso, el trigo fue llevado a las tierras continentales, tras las expediciones conquistadoras, con la intención de aclimatarlo a aquellos territorios, donde, con el tiempo, se logró en óptimas condiciones. Su cultivo, como el de otras plantas, no mereció una atención preferente por parte de los primeros colonos, por lo que la Corona intentará potenciarlo mediante disposiciones legales. Así sucedió en 1513, cuando se dictaron las instrucciones a Pedrarias en las que el rey Fernando, con el fin de estimular la agricultura en aquellos territorios, formuló el deseo de que pasaran a Indias labradores dispuestos a sembrar, «para que prueben a sembrar la tierra», pero de una manera costosa y poco estimulante ya que proseguía «e lleven su adrezo de las cosas necesarias para ello, e habéis de dar orden cómo llévais trigo e cebada nuevo, e trigo tresmesino, e otras simientes...»

De ese modo y con cierta lentitud se iniciará el cultivo de ese cereal en tierras continentales y una colonización agraria aparecerá, aunque muy ligeramente esbozada, pues tendrían que pasar algunos años para que de una manera concreta, mas cuidada y precisa se estableciera un plan colonizador que debería poner en ejecución el previsto nuevo gobernador de Castilla del

Los indios americanos daban al teñido de sus tejidos gran importancia, y para ello contaban también con un buen número de materias primas tintóreas cuyo aprovechamiento despertó el interés de la industria textil europea. La riqueza cromática de los tejidos indígenas llama la atención de los españoles; así Las Casas decía que las ropas de los aborígenes tenían «diversidad de colores finísimos que hacen con ciertas yerbas» y Cieza particulariza que sus telas eran de color «carmesí, azul, amarillo, negro y de otras suertes... Que verdaderamente tienen ventaja a las de España».

Como puede verse en este retrato de un indio norteamericano, con su pipa y su petaca alrededor del cuello, la planta del tabaco se daba tanto en las Antillas como en el continente. Sin embargo, Colón y sus gentes vieron por primera vez a los indios antillanos aspirar el humo de unos tizones que se introducían en la boca.

Antropólogos y etnólogos han señalado los cambios ecológicos que provocaron los españoles con la extensión de los cultivos y la incorporación de nuevas técnicas de labranza que la hicieron posible.

a) *El desarrollo de la agricultura en América a partir de la llegada de los españoles supone la revalorización de la tierra y la apetencia de inclementar su posesión.*

b) *En el período prehispánico y en las áreas de altas culturas, la propiedad de la tierra era comunal. Sobre la base del* calpulli *azteca y del* ayllu *rica se asentaba una comunidad unida por lazos de linaje que vivía del producto de esas tierras. La propiedad privada sólo existía, en muy pocos casos, en manos de las más altas jerarquías sociales o políticas.*

c) *Con la conquista, las tierras pasaron a la Corona, como uno de sus derechos o* regalías, *y el monarca las repartió a los colonos como una* merced *en recompensa al conquistador que se avecindaba.*

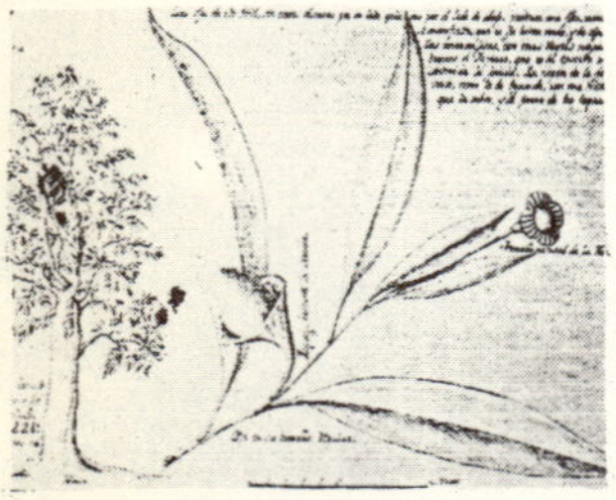

Arbol de *canela* y su flor, ésta última en su «tamaño regular». La Corona estimuló el cultivo de la canela en América. Dibujo atribuido a José Guió quien formó parte de la expedición de Malaspina hasta México. En las anotaciones se lee: «Las hojas de este árbol son verdes obscuras por un lado y claras por el lado de abajo: produce una flor como la que se manifiesta, que es un botón verde, y las hojas amarillas anaranjadas, con unas rayitas negras. Da después el izpingo, que es la cáscara en que está contenida la semilla. La pepita de la semilla es verde, como la del aguacate, con una telita delgada que la cubre y se forma de dos tapas.»

Oro, Lope de Sosa, elección muy acertada por tratarse de un caballero con la experiencia de haber desempeñado el gobierno de las Canarias.

Transcurrido un tiempo prudencial y con la convicción de la importancia que tenía para el dominio efectivo de la tierra realizar una buena labor colonizadora, con motivo de la sustitución de Pedrarias, se concretó un plan, una nueva *programación agrícola,* basada fundamentalmente en incentivar con una serie de mercedes a quienes estuvieran dispuestos a pasar a Indias para llevar a *cabo determinadas labores agrícolas.*

Con la llegada de Carlos I a España y con los *cambios que ello va a suponer en tantos aspectos,* se va a producir, en relación al tema agrario, un impulso y una atención muy notables hacia aquellos asuntos que hasta entonces se habían visto algo marginados, por el natural interés hacia proyectos de descubrimiento y conquista y, sobre todo, por el ansia de obtener oro y demás metales preciosos. Por consiguiente, la real cédula de 1519 viene a indicarnos que, sin abandonarse aquellos posibles proyectos, era preciso también ocuparse de fomentar el desarrollo de la agricultura, por la importancia que ello tendría en el proceso de consolidación del dominio de aquellos territorios y para crear bases y centros de expansión futura.

En el plan se aprecia, por primera vez, una clara y decidida intención de potenciar la agricultura en Tierra Firme, con medidas tales como el envío de 200 labradores a los que se favorecía con una serie de importantes «mercedes», como no se había hecho hasta entonces, lo que venía a demostrar el *interés real* por aquel asunto, pues, entre otras franquicias, se les proporcionaba pasaje y mantenimiento gratuito durante todo el desplazamiento, que llegados a Castilla del Oro les serían entregados todos los medios necesarios para su más cómodo y rápido establecimiento en las mejores condiciones, hasta conseguir los medios necesarios para hacerse con sus propias haciendas. Se les facilitaba, además, toda clase de recursos, desde proporcionarles las mejores tierras de labranza para la producción de cereales, productos de huerta, etc. con la entrega de azadas y demás útiles necesarios y plantas y semillas, hasta una serie de beneficios fiscales y ayudas sanitarias. Como se puede apreciar fácilmente el avance dado era extraordinario.

Mas el interés por el tema era tan grande que todos aquellos incentivos se vieron reforzados por la concesión de una serie de *premios* para todos aquellos labradores que más se destacaran en la producción de unos determinados cultivos, lo que puede indicarnos el interés existente por determinados productos. Así, se señalaba un premio de 30.000 maravedís de juro para el primero que obtuviese 12 libras de *seda,* 20.000 para el primero que obtuviera 10 libras de *clavo, jenjibre* o *canela* y 10.000 para el primero que obtuviera un *quintal de arroz,* etc. De ese modo se intentaba dar un empuje general a la agricultura en la zona continental, a la vez que se incentivaba la producción de una serie de materias más selectivas.

Los cereales, fundamentalmente el trigo, arraigarán en el continente, consiguiendo su adaptación a los terrenos más adecuados, donde se obtendría en cantidades tan importantes como las de los valles centrales de México, donde la feracidad del terreno hizo que surgieran importantes núcleos de población, como en los de Puebla o Atlixco, donde, mediante el sistema de *regadío* se llegó a compensar la irregularidad de sus lluvias, asegurándose, de ese modo, hasta dos cosechas anuales.

En el territorio quiteño su cultivo se dedió a la iniciativa de fray Jodoco Rique, un fraile franciscano pariente del emperador Carlos, en los inicios de la conquista. Según una inscripción alojada en la portada del convento de San Francisco de Quito, la primera cosecha de trigo se dió el año 1534.

También en el Perú, el cultivo de ese cereal se dió en fechas bastantes tempranas, ya que el mismo se atribuyó al propósito de María Escobar, esposa de Diego Chávez, un compañero de Pizarro en la conquista de aquel país, y que fue uno de los territorios donde más prosperó y se aclimató, dando excelentes cosechas, fundamentalmente a partir de la segunda mitad del siglo XVI.

Otra rica zona productora de trigo fue Chile, donde por la fertilidad de sus tierras se consiguieron riquísimos trigales, pero ello será ya a partir de mediados del siglo XVI.

El cultivo del trigo y su desarrollo posterior puede considerarse que fue decisivo en el proceso de consolidación de muchos núcleos mineros creados en distintos territorios a lo largo de la etapa conquistadora, los cuales, aunque en un principio no atendieron lo suficiente a su agricultura, la necesidad de autoabastecerse hizo que la misma prosperara.

Finalmente, hay que reseñar también el cultivo de una serie de cereales que, sin tener la importancia del trigo, completarían el cuadro de los introducidos por los españoles en los primeros tiempos. Entre otros cabe citar la cebada, la avena, el centeno, tanto para la alimentación humana como del ganado, los guisantes, las judías y demás hortalizas, los frutales, como el naranjo y el olivo, de los cuales la Casa de la Contratación debía suministrar semillas, plantas y árboles para su aclimatación en el Nuevo Mundo. En ese sentido lo ordenó el emperador Carlos en 1523 para que fuesen introducidos aquellos cultivos en Nueva España. Del mismo modo son muy numerosas las recomendaciones que se hacen a aquella Casa para recordar la necesidad de que se envíen variedad de semillas y vástagos, como también herramientas agrícolas a otros lugares para ayudar en el desarrollo de la agricultura.

Durante la época de la conquista, cuando se fundaba un pueblo —villa o ciudad— el cabildo, apenas establecido, era el encargado de realizar el reparto de las tierras y solares entre los primeros pobladores. Este reparto queda recogido en las Actas del Cabildo, de modo tal que éstas pueden ser consideradas como el primer registro de la propiedad en las Indias. Para beneficiarse en el reparto, los colonos debían cumplir ciertos requisitos como el de residir al menos de cinco a ocho años dentro del término municipal, según la región y la obligación de explotación d· las tierras junto a la prohibici´ vernderlas.

La llegada de los españoles supuso la introducción del arado, con la posibilidad de remover la tierra en profundidad, por el auxilio de las yuntas de mulas o bueyes, de todo lo cual carecían los indios. Su producción exigía disponer de amplio territorio al agotarse inmediatamente el suelo ya que apenas podían removerlo con el empleo, en los casos más avanzados, como era el incaico, de este tipo de bastones de punta afilada que hincaban fatigosamente en la tierra, apoyando todo el cuerpo sobre una especie de abrazadera, que les permitía ganar en profundidad. En la mayoría de los casos, el suelo se removía a mano, siendo el esfuerzo, por tanto inmenso.

Cuando acabó la conquista, los repartos de tierras dejaron de ser responsabilidad de los cabildos y, en su lugar, sólo las reales cédulas concedían, como merced individual para permisos de la Corona, extensiones más o menos amplias de suelo.

En el caso de la *vid* existió, desde un principio, un manifiesto interés, por ser el vino un producto indispensable para los españoles y del que no estaban dispuestos a privarse los conquistadores. Y así vemos como el mismo Almirante no pierde ocasión de manifestar aquella necesidad como, cuando con motivo del Memorial que dirigió a los Reyes en 1494, entre los muchos puntos de interés que exponía, no dejó de mencionar la gran escasez de vino que padecían a causa decía, «de haberse derramado mucho vino en este camino del que la flota traía, y esto, según dicen los mas, a culpa de la mala obra que los toneleros ficieron en Sevilla», reclamando, a continuacion, que se le resarciese por aquel engaño.

Las primeras cepas llegaron con Colón en 1493, pero, del mismo modo que sucedió con otras plantas, su cultivo no prosperó por la inadecuación del ambiente a las necesidades de aquel vegetal. Más, el interés por su aclimatación proseguía y así en 1519 se pasó a indicar a la Casa de la Contratación de Sevilla que, en cada barco que zarpara hacia las Indias, se enviara una determinada cantidad de viñas para ser plantadas en las islas.

El mismo esfuerzo se hizo para llevar la vida a Nueva España en 1531. Mas, todas aquellas experiencias tuvieron muy escaso éxito en los primeros años, no alcanzando resultados satisfactorios hasta que el cultivo se llevó a zonas más norteñas y adecuadas.

En el Perú, con la llegada de la paz y el orden, tras las largas guerras civiles, se implantó el cultivo de la vid gracias a la iniciativa de Francisco de Carabantes, de un modo intensivo y con mucho éxito en los valles de Lima. De las magníficas cepas peruanas procedían los famosos viñedos chilenos, que a partir de mediados del siglo XVI, empezarían a dar los primeros rendimientos.

Proceso parecido siguió la aclimatación del olivo, cuyos vástagos fueron enviados a las Antillas y Nueva España con muy escaso éxito en los primeros ensayos. Hubo de transcurrir más de medio siglo, como ocurrió con la vid, para conseguir buenos resultados. La aceituna fue consumida más como fruta que para extraer aceite y la madera del olivo se utilizó para la construcción y como combustible.

También desde los inicios de la conquista se llevó a América el arroz, cuyo cultivo, como hemos visto, mereció especial interés por la Corona. Esa planta encontró en las tierras húmedas y cálidas del trópico lugar muy propicio para su laboreo y desde donde se extendió a toda América.

De los muchos productos agrarios llevados a Indias la *caña de azúcar* fue probablemente uno de los que adquirirá mayor importancia en su desarrollo y expansión, hasta fundamentar una economía de exportación que alcanzará enormes dimensiones. Su cultivo se fomentó de un modo especial y constituyó la base de la agricultura de plantación y su producción dió lugar a una floreciente industria. La caña fue llevada a las Antillas por Cristóbal Colón en su segundo viaje de descubrimiento en 1493. Procedía de las islas Canarias la primera caña que se llevó a La Española, donde creció espléndidamente. Pero, a pesar de ello, como dentro del proyecto de factoría comercial no había entonces ningún interés en propugnar una tarea de colonización agraria, tal intento inicial se abandonó y olvidó, hasta que, a los pocos años, la iniciativa privada recuperó aquel cultivo.

El cultivo de la caña de azúcar fue introducido por los españoles, desde las islas Canarias, pues los indios endulzaban con miel. Pero los nuevos cultivos obligaron a contar con mano de obra distinta, por lo que se llevaron a las Antillas gentes experimentadas de las islas Canarias, ya que la misma preparación de la caña tal como la vemos aquí exigía un cuidado especial. Los cultivos de la caña requirieron de un enorme esfuerzo, porque no solamente habría de cortarse, utilizando machetes, cuyo manejo era poco menos que imposible para el indio (foto superior) sino que a ello se unía la necesidad de transportar la caña a los trapiches, lo que exigía bestias de carga. Al no existir éstas en abundancia en los primeros tiempos, obligó al transporte humano, forma que se recoge en este grabado (foto inferior).

Serían, pues, los primeros pobladores, que en un principio habían acudido a la fácil utilización del trabajo indígena, los que a partir de 1506 y debido a la transformación que va sufriendo la sociedad en La Española, van a prestar nuevamente atención a aquel tipo de cultivo. Y así ocurrió que un vecino de la ciudad de Concepción de la Vega, en La Española, llamado Aguillón, consiguiera hacer azúcar con el único auxilio de unos utensilios muy rudimentarios de madera, con los que obtuvo el zumo de la caña.

El ejemplo dado por ese vecino y los alentadores resultados de su experiencia, cuyo azúcar llegó a abastecer la demanda de su ciudad, despertó aquel negocio a los ojos de muchos que, naturalmente, fue seguido por otros colonos de la isla, como fue el caso del mismo alcalde de la ciudad, Miguel Ballester «el primero que hizo azúcar», según se dijo, el cual en 1514 se inició también en la producción azucarera, si bien el desarrollo de aquella incipiente industria no fue más allá de aquellos dos intentos, por el momento.

Mas, de aquellas incipientes tentativas por el negocio del azúcar no sería ajeno el hecho de que la explotación de oro no daba ya los buenos resultados de años anteriores, además, los precios del azúcar, que se habían mantenido muy bajos en Europa a fines del siglo XV, experimentaron una notable alza a partir de 1510, lo que, sin duda, alentaría a muchos pobladores españoles a dedicarse a aquella explotación, como interesante alternativa al negocio del oro.

Aún tuvieron que transcurrir algunos años, en los que apenas se hizo nada, para que en La Española, sumida la isla en una profunda crisis económica y teniendo que soportar un grave problema de despoblación, se proyectara un plan de desarrollo para la isla, formulado por los Jueces de Apelación y por los oficiales reales destinados en ella, cuando éstos se vieron libres de la presencia de don Diego Colón, con el fin de estabilizar de un modo definitivo a la sociedad isleña, tan profundamente deteriorada.

En efecto, quien con más precisión y detalle facilitó un informe de la situación de las islas del Caribe, fue el fraile jerónimo fray Bernardino de Manzanedo, el cual en 1518 dirigió un Memorial al rey en el que le exponía, según su experiencia de años de permanencia en La Española, las principales causas que incidían en el estado de abandono y desidia por que atravesaba la agricultura de aquella área. Entre los aspectos más sobresalientes destacaba el malestar reinante entre los colonos por la inseguridad que había en lo referente al disfrute de la mano de obra indígena, como consecuencia de la falta de orden y rigor con que se producían los repartimientos de indios, a cuya arbitrariedad achacaban, entre otros males, la dificultad de poner en marcha explotaciones agrícolas y muy en particular los ingenios azucareros. El informe insistía en el papel fundamental que para solucionar aquel problema tenía la población, es decir, que hubiera gente suficiente, por lo que todo debía incidir en evitar el despoblamiento, que era el gran mal que sufrían entonces las islas. Manzanedo insistió y destacó, pues, el papel esencial de los pobladores como elemento básico de desarrollo. En consecuencia, y para poner remedio a aquel mal, instaba a la Corona para que pusiera todos los medios precisos para favorecer la llegada y permanencia de los pobladores, mediante la aportación de los auxilios que fueran necesarios, en ese sentido reclamaba ayudas oficiales, como la realización de caminos y calzadas para lograr una fácil comunicación entre las distintas poblaciones, que la Corona dispusiera en La Española de hatos suficientes que permitieran la disponibili-

La necesidad del cultivo de la vid, *al igual que el del* trigo *y el* olivo, *no sólo concernía a la alimentación de los españoles en América sino incluso a las manifestaciones de la vida religiosa. El pan y el vino eran imprescindibles en el sacrificio de la misa y la Presencia de Cristo en el sagrario se alumbraba con lámparas de aceite.*

El cultivo de la vid *y el* olivo *no sufrió las consecuencias de la política económica de la primera mitad del siglo XVI que, en general, restringió el de aquellos productos que podían transladarse en cantidad suficiente desde España y favoreció sólo los tropicales.*

El cultivo de la caña de azúcar *fue introducido en España por los árabes y posteriormente Colón lo llevó a las Antillas y de Cuba, Cortés lo transplantó a México.*

Lo más costoso para la nueva industria azucarera que se montó en las Antillas, fue la instalación de los trapiches, motivo por el cual la Corona facilitó créditos a quienes plantaran caña. Obligaba a una primera operación de molienda, para triturar la caña y extraer la pulpa útil. Generalmente se utilizaban mulas; cuando se aprovechaban corrientes fluviales con el mecanismo que movía la rueda, el trapiche se había transformado en *ingenio*, en la gran industria azucarera. Aquí vemos, sin embargo, la forma más elemental hasta el extremo de que la operación se realiza empleando fuerza humana por sistema de turnos. Se recogía luego la pulpa y se la hacía hervir en grandes calderas, que se construían de cobre, en un principio importado de España, hasta que se halló dicho mineral en Cuba. Esta operación, además del metal, consumía enormes cantidades de leña, causa de la desforestación.

Dos factores influyeron fundamentalmente en el cultivo de la caña de azúcar *en las tierras americanas e hicieron de ésta la base económica de la agricultura de plantación de los siglos* XVI *y* XVII: *en primer lugar, el régimen alimenticio de la época incluía considerable consumo de dulces; en segundo lugar, sus precios no estaban sujetos a los límites que, por ejemplo, sufría el trigo como artículo de primera necesidad.*

dad de bueyes y de más animales de carga como elemento de ayuda a los colonos en las tareas agrícolas. Del mismo modo destacaba la necesidad de que se facilitasen semillas y demas plantas, e incluso mano de obra esclava con al fin de abaratar los costos de la puesta en explotación de nuevas tierras. Tales demandas no eran nuevas, pues ya Colón en el Memorial que entregó a Antonio de Torres para los Reyes en 1494, pedía todas aquellas ayudas.

La orientación que aquellos funcionarios querían dar al problema era claramente realista y práctica, y así, convencidos de que el recurso del oro estaba próximo a agotarse como principal fuente de beneficios, proponían que los indios que habían estado al servicio de la Corona para la extracción de aquel metal, fuesen dedicados a actividades con un futuro más rentable, como podría ser la fabricación de pez de copey, para proteger a los navíos de la «broma» y, lo que aquí más nos interesa, a la construcción de ingenios azucareros. Fundamentaban su propuesta en las óptimas condiciones en que se daba la caña «tan gruesa como muñeca de hombre e tan larga como dos estados de mediana estatura», así como del provecho que se podía obtener, «Ya también se les consiente hacer ingenios para hacer el azúcar, que será una cosa de grandísima riqueza».

El cultivo azucarero exigía tales gastos y materiales que rebasaba los límites de la agricultura para formar parte plenamente de la industria: grandes extensiones de suelos suaves, ricos, avenados y con fuentes de agua abundante, instalaciones, utillaje, transportes y mano de obra muy abundante.

En efecto, el azúcar empezó a prosperar en La Española de un modo muy considerable en época de los Jerónimos que apoyaron su explotación mediante el incentivo de conceder quinientos pesos de oro a cada molino establecido en la isla, de ese modo su explotación, hasta entonces muy olvidada, pasó a convertirse en la principal ocupación y fuente de riqueza. Pronto se mandó a gentes de las Canarias para construir molinos azucareros, se eximió de derechos aduaneros a ciertos útiles y se introdujeron negros en cantidades cada vez mayores para atender el trabajo en las plantaciones. De 80 a 120 negros era el número corriente en una plantación de esa época.

El auge del cultivo de la caña llegó a tal punto que, al inicio del segundo gobierno de Diego Colón se abre un ciclo económico basado en la producción y exportación de ese producto.

De esa prosperidad da cuenta muy detallada Gonzalo Fernández de Oviedo en su Historia General (libro IV, cap. VIII), en la que menciona hasta 28 ingenios de los que fueron propietarios gentes tan influyentes de la isla como Diego y Luis Colón o el tesorero real Miguel de Pasamonte, entre otros muchos que, por disponer de grandes fortunas, podían invertir su dinero en aquel negocio, cuya puesta en marcha se calculaba que costaba de diez a quince mil ducados. Tal suma era necesaria ya que un ingenio requería una gran extensión de tierras irrigadas, una serie de instalaciones que iban desde las casas para los trabajadores, almacenes, herrerías y demás talleres, hasta la mano de obra, que debía ser muy abundante y permanente, tanto para ser empleada en los cañaverales como en los molinos.

La demanda creciente de mano de obra en abundancia para los ingenios *o plantaciones de caña de azúcar, junto a la defensa que del indio hacían los religiosos, determinaron que ya en 1502 Ovando introdujera los primeros negros africanos para la labor.*

Empezaron, pues, a surgir ingenios en la isla, principalmente al sureste, a orilla de los ríos y también en algunos trapiches, movidos por caballos. La disposición de las gentes era la de seguir construyendo, dado el auge que adquiría aquel negocio por la gran demanda europea, debido a la excelente calidad del azúcar antillano.

De La Española, que fue el principal centro de producción hasta 1550, el cultivo de la caña de azúcar se extendió a las demás islas, Cuba, Puerto Rico y Jamaica, donde la caña tomará carta de naturaleza y será su futura riqueza y, finalmente, a Nueva España y el Perú.

Para incentivar el desarrollo del cultivo de la caña en Cuba, introducido por el gobernador Diego Velázquez, la Corona indicó a la Casa de la Contratación en 1523 que facilitase cuatro mil pesos de oro a colonos responsables de la isla, tras las insistentes peticiones de éstos, para ayudarlos en la financiación de sus empresas azucareras; esa fue una política de apoyo que se mantuvo en años sucesivos hacia los plantadores cubanos, si bien esa industria no alcanzaría cierta importancia hasta finales del siglo.

Exportar azúcar a España era una empresa altamente rentable, a pesar de los elevados costes de explotación y la promesa de tales beneficios económicos estimuló el establecimiento de ingenios sobre todo en aquellas regiones donde ya la riqueza aurífera habría disminuido sensiblemente.

En cuanto al continente, el éxito de los primeros intentos fue también sorprendente en algunos lugares. Conocemos, por ejemplo que Francisco de Garay consiguió magníficas cosechas en la región de Panuco, lo que le llevó a crear un ingenio en el que se gastó todos sus recursos, ante la perspectiva de obtener grandes beneficios, ya que tenía asegurada en 1521 una cosecha de treinta mil arrobas de azúcar, que se decía vendería a muy buen precio, pues en La Española «vale a ducado». Tan próspero era el negocio que Garay

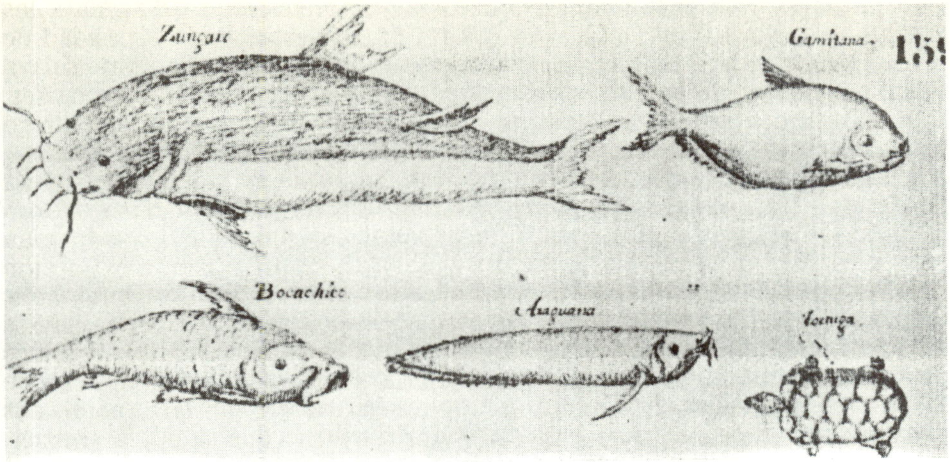

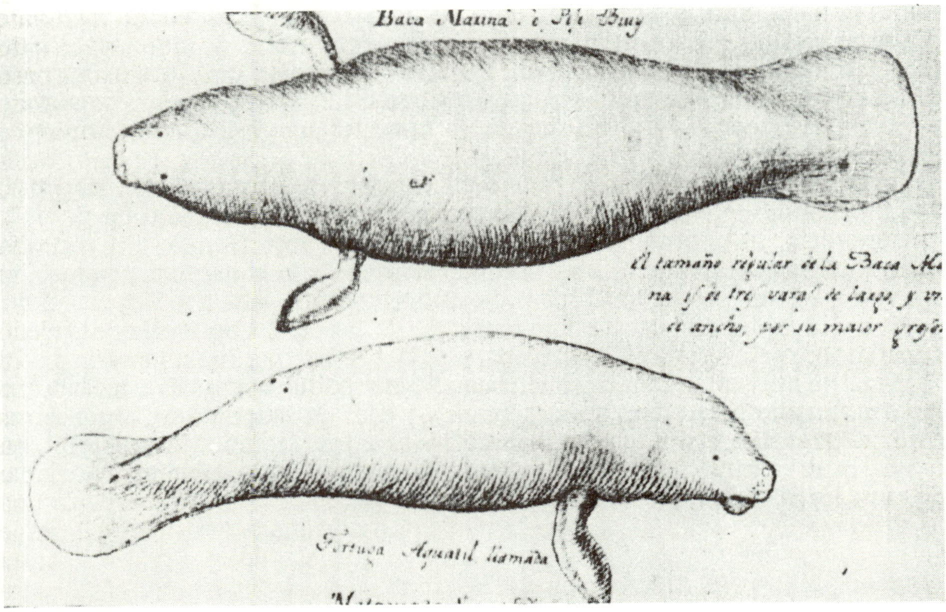

La destreza con que los indios antillanos pescaban causó admiración a los primeros descubridores españoles. Incluso como el mismo padre Las Casas refiere, tenían viveros y criaderos de peces en lugares protegidos de la costa. En este dibujo, atribuido a José Guió, aunque con reservas, podemos ver a varios peces procedentes de la cuenca del río Marañón, especialmente de sus fuentes. (Museo de América).

antes de tener pagado el primer ingenio ya pedía dinero para otros dos, así como para una docena o dos de negros.

La pesca

La pesca fue una actividad muy bien desarrollada por los indios antillanos, hasta el punto que causó admiración a los primeros descubridores españoles desde los momentos iniciales de la conquista y ello fue debido a que se trataba de una parte muy importante de su régimen alimenticio. En efecto, cazaban patos con enorme habilidad y disponían de criaderos y viveros de peces en lugares resguardados de las costas, donde los españoles, según cuenta en su Historia el Padre Las Casas, vieron «en la misma mar, corrales hechos de cañas hincadas, dentro de los cuales estaban cercadas y atajadas veinte mil, treinta mil y cincuenta mil lizas, de donde con sus redes sacaban las que querían...» De esos pescados y de otras variedades se alimentaron los españoles durante muchos años, tanto como producto alimenticio fresco, como en salazón.

También supieron aprovechar los españoles los viveros de tortugas que en los cayos del Jardín de la Reina explotaban los indígenas, cuya carne era un alimento muy apreciado por ellos y que tras su descubrimiento por los españoles pasó a formar parte de su dieta y, fundamentalmente, de elemento esencial para el abastecimiento de las flotas, hasta muy adelantado el siglo XVII.

Se trataba de una especie de tortuga, conocida vulgarmente como tortuga verde o de sopa, de la que también hizo mención Las Casas al referir que había tantas que no podían contarse «Cuya pesquería es cosa admirable; las tortugas son tan grandes como una gran rodela; pesa cada una con la carne o pescado y manteca que tiene comunmente cuatro arrobas... Es muy buena de comer y cosa sana... Hay para comer en una tortuga diez hombres que se harte y más...» Así pues, esas tortugas verdes, que tanto admiraron a los españoles, fueron uno de sus alimentos básicos durante los primeros tiempos de colonización, adoptando, así, como en otros casos, alimentos típicamente indígenas a su régimen de comidas.

Como uno más de los muchos ejemplos que se pueden aportar de que el pescado constituía un alimento de suma importancia para el buen fin de las expediciones y viajes de descubrimiento y rescate, se puede aludir aquí el caso que menciona Gonzalo Fernández de Oviedo en su crónica al referirse al viaje de Juan de Grijalva cuando, finalizado el mismo por Tierra Firme, y a su regreso a Cuba, decidió quedarse en un lugar que llamó puerto de Términos, «tomando pescado (que hay mucho) y salándolo para su camino e matolotaje», con la única finalidad de abastecerse de suficiente cantidad de peces, no sólo para disponer de un alimento fresco e inmediato, sino, esencialmente, dada la riqueza del lugar, para hacerse con una importante cantidad de aquel alimento que, tras ser sometido a un proceso de salazón, permitía disponer del mismo durante mucho tiempo y asegurar alimento a los navegantes.

Así pues, el recurso pesquero fue un capítulo de primera necesidad para asegurar la supervivencia de los españoles en América, no sólo en la etapa de conquista, sino también a lo largo de toda la época hispánica, y, no sólo por su calidad alimenticia, sino también porque, bajo el aspecto religioso, se convertía en un producto alimenticio indispensable para que los españoles pudieran cumplir, con estricta observancia, los preceptos del ayuno y la abstinencia.

Finalmente, cabe señalar que, cuando no podía acudirse a la salazón, dado el carácter perecedero de la mercancía y a los escasos medios de conservación para su acarreo a largas distancias, el abastecimiento a las primeras ciudades no siempre resultó fácil, sobre todo cuando estas se hallaban alejadas de ríos, lagos o de la costa.

Las perlas

A medida que se iban agotando los ostiales, la explotación perlera se desplazaba de unos puntos a otros de la costa. La decadencia de los primeros grandes emporios Cubagua, Margarita y Cabo de la Vela, en 1527, 1535 y 1548, respectivamente, por la saturación del mercado y el agotamiento de la mano de obra indígena, supuso el inicio de un período de recesión que duró hasta el 1573, con el resurgimiento de Margarita y en 1580, fecha del auge de Río de la Hacha.

Otro producto sumamente apreciado por su gran valor, procedente de América, fue la perla que por su gran demanda, abre un ciclo económico en los primeros años de conquista.

Ya en época prehispánica los indios americanos se dedicaron al aprovechamiento de los ostrales, tanto para conseguir la carne del molusco, como para sacar las perlas que eran usadas por los indígenas en sus arreglos personales y en la decoración de ciertos útiles, como los remos de personajes importantes. También fueron las perlas un elemento esencial de intercambio entre los distintos cacicazgos para procurarse objetos o mercancías de otras regiones. Así, en la región del Darién, los indios costeros cambiaban perlas y sal por oro y esmeraldas que les proporcionaban los de las tierras del interior. También se aprovechaba la concha para la fabricación de pequeños objetos útiles o decorativos.

Las pesquerías de perlas fueron el mayor aporte económico para la Corona, más incluso que el palo Brasil ya que ofrecieron a España la posibilidad de un comercio que reportó grandes beneficios, tanto a las áreas reales como a los comerciantes particulares.

La primera noticia sobre la existencia de aquel apreciado producto en Indias, se debió al propio Cristóbal Colón cuando, después de su segundo viaje mandó una cierta cantidad de perlas a los Reyes Católicos: sin embargo, la remesa más considerable fue la de Cristóbal Guerra y Pero Alonso Niño al regresar de su primer viaje de descubrimiento y rescate. En efecto, proceden-

Los indígenas supieron aprovechar en su alimentación la carne de tortuga y los descubridores españoles la incorporaron a su dieta. Además, de sus huevos supieron extraer el aceite y de sus caparazones, el material para la decoración de piezas de artesanía. En el dibujo probablemente de José Guió, quien formó parte de la expedición de Malaspina a México, se lee «Tortuga aquatil, llamada Matamata vista de plano», «perfil A situación de los ojos» y «B. Trompa y nariz».

tes de la isla de Margarita y de la tierra firme de Cumaná, donde fueron amigablemente acogidos por los indígenas, consiguieron por trueque una cantidad tan grande de perlas que, después de descubrir la costa de Curiana, regresaron directamente a la península donde, a su arribada a Bayona, las descargaban «como paja», según el testimonio de Pedro Mártir de Anglería.

Hubo por parte de la Corona, una vez conocida la riqueza perlífera de aquella zona, un gran interés en mantener buenas relaciones con sus habitantes aborígenes, pues se tenía la intención de crear un ámbito de protección especial en torno a aquella fuente de riqueza. Ese interés se le recordaría a Ovando, después que la Corona tuvo conocimiento del viaje que realizó Cristóbal Serrano a las islas de las Perlas, de donde regresó, también, con una gran cantidad adquirida por trueque, el primer sistema empleado para tal fin y que la Corona aceptaría en los primeros momentos. En efecto, el gobernador Nicolás de Ovando lo intentará mantener, por creer que sería suficiente, por ello propondría un plan a la Corona basado en el sistema de rescate y que consistía en dejar la región de Cubagua sin poblar para que los nativos, sin ningún recelo de verse asaltados, se dedicasen a la extracción de perlas, que una carabela, mandada periódicamente por el gobernador, se ocuparía de recoger. El plan fue bien visto por el rey, ya que le aseguraba aquella gran fuente de riqueza, además de mantener la paz en aquel territorio.

Se cree que en 1540 sólo quedaban en la isla Juana (Cuba) unos 5.000 indios y que en 1570 este número se había reducido a 1.000. Una de las causas fundamentales de este decrecimiento de la población aborigen fue la de las epidemias sufridas a partir del contacto con los españoles ya que sus organismos no contaban con las defensas biológicas necesarias.

El sistema se modificará ligeramente hacia 1511 ante el proceso de despoblación que sufrirían las islas antillanas y que tendría como consecuencia un descenso en la obtención de recursos, a lo que el rey Fernando intentará poner remedio. Así, para incentivar el rescate se llegó a pregonar en Sevilla aquellas riquezas, tanto de las islas como del continente, para que todo aquel que quisiera pudiera ir a rescatar a Tierra Firme no al golfo de las Perlas, encargándose los oficiales de la Casa de la Contratación de encauzar aquella medida. Al mismo tiempo que se tomaban esas directrices en España, también en Indias el sistema de rescate de perlas va a modificarse con el fin de aumentar la producción y así, del rescate se pasará a la búsqueda directa de los ostrales de Cubagua y Margarita mediante la utilización de indios lucayos, los cuales se habían manifestado como excelentes nadadores. En otras zonas, como la del cabo de la Vela y de la Mar del Sur, se utilizarán esclavos negros para el trabajo en sus pesquerías.

La riqueza era tan grande que en Cubagua llegó a tener un cierto esplendor la ciudad de Nueva Cádiz (1519-1542) a la que se le tenía que surtir de todo lo necesario, incluso de agua, desde el exterior, dedicada exclusivamente a la explotación perlífera de la que en los cinco primeros años de existencia se obtuvieron más de 10.000 marcos de perlas. Pasados unos años, agotados los ostrales y azotada por los huracanes, se hundió económica y físicamente.

El procedimiento de extracción de las perlas debió ser similar por toda el área del Caribe. Gonzalo Fernández de Oviedo describe una pesquería de perlas en la isla de Cubagua, que puede servir de indicativo de como lo hacían en otras zonas. La actividad se iniciaba con el desplazamiento de cinco o seis indígenas en canoa hacia un ostral, donde se detenía la embarcación que quedaba al mando de un indio, mientras los restantes bajaban a las profundidades ayudados por piedras que sujetas con cuerdas colocaban sobre sus hombros y que pendían a lo largo de sus cuerpos, lo que les permitía estar de pie en el fondo del mar. Recogidas las ostras, se deshacían de las piedras y fácilmente ascendían hacia la canoa. Al anochecer regresaban y

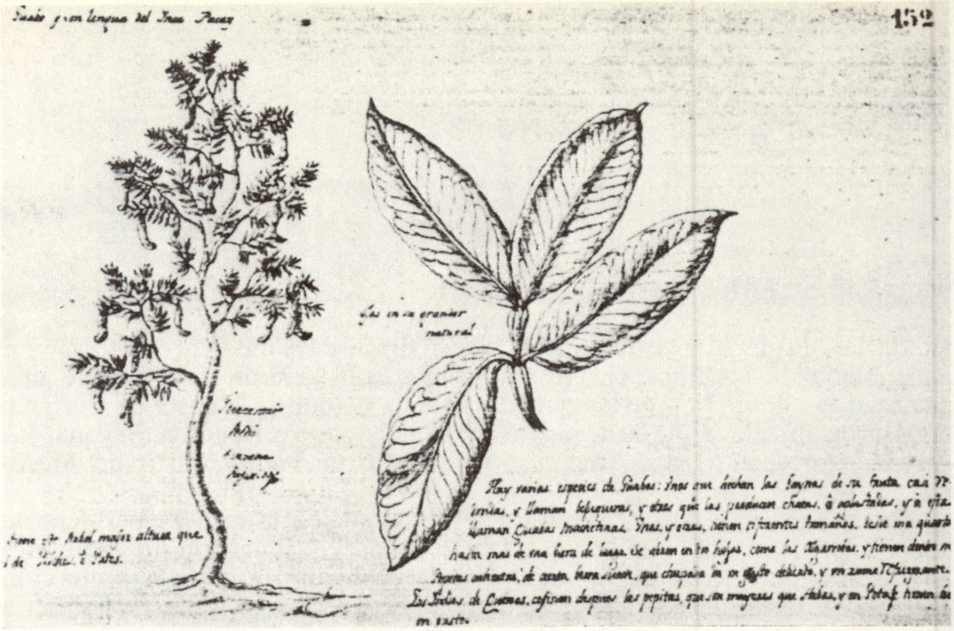

«Guabo y en lengua del inca Pacay» **reza la inscripción de este dibujo de los muchos que se hicieron en la expedición de Malaspina sobre la fauna y la flora americana que asombró a los españoles. En sus anotaciones se lee: «Hay varias especies de guabos; unos que hechan las baynas en su fruta casi redondas y llaman bejuqueras, y otros que las producen chatas o aplastadas, y a éstas llaman guabos machetonas unas y otras tienen diferentes tamaños, desde una cuarta hasta más de una bara de largo. Se abren en dos hojas, como las algarrobas y tienen dentro unas pepitas recubiertas de cierta borra suave, que chupada da un gusto delicado, y un zumo refrigerante. Los indios de Quixos cosinan después las pepitas, que son mayores que las habas y en potaje tienen buen gusto.»**

En la España del siglo XVI, el comercio de perlas procedentes de América proporcionó pingües beneficios a la Corona, pero el exceso en el mercado llevó a una disminución sensible del precio de las margaritas.

hacían entrega de lo rescatado al capataz o encargado español. También se ocupaban de abrir el molusco, cuya carne comían y rescataban la perla de su interior. Como en muchas ocasiones, por falta de destreza, el indio estropeaba la perla, se le dieron instrucciones para sacarlas sin romperlas.

Años después de los descubrimientos de la región perlífera de Cumaná, fue Vasco Núñez de Balboa el que dio las primeras noticias acerca de la existencia de perlas en las islas de la Mar del Sur, recién descubierta por Balboa en 1513. En efecto, el descubridor fue obsequiado por caciques indígenas de Panamá con perlas, en señal de obediencia y reconocimiento. Así, el de Tumaco le ofreció doscientas cuarenta perlas y Guazzaciara le entregó un cesto cuyo peso era de más de diez libras. A Balboa y a Gaspar de Morales se les puede considerar como los descubridores del rico asiento perlífero del Golfo, así como a Francisco Carreño se debe el conocimiento de los ostrales de Veragua.

Las islas de la Mar del Sur fueron las que proporcionaron la mayor cantidad de perlas, las de mayor tamaño y, según Oviedo, las que reunían la peculiaridad de ser periformes, por lo que llegó a ser muy grande la fama de las perlas procedentes de la zona del Istmo, como la que llevó a Castilla la mujer de Pedrarias, que puesta a subasta alcanzó un precio de mil doscientos castellanos.

Las perlas eran obtenidas en los primeros años de la conquista de tierra firme como regalo de los nativos y más tarde como tributo, cuando eran obligados a ello por el conquistador «quedó de dar de tributo en cada uno año cien marcos de perlas» (un marco equivale a 8 onzas). También se dieron casos de apropiación por saqueo de los españoles, como fue el caso de Pedrarias que al llegar al Darién, tan ansioso de oro como de perlas, mandó a su primo Gaspar de Morales en busca de ellas, el cual sin la habilidad de Balboa en el trato con el indígena, robó y asoló las islas de las que consiguió un gran botín de perlas, mas con su acción levantó contra los españoles a más de 18 caciques de la zona, que se unieron contra él. A partir de la fundación de Panamá, en 1519, se iniciaría la explotación pacífica de las perlas en la zona panameña.

Al negocio perlífero también le afectó el sistema de armadas que hacia 1520 se incrementaron por parte de los vecinos de La Española, que se asociaban para ir a la Tierra Firme con el propósito de rescatar perlas. Al regreso del virrey Colón a La Española prosiguieron las actividades de aquellas armadillas dirigidas a las explotaciones de las pesquerías en las islas de las Perlas, donde el virrey llegó a instalar a Vallejo como teniente suyo. Fue esa una época de apogeo en el negocio perlífero, ya que en 1524 el envío de perlas por el quinto sumó 448 marcos de los comunes, más 610 perlas «apartadas», que pesaban seis onzas, más tres marcos y cuatro onzas de aljofar.

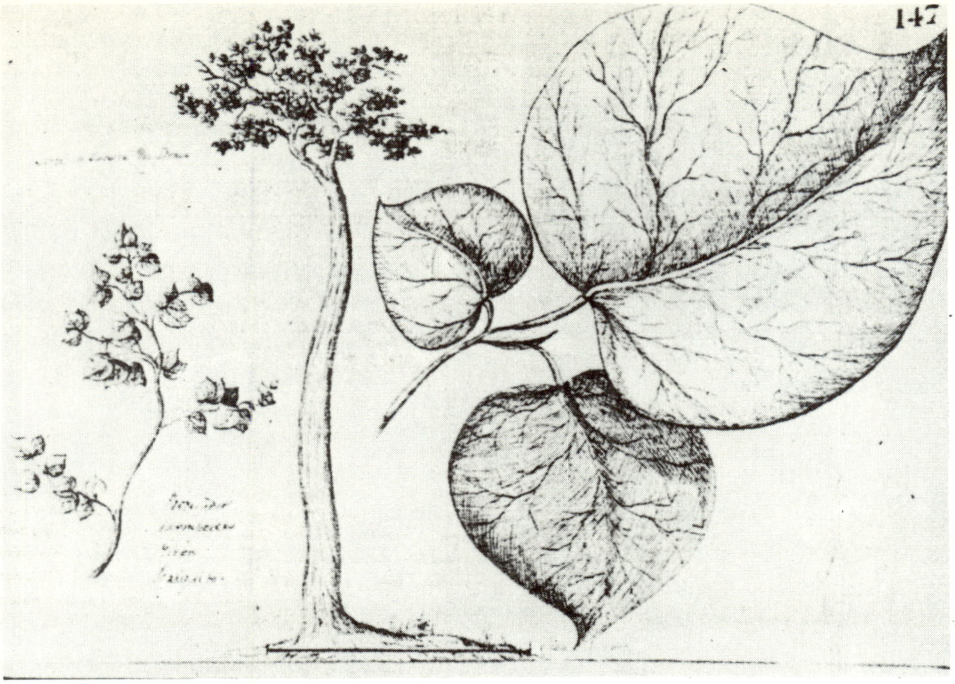

«Sangre de Drago», **árbol, rama y hoja. La rica y abundante flora americana, tan distinta de la que los españoles conocían, movió el interés de sus conocimientos y de su descripción. En la expedición de Malaspina hasta México, se tomaron apuntes de plantas y animales americanos y en España se completó el material gráfico recogido.**

Finalmente, podemos también indicar que la Florida fue, como las anteriores, una zona bastante rica en perlas, si bien no alcanzó la magnitud de la de Cumaná. Testimonio de esa riqueza es el caso que nos facilita Oviedo cuando al tratar la expedición de Hernando de Soto hacia la tierra de la Florida nos describe su encuentro con la cacica del pueblo de Talimaco, la cual, al encontrarse con el gobernador, dice «quitóse una sarta de perlas que traía al cuello e echósela al gobernador por collar a manera de ser congraciar e ganarle la voluntad», para más adelante añadir que en su pueblo había tantas «que en esos caballos vuestros no las podáis llevar».

BIBLIOGRAFIA

ARCILA FARIAS, Eduardo: *Economía colonial en Venezuela.* Caracas, 1973.

SANDOVAL, Fernando: *La industria del azúcar en Nueva España,* México, 1951.

BARRETT, Ward: *La hacienda azucarera de los Marqueses del Valle (1535-1910)* México, 1977.

MOYA PONS, Frank: *La Española en el siglo XVI, 1493-1520.* Santiago, República Dominicana, 1973.

MORALES PADRON, Francisco: *Jamaica española,* Sevilla, 1951.

GIL BERMEJO, Juana: *Panorama histórico de la agricultura en Puerto Rico,* Sevilla, 1970.

OTTE, Enrique: *Las perlas del Caribe: Nueva Cádiz de Cubagua,* Caracas, 1977.

ALVAREZ RUBIANO, Pablo: *Importancia político-social de las mercedes de 1519 concedidas a los labradores de Tierra Firme.* En «Revistas de Indias» n.° 5, 1941, págs. 133-148.

CAPITULO **6**

INTRODUCCION DE LA GANADERIA EN AMERICA, EN LAS ISLAS Y EN EL CONTINENTE

Miguel Molina Martínez

1. Introducción de la ganadería en América, en las islas y en el continente

En contraste con la riqueza de plantas cultivadas, los pueblos americanos casi desconocían la domesticación de animales. Excepcionalmente en el altiplano peruano los indígenas domesticaron la alpaca y vicuña para obtener lana y la llama como animal de carga, además de aprovechar su carne e incluso su excremento. En México solamente estaba domesticado el *guajolote* o pavo común.

La llegada de los ganados europeos supuso, por tanto, un cambio trascendental de repercusiones profundas en el aspecto socioeconómico y nutricional indígena. Por primera vez, el indio pudo comer carne de animales domésticos y dispuso en adelante de un medio de transporte y de carga que sirvió de apoyo a su débil economía.

El cronista Fernández de Oviedo dejó escrito que allí los animales domésticos crecían mejor que en España y, en efecto, el medio americano resultó particularmente favorable para la ganadería. Esta rápida difusión del ganado, primero en las Antillas y luego en el continente, es otro de los fenómenos más característicos del desarrollo de la ganadería en el Nuevo Mundo. La enorme extensión de tierras y el régimen de pastoreo sin cerca favorecieron el que el ganado se alzara y se convirtiera en cimarrón. Formaba entonces manadas en estado salvaje perfectamente adaptadas a las condiciones ambientales de tal forma que a la larga provocaría cambios morfológicos de importancia. Salvo la oveja, más débil y doméstica, el resto del ganado tendió a hacerse cimarrón. En algunas áreas supuso una seria amenaza para los cultivos indígenas; en otras, como en las Pequeñas Antillas, sirvió de incentivo a corsarios y traficantes.

Incas cargando llamas, según un grabado de la «Historia del Descubrimiento y Conquista del Perú» de Zárate. La llama, también llamada por los españoles «oveja peruana», era el único animal de carga de gran servicio y provecho para los incas. El pelo de la llama, grueso y abundante, la hace invulnerable al frío de los Andes, sus pies están perfectamente adaptados para trepar por las escarpes y bordear los precipicios, su resistencia, en fin, a la sed, le permite recorrer largas distancias sin beber casi agua.

2. Los animales de conquista

El historiador Carlos Pereyra clasificó al caballo, perro y cerdo como animales de conquista. Los dos primeros usados como armas y el tercero como alimento.

El caballo pasó a Indias en el segundo viaje de Colón y desde entonces no faltó en ninguna otra expedición. La Española, primer punto de arribo, pronto dispuso de una yeguada real y de otras particulares. Llegó a ser tan numeroso que en 1507 Fernando el Católico prohibió enviar más caballos a la isla. Desde La Española pasaron a Cuba, Puerto Rico y Jamaica. Estas islas a su vez suministraron las cabalgaduras que con los conquistadores llegaron al continente.

Se ha dicho con toda razón que la historia del caballo en América es la misma que la de las conquistas. En efecto, los primeros caballos y yeguas que pisaron tierras mexicanas fueron los introducidos por Cortés. El caballo acompañó luego a Alvarado en la conquista de Guatemala y al propio Cortés en la expedición a las Hibueras. Por el norte, hacia Nuevo México y Texas, se extendió junto a las huestes de Juan de Oñate.

La domesticación de animales era casi totalmente desconocida en la América precolombina; sólo en el Perú incaico aprovechaban la lana de alpaca y de vicuña para el tejido, y la llama como animal de carga y también su carne y hasta su excremento como combustible.

La caballería entró en el imperio Inca con Pizarro y Almagro. Para hacer honor a la riqueza de aquellas tierras muchos de estos animales fueron

Los perros que desde España acompañaron a los conquistadores jugaron un papel decisivo en las batallas, como puede verse en las dos ilustraciones de la «Historia general de los hechos de los castellanos...» de Antonio de Herrera. Obsérvese cómo en los dos casos los perros aparecen en la primera línea de ataque frente a los indios.

herrados con herraduras de plata al faltar el hierro. Tras el reparto del botín de Cajamarca su precio se elevó hasta los 2.000 ó 3.000 pesos, una auténtica fortuna.

Jiménez de Quesada lo extendió en Nueva Granada, mientras que Ocampo lo hizo en Venezuela aunque fuera Federman el que estableciera la cría a gran escala. La enorme tradición de este ganado en Chile debe mucho a los contingentes llevados por Pedro de Valdivia. En el Río de la Plata fueron introducidos por Pedro de Mendoza y desde allí se expandieron por Asunción y el Paraguay.

El caballo desempeñó, ante todo, una función militar en la conquista. Basta ojear las crónicas del momento o la nutrida y excelente bibliografía sobre el tema para detectar su importancia en la lucha contra el indio, la preocupación española por conservarlo o el carácter semidivino que le atribuyó, al menos en los primeros momentos, la población indígena. Hacia mediados de siglo, terminada la conquista, pasó a ser utilizado como animal de silla y de tiro en las zonas urbanas; en regiones como los Llanos venezolanos, la Pampa argentina o las praderas norteamericanas comenzó a alzarse y a convertirse en cimarrón.

El perro fue otro acompañante permanente de las huestes y como el caballo adquirió un destacado valor militar. Se utilizó como vigilante, para rastrear indios o perseguirlos al final de la batalla. Tareas en las que, como apuntó el padre Bernabé Cobo, resultó tremendamente eficaz. Con posterioridad, cuando la ganadería lanar adquirió mayores proporciones, el perro se convirtió en el mejor auxiliar del pastor.

Las crónicas de la conquista nos han hecho llegar el nombre de uno de los perros que acompañaron a los huestes españoles, «Becerrillo», que actuó en Puerto Rico. Los perros fueron empleados para descubrir emboscadas de los indígenas y, al igual que el caballo, constituían un elemento intimidatorio de consideración.

El cerdo fue aprovechado como alimento y constituyó la base de las provisiones del ejército en una época en que se carecía aún de pan. Desde las Antillas pasó al continente extendiéndose con gran rapidez por todas las Indias. Contribuyó a ello el no necesitar de cuidados especiales, el concurso de una mano de obra reducida y la abundancia de pastos. De La Española cruzó a Tierra Firme en las naves del bachiller Enciso. En 1521 llegarán a Panamá 1.000 cerdos procedentes de Jamaica. Hernán Cortés lo propagó por México transportando piaras desde Cuba y Pizarro lo introdujo en Perú en 1531.

3. El ganado vacuno, lanar y cabrío

Las primeras vacadas entraron en las Indias en el segundo viaje de Colón. A diferencia de los anteriores, no fue un animal de conquista y por ello su desarrollo se retardó algún tiempo. La ganadería vacuna se extendió prácticamente por todas las regiones a excepción de la selva tropical, la puna andina y los desiertos áridos.

Su crecimiento desbordó inmediatamente las necesidades de la población convirtiéndose, primero en Cuba y luego en México, en un serio peligro para la agricultura que obligó a la intervención de las autoridades.

El vacuno no fue utilizado por su producción láctea. En su lugar, fue muy estimado por el cuero que originó una interesante artesanía y dio lugar en algunas regiones a lo que D.F. Sarmiento definió como «culturas del cuero». También se aprovechó el sebo para la fabricación de velas y jabones así como para las construcciones navales. Su carne sirvió, por otro lado, de principal base alimenticia de la población y, dada su abundancia, resultó la más barata de todas. Como ejemplo cabe reseñar que hacia 1550 en Santo Domingo costaba hasta treinta veces menos que en España. En México el cabildo hubo de insistir repetidas veces en la prohibición de venderla por debajo del precio mínimo estipulado.

El ganado lanar llegó también a La Española en la segunda expedición colombina. Sin embargo, se adaptó con dificultad al clima tropical antillano por lo que, a diferencia del vacuno, no experimentó gran desarrollo. En una fase posterior, tras la conquista de México, se extendió por los valles altos gracias al impulso de Sebastián Rodríguez de Fuenleal. Otro tanto ocurrió en Perú a donde llegó con el capitán Salamanca poco después de ser conquistado el territorio. En Chile y luego en el Río de la Plata se aclimató con gran facilidad.

Aunque en un principio desaprovechada, la lana constituyó la materia prima para la industria textil indiana. La proliferación de obrajes habla por sí misma del auge de su producción. Autorizados por el rey, sirvieron para abastecer las necesidades del consumo interior. En México el virrey Antonio de Mendoza potenció la fabricación de paños importando de España ovejas merinas. Los obrajes quiteños no fueron a la zaga continuando una vieja tradición indígena.

El ganado cabrío por su fácil aclimatación a las tierras frías y calientes se propagó por todo el continente. Los mejores asentamientos se centraron en Quito, Perú y Chile. Escasamente apreciado por su carne, se aprovechó la piel para hacer cordobanes y el sebo para fabricar velas.

4. La Mesta

El fuerte crecimiento ganadero motivó la aparición en Indias de la Mesta, institución que, como es sabido, agrupó en España desde el siglo XIII hasta el XIX a los dueños de la especie ovina y cuyos privilegios llegaron a obstaculizar seriamente el desarrollo agrícola.

Vicuñas en madera tallada. La vicuña es un animal típico de los Andes del Perú y de Bolivia y los incas aprovechaban, desde mucho tiempo antes de la conquista, su lana para la confección de abrigos y vestimentas.

Fueron los propios ganaderos mexicanos quienes solicitaron su implantación a través del cabildo de la capital. Con el apoyo de Antonio de Mendoza apareció el 31 de julio de 1537. Su finalidad era «la cría y aumento de los ganados, remedio y castigo de los fraudes y delitos». El mismo cabildo eligió en 1538 y 1539 a los 2 alcaldes de Mesta a pesar de que sus ordenanzas no fueron sancionadas por el rey hasta abril de 1542. Otras zonas ganaderas crearon también sus Mestas: Puebla en 1541, Oaxaca en 1543 y Michoacán en 1563. Las nuevas ordenanzas de 1574 suprimieron éstas y organizaron una Mesta general para toda Nueva España bajo los auspicios del virrey Martín Enríquez.

Aunque en 1542 la Corona hizo extensiva la implantación de la Mesta a todo el continente, solamente en Nueva España arraigó. El estudio de las actas de cabildo de ciudades como Bogotá, Caracas, La Habana, Quito, Lima, Buenos Aires o Montevideo revela que en ninguna fue establecida.

Si en las ordenanzas de 1537 es evidente el modelo peninsular, en las de 1574 se incorporan elementos nuevos, propios de la realidad en la que hubo de desenvolverse. Aspectos ya puestos de relieve hace tiempo por José Miranda como la presencia del indígena o la «estancia» (unidad de explotación ganadera novohispana) confirieron a la institución unas características que la diferenciaron notablemente del esquema castellano.

En primer lugar, la Mesta novohispana fue una asociación o gremio constituido por propietarios de estancias mientras que en España estaba formada por ganaderos, es decir, por propietarios de ganado. La diferencia es significativa y refleja el papel decisivo jugado por los estancieros. En segundo lugar, la Mesta novohispana no aparece tan estrechamente vinculada al ganado lanar como en la península donde fue clara su orientación hacia los mercados laneros del norte de Europa. En México la especie ovina fue una más junto a la caballar, mular, vacuna o porcina. La documentación existente permite afirmar que en muchos casos se concedió una atención preferente a estos otros ganados antes que el lanar. Por otro lado, por sus relaciones con el cabildo el régimen mesteño novohispano estuvo más próximo al modelo municipal andaluz que al Real y Honrado Concejo de la Mesta de Castilla, como ha demostrado Bishko. Del mismo modo, es preciso dejar constancia de la exclusión del indio en la participación directa de los asuntos del gremio según se contempla en una y otra ordenanza.

La Mesta *era, en España, una institución que agrupaba a los ganaderos y que como tantas otras pasó a América. En México se estableció ya en 1529 y sus primeras ordenanzas datan de 1542. La* Mesta *agrupaba a los propietarios de estancias dedicadas al ganado lanar o vacuno: del primero se empleaba la lana como materia prima para la industria textil; del segundo, la carne, el sebo y el cuero, no los productos lácteos.*

5. El ganado mular

Por reminiscencias medievales, la cría mular tuvo constantes enemigos y ello dificultó su expansión. Considerado por la nobleza como animnal impropio de un guerrero y con el fin de favorecer la difusión del caballo, el ganado mular hubo de asentarse en el Nuevo Mundo bajo una estricta reglamentación cuando no a espaldas de la legalidad.

El propio Colón hubo de solicitar una autorización especial para emplear mulas allí donde no hubiera caballos. Hernán Cortés recibió la prohibición expresa de que las yeguas mexicanas sirvieran para la cría de mulas. Similares órdenes se repitieron a la Audiencia mexicana en los años 1528 y 1530. El primer virrey, Antonio de Mendoza, siguiendo esta misma política restringió el desarrollo del ganado mular por considerarlo perjudicial para el fomento del caballar.

Sin embargo, y a pesar de tanto impedimento, comenzó a difundirse en la meseta mexicana y en el altiplano andino donde demostró una mejor adaptación que el caballo llegando a convertirse en elemento esencial de la vida indiana. Se empleó con preferencia a cualquier otro ganado para carga y silla por terrenos montañosos.

Sin temor a equivocación puede afirmarse que su influencia se hizo sentir de manera profunda tanto en los sectores económicos como sociales. Desde el minero hasta el traficante, todos terminaron utilizando los servicios de la la acémila.

En la minería, la mula fue decisiva por su eficacia en las labores de extracción, beneficio y transporte de la plata. Un especialista en la materia como Bakewell considera, en este sentido, que el empleo de esta fuerza animal constituye uno de los rasgos típicos y diferenciadores de la minería mexicana frente a otras áreas argentíferas, especialmente la peruana. Centros mineros de relieve como Zacatecas o Guanajuato debían mantener necesariamente un elevado número de mulas para poder desarrollar su actividad y sacar adelante la producción.

Su papel en el tráfico comercial fue de igual modo determinante si nos atenemos al número de animales empleados y al volumen de mercancías transportadas. Ya es clásica la imagen que proporcionan los innumerables caminos mexicanos o de las provincias andinas y rioplatenses, transitados constantemente por recuas cuyo movimiento ocupaba a un alto porcentaje de indios y mestizos dedicados a la arriería. En las faenas agrícolas, sin embargo, no se empleó prefiriédose mejor el buey como animal de tiro.

De trascendental, en cambio, puede calificarse su efecto en el campo social al liberar al indio cargador o «tameme» de este trabajo, derivado de la falta de ganado mayor en la época prehispánica. Durante siglos el indio estuvo condenado a servir como único medio de transporte cargando sobre sus hombros víveres, mercancías, materiales de construcción, etc. Las dificultades, ya señaladas en la introducción del ganado mular retrasó considerablemente este cambio. Hacia mediados del XVI aparecen ya síntomas de agotamiento e ineficacia de tal servicio que provocarán por fin el abandono de tan arraigada costumbre indígena.

El burro, llegado a América en las naves de Colón, fue el sustituto del caballo entre la población india. Por resabios medievales estuvo prohibida la monta de éste durante tiempo. Aunque la legislación era tajante en tal aspecto, existen indicios para pensar que lo realmente prohibido para el indio era su propiedad pero no su uso. Además. la insistencia con que las leyes se refieren a este tema confirma que fue utilizado por este sector de población. De cualquier, forma, el indio se sirvió con profusión del animal empleándolo para pequeños trabajos y cortos viajes de manera que llegó a convertirse en algo esencial para su pobre economía. Las propias autoridades fomentaron su uso repartiendo burros (caso de Ramírez de Fuenleal) entre los indios.

El potencial industrial de América era enorme en materias primas, pero era imprescindible mejorar los medios para su tranformación.

6. Volatería y sericultura

En el Nuevo Mundo había más de mil especies de aves pero domesticadas apenas ninguna, si exceptuamos al *guajolote* o pavo común en el área mexicana. Fernández de Oviedo escribía que en las Indias se daban «gorriones como los de Castilla; perdices como las de Castilla...». El padre José de Acosta hablaba de perdices, tórtolas, palomas torcaces, codornices y diversas clases de halcones. El cronista Juan Ruiz de Arce vio patos y tórtolas en la isla de

Cuando los españoles llegaron a América se encontraron con una fauna rica, variada y desconvenida a la que los indígenas venían representando desde antiguo. En la foto superior, águila posándose en un nopal, representación de Huntzilopochtli, dios del sol y de la fuerza de los aztecas, procedente del loda rendora. En la foto inferior, tucán de oro procedente del Perú.

Puna y faisanes en la costa de Túmbez cuando acompañaba a las huestes de Pizarro.

De las aves de corral, la gallina logró alcanzar una enorme difusión. Por sus grandes posibilidades de aprovechamiento alimenticio fue estimulada su cría, especialmente, entre los indios. De hecho, podían pagar sus tributos con aves y huevos, lo que ayudó todavía más a su expansión. En su mayoría, las gallinas fueron llevadas desde la península y desde las islas Canarias. No obstante, aprovechando la trata de negros, arribaron a las Indias gallinas procedentes de Guinea y de Cabo Verde.

Por último, cabe referirse al gusano de seda, cuya cría sólo en México alcanzó verdadera importancia.

Su introducción se atribuye a Hernán Cortés que pidió el envío de moreras desde España y las Antillas. Entre 1528 y 1531 Francisco de Santa Cruz, según la crónica de Antonio de Herrera, introdujo simiente de moreras granadinas. Poco después, el primer obispo de Nueva España, Zumárraga, solicitó el traslado de familias moriscas granadinas para que enseñaran a los indígenas los métodos sericolas.

El virrey Antonio de Mendoza demostró un especial interés por el fomento de esta actividad. En su afán de extender la cría del gusano de seda en México, concertó con el murciano Martín Cortés la plantación de 100.000 moreras. En 1542 publicó unas ordenanzas sobre el modo de labrar los géneros de seda, basadas directamente en las de Granada que en su opinión es «donde más y mejor se labra». Llevado por esta inquietud, no dudó en quejarse de que los religiosos incitaban al indio a su abandono bajo el pretexto de que faltaban a las prácticas cuaresmales, época que coincide con la cría del gusano de seda.

Hacia 1550 la producción de seda era considerable en Puebla, Pánuco, Oaxaca y la Mixteca y se había convertido en una actividad económica estable. A partir de entonces comenzó a declinar por la importación de seda china, la falta de mano de obra y, sobre todo, por el temor de la política española a que representara una grave competencia para la seda peninsular.

7. Ganadería-agricultura

Como ocurriera en España, también en las Indias se produjo un enfrentamiento entre ganadería y agricultura. Excepto algunas regiones como la de Tucumán, en general, se impusieron los intereses ganaderos.

Desde un primer momento, la Corona consideró los pastos en Indias comunes y se abstuvo de dividirlos. En consecuencia, establecida la ley el acceso franco a ejidos y dehesas y prohibía cercar los campos. En 1530, los juristas de la segunda Audiencia informaron al rey sobre la conveniencia de declarar los pastos comunes a cuyo parecer se sumó el presidente Ramírez de Fuenleal y, luego, Antonio de Mendoza.

Los métodos incas de agricultura eran los más avanzados de América a la llegada de los españoles. En la ilustración, un indio del Perú riega los campos sembrados mediante la apertura de una acequia.

Al menos hasta mediados del XVI no se encuentran reales cédulas de concesión de tierras otorgando pastos a particulares. Sin embargo, aún sin aprobación real, las autoridades municipales sancionaron por sí mismas ocupaciones de suelo realizadas de hecho por los dueños del ganado. El caso novohispano es un ejemplo típico de cómo éstos obtuvieron del propio cabildo el reconocimiento de vastas extensiones de pastos ocupados previamente sin licencia. El resultado final, como afirma Chevalier, será la «estancia» que marcará de forma decisiva la posterior historia mexicana.

El término «estancia» designaba el punto en que se detienen el hombre y el rebaño nómadas y parece evidente que implicaba el nacimiento de ciertos derechos sobre los lugares elegidos. Desde 1527 ya suele designar a un sitio destinado al ganado.

La invasión de las milpas indígenas por el ganado fue otro de los problemas que hubieron de afrontar las autoridades. Antonio de Mendoza encontró serias dificultades para impedir que las estancias se ubicaran próximas a los pueblos. Aunque los títulos de concesión incluían una cláusula prohibiendo causar perjuicios a terceros, lo cierto es que la complicidad de funcionarios reales con dueños de ganado dejó sin efecto tal medida. Entre 1541 y 1550 fueron numerosas las órdenes reales insistiendo en que el ganado no irrumpie-

En la América hispana surgirán dos realidades nuevas que aseguran el aprovechamiento de la enorme riqueza del suelo, se inaugura la propiedad de gran extensión: la estancia en relación con la ganadería y el imperio en el que se cultivaba la caña de azúcar.

ra en los campos cultivados. Pero una y otra vez, los ganaderos obstaculizaron su cumplimiento con procedimientos dilatorios.

El efecto destructivo que la expansión ganadera ocasionó a la tradicional agricultura india alcanzó mayor proporción de lo que las cifras puedan indicar ya que los ganados pastaban en zonas dos o tres veces más amplias que las concedidas oficialmente. Multitud de pueblos indios al ver sus cosechas destruidas y pisoteadas por enormes rebaños abandonaron sus cultivos.

CAPITULO **7**

LA MINERIA HISPANOAMERICANA EN LA ETAPA INICIAL (HASTA 1542)

Angel Sanz Tapia

I. LA MINERIA HISPANOAMERICANA EN LA ETAPA INICIAL (HASTA 1542)

En el desarrollo económico de la sociedad hispanoamericana, la riqueza minera de las Indias constituyó el fundamento básico, merced al importantísimo caudal de tesoros extraídos. Estos no sólo condicionaron la propia estructura económica indiana sino también la española, y por medio de ella incidieron decisivamente en el resto de Europa y en el contexto mundial, como han demostrado historiadores de la categoría de E.J. HAMILTON y P. VILARD. Ya desde los primeros contactos en época colombina la obtención de metales preciosos se convirtió en uno de los motores que hicieron posible la colonización española. Su búsqueda estuvo potenciada tanto por el deseo de poder y prestigio de los colonizadores como por el no menor interés de la Corona, que acentuó la concepción de riqueza estatal basada en la acaparación de metales y la importación hasta España.

Cuando los españoles llegan el Nuevo Mundo, algunos de los pueblos indígenas utilizan el oro y la plata en adornos.

Tal enfoque económico, calificado de metalista y mercantil importador, necesariamente tendió a favorecer la producción de oro y plata sobre cualquier otro mineral, al igual que estimuló la explotación de los yacimientos de esmeraldas y las pesquerías perlas. Las cifras de exportaciones americanas a España por tales conceptos, tanto en la etapa inicial de tanteos e inexperien-

Grabado en el que se representa a Francisco de Córdoba con sus hombres navegando a lo largo de la costa de Yucatán. Las piezas mayas de oro que fueron halladas en la expedición avivaron el interés por la búsqueda del metal precioso y la preparación de nuevas campañas de exploración.

cias, como sobre todo entre 1531 y 1700, testimonian rotundamente este hecho, pues los valores del oro y la plata supusieron más del 90 % de la cuantía total. Ello significó que durante la etapa hispana, paulatinamente, se pusieran en actividad gran número de minas y yacimientos de metales preciosos (oro, plata, platino), de metales útiles (mercurio, cobre, hierro, estaño y plomo) y de esmeraldas, sal, salitre, azufre y cal. Sin embargo, el proceso de organización dirigido a una explotación minera regularizada y ordenada se fue confirmando y configurando poco a poco, a tenor de las experiencias que se obtenían y, evidentemente, según los descubrimientos de las riquezas minerales, y puede decirse que la legislación referente a la minería siguió un ritmo paralelo. Las minas americanas fueron inicialmente monopolio de la Corona, consideradas propiedad real y en consecuencia sólo ella podía explotarlas; sin embargo, ante las dificultades económicas de su laboreo, fundición y gastos del personal encargado y la exigencia urgente de un rendimiento inmediato se acabó cediendo la explotación a particulares, a cambio del pago de un derecho, que solía ser el quinto del metal obtenido, pero que fue rebajado sensiblemente según lugares y épocas.

El aprovechamiento directo por la Corona fue muy limitado y únicamente puede destacarse la extracción del mercurio de Huancavelica (Alto Perú), aunque en condiciones muy especiales. Así pues, en la práctica, la extracción quedó en manos de la iniciativa privada, reconocida tácitamente a partir de 1592, cuando se dispuso que se concediese la propiedad de la mina a su descubridor, a cambio de un laboreo continuado y la entrega del derecho correspondiente. Ya en el siglo XVIII se arrendaron ciertas explotaciones a gremios mineros y, en algunos casos, se hicieron asientos en pública subasta. Eso sí, se dictaron determinadas leyes para garantizar el control estatal así como se nombraron funcionarios encargados de la legalidad de las operaciones de trueque, explotación y fundición, y después oficinas de ensayo y Casas de la Moneda, lo cual sin embargo, no permite hoy día cuantificar con cierta exactitud el volumen de la producción minera, debido a causas diversas, fundamentalmente la ocultación, la circulación libre de metal no quintado (es decir, no presentado en las oficinas reales para separar la parte correspondientes a la Corona) y la salida ilícita a manos de extranjeros contrabandistas e incluso de españoles.

En la realidad, el tesoro minero del continente americano superó totalmente las más optimistas fantasías que el propio Colón pudo nunca haberse forjado, si bien por cuanto al oro se refiere su etapa de auge se concreta la siglo XVI, siendo superado en las centurias siguientes por la plata. El señuelo de los primeros trueques con los aborígenes desbordó una fiebre de búsquedas que, a compás de los descubrimientos, llevó a agotar los yacimientos antillanos, luego al istmo (bien expresivo es el nombre de Castilla del Oro) y actuó como determinante en las conquistas de México y Perú, culminando en El Dorado neogranadino con las más ricas minas que, paradójicamente, fueron las peor explotadas. En suma, el proceso de obtención del oro especialmente fue paralelo a la expansión colonizadora y las primeras remesas enviadas a España procedían de los objetos de orfebrería indígena y de la explotación de los placeres y pequeños yacimientos de las Antillas. En las islas tuvo lugar el primer ciclo del oro americano que, enlazado con la expansión al área ístmica, proporcionaría ya las primeras grandes remesas, anteriores al hallazgo de las minas más ricas.

Cuando los españoles toman contacto con la cultura azteca se sienten deslumbrados por las riquezas de sus tesoros auríferos y la abundancia de piezas del metal precioso con que adornaban sus cuerpos o decoraban sus palacios y templos. En la imagen, medallón de oro macizo del dios azteca de los muertos.

El oro estaba prácticamente disperso por gran parte de Hispanoamérica, si bien variando en cuantía y tipo de yacimiento; se hallaba más frecuentemente en polvo o pepitas, sedimentado en los cauces fluviales, y asimismo en minas, bajo forma de cuarzo aurífero. Las técnicas de obtención variaron desde el lavado de arenas, de que resultaba una masa mezclada con rocas y ácidos de hierro (*jagua*), que era preciso tratar mediante amalgama para proceder a su destilación y fundición hasta la trituración del cuarzo aurífero por molinos hidráhulicos y su posterior lavado. Muchos yacimientos se agotaron pronto y otros –especialmente en Nueva Granada aunque fuera ya del período que nos ocupa– no dieron el rendimiento que les correspondía por causas muy diversas, desde la falta de mano de obra hasta la escasez de capitales para inversión minera o la mejor rentabilidad de la mina argentífera. Las explotaciones de plata fueron aún mas importantes que las de oro, pero a partir de 1560, cuando desempeñaron el papel principal en la producción global de metales preciosos. Su extracción no comenzó hasta las conquistas de México y Perú, merced al hallazgo de importantes yacimientos en ambas áreas. La plata americana se hallaba en estado nativo o más frecuentemente bajo forma de galenas argentíferas y otros minerales compuestos, de lento y costoso laboreo. Las técnicas iniciales consistieron en la oxidación o quema del mineral en hornos castellanos o indígenas –*huairas* en el Perú–, seguida de fundiciones sucesivas para separar la plata de los otros metales. Procedimiento dificultoso y caro en combustible que se abandonó al aplicarse una nueva técnica: la amalgamación con mercurio, teóricamente ya conocida en Europa, pero no introducida en los territorios americanos hasta 1552.

En la etapa que engloba desde el descubrimiento hasta 1542 no puede hablarse estrictamente de explotaciones mineras, salvo en ocasiones en México y Perú, sino más bien del aprovechamiento de yacimientos o de la fundición de piezas orfebres indígenas que se obtenía por rescate o como parte del botín de conquista. Técnicamente, pues, la minería no se organiza como tal, ni siquiera en el plano legislativo, hasta la mitad del siglo XVI, con la aplicación de métodos rentables y la promulgación de normas específicas. Así, el primer sistemas para obtener metales preciosos fue el trueque de los objetos que poseían los indios por otros –collares, utensilios de metal, vidrios, cerámica, telas y abalorios– llevados por los hispanos para tal fin, y también la apropiación forzosa, previo enfrentamiento armado o como consecuencia de la conquista. Después se pasó al beneficio de los placeres auríferos, y más tarde, localizadas las minas, a su explotación.

En general, los aborígenes americanos desconocían la moneda, los metales preciosos no son empleados como medida común de valor. Sin embargo, en algunas zonas de altas culturas se utilizaban algunos objetos especiales para los cambios o trueques: almendras de cacao, objetos de plumas, mantas de algodón, hachas estilizadas de cobre e incluso canutos de pluma llenos de polvo de oro.

II. LA EPOCA COLOMBINA

Durante el gobierno de Colón no puede hablarse propiamente de minería sino de obtención de metales, oro exclusivamente, mediante el rescate o el lavado de arenas auríferas en los ríos antillanos. Además, su propiedad era, según el texto de las Capitulaciones de Santa Fe, 1/10 parte para el Almirante y el resto para la Corona castellana, una vez libre de gastos. No obstante, el valor del trueque de objetos de oro realizado en los primeros años del descubrimiento no respondió a las esperanzas despertadas por las exageradas noticias colombinas y ni siquiera cubrió los gastos de organización de la flota de 1494, pues no rebasó los 30.000 ducados. La necesidad de un mayor rendimiento llevó a la imposición de un tributo a los indios de las regiones del Cibao y la Vega Real mayores de 14 años consistente en la entrega de un cascabel de oro en polvo cada tres meses, lo que tampoco dió resultado económico notable sino más bien acentuó el descontento indígena e inició la ruptura de las relaciones pacíficas. En tanto se descubrieran las deseadas –e inexistentes– minas, el metal se obtenía mediante el lavado de arenas auríferas de algunos ríos por el método de bateado, cuyo resultado era polvo o granos de oro generalmente de pequeño tamaño, sistema que se intentó perfeccionar incluso enviando a algunos especialistas desde España, pero sin éxito. A la par que los beneficios auríferos no rendían lo esperado se fueron deteriorando las relaciones entre Colón y sus subordinados debido a que el sistema de factoría empleado por el Almirante suponía exclusivamente su ganancia y la de la Corona, marginando al resto de los integrantes de la empresa, que debían limitarse a ser meros funcionarios a sueldo. El choque con la práctica castellana de participar a reparto llevó a la rebelión de Francisco Roldán apoyado por un numeroso grupo y con ello al fracaso del gobierno colombino, a pesar de haber mejorado ligeramente la producción empleando mano de obra indígena. La sustitución en 1500 de Colón por Francisco de Bobadilla supuso un leve aumento de las extracciones de oro, pues se menciona para 1501 la cantidad de 276 kg., logro debido a que se permitió la propiedad íntegra de todo el metal conseguido por el laboreo particular de cada individuo, aunque los indios seguían participando en el trabajo.

III. EL AUGE AURIFERO ANTILLANO

El cambio de Bobadilla por el nuevo gobernador Frey Nicolás de Ovando y la orientación pobladora que la Corona castellano fomentó a partir de

El oro se obtenía mediante el lavado de las arenas en «bateas» con mano de obra indígena. Así los costes de producción eran bajísimos pero el descenso demográfico entre los indios, brutal. En el grabado del siglo XVI, el autor europeo imagina esta ocupación a cargo de un grupo de indios.

entonces supuso alcanzar un ritmo de producción de oro más alto, si bien a costa de un descenso demográfico acelerado de la población india, al institucionalizarse el sistema de encomienda. Esta era, teóricamente, la relación entre el español y el indígena en la cual el primero debía educar en la fe cristiana y en las costumbres civilizadas al nativo antillano a cambio de que éste trabajara para él. Así, mientras cierto número de indígenas se ocuparon en abastecer de alimentos a los españoles, la gran mayoría restante fue destinada al laboreo de yacimientos: las instrucciones oficiales a Ovando de 1503 precisan este aspecto señalando que se les pagará un jornal, y las denominadas «instrucciones secretas» o privadas, también de la misma fecha, acentúan el interés de la Corona en la obtención del oro mediante dicho sistema. En ese año se ordena la creación de dos Casas de Fundición junto a las minas de San Cristóbal y Concepción, y que el porcentaje destinado a la Hacienda real se reduzca de 1/2 a 1/3 del metal extraído, rebajado después en 1505 a 1/5. El ritmo de extracción fue creciente y en 1508 se menciona la cantidad de 5.000 pesos en tres días, referencia indicativa de una explotación de las minas al máximo, lo que suponía una situación similar para los indígenas que las trabajaban. Los incentivos durante la época ovandina fueron grandes en favor de la minería, e incluso se llegaron a arrendar las minas de cobre descubiertas, si bien mucho menos interesantes que las de metal áureo.

En cuanto al resto del territorio americano descubierto hasta entonces por navegantes españoles en los viajes de «descubrimiento y rescate» y sucesivos hgasta 1508, la búsqueda de oro fue una claúsula más. aunque obviamente del mayor interés, entre las normas senaladas por la Corona para el comercio con esas nuevas tierras. La parte señalada para la Hacienda real varía según el fin del viaje fuera descubrir o poblar, o tuviere compensación por determinadas circunstancias (fracaso de anteriores empresas, etc.) pero oscila siempre entre el cuarto (Vélez de Mendoza, 1500-1501, o Rodrigo de Bastidas, 1500-1502) y el sexto (Diego de Lepe, 1501) del total obtenido, siendo más frecuente el quinto, equiparándose por tanto a la exigencia en La Española en estas fechas, si bien a veces se distingue entre el oro de rescate con los indios y el de yacimientos, cuya búsqueda se estimulaba. No obstante, salvo el caso de Rodrigo de Bastidas, que recogió un importante tesoro por trueque en la costa colombiana (estimado en 150.000 pesos), las demás empresas tuvieron nulo o escaso éxito.

Durante el gobierno de Diego Colón (1509-1514) se alcanza el punto más alto del rendimiento minero del oro en la Española, para iniciarse ya la decadencia: la explotación siguió a un ritmo creciente gracias al trabajo indígena y a la incorporación de supuestos indios caribes (tenidos por caníbales) como esclavos, lo cual no impidió que el agotamiento del metal y de la mano de obra se hiciera sensible a los pocos años. Se permitió a los descubridores de minas la explotación libre durante un año, y a partir de 1511 durante dos, pasando luego a propiedad de la Corona. Por otra parte, el desplazamiento de muchos pobladores hacia las islas vecinas (Cuba, Puerto Rico y Jamaica), cuya conquista y colonización se inició en esta etapa, llevó asímismo idéntico afán de explotación minera, En la Española, en agosto de 1515, y aunque ya se había iniciado el descenso, se obtuvo oro por valor de 37.000 pesos.

El rescate *fue el primer sistema al que apelaron los españoles para obtener oro: consistía en cambiar el metal precioso que poseía el indio por ciertos objetos europeos que atraían su curiosidad.*

Se ampliaron así las perspectivas mineras, siempre centradas en el metal áureo, y siguiendo la misma pauta que en La Española: adquisición de piezas metálicas por trueque o forzadamente, localización de los yacimientos, explotación acelerada mediante los propios indios y, en consecuencia, agotamiento muy rápido de los filones de mineral. En Puerto Rico, Juan Ponce de León ya desde 1509 se orienta principalmente tras la riqueza aurífera: los yacimiento de Cebuco y Manatuabón llevaron a la fundación de algunas villas y luego se descubrieron minas en San Germán; el rendimiento fue prometedor desde el principio y a fines de 1510 contaba ya con fundición y con un tercio de los indios destinados al trabajo minero, Ponce de León formó sociedad con la Corona mediante el pago a ésta del quinto real y el reparto a mitades del oro restante. La producción de Puerto Rico alcanzó su auge en 1515, decayendo después en el decenio de 1520, y llegó a suponer, según estimación de A. SZASZDI, un total de 600.000 pesos entre 1510 y 1519.

En el caso de Cuba, las explotaciones del oro van a la par que el dominio de la isla: la etapa inicial se centró en los pequeños yacimientos de Baracoa, agotados los cuales Diego Velazquez y Pánfilo de Narvaez dirigieron campañas de sometimiento de los aborígenes, estableciendo fundaciones y encomiendas, algunas junto a yacimientos auríferos, como Sancti Spíritus en el río Arimao, o en el río Cubanacán y otros de menos importancia. La mano de obra minera fueron indígenas encomendados, y la riqueza, menor que en las dos islas anteriores, aportó 180.000 pesos entre 1511 y 1516. La fundición de Santiago recogió en 1519 104.855 pesos y aunque el laboreo prosiguió en los años siguientes, el atractivo del istmo panameño y las oportunidades que ofrecía México acapararon a los colonizadores y en consecuencia restaron interés a la minería cubana. Jamaica, en cambio, apenas aportó más oro que el escaso disponible por sus aborígenes llegado por trueque con el exterior, por lo que no puede hablarse de minería.

Después de 1516, durante el gobierno de los Pl. Jerónimos, las islas especialmente Santo Domingo experimentaron un descenso muy acentaudo en la extracción aurífera, originado tanto por el agotamiento de las minas como por la escasez de mano de obra india, en proceso acelerado de extinción, de modo que hacia 1525 la etapa del oro antillano había concluído, siendo sustituída por otras dedicaciones económicas, como el cultivo de la caña de azúcar o la ganadería.

IV. CASTILLA DEL ORO

A partir del accidentado establecimiento de Vasco Nuñez de Balboa y sus compañeros en el istmo panameño en 1510 se inició la colonización de Centroamérica y con ella la búsqueda de metales preciosos. Balboa, a pesar de no contar con instrucciones reales, aplicó la tradicional separación de 1/5 para la Corona del oro de trueque, proporción que se mantuvo en las normas dadas a Pedrarias Dávila para el gobierno de la región, donde también se apuntaba la encomienda y el destino de los indios a los lavaderos de mineral y a las minas. Inicialmente, Balboa fomentó el rescate pacífico del oro en poder de los indios y recogió noticias sobre la riqueza minera de la tierra, a tal punto que ello incidió en la denominación de Castilla del Oro; en 1510 remitió al Rey oro por valor de 20.000 *castellanos* y en 1515 80.000 pesos. La llegada del gobernador Pedrarias Dávila y las dificultades y conflictos surgidos entonces no favorecieron las posibilidades de explotación minera y únicamente mediante entradas violentas en los dominios de los caciques se obtuvieron ciertas cantidades de metal por saqueo, botín o entrega forzosa. Tal actitud, que provocó la hostilidad y la huida de los aborígenes, imposibilitó un trabajo minero regularizado, a pesar de que temporalmente se descubrían minas, calificadas por lo general de «muy ricas», que sólo cuando se consolidó un cierto dominio del territorio se pusieron en explotación.

Cuando las arenas auríferas de alguna de las islas antillanas se agotan, inmediatamente otras pasan a ser explotadas. Las Antillas son el primer centro minero de la conquista, pero una vez que son descubiertas otras ricas culturas —México, Perú— se convierten en simple lugar de paso hacia el continente.

Entre 1520 y 1530 la extracción debió alcanzar los rendimientos más altos, ya con indios incorporados y una estructura adecuada (Casas de Fundición, vehedores, etc.) y se añadieron nuevos yacimientos de oro y de plata (Olancho, Guayape, S. Andrés, León de Nicaragua, Trujillo y otros) a los ya explotados por Pedrarias. Sin embargo, mucha no debió ser la rentabilidad cuando los documentos de la época insisten en la despoblación, ya que numerosos vecinos se fueron al Perú atraídos por su mayor riqueza, y quienes quedaron se quejaban de la pobreza de la tierra por falta de medios de trabajar las minas, la disminución de los indios por epidemias y agotamiento, etc. La Corona concedió una rebaja en sus derechos del quinto al décimo para estimular la producción pero de todos modos hacia 1560 ésta era ya muy reducida. El cálculo de C. HARING estima una media anual para América Central de unos 25.000 pesos de oro.

V. MEXICO

En el caso mexicano, las primeras muestras se obtuvieron de manos indígenas en las expediciones previas a la empresa de Hernán Cortés: la de Hernández de Córdoba en 1517 apenas recogió algún objeto de oro como muestra, en tanto que Grijalba tuvo más fortuna, y sus noticias originaron gran interés por la costa mexicana. Hernán Cortés tenía instrucciones de Velázquez para «descubrir el secreto de la tierra», es decir, si había minas ricas, además de rescatar y si convenía poblar, y según el desarrollo de la conquista los presentes de oro indígenas dieron buenas muestras de tal realidad, haciendo ver a los españoles la existencia de un fabuloso tesoro en poder del monarca azteca, Moctezuma. Todo el oro y plata entregado por éstas a Cortés fue remitido a España como presente al emperador Carlos y después los hombres de la hueste recogieron también una importante cantidad en piezas orfebres que, sin embargo, se perdió casi en su totalidad cuando la huida de Tecnochtitlán en la «noche triste». Ya tomada la ciudad, se logró reunir unos 380.000 pesos de oro fino, remitiendo de ello un quinto al monarca y repartiéndose lo restante.

Los yacimientos auríferos extendidos desde México hasta Chile se encontraban por lo general en lechos de ríos, formando depósitos sedimentarios de oro nativo, ya en forma de pepitas, ya en polvo. Cuando el río era de aguas transparentes y de poco caudal, la extracción del oro era fácil; pero si no se daban estas circunstancias era necesario dejar seco el cauce y cavar hasta llegar a la capa sedimentaria aurífera.

Inmediatamente se organizaron expediciones en busca de las minas de oro que, según referencias del emperador azteca, existían en Tehuantepec, Zacatula y la región oaxaqueña, pues los aztecas recibían tributos en oro de dichas regiones. (Tuxtepec, Coayxtlahuacan, Tlachquianco, Coyolapán, Xoconochco y Cihuatlán). El resultado de estas empresas fue positivo tanto en la localización de ciertos yacimientos como en la fundación de algunas villas, e incluso en la exploración de algunas áreas no dominadas por los aztecas, como Michoacán, donde los tarascos disponían de importantes minas de oro. A pesar de todo, la explotación minera se extendió paulatinamente, basándose en la mano de obra indígena, o esclava o libre, de que disponían los encomenderos y con una legislación modificada y ampliada a tenor de las circunstancias. Así, en 1522 se reguló que los vecinos de México pagaran a la Corona sólo el décimo del oro adquirido, durante dos años, para luego aumentar gradualmente hasta llegar al quinto; en cambio, en 1526 se estableció esta última proporción como fija; también en ese año la Corona estableció la libertad de explotación minera para todo español o indio que quisiera, y que los indígenas sólo trabajaran en las minas voluntariamente y mediante un

Hernández de Córdoba trajo en su expedición de 1517 muestras de piezas de oro como las de la ilustración, hechas por los mayas.

salario. La normativa minera se fue completando en diferentes momentos, especialmente con las Ordenanzas del virrey Mendoza de 1539 y sobre todo con las de 1550, al igual que la estructura económica de financiación (cuadrillas, préstamos, etc.), las técnicas de explotación (llegada de expertos alemanes para la extracción de platas, en 1535, cuando aún no se conocía el procedimiento de la amalgama con mercurio) y el ordenamiento fiscal (persucución del fraude en el registro y quintado del metal, etc.). Es notorio consignar que desde 1536 comenzó a funcionar la Casa de la Moneda en la ciudad de México.

En minerales la Nueva España resultó muy abundante y aunque en principio el oro tenía mayor preeminencia, a partir de 1530 los descubrimientos de minas de plata cada vez más numerosos demostraron un mayor porvenir. Se conocía también la existencia de cobre y estaño (el propio Cortés obtuvo así bronce para hacer cañones) y de hierro, si bien escasamente explotados en razón de su menor rentabilidad. Hernán Cortés disfrutó de minas de oro en Tasco, Sultepec, Zacatecas, La Quebrada, Cata Rica, La Albarrada y otros lugares; además existieron otros yacimientos principalmente en Oaxaca y en Michoacán. Los hallazgos de minas de plata siguieron este orden: Morcillo (Jalisco, 1525), Villa del Espíritu Santo (Nayarit, 1526), Zacualpán, Sultepec (México, 1530), Zumpango (Guerrero, 1530), Tasco (Guerrero, 1534) y poco después Tlalpujahua (Michoacán) y Amatepec (México), algunas de ellas pronto agotadas o abandonadas por no ser rentables. Con todo, las minas más famosas aparecieron luego de 1546, como Zacatecas, Guanajuato, Pachuca o San Luis Potosí, pero México en 1540 se había confirmado como potencia argentífera americana, sólo superada posteriormente por la inmensa riqueza del Potosí peruano. En cuanto a la estimación de la producción de metales preciosos en México durante esta primera etapa, las cifras aproximadas que ofrece C. Haring entre 1521 y 1544 son: Para el oro un total de 3.230.000 pesos der oro fino y para la plata 2.200.000 pesos de igual calidad.

VI. PERU, ECUADOR Y NUEVA GRANADA

En la empresa de conquista del Perú, el atractivo del oro en manos indígenas y la expectativa de localizar nuevas minas movilizaron los esfuerzos de las primeras expediciones hacia el sur de Tierra Firme; la primera de Francisco Pizarro en 1524 no reportó ningún beneficio, y la siguiente, dos años después, dió pruebas de la existencia de un país que prometía grandes riquezas. No obstante, hasta la definitiva empresa de 1531 no se obtuvieron muestras importantes de metales preciosos: en la zona ecuatoriana de Coaque, Pizarro y sus compañeros lograron un botín de unos 13.000 pesos de oro, y más adelante, en la isla de La Puná, un total de 7.230 pesos y otro conjunto por valor de 10.200 *castellanos*, todo ello luego de fundidos los objetos indígenas. La cuantía mayor se alcanzó de una sola vez en Cajamarca en 1533, como rescate del inca Atahuallpa, quien mandó reunir un fabuloso

Grabado europeo de la época, en el que el autor imagina a los indios castigando la codicia de oro de los conquistadores mediante la muerte, el descuartizamiento y, en el primer plano, haciéndoles beber oro derretido.

tesoro superior al millón de pesos de oro fino (1.114.125 según certificó el secretario de Pizarro), del cual se entregó al rey 153.000 pesos más 8 vasos y un ídolo todo de oro. Después de la entrada en el Cuzco, la capital incaica, se hicieron fundiciones con el metal del botín, una de las cuales, en marzo de 1534, aportó un monto de 580.000 pesos, y en septiembre de 1535 otra reunió unos 50.000.

Tras el dominio del territorio, Pizarro efectuó el reparto de indios en encomienda a los conquistadores y se localizaron algunas minas aunque su explotación no tuvo el efecto deseado por causa de los conflictos entre almagristas y pizarristas y las guerras civiles consiguientes. Las primeras extracciones de oro estuvieron en las minas peruanas de Carabaya y Oruro, y en Chuqiabo y Chayanta en la región boliviana, en tanto que cerca del Cuzco se trabajaron también los yacimientos de Sangamán, Comaco y Huamanga, si bien la producción más cuantiosa y continuada fue la del Carabaya y con posterioridad a 1540. El total para las fechas de 1531 a 1545, en cifras de A. SZASZDI, alcanzó los 4.545.000 pesos de oro fino. La plata comenzó a explotarse también pero su auge arranca del hallazgo de las minas de Porco y sobre todo del cerro rico de Potosí, ya en 1545.

De las expediciones derivadas de la conquista peruana, la anexión del territorio de Ecuador aportó asímismo una importante producción de oro, que alcanzó entre 1535 y 1541 los 105.200 pesos de oro fino, si bien el rendimiento fue superior en las décadas siguientes. La conquista de Nueva Granada también aportó, lógicamente, interesante cuantía por medio del botín de guerra y más tarde por explotación directa de las riquísimas minas de Popayán, Cartago, Antioquia y Santa Fe. Como referencia, se calcula que durante la conquista de Bogotá, la cantidad adquirida más lo entregado por el cacique, y lo recogido por Federmann y por Pérez de Quesada en Tunha sumaron unos 190.000 pesos, y el botín de Pedro de Heredia en Cartagena en 1534 ascendió a 450.000 pesos. Finalmente, el ámbito chileno y el resto del territorio americano no proporcionaron en esta etapa inicial apenas rendimiento en metales preciosos.

La minería más importante en el Nuevo Mundo fue la argentífera. *En el siglo* XVI *se explotan las vetas de plata más ricas y por ello, el rendimiento es mayor. En un principio se obtuvo la plata por oxidación pero a partir de 1555, gracias al sevillano Bartolomé de Medina, se empleó el procedimiento de* amalgama.

VII. APROXIMACION AL TOTAL PRODUCIDO

El más reciente estudio global sobre este tema, que corrige y precisa los anteriores de C. HARING, E.J. HAMILTON y A. SOETBEER, ha sido realizado por A. SZASZDI, del cual tomamos las cifras siguientes, señalando que el peso de oro puro valía 450 maravedís hasta 1559.

Para el oro, la distribución por áreas y periodos se ha expresado así:

A) *1501-1520:* Engloba el ciclo antillano, así como las primeras remesas procedentes del istmo, y alcanzó un total de 3.987.202 pesos de oro fino, y su equivalente en peso sería aproximadamente de 17.335 kilos.

B) *1521-1530:* Fin del ciclo antillano, explotación del istmo y conquista de México. Las cifras en valor ascienden a 2.734.100 pesos, superando el índice de las dos décadas anteriores.

C) *1531-1545:* Período del más alto rendimiento de las minas mexicanas, conquista del Perú, y comienzo de la extracción en diversas zonas de Perú y Nueva Granada:

México	1.813.687 pesos de oro fino.
Perú	4.545.019 pesos de oro fino.
Resto de América	4.026.214 pesos de oro fino.
Total de América	10.384.920 pesos de oro fino.

Reunidos los tres apartados anteriores A), B), y C), se alcanza un total de 17.106.222 pesos.

La cantidad de plata recogida en América entre el momento del descubrimiento y 1540 fue menor que la de oro, por el mayor interés hacia éste y porque las explotaciones argentíferas de gran rentabilidad se hicieron después de esa fecha. El peso de plata ensayado equivalía a 1/5 de marco y en maravedíes. El peso de plata ensayado equivalí a 1/5 de marco y en maravedíes a 450 también. El valor de la plata extraída en América hasta 1540 fue de 4.504.511 pesos ensayados, de lo cual 1.407.915 corresponde al área mexicana y 3.096.596 al Perú.

El procedimiento de amalgama *para la obtención de la plata requería la existencia de* azogue. *En principio el* azogue *era traído de España; en México no se encontraron yacimientos de valor, pero en Perú, se descubrió una mina de azogue en Huancavélica (1564) y desde allí también se llegó a exportar a México.*

BIBLIOGRAFIA

P. Vilard: *Oro y moneda en la Historia (1450-1620)*. Barcelona, 1969.

E.J. Hamilton: *El tesoro americano y la revolución de los precios en España, 1501-1650*. Barcelona, 1975.

M. Bargallo: *La minería y la metalurgia en la América Española durante la época colonial*. México, 1955.

C. Haring: *La producción americana de oro y plata en la primera mitad del siglo XVI*. «Boletín de la Cámara de Comercio de Caracas (Caracas), 80 (1920).

D Ramos: *Minería y comercio interprovincial en Hispanoamérica (siglos XVI, XVII y XVIII)*, Valladolid, 1970.

A. Szaszdi: *Preliminary estimate of gold and silver production in America. 1501-1610*. En *Precious metals in the age of expansion*. Colonia, 1981.

M. Leon-Portilla y otros: *La minería en México*, México, 1978.

CAPITULO 8

LA POLITICA COMERCIAL AMERICANA DE LOS PRIMEROS AÑOS

Jesús Varela Marcos

1. La política comercial americana de los primeros años

La reglamentación del comercio con América surge antes de su descubrimiento. En la cuarta concesión de las capitulaciones de Santa Fe, está ya regulada su práctica, de forma que la Corona y Colón aparecían como los beneficiarios del monopolio del mismo, en un sistema comercial mixto, aunque no exclusivo, que vino a perfilarse ya en la cédula de Medina del Campo de 1497.

El método que se pensó era doble, tanto la normal compraventa, como el de rescate, seguramente a imitación del practicado por la corona de Portugal, para con los pueblos menos habituados. Para hacerse cargo de las adquisicio-

Las capitulaciones de Santa Fe ya regulaban la política comercial a seguir en las tierras descubiertas. En ellas, los beneficiarios del monopolio comercial eran el descubridor Cristóbal Colón y la Corona de Castilla, que lo había autorizado y apoyado en la empresa del descubrimiento.

nes que se hicieron para el segundo viaje, se establecieron en Sevilla unos oficiales reales, que en lo sucesivo, estarían ya al frente de todos los despachos, como se contempla en la instrucción del 29 de mayo de 1493.

Los problemas surgidos en La Española entre Colón y los castellanos, la quiebra del sistema denominado «de factoría», y la magnitud entrevista de la realidad americana, hicieron cambiar a los Reyes Católicos el planteamiento, sobre todo al conocer que Colón había introducido mercaderes genoveses en la isla. Por eso se pretendió, por la cédula de 1503, excluir del comercio indiano a todos los que no fueran súbditos de la Corona de Castilla, como luego, por las instrucciones que se enviaron a Nicolás de Ovando al tratar de crearse la sociedad ideal se excluía la actividad comercial, para evitar que los especuladores con los artículos de primera necesidad acumularan los beneficios de los mineros y cultivadores.

Sin embargo era imposible mantener el monopolio en los beneficios de la Corona-Colón, y resultaba muy difícil el autoabastecimiento de los núcleos de población erigidos en la isla Española, lo que hizo necesario los envíos desde la península. Esta realidad la corroboran las penalidades, el hambre y muertes de los hombres del segundo viaje colombino. A estos problemas de tipo económico y comercial se les unieron otros de índole político, que se analizan en el apartado correspondiente.

Esta situación difícil llevó a los Reyes de España a tomar nuevas decisiones en materia de comercio, que paliasen, lo más brevemente posible, la situación de pobreza que se padecía en las islas del Caribe, sobre todo en La Española. Encaminado a este fin, fue el sistema de asientos que la Corona firmó en Valladolid el nueve de abril de 1595 con Juanoto Berardi, para enviar a La Española 12 navíos de 900 toneladas cada uno al precio de 2.000 maravedís por tonelada, con el propósito de resolver el angustioso problema de la falta de alimentos. El contrato se cumpliría en dos envíos anuales de cuatro barcos cada uno, y de las cuatro naves de cada expedición sólo regresarían dos con la carga de la Corona «porque los otros dos navíos han de quedarse a descubrir».

Los mercaderes castellanos tuvieron desde los primeros tiempos del comercio americano una destacada actuación en el mismo. Ya en 1509 estaban establecidos en Sevilla e Indias o trataban en dichos lugares a través de comisionistas o factores.

Debemos subrayar que este asiento se firmó un día antes de la ordenanza que abría el comercio americano a todos los españoles, sin embargo, sus cláusulas eran tales, que anulaban, en parte, la efectividad de la ordenanza del día siguiente, 10 de abril de 1495, por la que se abrieron los territorios americanos a los españoles. El único requisito para poder comerciar con Indias era pasar el registro del navío en el puerto de Cádiz, antes de partir para el Nuevo Mundo, y volver al puerto de partida.

La Corona pretendió hacer compatible la política de libertad con el justiprecio, por lo que se reservó la posibilidad de cargar en los barcos un diez por ciento de su capacidad, del mismo modo que quedaban obligados a pagar el diezmo de los beneficios que se obtuvieron, porque esa cantidad había de satisfacerse al Almirante por sus derechos.

Esta política liberal en el comercio permanece vigente hasta 1499, año en que la Corona se plantea impulsar los descubrimientos, y pone en práctica el sistema de Viajes de Reconocimiento y Rescate. El nuevo método tenía como pretensión una doble finalidad: ampliar los conocimientos geográficos, para saber exactamente lo descubierto por Cristóbal Colón; y una segunda, muy importante, que otros viajes tuviesen una misión comercial con la que poder sufragar los gastos de la expedición.

Este doble objetivo se reflejaba en las capitulaciones, documento que otorgaba la Corona a un particular concediendo licencia para efectuar el viaje con una serie de condiciones reflejadas como cláusulas del contrato. Con estas capitulaciones de descubrimiento y rescate viajaron Alonso de Ojeda, que fue el primero en navegar así, Vicente Yáñez cuyas cláusulas comerciales contemplaban «... e si algo de ello vendieredes o enajenar o cambiar quisieredes e dello disponer, que podades faser libre o francamente e esentamente syn que por ello devays de pagar ni pagades ninguno derechos ni alcavalas ni almoxarifazgo ni imposiciones ni otras contribuciones algunas, syno que todo sea libre e franco de otras cualesquier costos...». Por esta cláusula no debía pagar más derechos que el quinto, sin almojarifazgos ni alcabala. Así mismo viajaron Alonso Vélez de Mendoza, Bastidas, Diego de Lepe, Escalante hasta un total de 40 capitulaciones otorgadas hasta el año 1536.

Esta modalidad de comercio y descubrimiento facilitaba al descubridor

año	navíos	toneladas	destino–
1504	3	300	Sto. Domingo
1506	23	2.210	P. Plata, Sto. Domingo
1507	34	3.400	P. Plata, Sto. Domingo
1508	45	4.480	P. Plata, Sto. Domingo
1509	32	3.200	P. Plata, Sto. Domingo

Tabla I: Navíos del comercio americano (1504-1509).

una exclusiva, a partir de 1501, garantía de su inversión y esfuerzo, si bien, por otro lado, coartaba, en parte, la libertad disfrutada hasta el momento, por cuanto obligaba a un contrato particular con la Corona. Se puede considerar, en la práctica, el año de 1501 como el fin de la etapa de libre comercio.

Con el fin de centralizar todos los problemas del comercio, que se esperaba realizar con las Indias, y evitar una dispersión de competencias, y posibles concesiones comerciales a súbditos no españoles, ante la inminente llegada al trono de Doña Juana la Loca, se crea el 20 de enero de 1503 la Casa de la Contratación en Sevilla, con el fin de reglamentar y entender en todos los asuntos relacionados con Indias.

Al cargo de la Casa se puso un factor, hombre que debía entender en los temas comerciales, el primero fue Pinelo, a quien le ayudaba un tesorero, en este caso Matienzo, y ambos contaban con los servicios de un escribano contador, cargo que recayó en Jimeno de Briviesca.

A este sencillo equipo la Corona encomendó la misión de regular y gobernar, en su nombre, todo el comercio. La Casa de la Contratación irá evolucionando, pero conservará siempre el encargo de preparar las expediciones y de detentar el régimen de puerto único, y más específicamente del puerto de Sevilla. Es así como en 1503 terminaron los diez años de primacía del puerto gaditano.

El 20 de enero de 1503 se funda la Casa de Contratación en Sevilla, de la que salieron importantes reglamentaciones para el comercio de las Indias. La Casa era encargada de los envíos, de las licencias de paso de emigrantes y de la autorización del comercio con el Nuevo Mundo.

En el período que va desde la fundación de la Casa de la Contratación al reinado de Carlos I, esta institución se fortalece y va creando su método de actuación. El nuevo monarca se mostró partidario de volver a la libertad comercial aunque parcial y condicionada. Así fundó la Casa de la Contratación

Precios de algunas mercaderías en América

año	producto	precio	lugar
1520	terciopelo	3 pes. vara	Santiago de Cuba
1520	Caballo	320 pesos	Nueva España
1520	raso	3 pes. vara	Santiago de Cuba
1520	aceite	20 rls.arrb.	Santiago de Cuba
1521	vino añejo	15 ps.pipa	Santo Domingo
1521	harina	7,5 ps.	Santo Domingo
1521	raso carmesi	17 ps.	Santo Domingo
1521	negros	80 ps.uno	Santo Domingo
1521	negros	135 ps.dos	Santiago de Cuba
1521	caña	1 duc.arrb.	Jamaica
1521	Camisas Ruan	1p.18rls.	Santiago de Cuba
1521	zapatos	de 6 a 8rls.	Santiago de Cuba
1521	alpargatas	10 granos	Santiago de Cuba
1521	vino añejo	12 ps.	Santiago de Cuba
1522	vino	50ps.pipa	Santiago de Cuba
1523	vino	30ps.pipa	Santiago de Cuba
1523	camisa Ruan	1.5 ps.	Santiago de Cuba
1523	harina	20-25 ps.pipa	Santiago de Cuba

Tabla II: Precios de algunas mercancías en América (1520-1523).

de la Coruña en 1524 pensando organizar desde ella el comercio del Maluco, y dictó la Real Cédula de 1529, por la que se abrían el tráfico comercial con América los puertos de Cádiz, Bayona, Coruña, Avilés, Laredo, Bilbao, San Sebastián, Cartagena y Málaga. Si bien estos puertos no se equipararon al de Sevilla, de cuya Casa de Contratación dependían mediante la presencia de un delegado de la misma, nombrado al efecto, para cada uno de los puertos.

Pero este nuevo período de libertad comercial –precedente del que Carlos III impondrá en el siglo XVIII a través de su ministro Esquilache– no tendría resultados prácticos, pues lo dificultaron una serie de problemas como: la dependencia que los puertos tenían de la Casa de Sevilla; el que todos los navíos tuviesen que retornar al puerto del Guadalquivir a pasar el registro; y la necesidad del viaje convoyado y defendido del comercio con América, ante el ataque continuado de los corsarios.

Como es lógico, ante estos impedimentos los comerciantes norteños se retrajeron, y la medida cayó en desuso hasta ser definitivamente abolida por Felipe II, quien derogó la cédula de 1529 por otra, en 1573, en que se reconocía a Sevilla como puerto comercial único para América, y así permanecería hasta la llegada de los Borbones.

Entre la fecha de la creación de la Casa de Contratación de la Coruña, y la Real cédula de libertad de comercio de 1529, se dictó una Real provisión sobre viajes de extranjeros el 17 de noviembre de 1526 de importancia capital, por cuanto a su amparo podían comerciar con América todos los que fuesen vasallos del Emperador, lo que ocasionó –según el doctor Ramos– la ruina de la política preventiva de Fernando el Católico.

Por Cédula de 1510 se permite la entrada de negros para trabajar en las Indias. En 1526 llegarán a Cuba los primeros negros lo que permitirá un rápido desarrollo de los cultivos de la zona.

Esta actuación de Carlos V fue la que permitió a los Welser ejercer una amplia actuación comercial en América. Así el mismo año 1526 inaguran una factoría en Sto. Domingo, a cuyo frente designaron a los factores Jorge de Eynguer y Ambrosio Alfinger. El cometido del establecimiento era fomentar el movimiento comercial mediante introducción de negros y artículos manufacturados, y a la par, y muy importante, asegurar la carga de los tornaviajes con materias primas. Para conseguir tal pretensión el azúcar, los productos de la minería y sobre todo el palo brasil resultaban muy apropiados por su volumen.

Fueron estos intereses comerciales de los Welser los que les llevaron a pedir y obtener la firma de una capitulación el 27 de enero de 1528 para la conquista y población de Venezuela, con el pretexto de ensayos agrícolas y nuevas tecnologías mineras. Al permitírseles la obtención de una gobernación se produjo un caso curioso, un cambio cualitativo en su actuación, el paso del interés comercial a la posesión política con todo el peligro de injerencia extranjera que ello implicaba.

El comercio entre España y América, e incluso el mismo comercio interprovincial americano se desarrollaron en estos 50 primeros años teniendo como base y estructura comercial los elementos que hemos visto. Analicemos pues, como se desarrollaba el comercio dentro de los marcos legales expuestos y su resultado en la práctica, a través de las distintas etapas.

El ciclo del palo tintóreo. El ciclo del oro y palo brasil engloba y representa el primer desarrollo económico de las islas del Caribe. Este ciclo, en su primera parte, se caracterizó comercialmente por la provisionalidad e improvisación. Es evidente que así debía ocurrir por cuanto los descubridores se encontraron ante una realidad geográfica equivocada y desconocida, que no correspondía a las previsiones. Con estos inconvenientes, y la diferencia cultural existente entre los pueblos que pretendían comerciar, el intercambio se tuvo que supeditar al método más simple, al sistema de trueque o rescate.

Carabelón del siglo XVI, modelo que ya presagia la aparición de los galeones, con sus castillos, doble cubierta y quilla. Estas naves formaban las famosas flotas de las Indias.

Este ciclo comercialmente comprende tres etapas: la del monopolio mixto Corona-Colón con el régimen de factoría como exponente; la etapa de libre comercio; y el período de puesta en práctica de los viajes de descubrimiento y rescate en 1501. Son etapas que se suceden como soluciones distintas en búsqueda de la definitiva que suponga el rendimiento económico y político del Nuevo Mundo.

El comercio que se desarrolló durante el régimen de la factoría supuso un férreo monopolio, por lo que las fluctuaciones, variaciones, riesgos y participación de comerciantes no fue abundante. Por tanto es difícil hablar de comercio en esta etapa a la que faltan las características más destacadas. De ahí el acertado nombre de régimen de factoría que le aplicó el Dr. Pérez de Tudela. Conocemos los productos objeto del monopolio, y entre estos destaca desde un principio el oro de los rescates, inmediatamente el de las minas del Cibao. Así el 2 de febrero de 1494 salían de la Española 12 navíos, de los 17 del segundo viaje de Colón, al mando de Antonio de Torres con el oro que Ojeda recogió en el río del Oro, según noticia de Las Casas. A este metal sabemos se unió enseguida el palo brasil de la región de Yáquimo que se almacenaba en Xaragua desde donde se embarcaba en los primeros navíos libres y se enviaba a España. Al oro y palo brasil se unieron el envío de otros productos americanos de menor importancia caso del algodón, pájaros exóticos, gatos y los esclavos cuyo comercio fue importante en estos primeros años, y se debe contemplar como la herencia inmediata del sistema empleado en Canarias y costas africanas. Podemos comprobar como Antonio Torres volvió de La Española el 24 de febrero de 1495 con cuatro navíos en que cargó 500 indios del cacique Guatiguaro, a quien se le tomaron prisioneros en represalia por la muerte de 10 cristianos.

La imagen de abundancia de oro y palo brasil, que Colón pretendía dar de las tierras descubiertas, se rompió con las noticias llegadas de la Española tras el segundo viaje, en particular las trasmitidas por fray Bernardo Boil y Pedro Margarite a finales de 1494, quienes afirmaban: «que era una burla, que no era nada el oro que había en la isla», como cuenta Las Casas. Este hecho, y la situación calamitosa de los españoles en la isla influirían en la decisión real para dictar, el 10 de abril de 1495, una real provisión concediendo libertad de comercio para el Nuevo Mundo.

La medida iba encaminada a promover el comercio de los particulares y lograr así una rentabilidad que hasta ahora era escasa. Pero las malas noticias de Boil y Margarite y el temor, mal aliado del comercio, hicieron que los comerciantes se retrajesen, no produciéndose la reacción esperada.

En el interín se realizó el tercer viaje colombino momento en que se aprecia un cierto asentamiento de los Colón. En La Española se acrecentó envío de palo brasil, así como el oro, cuyo aumento se debió también al impuesto del cascabel. Siguió el envío de esclavos, así en 1498 encontramos la remisión de 600 esclavos en cinco navíos, cuyo flete se pagó a los maestres de cada barco con otros 200 esclavos más. Es un caso particular en que el esclavo o su valor, estaba actuando como moneda.

El fracaso comercial de la real provisión de 1495 indujo a la Corona a adoptar nuevas medidas. En 1499 D. Fernando el Católico pensó resolver los problemas de las Indias, tanto políticos, originados por los Colón, como comerciales y de descubrimientos. Referente a los económicos se pensó en un basto plan, el de 1501, cuyo objetivo era doble: conocer la realidad americana y descubrir de una vez el paso a la especería; y por otro lado, efectuar el plan de forma rentable a la Corona. A tal fin se pusieron en marcha los viajes de reconocimiento y rescate.

La nueva política tampoco resultó comercialmente lucrativa. De la media docena de viajes que se efectuaron hasta 1501, sólo se pueden considerar comercialmente rentables los de Cristóbal Guerra. El primero, que realizó con Alonso Niño a la costa de Cumaná y que a su vuelta a Bayona declara «110 marcos de perlas, 750 más y dos talegas» que sabemos ocultó. Y el segundo que efectuó en 1501 pero que no entra dentro de la característica de descubrimiento y rescate, pues fue a una zona ya conocida. Este viaje fue inducido por la Corona para resarcirse de los fracasos de los de Yáñez y Lepe. Así vemos como rescata en la isla de Margarita 150 marcos de perlas para la Corona, en la costa de Maracapana 20 pipas de cañafístula, 200

Precios de algunas mercaderías en España

año	Producto	precio	lugar
1521	silla de montar	1200 mrs	Córdoba
1521	par de frenos	7 rls.	Córdoba
1521	látigo	1,5 rls.	Córdoba
1521	espuelas	21 rls.	Córdoba
1521	terciopelo	19 rls.vara	Sevilla
1521	tela zedazo	3 rls.vara	Sevilla
1521	par alpargatas	16 mrs	Sevilla
1521	ovillo de cuerda de ballesta de	8,5 mrs.	Valencia

Tabla III: Precios de algunas mercancías en España (1521).

quintales de palo brasil y esclavos de Bonaire. El resultado económico de estos viajes fue tan desalentador que la Corona tuvo que buscar nuevos métodos para hacer atractivas estas áreas y que siguiese el descubrimiento y el comercio. Así, en las nuevas capitulaciones, concretamente la que se otorgó a Ojeda, se le concedió una gobernación a cambio de los servicios; de igual manera se actuó con Pinzón. Se estaba rentabilizando o comercializando la posesión de la tierra, con todos los problemas legales que el hecho podría plantear con los Colón.

El gobierno de fray Nicolás de Ovando (1502-1509) supuso un impulso económico importante para el Caribe, y representa la segunda etapa del ciclo comercial en el que se nos muestra más claramente. Así, el aumento de la minería supuso el acrecentamiento del oro extraído. Por lo que al palo brasil se refiere, se orientó su política comercial regulando su extracción a través de las instrucciones que, sobre la forma de explotación de este producto tintóreo, se dieron a Ovando. En ellas se recomendaba que no se talasen los árboles, sino que se podasen para mantener un tráfico comercial más seguro y regular con la península, lo que suponía un aumento de la rentabilidad.

Otra medida dictada por Ovando, para corregir la situación provocada por la fiebre del oro, surgida en La Española a su llegada por la noticia del hallazgo de una pepita de 36 libras, fue el conceder licencias a los vecinos para que pudiesen realizar viajes de rescate por su cuenta. Las únicas condiciones que se les ponía eran que pagasen a la Corona el quinto real, y que se dirigiesen a las áreas libres de gobernaciones.

Así mismo fundó Puerto Plata, en el norte de la isla, para facilitar el comercio con España. A la par insistió ante la Corona para la disminución de la contribución por el oro extraído consiguiendo primero la rebaja que del cincuenta por ciento pasaba a serlo sólo de un tercio de lo obtenido, rebaja que más tarde llegó a ser mayor, al quedar reducida la contribución sólo al quinto del oro recogido. Esta rebaja en la participación fiscal actuó como incentivo, pues inmeditamente supuso un aumento de las explotaciones al hacerse más rentables, lo que también permitió a los mineros mayor disponibilidad, factor imprescindible para la mejora del utillaje y con repercusión en el consumo de productos manufacturados. Este devenir de los acontecimientos mineros llevó inexorablemente al auge del comercio.

En 1504 una Provisión Real concede comerciar en La Española exclusivamente a españoles, con ello se protegen los intereses nacionales frente a la ambición de mercaderes de toda Europa que pretenden enriquecerse con el intercambio comercial con América.

A la tendencia alcista de la economía de La Española ayudó la concesión de una mayor capacidad otorgada bajo el gobierno de Fernando el Católico, en febrero de 1504. Esta medida se puede considerar reforzadora de la decretada en 1495, e iba encaminada a todos los castellanos que podrían comerciar con América siempre que lo hiciesen en barcos españoles. Así mismo, se eximió del impuesto de la alcabala, si bien permaneció el del almojarifazgo. El origen de esta medida hemos de verla en el interés de la Corona en fortalecer el comercio y a los comerciantes castellanos ante la competencia que les harían los flamencos, que se verían favorecidos a la llegada al trono de Felipe el Hermoso.

Las distintas medidas económicas tomadas por Ovando llevaron a los habitantes de La Española a una situación económica aceptable. En el período de 1504 a 1509 se registraron los mayores envíos de oro y palo brasil, lo que hizo que la medida sobre la plena capacidad para comerciar, dictada por el rey, fuese bien recibida y aprovechada por los comerciantes españoles, en especial por los sevillanos, burgaleses, vallisoletanos e incluso algún catalán –caso de Miguel Jover que pasó a Indias como tantos otros –que así se habituaban al comercio a distancia.

Otra consecuencia del auge económico fue la necesidad de moneda circulante, motivada por la generalización del comercio, que para efectuarse con rapidez necesita de este medio de pago. Ovando se preocupó también de subsanar esta falta, y solicitó de la Corona el envío de moneda, lo que se efectuó a principios de 1505 en que se mandó medio millón en moneda, y al ser insuficiente, en diciembre se remitieron dos millones más.

Consecuencia de lo expuesto en el punto anterior fue la necesidad que sentían de liberarse de la imposición del puerto único los habitantes de La Española así como de ciertas regalías económicas que la Corona había establecido sobre algunos productos. En este sentido, observamos como los procuradores de la isla elevaron a la Corona una petición, solicitando que pudieran navegar a Indias los comerciantes de Castilla y Aragón, sin tener que registrar en el puerto de Sevilla.

La Corona rechazó esta petición alegando que era «perjudicial a mis (sus) rentas», pero se autorizó a registrar en Cádiz, y poco después en Canarias.

El ciclo de las perlas. Denominamos ciclo de las perlas a la etapa comercial en que éstas fueron el primer producto de exportación americano a España. Metodológicamente plantea problemas pues su inicio se produjo en torno al año 1512 y su decaimiento definitivo hacia 1530. Este largo período se ve interrumpido, al final de la segunda década, por el litigio entre Diego Colón y la Corona, lo que provocó el cierre de los ostrales. En este interín

se aceleró el desarrollo de la caña de azúcar, producto en que los comerciantes hicieron grandes inversiones. Así, se da la circunstancia de que la época de 1520 a 1530, de máxima extracción y comercialización de perlas, coincide y pertenece al ciclo del azúcar.

Grabado de De Bry (1594) en la que el autor imagina la tarea de recolección de perlas que constituyó desde los primeros tiempos de la conquista una de las actividades productivas más importantes de los territorios descubiertos. Las perlas extraidas de la Isla Española fueron los primeros productos de exportación americana a España.

El primer gobierno de Diego Colón se caracteriza comercialmente por ser una etapa puente entre el ciclo del oro y palo brasil y el de las perlas. También apreciamos una consolidación de los envíos desde España, así como el asentamiento de una serie de compañías de comercio de Burgos y Sevilla, que recibían períodicamente manufacturas en las islas, de forma que éstas ya no solían escasear. El volumen de intercambios que se había conseguido al final de la primera década del siglo XVI lo podemos comprobar por el volumen de mercaderías y comerciantes que viajaron en la flota de Diego Colón el año 1509, año en que pasan a América 32 navíos con un volumen de 3.200 toneladas. Este importante cargamento pertenecía, en su mayoría, a los comerciantes castellanos como Alonso de Nebrada, Hernando de Castro, Cristóbal de Haro, Alonso de Burgos, Diego León, y los sevillanos Juan de Burgos, Bernardino de la Isla, Diego Márquez, Bernardo Grimaldi, Pedro de Sanlúcar y otros muchos.

Ya en 1511 y a poco de iniciarse el desarrollo del comercio indiano se levantan las voces de los dominicos que inician su oposición frontal al sistema de encomiendas. En 1512 las Leyes de Burgos regulan la función de los encomenderos y, al año siguiente, quedan incorporados a la Corona todos los indios de exceso (más de trescientos por encomienda) por disposición real.

Una característica resaltable de estos años es la diversidad de origen y procedencia de los mercaderes, pues pertenecían a las regiones españolas más variadas, si bien los más numerosos eran los expuestos. A esta característica del comercio con América se debe unir la de que también los pasajeros que pasaban a Indias, y las autoridades, maestres y marineros, hacían un pequeño negocio cargando algo más de las mercancías que les eran necesarias para su uso, con el fin de obtener unos saneados ingresos.

Los principales productos que encontramos en la flota de 1509 son, por un lado los textiles: (como ejemplo pondremos los que cargó Pedro de Santo Domingo en la nao Sta. María la Antigua), 183 varas de raso, 24 de tafetán, 41 de terciopelo, 17 de sentí y 16 de sarga negra, y Pedro de Sanlúcar en el mismo barco: 61 varas de terciopelo, 180 de rasos y damascos, una pieza de estameña, 20 varas de grana de Londres, 48 varas de florete, 20 paños de Flandes amén de calzas medias y gran cantidad de alpargatas. Renglón aparte y muy importante eran los productos agrícolas caso del vino, miel, ciruelas pasas, conservas de sardinas y caballa, nueces, sebo y cueros; así como animales vivos esenciales para la recría, por ello llevaban: becerras, burros, caballos, acémilas, yeguas..

Esta situación comercial boyante que se encontró Diego Colón se va a deteriorar por el decaimiento de la extracción del oro y por no tener otro producto que le sustituyese, y con el que hacer frente al pago de manufacturas. Entre tanto se encuentra el sustitutivo del oro se produce un período de crisis comercial, que vemos reflejado en los retornos de los años 1510, 1511 y 1512, en que llegan a España 10, 13 y 20 navíos de registro respectivamente, con un tonelaje de 1.000, 1.300 y 2.100 toneladas, claramente inferior al del año 1509, que llegaron 25 navíos y 2.500 toneladas, y al de 1508 con 21 barcos y 2.200 toneladas.

A partir de los años 1512-13 se aprecia ya el rendimiento de las rancherías de perlas, que inician la explotación con técnicas más modernas y por ello esquilmadoras, caso del rastrillo. Enrique Otte nos aporta datos para estos años referentes al rendimiento de los ostiales; en torno a 100 marcos de perlas era la cantidad que la zona de Cubagua tenía que satisfacer en concepto de quinto real.

A principios del siglo XVI el área geográfica perlífera podemos fijarla en cuatro zonas principales situadas frente a las costas de Cumaná: Cubagua, Coche, las Isletas y Margarita. Otros ostiales que se descubrieron al final de esta etapa fueron: los de Araya, golfo de Cariaco, Cumaná, islas de los Testigos, Piritu Granada y Tobago.

Las personas que pusieron en explotación esta riqueza fueron las mismas que lo hicieron con las minas de oro, los comerciantes, que invertían su dinero en nuevas empresas ante el agotamiento de las que tenían. Así, apoyados en el permiso real que otorgaba a «todos los vecinos y pobladores de las Indias» pescar y rescatar perlas, previo permiso de consulta y pago del quinto real, se organizaron gran número de armadas a las islas «inútiles». A la vez se dotó a la zona de infraestructura administrativa nombrando veedores de armadas.

Entre los armadores que iniciaron el salteo y terminaron asentándose en rancherías fijas de perlas aparece Francisco Barrionuevo, quien ya en 1515 invierte en la zona, al verse beneficiado por la caída de Ponce de León en Puerto Rico. Otros comerciantes fueron Diego Méndez, Juan Hernández de Varas, Jerónimo Grimaldi, Juan de Ampiés... Además de perlas, estos hombres comerciaban con la sal de Araya, con lizas saladas y con esclavos.

Para los años que van de 1515 a 1520 Otte nos da una producción de perlas de una zona de Cubagua con un rendimiento de 200 marcos en concepto de quinto real.

En el segundo gobierno de D. Diego Colón, Villalovos puso de nuevo en funcionamiento las rancherías, consiguiéndose la extracción más elevada en 1527. Ello fue a causa de una mejor organización, de mayor seguridad en la zona por la fundación de Nueva Cádiz a partir de 1523, tras la pacificación de Gonzalo de Ocampo, y sin duda también a consecuencia de la veda obligada de 1517 a 1520.

Enrique Otte calculó una extracción de 11.877 kilos de perlas para todo el período, con una media de 410 kilos por año. Estas perlas las comercializaban los mercaderes, o bien los dueños de las rancherías desde las mismas explotaciones, si bien quedaba una pequeña parte en la zona, bien para el consumo interno, bien como moneda, o bien oculto por los buceadores; otra parte recalaba en las islas de la Española y Puerto Rico con los mismos fines,

En el año 1516 Gonzalo de Velosa lleva a Santo Domingo especialistas canarios en la industria del azúcar.

e incluso como objeto de ahorro; pero la mayor parte era enviada a Europa, en cuyos mercados de Sevilla, Medina, Amberes o Venecia eran distribuidas y comercializadas según calidades, peso y tamaño. Resaltemos la doble importancia de las perlas, el de su valor intrínseco, objeto del comercio de exportación; y el valor que se le otorgaba, por lo que actuaba como moneda, hecho este último fundamental para el comercio americano de este ciclo.

El ciclo del azúcar. Cronológicamente este ciclo del azúcar podíamos enmarcarlo entre 1517 y finales de la primera mitad del siglo. Se superpone y sucede el ciclo de las perlas, y es precisamente la caída de la extracción de las mismas del año 1517 a 1520, motivada por conflictos políticos entre la Corona y D. Diego, lo que da el impulso definitivo al asentamiento de la caña de azúcar como producción rentable en el Caribe. Así, un comerciante tan avispado como el burgalés Hernando de Castro vendió fiado, en 1522, a Garay 120 arrobas de cobre para un ingenio al conocer que podría fácilmente cobrar, pues el adquirente tenía 30.000 arrobas de caña cuyo valor era de ducado la arroba en La Española. En este mismo año comprobamos como el comercio del azúcar estaba totalmente consolidado, pues conocemos la salida de dos naves desde puerto Plata cargadas de azúcar: la nao de Juan Fernández, la Sta. María de la Antigua de 110 toneladas, y la de Martín de Rentería, la

Al ciclo económico de las perlas sucede el del azúcar. En el grabado, el autor imagina a indios trabajando en una plantación de caña de azúcar de la Isla Española, en las distintas fases del proceso: plantación, recolección, presando, etc.

Sta. María de la Consolación de 100 toneladas; e incluso el comercio del azúcar desplaza en las vueltas a España a otros productos como comprobamos en la actuación de Sebastián de Rueda que cambió el tráfico de mercaderías por dedicarse en exclusiva a traer azúcar en los tornaviajes.

A la llegada de D. Diego Colón a La Española, en su segunda etapa, inició de nuevo la explotación perlífera. Aunque los resultados fueron buenos ya no pudo desbancar al azúcar por la importancia que el volumen de esta exlotación tenía en los tornaviajes.

Oviedo nos cuenta al respecto como «hasta que hubo azúcares en ella (la Española) las naos tornaban vacías a España, e agora van cargadas della e con mayores fletes de los que para acá traen e con más ganancia». Era una de las claves del comercio, asegurar materias primas de exportación que ocupasen los barcos que volvían vacíos con lo que abarataban los costos.

Desde las primeras plantaciones azucareras establecidas por los españoles en Haití, el cultivo de la caña constituyó incluso hasta nuestros días una de las fuentes de riqueza más importantes de la isla.

De la importancia económica y comercial del azúcar nos hablan las 28 fábricas de este producto que había en La Española, 23 ingenios de agua y 5 trapiches; y otros en Jamaica de Francisco Garay. Así como su perfecta localización en lugares accesibles para la exportación, lo que suponía una infraestructura capitalista formada por familias poderosas. Esto lo podemos comprobar por el nombre de algunas de ellas: comerciantes como Miguel Jover y los Velser, autoridades de la isla e incluso el propio D. Diego Colón. Es evidente que sólo familias muy pudientes podían construir un ingenio, pues su valor oscilaba entre los 14.000 a 20.000 ducados. El volumen que esta red de ingenios molturaba, hizo que la producción de azúcar fuese muy regular y estable, lo que dio riqueza y actividad comercial a la isla, hecho que contrasta con la situación depauperada de la isla de Cuba casi vacía por las continuas expediciones a Nueva España.

Las consecuencias de este desarrollo fueron: en primer lugar la necesidad de mano de obra barata. Para ello se solicitó de la Corona y Carlos V concede al gobernador de Bresse, flamenco, licencia para la introducción de 4.000 negros, licencia que no se llevó a efecto porque su precio de 12,5 ducados por pieza lo imposibilitaba. De modo que las entradas se hicieron en pequeños grupos de esclavos (Alonso de Nebrada envió seis a Cuba a su socio Hernando de Castro en 1522). Y otra consecuencia importante fue tratar de desasirse del dogal que representaba Sevilla para la llegada de azúcares. Ya en los primeros años, en 1518 y en Valladolid el prior fray Jerónimo Bernardino de Manzanedo presentó un memorial en que se apreciaba la necesidad de libertad comercial para el azúcar, con el fin de que los habitantes de las Indias pudiesen enviar este producto, directamente a Flandes, petición que no fue contestada y que vemos repetida en 1520.

En 1508 se concede el monopolio negrero al flamenco Lorenzo Gorrevod, gobernador de Bresse. La demanda de mano de obra barata crecerá con el crecimiento de las actividades productivas del cultivo de la caña de azúcar.

Mientras estos tres ciclos comerciales se desarrollaban, el del oro –palo brasil, el de las perlas y el del azúcar, consiguiendo el mantenimiento de la empresa americana, también seguía el comercio en otras áreas marginales. Así, mientras se mantenía en auge la extracción de las perlas en Cubagua, y se consolidaba la explotación de la caña de azúcar en torno a Sto. Domingo y Puerto Plata, en la isla de Cuba se establecían comerciantes y sus factores, instalando almacenes bien dotados para suministrar efectos a los que montaban las empresas de conquista. Con este propósito, a los comerciantes no les importaba seguir a estas huestes, participar en ellas como socios capitalistas e incluso viajar con sus mercancías con riesgo de sus vidas y haciendas, como le ocurrió a Fernando de Santa Cruz, sobrino del comerciante cubano Hernando de Castro, que murió en un navío cuando acompañaba a Pánfilo de Narváez con misión de vender efectos. Así mismo, es ejemplar y significativo el caso del comerciante Juan de Burgos que aportó a la Villa Rica de la Veracruz con un barco cargado de Castilla y Canarias de «ballestas, tres caballos e muchas mercaderías, escopetas, pólvora e hilo de ballesta y otras armas» lo que, conocido por Cortés, que lo compró, permitió un buen negocio pues coincidió con la derrota de la «Noche Triste», según nos cuenta Bernal. También, el comerciante Alonso de Nebrada se instaló muy temprano en Nueva España para aprovechar el oro de los primeros rescates. Todo ello nos muestra el carácter aventurero del comerciante castellano que acudía allí donde podía conseguir vender sus manufacturas y obtener rápidos beneficios. Quizá esta técnica constituyera pronto su mayor inconveniente, pues no sabían hacer frente al comercio a largos plazos, con endosos y transferencias, giros y demás que el sistema expansivo imponía.

BIBLIOGRAFIA

ARCILLA FARIAS, Eduardo.: *Economía Colonial de Venezuela.* Caracas 1973, segunda edición.

CHAUNU, Pierre et Hugette.: *Sevilla et L'Atlantique (1504-1650).* Paris, 1955, tomo I.

CHAUNU, Pierre.: *Conquista y explotación de los Nuevos Mundos.* Barcelona, 1973.

DOMINGUEZ COMPANY, Francisco: *Organización municipal de las rancherías de las perlas.* Madrid, 1964.

MARRERO Levi.: *Cuba: Economía y Sociedad.* Barcelona, 1972.

MOYA PONS, Frank.: *La Española en el siglo XVI (1493-1520).* R. Dominicana, 1973.

OTTE, Enrique.: *Las perlas del Caribe: Nueva Cádiz de Cubagua.* Caracas, 1977.

– *Mercaderes burgaleses en los inicios del comercio con México.* Rv. Historia Mexicana n.º 69 (México) (1968) también el número 70.

– *La flota de D. Diego Colón: Españoles y genoveses en el comercio trasanlántico de 1509.* Rv. de Indias nos. 97-98. Madrid, 1964.

PEREZ DE TUDELA, Juan.: *La quiebra de la Factoría y el nuevo poblamiento de la Española.* Rev. Indias n.º 60. Madrid, 1955. pag. 117.

RAMOS, Demetrio.: *La Fundación de Venezuela: Ampies y Coro, una singularidad histórica.* Valladolid-Coro, 1978.

– *Audacia, Negocios y Política en los Viajes de Reconocimiento y Rescate.* Valladolid, 1981.

CAPITULO 9

EL ESTABLECIMIENTO DEL SISTEMA FISCAL INDIANO

M.ª Luisa Martínez de Salinas Alonso

1. El establecimiento del sistema fiscal indiano

Desde los inicios del asentamiento español en el Nuevo Mundo, las Indias constituirán, para la Monarquía española, una fuente constante de recursos, que inmediatamente se convertirán en el soporte fundamental de su política internacional. Por ello, una vez que se comenzaron a entrever las posibilidades económicas de aquellas tierras, se puso el mayor énfasis en procurar que el flujo de esta riqueza hacia la península fuera constante, para lo cual era imprescindible establecer una organizacíon hacendística acorde, por un lado, con la situación de los nuevos territorios, y, por otro, con las expectativas que de ellos se esperaba obtener.

La *encomienda* fue, desde los inicios de la conquista, el principio de la organización socioeconómica y la base de la producción de los territorios del Nuevo Mundo. En las ilustraciones el autor de la época imprime una escena en la que los conquistadores hacen trabajar a los aborígenes sujetos a la encomienda.

Portada del capítulo primero de la obra del indio peruano Poma de Ayala y en el que aparecen representados los dintintos funcionarios de la Corona en América. En el texto del dibujo se lee: «Capítulo primero de escribanos, tenientes, jueces/es para inoca [es pasa mí]/caymi [he aquí) provincias.»

2. La época colombina

Para la monarquía española las Indias serán ante todo —según Sánchez Bella— «una fuente de recursos financieron que alejen el espectro de la quiebra y la bancarrota, que, con todo, no pudieron evitarse».

La propia empresa del descubrimiento fue ofrecida por Colón a los Reyes Católicos como fuente económica para la liberación de la Casa Santa, y ésta será una de las claves de la negociación que cristalizará en las capitulaciones de Santa Fe. Pero no solamente el Almirante advirtió las consecuencias económicas que de la llegada a las Indias podían derivarse, sino que también los monarcas españoles vieron en ello una posibilidad de recuperación de su déficit hacendístico tras la guerra de Granada y con miras a sostener posteriores empresas europeas, sobre todo teniendo en cuenta el ejemplo de Portugal, cuyo príncipe había duplicado sus rentas con la llegada del oro de Guinea.

El proyecto inicial de obtención de recursos económicos se basaba, de acuerdo con los planes de los monarcas, en el establecimiento de un régimen de monopolio comercial con las grandes ciudades de Oriente, cuyo tráfico de especias aportaría el fundamental caudal económico que de las nuevas tierras se esperaba. Pero estas expectativas comerciales no pudieron ponerse en práctica ante el hallazgo de un mundo virgen que no ofrecia las mínimas posibilidades de establecer cualquier tipo de intercambio.

Ante ello, Colón orientó sus miras económicas hacia aquello que se pensaba que las nuevas tierras poseían en abundancia: el oro, cuya búsqueda le era indispensable con el fin de seguir contando con el apoyo de los monarcas, aparte del beneficio que podría corresponderle según lo previsto en las Capitulaciones de Santa Fe.

Pero el hecho es que la explotación de minas de oro por parte de Colón fue un fracaso, pues a las dificultades materiales se sumó el poco interés de los españoles, dado que su utilidad era nula, ya que ellos sólo participarían con los sueldos. Por eso, ante la dificultad de mantener un ritmo normal de ingresos, decidió el fácil recurso de aporte de los propios indios, con lo cual nace el primer impuesto del Nuevo Mundo: el pago por los indígenas mayores de 14 años de un cascabel de oro cada tres meses.

La Real Hacienda desde el primer momento tendrá intervención en todo el movimiento económico que parece previsible. A tal efecto, se nombra el 7 de mayo de 1493, para ir en el segundo viaje, al contino Gómez Tello «para que recibáis en nuestro nombre todo lo que allá... pertenezca a nos». Es decir, como receptor fiscal. Del mismo modo que por Cédula de 7 de junio de 1493 se designa a Bernal Díaz de Pisa como lugarteniente de los contadores mayores de Indias. En el año 1497 el contador pasa a denominarse Tesorero de la Hacienda de las Indias, por Cédula de Burgos de 23 de abril.

Pero en realidad estos oficiales actuaban por la parte correspondiente a la Corona, ya que según las Capitulaciones de Santa Fe sería un régimen dual, según denominación del profesor Ramos. Se perfeccionó el sistema por Cédula de Medina del Campo de 30 de mayo de 1497, en virtud de la cual habría dos personas en España, una por parte de la Corona y otra por parte del Almirante, que justamente entenderían en toda la negociación económica, para de esa manera establecer la percepción de cada uno.

Mas los esperanzadores indicios encontrados en un primer momento de la existencia de enormes cantidades de oro, quedaron truncados cuando se comprobó que éste no era tan abundante como se creyó en un principio. Y, así a partir de ese momento, el Almirante se dio cuenta de que la verdadera riqueza de las nuevas tierras consistía en el servicio económico del indio.

De esta forma, desde 1497, el tributo indígena se tiene por ingreso fiscalizable mediante una chapa de latón que los indios deberían llevar colgada del cuello, como signo de haber pagado la contribución establecida.

Pero Colón actuaba también presionado por las obligaciones económicas que de la empresa indiana estaban derivándose para la Corona, ya que los beneficios no eran suficientes ni siquiera para pagar los sueldos de toda la gente llevada a las Indias. Por eso, y ante la inestabilidad existente –que ocasionaría la rebelión de Roldán– apeló a su intento de vender a los indios como esclavos en Europa, donde, por cierto, había demanda más que suficiente, aduciendo para ello el salvajismo de los caribes. Sin embargo, este capítulo, que pudo haber producido el habitual derecho fiscal por pieza, se frenó, ante la repulsión de la Corona a este tipo de comercio.

3. La consolidación del sistema tributario

A pesar de los esfuerzos de Colón por obtener una rentabilidad económica estable de las Indias, los resultados de su organización financiera fueron realmente exiguos. Por ello, a partir de 1501, año en que Nicolás de Ovando recibe el nombramiento de gobernador de las Indias, los Reyes Católicos intentaron llevar a cabo una reordenación administrativa de los nuevos territorios, de una forma metódica y ordenada.

Por otra parte, la gestión del nuevo gobernador se inaugurará con el hallazgo de importantes muestras auríferas, pero también con el inicio de los levantamientos indígenas, que determinaron la aplicación de la costumbre antigua del castigo por esclavitud.

«La Hacienda indiana recibe siempre el nombre de Hacienda Real... No se trata aquí de una Hacienda de Estado, sino de unos bienes propios y exclusivos del Monarca... Esto trae como consecuencia un poder absoluto del rey en lo tocante al fisco y confusión entre los bienes reales de origen público —los compuestos—, y los bienes privados —granjerías del rey, que éste puede tener en las Indias como cualquier particular—; unos y otros son administrados conjuntamente por los funcionarios de Hacienda» (Sánchez Bella).

Para llevar a cabo la organización de la Real Hacienda de una forma sistemática, se designaron ya en 1501 los funcionarios que como oficiales reales desempeñarían las funciones de tesorero, contador, factor y veedor. Así, se introducía una especialización de funciones que prácticamente perduraría durante casi tres siglos, y, a partir de ellas, se convertirán en el grupo rector de la política que se desarrollará en las Indias, porque desde el primer momento los funcionarios de la hacienda real comenzaron a asumir atribuciones que sobrepasaban lo que era la esfera propia de su cargo, interviniendo, así, en casi todos los aspectos de la vida de las nuevas tierras.

«Aunque los conquistadores españoles solicitaron que les fueran repartidos todos los indios, y que la encomienda fuera hereditaria a perpetuidad, la Corona se reservó buen número de indios para sí y no concedió la perpetuidad. En el dibujo del artista indio H. Poma de Ayala se lee: «Encomendero/Los enconmenderos piden, China, muchacho, ama, yanaconas, labradores, hortelanos y pongos, despenseros, de los indios/ encomendero»

En cuanto a la delimitación de sus funciones, éstas estaban perfectamente especificadas: el *tesorero* era el vigilante del tesoro real, custodiado en un arca de tres llaves, se encargaba de recibir los ingresos y de efectuar todos los pagos, para lo cual había de llevar los libros correspondientes y estaba obligado a residir en la ciudad en la que el arca se encontraba depositada. El *contador* tenía la misión de supervisar las entradas y salidas de la caja, así como expedir las certificaciones y llevar en buen orden las cargas de pago. El *factor* era el gerente real de negocios; era el encargado de custodiar los almacenes reales en los que se depositaban todas las mercancías pertenecientes al Rey, así como de ocuparse de todo lo referente a la venta de estos géneros; al mismo tiempo era el responsable de la custodia de las armas y municiones que se encontraban en los almacenes reales. El *veedor* en los años iniciales se ocupó solamente de los rescates, pero al aumentar la explotación minera, su principal tarea consistió en velar por los intereses reales en lo referente a los fundiciones de oro y plata.

Con esta base institucional previa, la administración de la Hacienda Indiana se irá convirtiendo a lo largo de todo el siglo XVI en una máquina con un rendimiento eficaz y, hasta cierto punto, perfecta.

En las instrucciones a Ovando de 1501, aparece ya de una forma clara la preocupación de la Corona por acrecentar la rentabilidad de las tierras recién descubiertas, especialmente mediante la reordenación de la minería, puesto que se seguía considerando este renglón como la principal fuente de recursos que estos territorios habían de aportar. En este sentido, a partir de ese año quedó anulada la resolución tomada por Bobadilla de autorizar a todos a extraer oro por cierto tiempo, sin contribuir por ello con las correspondientes cargas fiscales. Por el contrario, se encargó a Ovando el averiguar qué deberían pagar de lo recogido e imponer la tributación del 50 por ciento de lo que se obtuviera.

De esta temprana preocupación por las rentas hacendísticas se desprende que la monarquía española atravesaba una situación apremiante motivada por el apuro económico debido, en ese momento, a la guerra de Italia, y más concretamente al problema de las aspiraciones francesas sobre Nápoles, lo que muestra ya hasta qué extremo los problemas americanos y europeos van a verse imbrincados; es decir, que la presión fiscal que vemos en estas instrucciones no es otra cosa que una consecuencia coyuntural: las obligaciones exteriores a las que debe atenderse.

Pero a medida que la organización de las Indias iba tomando forma, se fue haciendo evidente que las nuevas tierras podían comenzar a pagar por un mayor número de conceptos, para así tratar de solventar los apuros financieros de la Corona, lo cual queda perfectamente reflejado en las instrucciones secretas enviadas al gobernador de La Española en 1503.

La difícil situación económica de la Corona llevó a los monarcas al establecimiento de algunos impuestos, a veces, de modo drástico.

En ellas se aprecia cómo la nueva organización se efectuará trasladando a América el régimen fiscal imperante en Castilla en aquella época, puesto que se solicita, por parte de los monarcas, la elaboración de un informe acerca de la totalidad de las contribuciones con que se podría gravar a las Indias, como alcabala, derechos sobre el oro, sobre labranzas y crianzas, sobre la pesca, carga y descarga de mercaderías, arriendo de las salinas, etc. Sin embargo, lo característico de las realizaciones definitivas en la esfera colonial es que al manifestarse la primera oposición entre los gravámenes del erario y los intereses de las nuevas poblaciones, la Corona resolvió sin vacilar a favor de éstas. Como lo vemos, por ejemplo, en la aplicación de la alcabala, que no se impondría hasta finales de siglo debido a la oposición que siempre manifestaron los habitantes de las Indias.

Ahora bien, del mismo modo que se insiste en el aumento de la rentabilidad para cubrir determinadas necesidades, la Corona es consciente de que para que esa rentabilidad crezca es necesario lograr la ampliación de los descubrimientos, trasfiriéndolos a la iniciativa privada, y de ahí que, en paralelo, se esté practicando un sistema de exenciones fiscales, que se extiende a la política pobladora y que constituirán las únicas diferencias que se establecen en América, como estímulo a las empresas descrubridoras y de asentamiento. Este aspecto se tendrá muy en cuenta en todas las capitulaciones elaboradas a partir de 1503, en las cuales es prácticamente imposible no hallar algún tipo de franquicia fiscal, con miras a facilitar el poblamiento.

La recaudación de las rentas de la Corona se realizó a través de canales ya existentes en Castilla pero que, aplicados a América, adquirieron cierta originalidad.

Del mismo modo, este sistema de exenciones tributarias se aplicará también para promover la llegada de españoles a las Indias en determinados momentos en que la población peninsular, por diversas causas, comenzaba a decrecer. Esto es lo que sucedió en La Española hacia 1511, cuando, debido a la organización de nuevas expediciones, que arrastraban tras de sí buen número de gente, y al comienzo de la colonización de las islas vecinas, la población de muchas villas había decrecido, mientras, al mismo tiempo, se frenaba el paso de gente desde España con las medidas que tendían al mantenimiento de la situación estamental previa. Ante ello, la Corona se vio obligada a abrir la mano y a elaborar una serie de reglamentaciones que facilitaban la llegada de nuevos pobladores, como fue hacerles la merced de que por el aprovechamiento de las salinas no se pagara más que la mitad de lo que hasta entonces, y la eliminación del impuesto de un castellano por año por cada indio que se tuviera encomendado.

Del mismo modo que se comenzó en estos años a establecer de una forma clara las contribuciones que debían efectuar los españoles por los beneficios que obtuvieran de su trabajo en las Indias, se le encargó también a Ovando la regulación de las obligaciones laborales de los indígenas, que quedan plasmadas en las instrucciones de 1503.

El plan civilizador ideado en la Corte castellana exigía la participación de los indios en las tareas de explotación de las nuevas tierras; es decir, que para la Corona, el sistema ideal de adaptación e integración de los indígenas era la convivencia de éstos con los españoles y la ayuda mutua, de suerte que se conseguirían dos objetivos: que la isla estuviera cultivada y explotadas sus riquezas y que, mediante el trato con los cristianos, los aborígenes fueran más fácilmente adoctrinados y erradicadas sus indómitas costumbres.

En virtud de ello, mediante una Cédula expedida en Medina del Campo el 20 de diciembre de 1503, se ordenaba que los indígenas trabajaran al servicio de los españoles, formando grupo en torno a un cacique y previo pago del oportuno jornal; cada grupo de indígenas sería entregado a la persona designada por el gobernador, el encomendero para la cual trabajarían, y que, en contrapartida, quedaba en la obligación de pagarles el salario correspondiente, alimentarles y educarles. De esta forma, nacía una institución de colosal importancia para las Indias y que ya contaba con el precedente del servicio impuesto a los indios en la época del Almirante: la encomienda, eje de la institucionalidad social y económica de España en América. Para el caso que nos ocupa, la existencia de la encomienda es básica puesto que los poseedores de ellas son los beneficiarios del tributo pagado por los indígenas.

4. Los tributos de la primera época

El sistema fiscal indiano pretendió establecerse, como ya hemos dicho anteriormente, siguiendo las normas imperantes en Castilla, es decir, que se trasladaron allí los viejo impuestos con que se gravaba el territorio peninsular durante el siglo XV, aunque se crearon algunos nuevos como un intento de adecuación a los imperativos de las tierras recién descubiertas, y de éstos, el fundamental es el tributo de indios.

El tributo de indios, entendido como un impuesto personal de los súbditos americanos, al que estaban sujetos independientemente de sus riquezas, supuso una de las principales fuentes de ingresos desde los primeros tiempos de la conquista.

Este tributo, que durante el gobierno de Nicolás de Ovando adquirió carácter legal, no pudo tener aplicación ante el galopante despliegue de trabajo personal impuesto por los encomenderos, lo que fue también en desmedro de los intereses fiscales. Porque la necesidad de mano de obra para las tareas agrícolas y mineras de las Indias, dio origen al empleo sistemático de la masa indígena, que, como ya hemos visto, a partir de 1503 trabajaría formando grupo en torno a su cacique, con lo que el encomendero disfrutaba del servicio personal del indígena y se convertía en depositario del tributo que éste debía entregar a los monarcas castellanos.

Fueron varios los intentos de la Corona por sustituir el sistema de aporte

Grabado indio en el que aparecen representados los distintos dones y personas entregadas a los españoles en carácter de tributo y de encomienda.

de trabajo por el pago efectivo del tributo, como se ve en las instrucciones a Pedrarias de 1513 para el gobierno del Darién, o en la orden que se dio al juez de residencia de La Española en 1518, en el sentido de que si los indios estaban capacitados para vivir en libertad, se les diera, señalándoles un tributo cuya cuantía se indica. Pero sin embargo, todavía se pensaba que los indígenas no estaban capacitados para vivir libremente ni para abonar la tasa.

El canon del tributo indígena no se hará efectivo hasta años más tarde, pero el que el pago de un impuesto personal sólo se materialice en el caso de los indígenas, pone de manifiesto que se ha trasladado a América la diferenciación que existía en España entre pecheros y privilegiados, y puede decirse que, desde el punto de vista de esta política, en Indias todos serán considerado exentos, excepto los indios, que quedan así en calidad de pecheros.

El resto de los impuestos fundamentales con que se gravó a los Indias existían ya en Castilla, y entre ellos cabe destacar la importancia que tuvieron en América, al menos en los primeros tiempos de la conquita, los que se conocen como *impuestos de preeminencia de la Corona.*

Según las Leyes de Partida, por las que se rigen las empresas descubridoras de esta época, todos los tesoros encontrados pertenecientes a los reyes o príncipes de las nuevas tierras, contra los que entrarán en guerra, pertenecían a los reyes de Castilla en calidad de iguales, así como la quinta parte de todas las riquezas halladas que, sin pertenecer a jerarca alguno, se consideraban botín de guerra.

En las Indias este aspecto tuvo enorme importancia por los grandes tesoros de los reyes indígenas, aunque en los primeros tiempos este capítulo no tuvo excesiva importancia y habrá que esperar a la época de las grandes conquistas para que en torno a ello comiencen a suscitarse serios problemas, concretamente en lo que se refiere al reparto del tesoro de Atahualpa.

Al mismo tiempo, se trasladaron a América los tributos derivados del disfrute de propiedades reales, como resultado de una coparticipación, dentro de las cuales destaca el cobro del *quinto real,* que suponía la parte de metales

Desde los primeros tiempos de la empresa indiana, los ingresos fiscales más substanciosos fueron los procedentes del almojarifazgo, *del* quinto de minas, *entradas y rescates y los* diezmos.

preciosos que habían de entregar a la Corona los súbditos americanos de todo lo encontrado en las minas indianas.

Todos los yacimientos mineros, tanto los encontrados en lugares públicos como en posesiones de particulares, se consideraban como regalías de los monarcas, por lo que se decretó en un primer momento que todas las minas, salvo aquellas entregadas de forma extraordinaria a los conquistadores, debían considerarse propiedad real. Debido a ello, en la Real Provisión de 1501 en la que se reglamentaba la extracción minera, se estableció un estricto sistema monopolístico en todo lo referente a esta cuestión.

Pero sin embargo, la presión de los intereses privados en contra de esta pertenencia era tan fuerte que fue preciso establecer un régimen de libertad para el descubrimiento y explotación de las minas, con la única obligación

Cristiano encomendero, dibujo de Poma de Ayala. En el sistema indiano, el encomendero estaba obligado a defender, instruir y adoctrinar a los indios que tenía a su servicio.

de pagar la mitad en un principio, a partir de 1503 el tercio, y posteriormente, en 1504, la quinta parte del producto, concesión obtenida por Ovando, de los Reyes Católicos por un período de diez años, aunque al término de éstos se fue prolongando indefinidamente, con lo que este tributo quedó fijado en la misma cantidad que se pagaba en Castilla.

El quinto supuso la principal imposición, aunque su cobro sufría ciertas modificaciones en relación, por una parte, con la calidad del metal, oro o plata, llegando a veces a suponer sólo el octavo e incluso el décimo, y, por otra parte, con la política de incentivos llevada a cabo por los monarcas castellanos con vistas al aumento de la población en las Indias. Con todo, a partir del descubrimiento de las ricas minas del continente, ninguno de los ingresos indianos proporcionó a la Real Hacienda tanto como la regalía de las minas del Nuevo Mundo.

Por lo que se refiere a los impuestos al comercio, parece que su implantación estuvo en la mente de los Reyes Católicos desde que se vislumbraron las posibilidades comerciales con las Indias.

Dos eran los gravámenes tradicionales con que se gravaban las transacciones mercantiles en Castilla: *el almojarifazgo y la alcabala.* El primero de ellos, que suponía un impuesto sobre el comercio de importación y exportación, en los primeros años no se cobró debido al pequeño volumen del comercio y a las exenciones encaminadas a forzar el poblamiento; pero a partir de 1503, los géneros que entraban en los puertos americanos cotizaron el 7,5 por ciento de su valor, mientras que los productos del comercio indiano no pagaron almojarifazgo en España hasta 1534, año en el que, debido a los apuros económicos en que se encontraba inmersa la Corona por las guerras de Flandes y del norte de África contra los turcos, se impuso en Sevilla el pago del 2 por ciento sobre las mercancías enviadas a las Indias y del 5 por ciento sobre las que se trajeran de aquellas tierras en todo viaje, lo que a pesar de la reducción del 7,5 por ciento con que se gravaba en América a los productos españoles, a un 5 por ciento, supuso un considerable aumento de impuestos para el tráfico americano.

El almojarifargo es el complejo de impuestos de origen árabe, incorporado posteriormente a la Hacienda real de Castilla. Entre los tributos más importantes que llevaban este nombre destacan el alomojarifazgo mayor de Sevilla, que consistía en la percepción de un derecho de aduanas sobre todas las mercancían importadas en el reino de Sevilla, y el almojarifazgo mayor de las Indias, instituidos por Carlos V en 1543.

En cuanto a la alcabala, ya en las instrucciones secretas a Ovando de 1503, aparece la intención de la Corona de establecer este impuesto en las Indias. Pero a pesar de esta tentativa, las tierras americanas se verían libres de esta imposición durante largo tiempo, pues si en un principio se hizo merced de la exención de la alcabala en los dominios recién conquistados con miras también a fomentar la población, el plazo se fue ampliando debido a la turbulenta situación de aquellos territorios, a pesar de los esfuerzos en contra realizados por la Corona. Hasta 1547 no se establecería en Nueva España y en 1591 en el Perú.

Usualmente se trasladaron también a las Indias las rentas de la Iglesia. Los Reyes Católicos obtuvieron del Papa Alejandro VI la concesión de los *diezmos eclesiásticos,* con el fin de ayudar a la implantación y expansión de la Iglesia en América; con esta concesión, la Corona asume el deber de administrar los diezmos a cambio de la obligación que tomaban los reyes de Castilla y sus sucesores de mantener en las Indias el clero necesario para la evangelización. Pero a diferencia de España donde la parte de diezmos que el Papa concedía a los Reyes Católicos consistía en las novenas partes de todos los frutos que se diezmaban, en las Indias, la Corona recibía, a partir de 1501, las novenas partes de la mitad.

Las cantidades obtenidas por este concepto en los primeros años de la colonización fueron de escasa importancia, hasta el punto de que en las regiones más pobres del continente los diezmos no fueron suficientes para sostener a la Iglesia y se tuvo que recurrir para ello a otros fondos de la Real Hacienda.

El que los españoles y sus descendientes debían pagar el diezmo no parece haberse discutido, pero lo que sí fue motivo de encontrados pareceres fue el extender esa obligación o no a los indios, y los conflictos originados por ello no cesaron durante todo el siglo XVI.

Otro renglón de las rentas eclesiásticas cobradas por la Real Hacienda era la *Bula de Cruzada,* ya que la costumbre de tomar bulas, muy extendida en España, pasó a las Indias, y, aunque no de igual forma durante todo el siglo, constituyó, a partir de 1511, una fuente de ingresos nada desdeñable para la economía castellana.

Este cuadro general de organización hacendística y presión tributaria, se fue perfeccionando y ampliando a medida que avanzaba el siglo XVI, conforme se iban suscitando nuevas necesidades económicas y las Indias iban adquiriendo mejores fuentes de recursos propios, como para contribuir en mayor medida.

5. Modificaciones hacendísticas a partir de la creación de la Casa de la Contratación

Si hasta la época de Ovando el sistema hacendístico era coparticipado, ya que los beneficios obtenidos por el comercio o explotación de recursos

Entre los encomenderos y los funcionarios habitados por la Corona para gobernar, administrar justicia o recaudar impuestos solían plantearse conflictos con frecuencia como parece atestiguar el dibujo de Poma de Ayala. En la parte superior del mismo se lee: «Corregimiento/ Corregidor y encomendero tiene pendencia sobre los reales, quien ha de llevar más/provincias.»

serían repartibles, según lo previsto en las capitulaciones de Santa Fe, con Ovando -sin dejar de reservarse para Colón lo que había de corresponderle- se establece un régimen directo de carácter realengo, en el que llega a incluirse hasta el renglón comercial. Es la gran innovación que se produce en 1503 con la creación de la Casa de la Contratación de las Indias, a la que se reservaba todo trato con América y el abastecimiento de sus necesidades. Con ello trataba de eliminarse el favoritismo colombino en favor de los comerciantes genoveses, pero al mismo tiempo trataba de prevenirse, visto el ya delicado estado de salud de la reina Isabel, las consecuencias económicas que tendría su fallecimiento, al pasar la Corona de Castilla a doña Juana y su esposo Felipe el Hermoso. Dada la desavenencia de Felipe el Hermoso con los Reyes Católicos, cabía temer que entregara a comerciantes flamencos el privilegio de comerciar con las Indias, frente a lo cual está ese organismo, la Casa de Contratación, que había de abastecer todas las necesidades por vía estatal, excluyendo todo comercio. Y aunque poco después se autorizó también el comercio indiano, se reservó su práctica -para cubrir el riesgo aludido- a comerciantes naturales de los reinos de Castilla. Como por otra parte también se entregaba a la Casa de la Contratación entender de todo lo relativo a empresas descubridoras, que implicaban la percepción del quinto regio por utilidades, este organismo venía a centralizar toda la percepción fiscal, ya que sus tres Oficiales de Sevilla tendrían sus equivalentes en la Española, donde había de crearse así un duplicado ultramarino de la Casa de la Contratación.

«El Arancel de los diezmos *y* primicias *que se han de pagar en la isla Española y en otras islas y tierra firme del mar Océano» fue fijado por los monarcas en 1501 y, más tarde, fue reestructurado en células posteriores.*

Por eso los Oficiales Reales de Santo Domingo tienen en un principio el carácter de generales para las Indias, en sus respectivas funciones, si bien podían tener sus tenientes en las otras islas.

Al perder los Oficiales Reales de Santo Domingo el carácter genérico para todas las Indias, al ser nombrados por el Rey, Oficiales para las otras islas, vino en paralelo a duplicarse y triplicarse las sucursales ultramarinas de la Casa de Contratación. Así sucedió en Cuba, donde también los Oficiales habían de actuar colegialmente con Velázquez en San Salvador de Bayamo (la primera capital) y juntos pasaron a visitar la bahía de Santiago donde, según carta de 1 de agosto de 1515, acordaron establecer la Casa de la Contratación de Cuba, como también se facultó a Pedrarias para establecerla en el Darién, con sus Oficiales Reales. Pero el caso es que estas Casas indianas de la Contratación no llegaron a funcionar en realidad por la limitación del comercio en aquella época y ser preferible fiscalmente confiarle a asentistas, que abonaban una suma global a la Corona o se comprometían a hacer el transporte gratuitamente. De forma tal que exentas las principales fundaciones del pago de alcabalas, almojarifazgos, etc. el interés hacendístico se volcaba mucho más en la actividad minera, que es lo que caracteriza a esta época.

Una nueva fase en el desarrollo hacendístico se da tras la consulta del 24 de noviembre de 1525, como consecuencia de la cual se dio la Real Provisión de Toledo que institucionalizaba la Hacienda americana mediante la creación de Cajas Reales, para los caudales que hubieran de percibir los tesoreros, así como los cuños de marcar metales en las casas de fundición fueran guardados en el arca de tres llaves, donde se guardaría el libro de cargo, con las altas y bajas de fondos. Si los Oficiales Reales tuvieron inicialmente una función teóricamente comercial, ahora la tenían propiamente hacendística al nacer las Cajas Reales, con el libramiento de libranzas, diligencias y recaudos. Y así permanecería ya el funcionamiento de la Hacienda, sin más modificación en esta etapa que la Cédula de 28 de marzo de 1549 que dispuso la fusión de los oficios de factor y veedor, al no tener el primero ninguna misión de facturaje de mercancías. La disposición de Toledo de 1525 consagró también la función conjunta y solidaria de los tres Oficiales, como juntos según la Cédula de 1533 habían de marcar el oro en las casas de fundición y juntos habían de evaluar las mercancías que arribaran para la percepción de los impuestos.

INTRODUCCION

Demetrio Ramos

Portugueses y franceses en América en la primera época

Los Reyes Católicos, una vez obtenidas las bulas de donación, creyeron asegurada una exclusiva en el mundo recién descubierto, pues el pontífice Alejandro VI sólo dejaba fuera de la soberanía castellana las tierras que estuvieran bajo el dominio de «otros príncipes cristianos». Pero al insistir los portugueses en la necesidad de desplazar más hacia el occidente la línea de demarcación trazada por el Papa a 370 leguas de las Azores y Cabo Verde, tal como se convino por el tratado de Tordesillas en 1494, resultó que se descubrieron tierras que efectivamente quedaban al Este de la línea y que, por lo tanto, no eran españolas sino, de acuerdo con lo pactado, de pertenencia portuguesa.

El problema estaba en saber qué tierras, además del extremo de Brasil, podían estar en esa situación. De aquí las expediciones de los portugueses tanto hacia el Sur, para conocer hasta dónde podían llegar las tierras propias halladas, como hacia el Norte, al conocerse que las Tierras de los Bacalaos también estaban situadas en posición que creían semejante. En el primer caso, hubo consecuencias de ocupación; pero en el segundo, no.

Pero no sólo desparecía la exclusiva como resultado de la configuración geográfica, en relación con la línea de Tordesillas, sino que Francisco I de Francia, se negó a aceptar la obligación de acatar la decisión papal de no navegar al Occidente de la línea y de respetar la donación. Y lo mismo en cierto modo hicieron los ingleses. De aquí las expediciones que partirían de puertos británicos y franceses en competencia con españoles y portugueses. Bien es cierto que estas expediciones tuvieron propósitos muy diversos, aunque a la larga condujeron también a la creación de asentamiento y, consecuentemente, al establecimiento de soberanías. Pero inicialmente no se pretendió tanto. Es más, puede hablarse de expediciones que ni siquiera tuvieron carácter oficial, como fue el caso de los marineros franceses que inicialmente sólo iban en busca de palo tintóreo, por la buena cotización que lograba.

Los ingleses, que ya habían intervenido, incluso antes del descubrimiento colombino, despachando algunas expediciones en busca de una mítica tierra llamada *isla de las Siete Ciudades,* después del descubrimiento de Colón volvieron a hacer intentos al occidente, aunque no para establecerse, sino para buscar camino hacia la Especería, es decir por no creer que Colón hubiera llegado verdaderamente a las Indias. Este es el planteamiento del problema, cuyo desarrollo veremos seguidamente.

CAPITULO 10

LOS ESTABLECIMIENTOS PORTUGUESES EN EL BRASIL

Emelina Martín Acosta

1. Los establecimentos portugueses en Brasil

Los portugueses contaban con una probada experiencia en la navegación. De hecho fueron ellos también quienes mejor conocieron el funcionamiento de vientos y corrientes en el Océano, gracias a lo cual pudieron traficar directamente con los pueblos costeros africanos con los que tomaron contacto, como luego, tras la penetración en el Indico, seguirán haciendo.

Cuando en 1500 Pedro *Alvarez Cabral* tomó posesión oficial del Brasil, iban con él algunos de los mejores navegantes portugueses, que valoraron el descubrimiento por lo que significaban las tierras halladas como posible escala para ir a la India, ante el obligado desvío que imponían las corrientes y vientos. Por eso las costas brasileñas serán utilizadas, en un principio, más que como territorio de posible asentamiento, como punto de apoyo en la carrera de la India. El sistema de vientos alíseos obligaba a los portugueses a penetrar en el Atlántico para salvar las calmas intertropicales, por lo que en caso de necesidad, podían utilizar la costa del Brasil como escala eventual.

Aun sin las riquezas de Nueva España o de Potosí, la colonia portuguesa de América en el siglo XVI ya se había hecho notar en los mercados europeos a los que proveía de azúcar y palo-brasil llevados muchas veces por las ilegítimas manos francesas, inglesas y holandesas.

No obstante, las costas americanas ofrecían también la posibilidad de aprovechar la existencia de palo brasil, caña-fístula y animales exóticos, como complemento del oro de las minas africanas y de los «esplendores» del oriente.

2. Primera fase: El arrendamiento y las factorías-fortalezas

Lucio de Azevedo consideró que el siglo XVI es la época del palo brasil en este litoral, por la gran abundancia de este recurso. Fue, ciertamente, el atractivo de la primera época y nunca pudieron suponer que podían cubrir ni las necesidades de las industrias de Portugal y, sobre todo, de Flandes.

En efecto, las primeras expediciones que volvieron de la tierra de «Vera Cruz» transportaban en sus naves el palo tintóreo que dio nombre, posteriormente, a ese espacio geográfico, y a partir de este momento se identificó aquél lugar del continente suramericano con el posible tráfico y la utilización comercial de tan codiciado producto, tan necesario para la industria textil europea.

Manuel I inició el aprovechamiento de la costa brasileña del mismo modo que en tiempos anteriores se había hecho en Africa, mediante el arrendamiento de su explotación, aguipar la corta de palo, con permiso para su introducción en el reino, sistema que había sido inaugurado por Alfonso V en Africa. A estás concesiones se acostumbró añadir una cláusula que imponía la construcción de factorías-fortalezas para defender el espacio. Pero muy poca gente se sintió interesada inicialmente por ir en busca de aquellos artículos tintóreos, dado el riesgo que suponían los indicios de su litoral. Por ello, el monarca portugués se vio obligado a poner a disposición de gentes de muy diversa índole unas factorías que llevaban implícita una delegación de soberanía.

El primer arrendamiento que el monarca portugués va a contratar, será con Fernando de Noronha y tendrá una duración de tres años, entre 1502 y 1505, con posibilidad de prorrogarse un tiempo mayor. Por este acuerdo, el mercader portugués se compromete a mandar todos los años seis navíos a la nueva posesión lusitana y a erigir allí una factoría para la corta de palo, con una fortaleza de defensa frente a los indígenas; a cambio debía continuar los descubrimientos, tanto de la costa como del interior. Este sistema era paralelo al procedimiento castellano de las expediciones de *descubrimiento y rescate;* el contratante tenía que entregar a la corona una parte de los beneficios obtenidos en su factoría. Noronha llegó así a construir fortaleza en la región de Pernambuco.

En 1503 se estableció otra factoría en las costas brasileñas, pero de una manera casual, como consecuencia del naufragio de dos de los barcos de la expedición de Gonzalo Coelho y Américo Vespucio. Los supervivientes de esos navíos se instalaron en tierra, donde construyeron un fuerte y se dedica-

Retablo pintado por Nuño Gonçalves hacia 1450. En el centro, San Vicente, patrono de Lisboa; a su izquierda, Enrique el Navegante con el futuro rey Juan II, el niño de sombrero cónico; en el primer plano y debajo, Alfonso V y su esposa, arrodillada.

Pedro Alvarez Cabral, al frente de los mejores navegantes lusitanos, tomó posesión oficial del Brasil en 1500, en nombre de la Corona de Portugal. En la ilustración, flota de Cabral.

ron a cortar palo *brasil,* en colaboración con los indios del lugar. Apenas eran 24 hombres y no obstante pusieron en marcha una factoría, que según informó Américo Vespucio en una de sus relaciones, se encontraba situada cerca de Cabo Frio.

En 1508 tenemos de nuevo referencias de la explotación comercial del Brasil. Se tienen noticias de que un náufrago –Diego Alvares, el «Caramurú», estaba instalado en la bahía de Todos los Santos, convertido en un patriarca local, por la práctica de la poligamia, de lo que se derivó una numerosa descendencia; su fama le venía también por sus buenas relaciones con los indios. Este hecho no debió ser un caso aislado; al contrario, parece que se dieron varios otros, de lo que se deduce que aquel litoral continuaba siendo muy visitado por los portugueses para la corta del palo. La abundancia de dicho producto fue tan grande que se reflejó incluso un aumento de contrabando en España (una Real Cédula de 1510 prohibe vender y comprar palo brasil que no llegara de las Indias españolas).

Aunque continúa el comercio de particulares para la explotación del palo tintóreo, en 1511 el sistema de factorías se presenta con una ligera variante. En este año la nave «Bretõa» que había sido armada por Fernando Noronha y unos cuantos financieros más, zarpaba de Lisboa en dirección a Brasil para cargar allí el palo tintóreo. Por el diario de abordo de la nave se conocen las nuevas cláusulas que se exigían ahora en el contrato: en primer lugar, que la nave fuera directamente de Lisboa a Brasil, sin hacer ninguna escala, debiendo efectuar el regreso de igual modo. Se trata por tanto de una expedición de ida y vuelta, sin relación alguna con factorías africanas.

La metrópoli portuguesa no contaba con los medios requeridos para la ocupación y colonización del enorme territorio brasileño: su escaso capital estaba comprometido en la empresa especiera de la India y en el comercio de esclavos en Africa.

Son viajes en los cuales el fin primordial es la «trata» del palo brasil, pues más bien que hacer la corta, lo adquirían de los «caramurús», que se ayudaban de los indios, trueque de mercancías que les daban, y que podía realizarse de forma generalizada por todos los componentes de la expedición.

Por el mismo diario de abordo de la «Bretõa» se sabe que también iban en ella un factor y un escribano como remplazos para la factoría de Cabo

Juan II, rey de Portugal, el Perfecto (1455-1495). Sucesor de Alfonso V, fue el verdadero promotor de las expediciones portuguesas hacia Africa y en el Oriente, tarea que luego continuaría con Manuel I. Detalle del retablo de San Vicente, por Nuño Gonçalvez.

Frio, que seguía manteniéndose, ya que la corona portuguesa pretendía continuar con este tipo de establecimiento que favorecía la explotación económica de aquel litoral.

Los viajes de dicho navío debieron durar hasta 1513, año en que el tráfico de palo tintóreo se arrendó en exclusiva a Jorge Lopes Bixorda con un contrato semejante al suscrito con los armadores de la «Bretõa» , es decir, tenía que enviar una expedición de ida y vuelta para la corta del palo. Como en el caso Noronha, Lopes Bixorda contaba también con la colaboración de otros mercaderes asociados que empezaban a prever buenos emolumentos en el comercio de aquel producto de aplicación textil (el palo brasil se vendía en Europa a razón de dos ducados por arroba), y otros beneficios complementarios de las ventas de las pieles de animales, algodón o pimienta.

El sistema de arrendamientos perduró varios años más, hasta 1516, en que la política portuguesa con relación al Brasil se orienta de forma diferente. Esta variación administrativa va a venir dada en parte por la reacción inmediata que en la corte lusa representó la expedición de Juan Díaz de Solís, quien en 1515 recorrió todo el litoral del cabo San Agustín y alcanzó el Rio de la Plata. Aquí murió el capitán a manos de los indios charruas. La armada que regresó a España se llevó un buen cargamento de palo brasil de los dominios portugueses, aunque perdió una nave que naufragó en el puerto de Los Patos.

Sin embargo, para los portugueses suponía un mayor peligro la presencia constante de los navíos franceses en aquel litoral dedicándose a la corta de palo.

3. Comerciantes y corsarios franceses

Casi al mismo tiempo que los portugueses iniciaban su aventura brasileña llegaban a esas mismas tierras comerciantes y corsarios franceses atraídos de igual modo por los recursos de esa tierra virgen y sobre todo el palo tintóreo.

Manuel I, el Afortunado, recibiendo el juramento de Vasco de Gama. El monarca lusitano inició el aprovechamiento de la costa brasileña de la misma forma que unos años antes se hiciera en Africa.

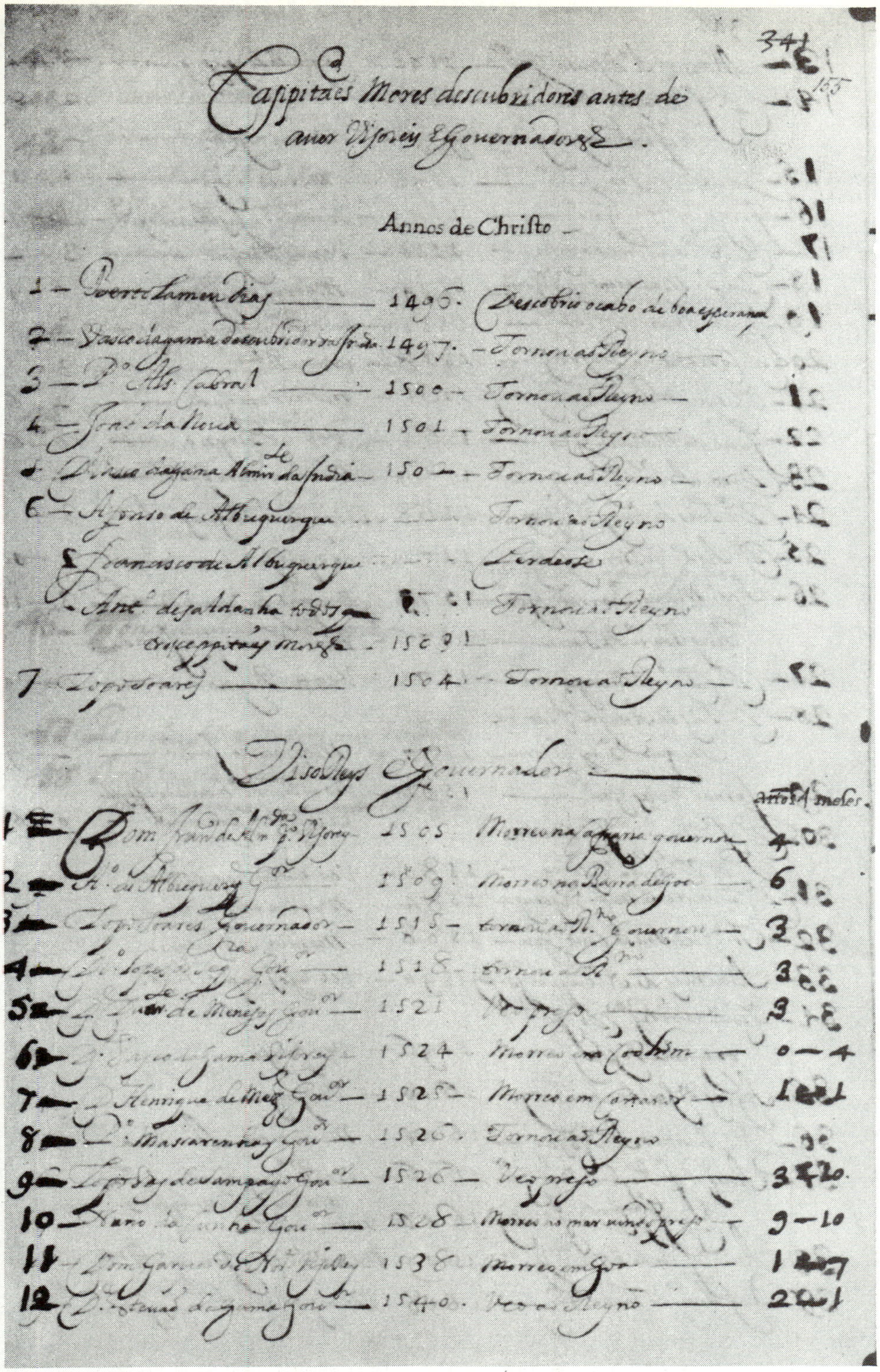

Manuscrito en el que aparecen registrados varios viajes portugueses, desde 1496, fecha en que, como reza en la primera línea, «Bartolomeu Díaz» ... «descobrió o cabo de boa esperança», hasta 1540.

Pero si coincidieron en el tiempo no fueron iguales sus métodos en la explotación del Brasil, pues si los comerciantes lusitanos construían factorías-fortaleza que dificultaba el contacto con los naturales de la tierra, los tripulantes de las embarcaciones francesas, por el contrario, trataban directamente con las tribus indígenas procurando incluso familiarizarse con sus costumbres.

Ya en el año 1504 se tienen noticias de las incursiones francesas. La más celebre fue la del navío Espoir que bajo el mando del capitán Paulmier de Gonneville, de Honfleur, alcanzó el litoral brasileño a la altura de Santa Catalina. Los franceses se quedaron en ese lugar durante seis meses entablando muy buenas relaciones con el rey local Arosca y su pueblo. En el viaje de regreso hicieron escala en Porto Seguro donde les abastecieron de víveres y mercaderías antes de regresar a Europa. Al llegar a las costas de Normandía sufren un naufragio y pierden parte de la carga. Sólo les queda la relación de todo lo que han visto y esto incita a todos sus compatriotas a seguirles en su empeño: es el caso del piloto Jehan Denys en 1519 o el piloto Jean Parmentier en 1520.

Con los comerciantes franceses sucedía lo contrario que con los castellanos o portugueses: la iniciativa particular primaba sobre la acción de la corona. Por eso proliferan los armadores, normandos o bretones en su mayoría, que realizaban el tráfico del Brasil principalmente en la faja costera entre el cabo de Santo Agosnho y el río Real. Entre los armadores que se distinguieron en esa actividad cabe destacar los Ango de Dieppe y los Varrazani de Normandía.

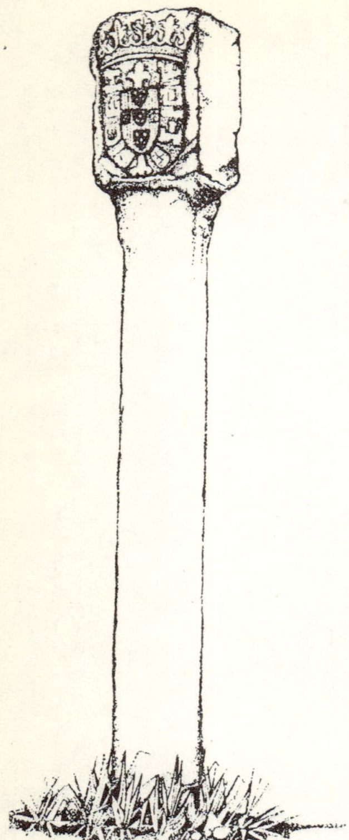

«Padroa de Santo Agostinho», columna con las armas de Portugal.

4. Segunda fase: Las capitanías de mar

Los lusitanos comprendieron que era necesario ocupar las costas brasileñas con algo más efectivo que unas factorías-fortalezas, si querían evitar que los franceses –por el atractivo de las sustanciosas ventas de los portugueses– generalizaron su corta directa de palo aquel litoral incluso llegara a establecer allí definitivamente. Por esto motivo, antes de iniciar una política de poblamiento, se buscó en este año de 1516 una solución más práctica: nombrar a un *capitán de mar* para que, al mando de una pequeña armada, se dedicara a vigilar las costas de aquél litoral suramericano, con el fin de rechazar las apetencias de franceses o castellanos.

El primer *capitán de mar* que se designa es *Cristobal Jaqués,* quien partía de Lisboa el 21 de julio de 1516, con el propósito de limpiar la costa brasileña de intromisiones extranjeras. En ésta primera expedición lograron apresar a los náufragos castellanos que aún quedaban de la armada de Solís, a los que envió a Lisboa, donde el monarca portugués los canjeó por los supervivientes de la expedición de Joao de Lisboa, que habían sido hechos prisioneros en Puerto Rico. Jaqués permaneció en el litoral brasileño hasta 1519, siendo ésta la primera de las tres etapas que dedicó a la defensa del territorio.

La segunda época de la capitanía de Jaqués comprende los años de 1521 a 1524, durante la cual llegó hasta la zona del Río de la Plata, con el fin de obtener noticias más concretas sobre la existencia de la «Serra do Prata», de las que le habían hablado los naúfragos que encontró. Recien llegado a Brasil.

En 1526, diez años más tarde de su primera expedición, organizó de nuevo otra flota, ahora contra los corsarios franceses. Se estaba en guerra con Francia y la contienda naval se había extendido hasta el Brasil, de modo que los barcos portugueses eran capturados a su regreso por los navíos galos. Jaqués llega a Pernambuco, desde donde mandó de regreso a Portugal la nave capitana cargada de palo tintóreo, y de allí continuó la navegación con cuatro carabelas hacia el Sur, donde sabe que hay barcos franceses cortando palo. En la bahía de Todos los Santos se encontraron los navíos portugueses y franceses, entablándose un terrible combate, del que Jaqués salió victorioso. Posteriormente se dirigió hacia el actual Río de Janeiro y el Río de la Plata, en busca de supervivientes, sobre los que ejerció la violencia más brutal, castigando así mismo a los indios que les habían favorecido.

Durante la capitanía de Cristobal Jaqués se trasladó la factoría que aún se mantenía en el Sur (la de Cabo Frio) a la zona Norte (Pernambuco), ya que ésta se encontraba más cerca de Portugal y así los viajes comerciales podrían realizarse en tiempo más corto. También había acabado con la corta de palo por parte de los franceses, pero no había conseguido establecer un poblamiento definitivo que sirviera de mayor defensa frente a las intromisiones extranjeras.

La guerra que en el continente europeo se entablaba entre Francia y Portugal tuvo inmediata repercusión en el Brasil: en la bahía de Todos los Santos las naves portuguesas y francesas entablaron un duro combate del que salieron vencedores los primeros capitaneados por Cristóbal Jaqués.

5. El intento poblador de Martim Afonso de Sousa

Tras la experiencia de Cristobal Jaqués, Juan III quiso adoptar en el Brasil una política más eficaz, por lo que Martim Afonso de Sousa, al que le encomienda, además de la defensa de las costas, llevar a cabo una tarea de poblamiento, como soporte de un diferentes sistema económico: la corta del palo se sustituye por el cultivo de la caña de azúcar. El objetivo primero es poblar, pero también debía preocuparse de seguir con los descubrimientos, realizando un padrón con los nuevos lugares dentro de la demarcación señalada por el Tratado de Tordesillas.

Martim Afonso de Sousa parte de Lisboa el 3 de diciembre de 1531, llevando consigo amplios poderes de capitán general y gobernador. Le acompaña su hermano Pero Lopes de Sousa. En primer lugar va a estudiar las condiciones de la tierra con el fin de establecer en ella unos núcleos de población que se dediquen al cultivo de la caña de azúcar. Se está poniendo de nuevo en práctica la política iniciada por Don Enrique, de adaptar cultivos industriales exóticos a las nuevas tierras descubiertas. El cultivo de la caña dulce y la fabricación del azúcar en las Islas de Madera y Santo Tomé constituyeron sin duda un claro antecedente en el establecimiento de estos mismo sistemas en el Brasil.

Destacan en este período la fundación de dos núcleos de asentamiento de gran importancia: Sao Vicente y Santo Andrés, que ya no suponen el mero aprovechamiento económico de la tierra, se trata de verdaderos pueblos, en los que a la plantación azucarera, se añadirán otras de árboles frutales y hortalizas, e incluso granjas con animales domésticos. Se construirán las casas de piedra. Allí llegarán incluso los religiosos de las diferentes órdenes portuguesas, cosa impensable en el caso de las factorías-fortaleza. Existe por tanto un

Torre de Belém, construida en la desembocadura del río Tajo, en Lisboa.

deseo por parte de la monarquía portuguesa de instalar en aquél litoral sudamericano una población de carácter permanente.

Por último Martim Afonso de Sousa debía averiguar el fundamento de las noticias sobre las riquezas de la región del Plata y la posibilidad de ocupar dichos territorios.

La expedición de Sousa recorrió la costa brasileña desde la bahía de Todos los Santos hasta el cabo de San Vicente, no limitándose unicamente a la inspección del territorio, porque de acuerdo de acuerdo con las instrucciones que llevaba, se preocupó de realizar también la ocupación efectiva de la tierra Y si la entrada por las tierras del Plata no fue lo fructífera que se había imaginado, sí le va a resultar muy positiva su estancia en el área del río Paraguay, donde va a conocer la gran cantidad de oro y plata que existía en aquel lugar.

La empresa de Martim Afonso de Sousa adquirió gran relevancia puesto que atravesó de un extremo a otro la costa brasileña y consiguió que arraigase un primer grupo de gentes en un establecimiento de población de carácter estable.

6. Tercera fase: El régimen de las capitanías donatarias

En septiembre de 1532 Juan III había escrito una carta a Martim Afonso de Sousa, en la que le anunciaba el proyecto de establecer en las tierras brasileñas las capitanias donatarias. Sin embargo la nueva fórmula colonizadora no se aplicará hasta transcurridos dos años, en 1534. Se esperó al regreso de aquel capitán de mar para perfeccionar el sistema introduciendo modificaciones de acuerdo con las noticias recibidas y que aportaban un mayor conocimiento de la tierra.

Desde los inicios de la presencia lusitana en Brasil, el Estado portugués pretendió, ante todo, que su vasto territorio americano rindiera económicamente al máximo con el mínimo posible de esfuerzos y de capitales.

Hasta el momento la corona portuguesa había ensayado sucesivamente en Brasil los métodos utilizados en la explotación de los países africanos o las islas del Atlántico: factorías-fortaleza y capitanías de mar y tierra. Pero había comprendido que estos procedimiento se habían revelado insuficientes para defender la tierra contra los asaltos de intrusos (ni la lucha armada ni la vía diplomática había frenado a los franceses) e incluso para proteger a los colonos de la hostilidad indígena.

Bien es verdad que la división del Brasil en capitanías donatarias no pasaba de ser una solución tradicional enmarcada en el sistema colonial luso anterior. Se trataba de poner en manos de particulares la tarea llevada a cabo anteriormente por el Estado. Ya se había ensayado con fruto en los archipiélagos, y aunque parecía algo incongruente con la política centralizadora del momento en la metrópoli, era la mejor forma posible de interesar a un grupo de gente en una empresa de grandes dificultades por medio de privilegios y amplias ventajas sociales y económicas.

A los nuevos colonos se les concedía cierto número de leguas de tierra con la correspondiente jurisdición civil y criminal, que se denominaba capitanias, de forma que el destinatario se le daba el nombre de capitán.

Las donaciones así establecidas van a ser ocupadas por gentes enriquecidas en el tráfico indiano o bien por cortesanos que se habían ganado la confianza del rey. Otros eran soldados o letrados, es decir, gentes de muy variada condición.

El Brasil se dividió en quince demarcaciones: la de Pernambuco fue concedida a Duarte Coelho, el 10 de marzo de 1534; Porto Seguro a Pero do Campo Tourinho el 27 de mayo del mismo año: Bahía de Todos los Santos a Francisco Pereira Coutinho el 27 de junio también de ese mismo año; Itamaracá y otro trozo pequeño en el sur, junto a la donación de Martin Afonso, a Pero Lopes de Sousa, a primeros de setiembre del citado año; San Vicente a Martin Afonso el 6 de octubre de igual año: cien leguas al norte de Itamaracá a Joao de barros y a su asociado Ayres da Cunha, el 8 de marzo de 1535; treinta y cinco leguas en la misma costa este-oeste, cerca del Amazonas a Fernao Alvares de Andrade a principios de este año de 1535; la de Ilhéus a Jorge de Figueiredo Correia, a primeros de abril de ese año; y la de Ceará a Antonio Cardoso de Barros el 28 de enero de 1536.

El desconocimiento geográfico en profundidad (a pesar de los datos aportados por los colonizadores anteriores) trajo consigo un desigual reparto del

territorio brasileño. Las líneas de separación fueron trazadas idealmente sobre toda suerte de accidentes geográficos, agravados además por las existencias derivadas del tratado de Tordesillas. Otro fallo en la división de las capitanias fué la falta de información del valor de las tierras, tampoco preveían la incidencia del clima en las diversas zonas. Lo único que se pretendía, por tanto, era trazar un plano con un número determinado de demarcaciones, que estuviesen situadas la mayor parte de ellas hacia el sur.

Monasterio de los Jerónimos de Belém, monumento a los grandes marineros lusitanos, muchos de los cuales se encuentran enterrados en él.

La corona va a seguir muy de cerca el nuevo régimen que iba a ser inagurado en el vasto dominio suramericano, de tal forma que en cada capitanía existirán terrenos pertenecientes al patrimonio real. El monarca, además, se reservaba para sí el monopolio de las especias y drogas, así como la quinta parte de los metales y piedras preciosas que se descubriesen.

El rey concedía la capitanía al donatario para que la administrase como una provincia, pero nunca como propiedad privada, según podría deducirse del carácter de la donación. Ni siquera podía ceder los derechos de la colonia que se le había concedido. Pero las prebendas, en contrapartida, fueron numerosas: le correspondía la redécima parte de las rentas de la corona, la vigésima parte de las pesquerías y la venta del palo de Brasil; el monopolio de las marismas y el derecho de barcaje.

El capitán donatario repartía las tierras incultas libres de toda carga o derechos, a personas que procesaran la religión católica, ya fueran portugueses o extranjeros. A éstos se les permitía incluso dedicarse al comercio de cabotaje, pero pagando una décima parte del valor de las mercancías, mientras que para los oriundos de Portugal era libre el tráfico de los productos (excepto los del monopolio de la corona), que podían exportar hacia cualquier punto de la corona, metrópoli o extranjero. Las naves que comerciasen entre Portugal y Brasil no pagarían nada a su regreso; ni a su llegada al Brasil cuando en las aduanas del reino hubiesen pagado los correspondientes derechos.

A lo largo del siglo XVI, Portugal ensayó diversas formas de aprovechamiento de las riquezas del Brasil: primero; fueron las factorías, *simples abrigos conservados por los nativos y desde donde se embarcaba el palo tintóreo hacia Europa; luego, las* capitanías donatarias *con las que —se pensó— los donatarios convertidos en* señores *de extensos territorios, las defenderían como suyas.*

Incluso se prohibía bajo grandes penas, tanto a nacionales como a extranjeros, que no fuesen moradores de la capitanía, y con mayor motivo a estos últimos, comerciar directamente con la población indígena para evitar la influencia de extraños en la región, lo que podría dificultar las relaciones entre los moradores y los aborígenes.

Por último, a los donatarios les estaba prohibido dividir la capitanía, de igual modo que no la podían cambiar ni transferir a otras personas. Sólo el rey se reservaba el derecho de modificar las reparticiones según los intereses del Estado. Lo cual ayuda a clarificar el principal motivo de las donaciones: los capitanes debían buscar su prosperidad, como era natural, pero sin olvidarse de beneficiar en primer lugar a la omnipotente y omnipresente Corona.

Abandonados a su propia suerte por las muchas dificultades que atenazaban en esos momentos a la monarquía lusa, los capitanes donatarios se encontraron con múltiples y difíciles problemas, siendo el más acuciante la falta de medios económicos para llevar a cabo la empresa. A pesar de todo, procuraron reproducir al otro lado del océano la imagen de la metrópoli y disfrutar rápida e intensamente de la tierra virgen ofrecida a su codicia.

Como hemos apuntado anteriormente doce fueron las donatarias, aunque las demarcaciones se elevasen hasta quince, por cuanto los dos hermanos Martim Afonso y Pero Lopes de Sousa recibieron cinco en gracia a los servicios especiales que habían prestado a la Corona. En su delimitación se evidencia la intención de hacerlas, por regla general aparentemente iguales en su extensión, pero en la práctica resultaron diferentes en su aspecto geográfico (compleja orientación y configuración de la costa), en la vertiente humana e incluso en su desarrollo histórico.

Así la capitanía de Bahía de Todos los Santos pertenecía a Francisco Pereira Coutinho, viejo hidalgo experto en las guerras de Oriente. Pocas capitanías ofrecían tantas posibilidades de realizar un rápido progreso como ésta, donde a la bondad de la tierra se le unía la seguridad y amplitud de su bahía.

Cuando Pereira Coutinho llegó al Brasil, para tomar posesión de la provincia que le habían asignado, se encontró al célebre náufrago Diego Alvares, el *Caramurú*, hecho patriarca local gracias a la numerosa família «mameluca» y muy estimado por los indios. Este encuentro permitió unos años de buenas relaciones con los aborígenes de tal forma que pudieron realizarse plantaciones, construirse ingenios de azúcar y desarrollar gradualmente la población, pero duró poco, Pereira carecía de cualidades necesarias para el mando del pequeño grupo blanco que le acompañaba y no pudo evitar el conflicto entre los indígenas y los colonos que terminó en un trágico desastre. Los indios «tabas» asaltaron la colonia, destrozaron los ingenios y mataron al capitán y a un buen número de blancos. Todo se perdió: quedaba apenas un núcleo de caramurú para recibir los socorros expedidos finalmente por Juan III para instituir el gobierno general del Brasil, que se fué a establecer en las inmediaciones de la antigua villa mameluca.

No corrió mejor suerte la capitanía de Porto Seguro, pero quedaron en élla testimonios más duraderos y resultados tan positivos que le aseguraron la continuidad. Pero do Campo Tourinho, perteneciente a la pequeña nobleza, fue el encargado de administrarla consiguiendo desde el primer momento que los portugueses entablaran buenas relaciones con los aborígenes y con ellos aumentar el número de colonos que se extendieron por toda la demarcación fundando nuevas villas.

El régimen de las capitanías donatarias *determinó la fundación de dieciséis villas en total. Aunque en estas capitanías se inició la actividad agrícola, el fracaso del sistema obligó a la intervención del Estado portugués mediante el nombramiento, en 1548 de un capitán general.*

Sin embargo el donatario fue víctima de una conjura y apresado por sus subordinados bajo sospecha de antirreligioso. Le enviaron a Lisboa donde compareció ante el Santo Oficio y aunque fue absuelto ya no volvió al Brasil; renunció a la posesión de la capitanía a favor de su hijo, quien va a ostentar el poder también por poco tiempo. Posteriormente la capitanía será comprada por el duque de Aveiro.

La capitanía de Ilheús fue concedida al poderoso y rico escribano en la Real Hacienda, Jorge de Figueiredo Correia, quien se limitó a financiar la empresa de su colonización y confió la misión de fundar la colonia al español Francisco Romero, hombre honesto y prudente que tuvo que luchar más con sus subordinados blancos que con los «Tupiniquines». A los indios les consiguió contener gracias a una acertada política, pero no le sucedió lo mismo con los colonos, quienes le enviaron a la metrópoli, acusado de despotismo

Caballeros de la corte portuguesa del siglo XVI, con sus lujosas vestimentas. A pesar de haber patrocinado el descubrimiento de gran parte del mundo, la Corona lusitana no contó con los medios económicos para desarrollar un vasto plan de colonización como el que llevaron a cabo los reyes españoles.

e inmoralidad; más tarde regresaría para ocupar de nuevo la capitanía, cargo que desempeñara todavía en tiempo del primer Gobierno General.

La falta de grandes beneficios económicos (esperaba encontrar metales preciosos en unas minas cercanas al Perú) hizo que los herederos de Jorge de Figueiredo Correia acabaran por vender, con licencia del rey, la capitanía al poderoso banquero florentino Lucas Giraldes, personaje muy importante en la finanzas lusas.

Vasco Fernandes Coutinho, un hidalgo veterano de la India fue el donatario de la capitanía del Espíritu Santo. Desembarcó en 1535 en la ensenada que se abre entre la punta del Tubarâo y el monte Moreno, donde fundó la primera población, distribuyendo enseguida las tierras incultas, en las cuales se inició el cultivo de la caña de azúcar. No obstante sus tentativas de colonizar la zona fueron inútiles ante el asalto de los indios exaltados por los procedimientos esclavistas de los recien llegados, que necesitaban abundante mano de obra gratuita.

Fernandes Coutinho se encontraba en la metrópoli cuando ocurrió el ataque, pero a su regreso no pudo contener tampoco la insubordinación de sus colonos, como invariablemente venía sucediendo en ésta época en los territorios brasileños. Acabó pobre y desvalido en Bahía, bajo la tutela del Gobierno General que por caridad le toleraba, después de renunciar lamentablemente a su capitanía.

La capitanía de Pero de Gois estaba situada un poco más al sur que la demarcación del Espíritu Santo. En élla inició una plantación de caña de azúcar e instaló algunos ingenios para su industria. Pero los ataques de los indígenas llevaron al donatario a abandonar la tarea encomendada y dejó la capitanía en manos de sus hijos, Cipriano y Vicente quienes iban a fracasar igualmente, de modo que el territorio revertirá, como muchos otros en la corona. Se había perdido así el esfuerzo del donatario y las vidas que le habían sido confiadas.

Los hermanos Sousa fueron los depositarios de las últimas Capitanias del Sur, zonas fronterizas con los dominios de Castilla, que Martin Afonso va a invadir, por cuanto que su «hacienda» traspasaba la línea señalada por el Tratado de Tordesillas.

Martim Afonso, desde su regreso a la patria (ya hemos mencionado en otro capítulo su labor como capitán de mar), va a estar absorbido por la empresa de la India dejando en segundo término las magníficas tierras que le correspondian en Brasil. A pesar de ello, la parte correspondiente a San Vicente consiguió prosperar gracias a la labor de sus lugartenientes, que consiguieron defenderse de los indígenas e incluso de las apetencias de otros posibles colonos. Algunos extranjeros vinieron a fundar ingenios a estas tierras, como los flamencos Schetz aportando grandes capitales que le reportaron amplios beneficios.

Martim Afonso y su hermano no tomarían nunca posesión de sus donaciones ya que no veían en ellas ningún tipo de interés.

La capitanía de Pernambuco será entregada a otro veterano de la empresa de Oriente: Duarte Coelho. Establecido en Olinda y con ayuda del rey logró iniciar la colonización con el cultivo de la caña dulce y la elaboración del

Damas de la corte portuguesa vestidas según la moda del siglo XVI. En el período de la colonización del territorio brasileño, contrastaba vivamente el lujo de la Corte portuguesa con las miserias sufridas por los colonos que ansiaban un enriquecimiento rápido.

azúcar. Las dificultades que encontró fueron muchas, pues a la falta de brazos y dineros se le unieron las sublevaciones y los asaltos devastadores de los aborígenes que comprometieron gravemente el desarrollo de la hacienda. Pero frente a la adversidad que hacía peligrar la colonia se opuso triunfalmente este donatario que consiguió convertir su región en un emporio azucarero en creciente desarrollo hasta la llegada de los holandeses en el siglo XVII, atraídos por una prosperidad tan ampliamente divulgada.

La empresa lusitana en América, a pesar de su carácter marcadamente comercial, no estuvo principalmente a cargo de la burguesía, sino de la pequeña nobleza apegada a las armas y a la tierra.

Las capitanías de la llamada costa del este-oeste van a ser concedidas a tres individuos, de gran valía en la corte, que se van a asociar para explorar la región, cuyo límite norte era frontera con la amazonía castellana según la línea marcada por el Tratado de Tordesillas. Fernao Alvares era escribano de la Casa de la India y ya había estado en Brasil como colono en la capitanía de Ilhéus. El otro socio, Joâo de Barros, era también un importante funcionario de dicha Casa de la India, ocupando el puesto de Tesorero y Factor. El

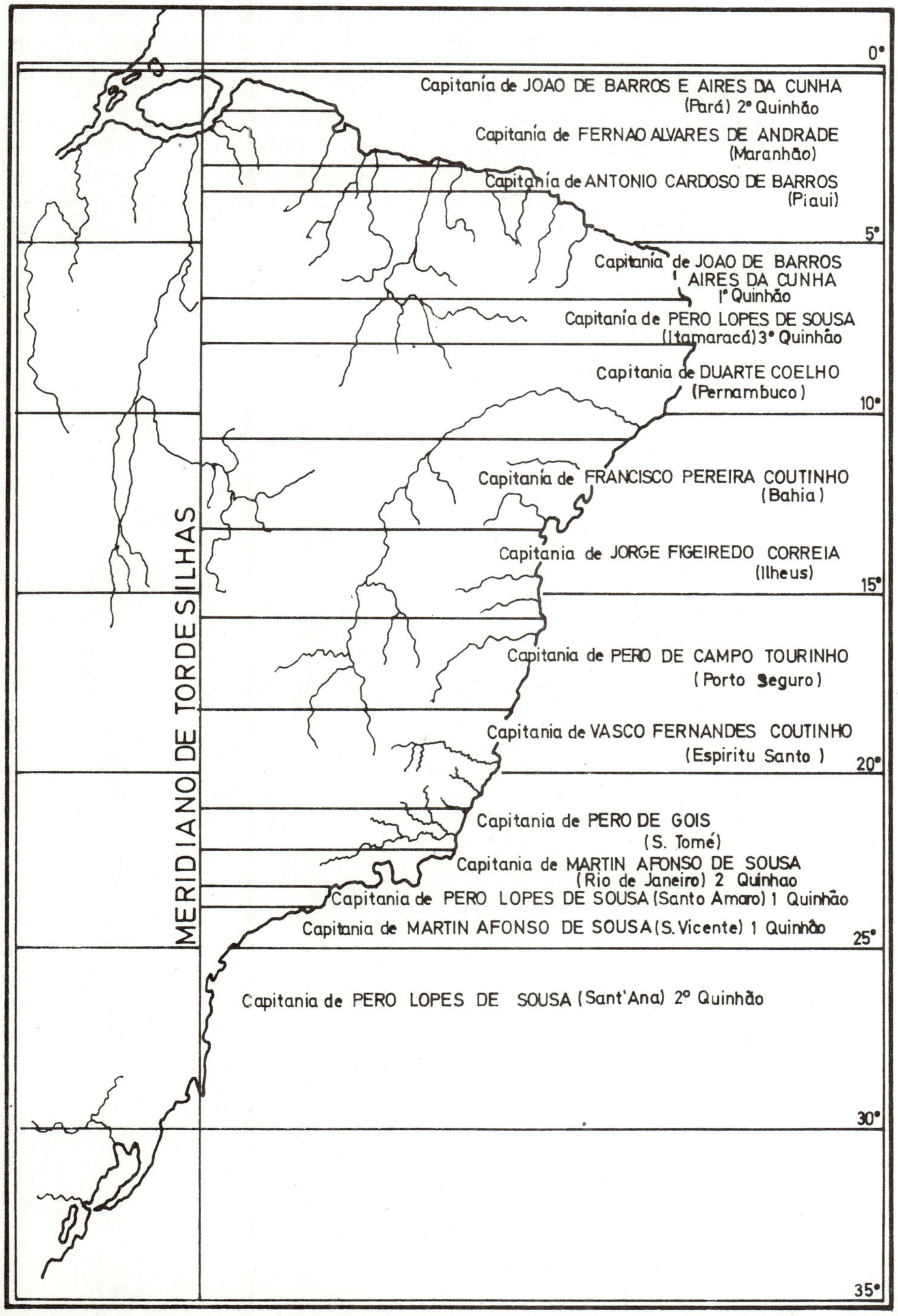

Distribución de las Capitanías donatarias en Brasil, en el s. XVI. Este sistema de las Capitanías donatarias permitió, en parte, a Portugal la superación de las dificultades que suponía la colonización de un territorio como el de Brasil.

tercero, Aires de Cunha, estaba en constante contacto con los otros dos por ser comandante de navio y tener asignada la ruta a la India. El va a ser el jefe naval de la expedición, financiada por todos ellos.

Organizaron una armada de diez naves con novecientos hombres de armas, de los cuales ciento treinta pertenecían a la caballería. A todo esto se añadieron los elementos necesarios para una empresa cuyo principal objetivo era la búsqueda del oro, propósito que se basaba en los éxitos de las expediciones castellanas en regiones y latitudes próximas.

Pero la suerte les va a resultar adversa: Aires da Cunha naufragará en el Marañón donde muere, llevándose consigo todas las ilusiones que los tres donatarios habían puesto en el proyecto. El resto de la expedición se establecerá en la actual isla de San Luis, donde tendrán que resistir la hostilidad de los indígenas incitados por los franceses. Ante la inminencia de un desastre peor João de Barros manda otra expedición a tierra firme, con la intención de constituir una colonia, que de nuevo, va a sufrir el ataque de los nativos. Tras años de luchas e inútiles esfuerzos en busca del dorado metal, los donatarios decidieron regresar a la metrópoli abandonando para siempre su preciada capitanía.

La experiencia de explorar Brasil por medio de la iniciativa privada había terminado. Ahora se ponía en marcha el Gobierno-General, una participación directa e intensa del poder monárquico que pretendía solucionar el fracaso humano anterior (luchas entre colonos e indígenas, insubordinaciones, etc.) y frenar las apetencias de las demás naciones europeas, deseosas de participar también en las conquistas ultramarinas.

La economía del azúcar estaba en marcha y llevaba camino de ocupar el puesto del palo brasil. Sólo se necesitaba un gobierno fuerte que la consolidara.

BIBLIOGRAFIA

LUCIO de AZEVEDO: *Epocas do Portugal Económico,* Lisboa, 1947

JAIME CORTESAO y PEDRO CALMÓN: *Brasil. Editorial Salvat.* Barcelona. 1956.

FREDERIC MAURO: *Le Brésil Du XV° a la fin du XVIII° siecle. S.E.D.E.S.* Paris. 1957.

ROBERTO C. SIMONSEN: *História Económica do Brasil 1500-1820.* Companhia Editora Nacional. Sao Paulo. 1969

FREDERIC MAURO: Êtudes économiques sur l'expansion portugaise (1500-1900). Centro Cultural portugues. París. 1970.

CELSO FURTADO: *Formaçao Econômica do Brasil. Companhia Editora Nacional.* Sao Paulo. 1975.

História Geral da civilizaçáo brasileira. *Tomo I. A Época colonial. 1° volume do descobrimento à expansáo territorial. Dirigida por Sergio Buargue de Holanda y Pedro Moacyr Campos. DIFEL.* Sao Paulo-Rio de Janeiro. 1976.

J. F. de ALMEIDA PRADO: *Primeiros povoadores do brasil (1500-1530).* Sao Paulo. 1976.

FRANCISCO ADOLFO de VARNHAGEN: *História Geral do Brasil.* Sao Paulo 1981. 3 volumenes.

ROBERT SOUTHEY: *História do Brasil.* Sao Paulo, 1981. 3 volumenes.

CAPITULO 11

EL MUNDO INDIGENA FUERA DE LAS AREAS CONQUISTADAS (HASTA 1550)

José Alcina Franch

Introducción

La primera mitad del siglo XVI en el Nuevo Mundo, representa uno de los momentos más inquietantes de la Historia de la Humanidad. Nunca en tan reducido lapso de tiempo se descubrieron tantos paisajes, tan nuevos y diferentes y a la vez; nunca hasta entonces hubo tan intenso intercambio de ideas y de patrimonios culturales distintos entre grupos humanos; jamás hubo un tan intenso proceso de mestizaje biológico y cultural como entonces, pero tampoco tanta violencia por parte de unos y de otros. Ese proceso, tan dinámico, se expandió de manera un tanto indefinida por algunas regiones de América, pero evidentemente no pudo alcanzar hasta los extremos más lejanos de todo el perfil del nuevo continente, o hasta el interior más recóndito de ese inmenso territorio. En otros capítulos de este libro se ha estudiado con detalle aquellas regiones en que europeos e indios se pusieron en contacto; nuestro cometido aquí será bosquejar el panorama de las culturas indígenas más allá de las fronteras en las que tales contactos se establecían allí donde

A lo largo y a lo ancho de los casi cuarenta y tres millones de kilómetros cuadrados del «Nuevo Mundo», o «Nuevo Continente», habitaba en el siglo XV una diversidad tal de pueblos y razas, con sus peculiares culturas, lenguas, costumbres o religiones, como jamás hubiese podido soñar la imaginación europea más encendida.

Osceola, joven guerrero de la tribu india *seminola*, uno de los tantos grupos de aborígenes que poblaban América del Norte a la llegada de los primeros europeos.

La gran empresa del descubrimiento, conquista y colonización del Nuevo Mundo se desarrolló en un lapso de tiempo relativamente corto y supuso una serie de hechos, cambios y circunstancias tan novedosas como no las había vivido antes la Humanidad.

las poblaciones indias se podían considerar todavía como incontaminadas de la cultura occidental, o donde muy escasos y esporádicos contactos –y choques– se habían producido con los blancos.

La mayor dificultad para el desarrollo de este capítulo reside en el hecho de que las delimitaciones no son claras: el borde o el límite es, en general, una zona fronteriza borrosa o difuminada, que se mueve de año en año y en la que las expediciones de descubrimiento y conquista se suceden, sin que apenas queden establecimientos estables; al interior de esa frontera comienza a consolidarse la población blanca, mediante asentamientos que se engrandecen con rapidez, o empieza a pergeñarse el sistema administrativo virreinal y municipal, o la organización eclesiástica, militar y misional. Esos cincuenta y ocho años de la Colonia son enormemente vivaces, cambiantes, dinámicos, en lo que se refiere a la frontera y en lo relativo a la organización interna. De todo ello no trataremos aquí. Por el contrario, nuestro interés va a centrarse en las culturas indígenas que todavía no han entrado en contacto con los europeos. Grandes extensiones de tierras en Norteamérica, en el área Orinoco-Amazonas y en las llanuras pampeanas y patagónicas serán el hábitat de multitud de grupos indígenas, de los que algunos, todavía hoy, en las postrimerías del siglo XX siguen sin apenas mantener contacto con la cultura occidental.

Es interesante destacar el hecho de que, pese al absoluto o relativo desconocimiento de las tierras americanas por parte de los descubridores y conquistadores españoles, éstos supieron orientarse hacia los núcleos de alta cultura del Nuevo Mundo con sorprendente facilidad y celeridad. Es por ello, por lo que los pueblos de que vamos a tratar en estas páginas, si los examinamos desde un punto de vista «evolucionista» deben ser calificados de pueblos recolectores-cazadores-pescadores *(bandas),* agricultores u horticultores *(tribus)* o de hallarse en los niveles incipientes del estadio de *jafaturas;* en otras palabras, las zonas no conquistadas y apenas conocidas del continente americano antes de 1550 son aquellas en las que el desarrollo sociocultural de los grupos indígenas habían evolucionado menos y en cualquier caso no habían alcanzado el nivel de organización política de los *Estados.*

Francisco *Vázquez de Coronado* (1510?-1554?). En 1538 consiguió licencia para dirigir una expedición a la busca y conquista de las fabulosas «Siete ciudades de Cibola» pero al cabo de la expedición descubrió que tales ciudades no eran más que míseros poblados indios. En 1541 avanzó en busca de un nuevo *El Dorado*, la ciudad de Quivira, con no mejores resultados. El descubridor del Gran Cañon del Colorado fracasó en su intento de encontrar grandes tesoros pero abrió la colonización española al sudeste norteamericano.

1. Norteamérica

El subcontinente Norte del Nuevo Mundo, en la época a la que nos estamos refiriendo es, fundamentalmente, una tierra intacta, en la que debemos suponer que las poblaciones indias apenas tienen noticias vagas de la existencia de los blancos en tierras mucho más al sur. No obstante, tomando como bases expansivas la Nueva España y las Antillas, se emprenden algunas primeras expediciones exploratorias por las costas del Pacífico, del Atlántico y del Golfo de México de ese subcontinente y por el interior, en el territorio comprendido desde Sonora y Sinaloa en el Oeste, hasta Florida en el Sureste, cubriendo las áreas de Nuevo México, Texas y la desembocadura del Misisipi.

En las costas del Pacífico habría que mencionar las expediciones de Hurtado de Mendoza (1532), Becerra y Grijalva (1533) Hernán Cortés (1535), Ulloa, (1536), Alarcón (1540) y Cabrillo (1542). Del lado del Atlántico pueden mencionarse las expediciones de Francisco Gordillo y Pedro de Quexos (1520-21), Verrazzano (1524), Esteban Gómez (1524-25) y Lucas V. de Ayllón (1526). Finalmente, en las tierras y costas del Sur de los territorios de los Estados Unidos, las expediciones de Narváez y Cabeza de Vaca (1528-36), De Soto y Moscoso, (1539-43), Coronado (1540-1542), Díaz (1540), Cárdenas y Tovar (1540) y Arellano (1541) (Morales, 1981: 449 y ss.). Todas esas expediciones, en general, tienen un valor fundamentalmente exploratorio; sus contactos con las poblaciones indias son esporádicos y poco significativos desde el punto de vista de los préstamos o intercambios de carácter cultural, por lo que, como decíamos más arriba, podemos afirmar que las culturas indígenas del subcontinente norte se mantendrán en ese período dentro de una situación típicamente prehispánica o preeuropea.

Son varios los sistemas de clasificación de los grupos étnicos indígenas de Norteamérica, para los que se tienen fundamentalmente en cuenta criterios lingüísticos y etnográficos. Seguiremos en este caso la clasificación de Driver

(1961) según el cual cabe distinguir las siguientes áreas: (1) Artico; (2) Sub-Artico; (3) Costa del Noroeste; (4) Altiplano; (5) Llanuras; (6) Praderas; (7) Este; (8) California; (9) Gran Cuenca; (10) Oasis; y (11) Nordeste de México.

El *Artico,* pese a ser una área de gran extensión territorial está ocupada por un solo grupo étnico, el de los *esquimales,* o «inuit» (hombres) según ellos se llaman a sí mismos. Esta cultura cubre una región que se extiende desde los 50° a los 82° de latitud Norte, la que tradicionalmente ha sido subdividida por los especialistas en tres zonas: la del oeste (Siberia, Alaska y costa del Pacífico); la del Centro (área de los esquimales del Cobre y Caribú) y la del Este (costas oriental y occidental de Groenlandia y Labrador). En el momento que nos ocupa, el desarrollo de las culturas esquimales se hallaba en el último de sus períodos o etapas: cultura Kachemak III en el sudeste de Alaska, período Prehistórico Tardío en el Estrecho de Bering, cultura Tikerak en el Norte de Alaska, cultura Thule del Este en el Canadá Artico y cultura Inugsuk en Groenlandia (Alcina, 1965).

La cultura esquimal, que representa una de las mejores adaptaciones a un medio geográfico aparentemente muy hostil, viviendo en grupos muy reducidos durante el invierno y algo más numerosos en el verano, e instalándose en tiendas de pieles en esta época y en sus típicas cabañas semiesféricas de nieve en la estación más fría, basaban su economía en la caza de focas, morsas y ballenas en la costa, o en la de renos y osos los del interior. El transporte marítimo crea formas tan originales como el *kayak* individual, o el *umiak* colectivo, mientras que sobre las superficies heladas del interior se desplazarán con los típicos trineos tirados por perros.

Mientras los esquimales de Alaska y los grupos árticos del Norte de Siberia han tenido íntimas relaciones durante milenios hasta el punto de considerárseles como una única cultura en torno a Beringia, la separación y la hostilidad ha caracterizado a las relaciones de los esquimales y los «indios» de más al sur, desde Alaska a el Labrador.

El descubrimiento en gran parte del territorio de América del Norte fue obra de españoles como Alvar Núñez Cabeza de Vaca, García López de Cárdenas, Hernando de Soto, Pánfilo de Narváez, Fray Marcos de Niza, entre otros y gran número de nombres de ríos, ciudades o topónimos —Luisiana, Colorado, California, *etc.— constituyen el mejor testimonio de su labor descubridora.*

El nombre *esquimal,* que significa «comedor de carne cruda», fue aplicado a los habitantes de las costas e islas del Mar Artico por los algonquinos. Construyen a veces cabañas de hielo —los *iglús*— o viviendas hechas de armazón de huesos de ballena y recubiertas de pieles. En el grabado, su autor imagina a un esquimal cargando a bordo de su kayak.

El utillaje empleado por los esquimales de cualquier región del ártico procede de la exhaustiva utilización de los animales de caza: pieles para vestidos, tiendas y embarcaciones; huesos para la estructura de casas, embarcaciones y trineos; aceite para la iluminación y calefacción; marfil para cuchillos, punzones, etc.; tendones para la unión de estructuras, etc. Pese a la aparente pobreza del medio, los esquimales supieron crear un arte, en ocasiones, de extraordinaria vivacidad y personalidad, especialmente en marfil; hueso y madera.

El *área Sub-ártica* comprende fundamentalmente dos grandes familias lingüísticas: la de los Atapascos y la de los Algonquinos. En conjunto ocupan la región del bosque canadiense que, al dar unidad ambiental, proporciona también una cierta unidad cultural aunque ésta, naturalmente, no es tan cerrada como en el caso de los esquimales. Los movimientos de los Atapascos afectó profundamente a sus vecinos esquimales y algonquinos: procedentes del interior de Alaska se extendieron hasta el río de la Paz y el lago Atabasca «obligando, por un lado, a los antepasados de los algonquinos que originalmente estaban establecidos alrededor del lago Winnipeg, a retirarse hacia el este y, por otro, a los antepasados de los esquimales a desviarse hacia el norte. Esta presión siguió haciéndose extensiva hacia el este, siendo ella la causa de que los algonquinos, que hasta entonces sólo habían vivido en el interior del continente, ocupasen ahora también la costa» (Krickeberg, 1946).

Los atapascos como grupo lingüísticos, al agregárseles por Sapir, los *tlingit* y *haidas* del Noroeste y algunos otros grupos más sureños, pasaron a denominarse *Na-dené* (Pericot, 1961). Aun sin contar con ese agregado a los atapascos son el pueblo más extendido de Norteamérica, ya que los encontramos desde México hasta el Océano Artico y desde el Pacífico a la bahía de Hudson. No menos extensión territorial ocupan los algonquinos ya que se localizan desde el Labrador a Carolina del Norte y desde al Atlántico al Pacífico. Algunos de los grupos más orientales formaron los primeros indios o «pieles rojas» conocidos por los europeos en sus exploraciones por la costa atlántica durante el siglo XVI. Al igual que los atapascos habían presionado a esquimales y algonquinos, estos últimos fueron empujados por los agricultores de más al sur, especialmente por los iroqueses quienes en 1535, cuando Cartier viaja por la zona, ya habían ocupado toda la cuenca de los lagos Erie y Ontario y las orillas del San Lorenzo.

García López de Cárdenas: *en 1540 y con sólo doce hombres descubrió el Gran Cañon del Colorado, al que describió como un «valle de tres o cuatro leguas de anchura».*

Al igual que en el caso de los esquimales, los pueblos sub-árticos se hallan perfectamente adaptados al medio natural de la zona, el bosque de coníferas de clima frío del escudo canadiense. La pesca con redes y anzuelos en los abundantes ríos de lagos de la región, así como la raqueta para la nieve, para el desarrollo de la caza en el bosque, son quizás los elementos básicos de los elementos de subsistencia de estos pueblos, en la larga época invernal. Durante la primavera y el verano, la caza por ojeo del venado y la pesca en canoas por medio de dardos, redes y anzuelos y con ayuda de represas de piedra o estacas, son los equivalentes sistemas de subsistencia. El cuadro de la cultura material de estos grupos se completaba con los trineos de patines y los botes de piel en las zonas más septentrionales y los botes de corteza de abedul, el tobogán y la raqueta para la nieve en las regiones más sureñas, siendo los hogares más generalizados: la choza cupuliforme o *wigwam* y la tienda cónica de postes con cubierta de pieles o corteza.

La organización política se halla en el nivel de las bandas o macrobandas y circunstancialmente en el de tribus. Entre los algonquinos hay que destacar la recolección del arroz silvestre en las costas pantanosas de los lagos occidentales, siendo su economía en lo restante, semejante a la de los demás pueblos sub-árticos.

Los indios de la *Costa del Noroeste* se extendían por una estrecha faja costera entre las Rocosas y el Pacífico, desde la bahía de Yakutat, en Alaska y el río Columbia en Oregón, al Sur: en conjunto, una costa sumamente recortada y abrupta con centenares de fiordos y de islas. Estos grupos, sumamente aislados de los del interior, se comunicaban con facilidad por mar, utilizando canoas de madera con la proa muy levantada. Numerosos grupos independientes, entre los cuales los tlingit, haida, tsimshian, kwakiutl, bellacoola, nootka y salish, ofrecían una organización social y política muy original que, para algunos autores, representa una «jefatura» aunque con economía recolectora y pescadora.

Alvar Núñez Cabeza de Vaca, *como uno de los supervivientes del naufragio de la expedición de Pánfilo de Narváez y con sólo tres compañeros, puso pie en la costa de la actual Texas. Al cabo de ocho años de caminar errabundo y de sufrir cautiverio entre los indios, llegó finalmente a México.*

A pesar de las ausencias de cerámica, calzado, agricultura y animales domésticos, salvo el perro, en su repertorio de bienes, la cultura de los indios del Noroete representa una excepcional capacidad creativa que se pone de manifiesto especialmente en el trabajo de la madera. Su explotación de los recursos naturales del bosque y del mar les permitió no sólo cubrir sus necesidades de subsistencia, sino acumular riquezas hasta el punto de que la institución del «potlatch» constituye un original sistema de competencia.

La economía de subsistencia de los indios del Noroeste se basaba en la pesca –salmón, mero, bacalao, arenque, etc–, la recolección de huevos de aves, bulbos y otros vegetales y la caza de leones marinos y ballenas. El bien más preciado que viene a ser la materia prima universal, es la madera. Con ella construían sus grandes casas y postes totémicos, canoas ordinarias o de guerra, cajas para guardar alimentos, mantas o vestidos, platos, cajas para cocer alimentos, cucharas, garrotes anzuelos, azuelas, máscaras, etc. Los bienes acumulados –mantas, cajas, máscaras– y dilapidados en el «potlatch» estaban profusamente decorados con un estilo profundamente original en el que el motivo del «ojo» es una constante.

Las áreas que hemos denominado *Altiplano* y *California* representan un intrincado mosaico de pequeños grupos étnicos, del que da una idea las 117 lenguas diferentes señaladas por Bancroft luego reducidas a 21 familias por A.L. Kroeber, las que cabe agrupar en dos grandes *stocks:* el *hoka* y el *penuti.* Todo este conjunto de bandas ha mantenido durante milenios un sistema

Indios *siux* o *siouxs* de las praderas jugando a una especie de hockey, según el cuadro pintado por Seth Eastman hacia 1847. Los *siuxs* fueron uno de los tantos pueblos aguerridos con los que se encontraron los primeros conquistadores españoles. Bien pronto se acostumbraron al manejo del caballo y se constituyeron en admirables jinetes.

Hernando de Alarcón *(n.1500). A este explorador nacido en Trujillo se debe la primera carta geográfica correcta de California, la que aparecio como península y no como isla. Desde Acapulco remontó dos veces el Colorado, inexplorado hasta entonces y en la segunda llegó hasta cerca del Gran Cañón.*

de subsistencia basado en la caza, la pesca y la recolección, lo que proporciona un conjunto cultural muy parecido al de los grupos subárticos; mismos métodos de pescas sobre el hielo, chozas cupuliformes, el poncho de dos pieles, la raqueta, el cuchillo «ulo», etc. «Su alimento principal consiste en bellotas de encina, pero también comen castañas, piñones, bayas, semillas de hierbas, raíces y tubérculos o semillas de nenúfar» (Krickeberg, 1946/ 66).

El área que denominamos *Gran Cuenca,* lo que corresponde a la meseta occidental de los Estados Unidos, era el habitat de los pueblos *shoshones,* que desde el punto de vista lingüístico deben agruparse con los pima-sonora y los nahua para formar el grupo Uto-azteca. Situados en un medio ambiente en gran parte desértico, su economía es, fundamentalmente, recolectora y cazadora, practicando en ocasiones la pesca.

Las regiones denominadas: *Llanuras* y *Praderas,* constituyen una extensa área dominada principalmente por los indios siux, caddo, y kiowa, que de manera irregular cubrían un territorio que se extendía desde el río Misisipi hasta las estribaciones de las montañas Rocosas y desde Saskatchewan hasta el río Arkansas y han venido a constituir el arquetipo del indio «piel roja» del Far West, luego llevado repetidamente a las pantallas hasta constituir un verdadero «género» cinematográfico. En tiempos anteriores a la llegada de Coronado a la región en 1541, los indios desarrollaron una economía fundamentalmente agrícola en la que no faltaban actividades cazadoras. También eran frecuentes las incursiones de cazadores de las Rocosas –los «querechos»– que descendían a las llanuras para perseguir a los numerosos bisontes. Pero sería solamente a partir del siglo XVI y sobre todo en el siglo XVII, cuando habiendo obtenido de los blancos, caballos y armas de fuego, estos grupos indios se transformarían en cazadores cobrando la imagen que se ha hecho tan popular en nuestro tiempo.

El *área del Este* de los estados Unidos incluye los iroqueses en la zona Norte de la región y los natchez, caddo, illinois, shawnee, cherokee y los kreek en el Sureste. Los *iroqueses* (termino algonquino que significa «víbora»)

Grabado de caza del búfalo por los indios *siuxs*, de George Catlin. El búfalo fue el más importante recurso alimenticio de los *siuxs* y de algunos otros pueblos de las praderas.

habitaban en la regiones Erie y Hurón y la cuenca del río San Lorenzo desde el río Hudson al Este hasta el río Gehesee al Oeste y desde las montañas Adirondack al Norte hasta Pensylvania al Sur. En el período Woodland Tardío, en el que nos interesa ahora referirnos a los iroqueses, la tradición cultural de este pueblo era mantenida por una serie de tribus que en el siglo XVII se constituirían en una gran Confederación, la llamada de las Cinco Naciones: cayuga, mohawk, oneida, onondaga y seneca, a la que se agregaría más tarde la de los tuscaroras, quedando siempre independientes los hurones y los coris y más al Sur de los Alleganys, los cherokee.

Los iroqueses alcanzaron un alto grado de evolución cultural, tomando como base la agricultura del maíz, el frijol, la calabaza y el tabaco, complementada con recolección y caza con arco y flechas. Como medios de transporte utilizaban, además del personal a la espalda, la raqueta de nieve y el trineo en el invierno y la canoa de corteza de olmo con refuerzos de tiras de fresno, o las embarcaciones pesadas y de gran capacidad, hasta para veinte hombres. Eran típicas las casas alargadas para familias múltiples que ocupaban departamentos aislados con plataforma y que se hallaban emparentadas formando un linaje de descendencia matrilineal y con propiedad comunal en el interior de la casa. Varias de esas casas constituían un *clan* con un totem común (oso, tortuga, lobo, castor, etc) que, a su vez se agrupaban hasta un total de ocho, para constituir la unidad política que era la tribu. Había algunas de estas tribus, como la de los Oneida, que solamente contaban con tres clanes.

La que se conoce como *área del Sudeste* comprendía la región del Piedemonte de los Apalaches, los valles de los ríos de esa zona y las costas atlánticas y del Golfo. El grupo más importante de los indígenas de esta zona es el de los Muskogi, situados al sur de los Cherokee y al este del Misisipi. Los Creek o Muskogi propiamente dichos formaron el grupo más septentrional; otros grupos tribales eran denominados: seminolas, alabamas, chicasas y natchez. En la misma región del Sureste hay que mencionar a los yuchis, pequeño grupo situado en la desembocadura del río Savanah (Georgia); en Florida se hallan numerosos pueblos mal conocidos, algunos de los cuales procedían del grupo arawak, de Suramérica, entre los que cabe mencionar a los timucuas, cuya lengua, según Brinton se relcionaba con el Caribe. Por último hay que citar a las carancawas, situados en la costa de Texas y a los toncawas, en los territorios del interior, quienes, para Swanton, estaban emparentados con los coahuiltecas.

Los pueblos del Sureste eran fundamentalmente agricultores del maíz, la calabaza y los frijoles, aunque entre las tribus meridionales cultivaban preferentemente la batata, complementándola con la pesca con redes, dardos y cercas convergentes y con la caza del ciervo, el oso y el bisonte. Sus poblados eran de casas circulares durante el invierno y rectangulares durante el verano.

La región del *Suroeste* de los Estados Unidos, a la que Paul Kirchhoff subdividió en dos áreas: *Osisamérica* y *Aridamérica,* es un territorio en el que se alcanzó un gran nivel de desarrollo sociocultural. Su estructura topográfica en la que los cerros erosionados –«mesas»– alternan con profundos barrancos –«cañones»– prefiguran un medio ambiente alternante en el que las extensas altiplanicies desérticas o semidérticas se ven interrumpidas por más o menos extensos oasis nacidos en torno a los cursos fluviales de los ríos Colorado o Bravo y sus afluentes. Las secuencias culturales pre-europeas, bien conocidas hoy por los arqueólogos se prolongan a través de los últimos dos mil años mediante las tradiciones o secuencias: Fremont, Hohokam, Anasazi y Mogollón hasta alcanzar a las poblaciones conocidas etnográficamente desde el siglo XVI por algunos de los exploradores mencionados más arriba (Jennings, 1983).

El nombre de indios «pueblo» es el calificativo aplicado por los primeros descubridores españoles a estos indios, a causa de la concentración de sus poblaciones. La presión ejercida sobre ellos por los shoshones y por los apaches y navajos, pertenecientes al grupo lingüístico *dené* ha hecho que los Pueblos se concentrasen en la región del río Little Colorado y Rio Grande. Los principales grupos tribales distribuidos por la región en la época que nos ocupa, eran las siguientes: los *hopi* ommoqui, tribu de los shoshon que habían adoptado la manera de vivir de las restantes tribus pueblo; los *keres,* que habitaban en la zona centro-norte del Estado de Nuevo México; los *tano* que vivían en la cuena del Río Grande y lingüísticamente deben integrarse en el

Hernando de Soto *(1496-1542). Como gobernador de Cuba con autoridad para explorar, conquistar y poblar, emprendió su marcha hacia la actual Florida. Desembarcó en la bahía de Tampa, salió hacia el norte hasta Carolina y desde allí hacia el suroeste donde, en Maubila, tuvo un encuentro con los indios. Siguió hacia el noroeste hasta el río Mississippi y, dando un amplio rodeo alcanzó las fuentes del río Rojo. A su muerte había explorado todo el sureste de los actuales Estados Unidos.*

Estebanico, *junto a Cabeza de Vaca cruzó dos terceras partes de los actuales Estados Unidos, marchando a pie después de naufragar en la costa de Texas. Con* Fray Marcos de Niza *dirigió una expedición por el suroeste norteamericano en busca de Cibola. Fue asesinado por los indios* zuñi.

Fray Marcos de Niza. *Con Estebanico y un reducido grupo de indios* pima *exploró el suroeste de los Estados Unidos buscando las «siete ciudades de Cibola». Recorrió Sonora, la actual Arizona y ascendió a la meseta de Colorado.*

grupo uto-azteca; por último el pueblo *zuñi*, perteneciente a la misma familia lingüística. «En el siglo XVI existían siete poblados en la provincia de Cibola, junto al río Zuñi, afluente del pequeño Colorado. A ellos se acercó en 1539 Fray Marcos de Niza y dio lugar con sus noticias a que se formase la leyenda de las Siete Ciudades de Cibola y a que en 1540 Vázquez de Coronado emprendiera su famosa expedición en la que tomó el asalto el poblado de Hawikuh» (Pericot, 1961: 669).

La cultura de los indios pueblo difería bastante de la de los restantes grupos de Norteamérica. Los hombres cultivaban la tierra, hilaban y tejían, mientras las mujeres se dedicaban a la fabricación de cestas y cerámica, en lo que alcanzaron un nivel artístico muy destacado. «Entre los indios pueblo, la célula de la sociedad viene a ser una comunidad doméstica unida por estrechos vínculos de consanguinidad y con terrenos propios, que se compone de una madre con sus hijas y nietas, así como sus hermanos todavía solteros y de sus maridos venidos desde fuera» (Krickeberg, 1946: 96).

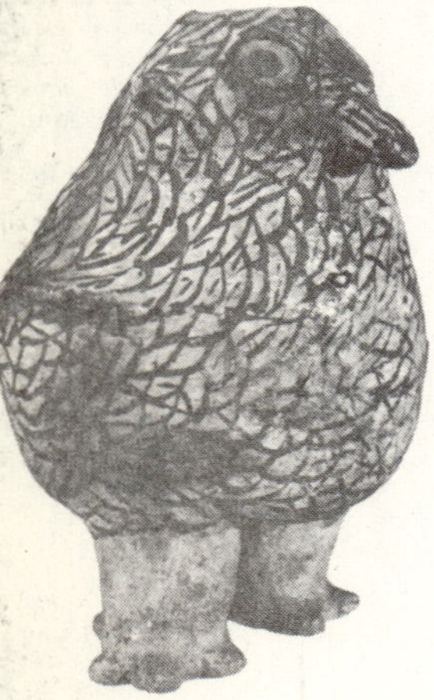

Los *zuñi*, pertenecientes al grupo de los indios *pueblos*, así llamados por los españoles a causa de la concentración de sus poblaciones, recibieron la primera visita del hombre blanco en 1539, cuando una expedición hispánica penetró en las regiones de Nuevo México en busca de las «siete ciudades de Cibola». En la foto superior, indio *zuñi* realizando artesanías; en la inferior, jarra de ceramica en forma de búho, muestra del maravilloso estilo *zuñi*.

2. Las fronteras de la Nueva España

Las fronteras del Virreinato de la Nueva España vienen a ser algo así como las fronteras del área mesoamericana, en tiempos anteriores a la llegada de los españoles, aunque por razones diferentes. Esas fronteras, además, son fronteras exteriores y fronteras interiores, porque la penetración española es desigual y para la fecha final del período, 1550, no se ha completado la implantación de la administración colonial en todo el territorio aun cuando el dominio «teórico» del mismo se haya verificado ya. «México central y buena parte del meridional estaban en manos de los hombres de Cortés en el año 1522. Más tiempo costó derrotar a los mayas, quienes finalmente quedarían sometidos en 1543» (Céspedes, 1983: 81), sin embargo, dentro de ese territorio había muchas *bolsas* de población indígena o no sometidas, o en cualquier caso no integradas en el sistema. Veamos esa situación «fronteriza» exterior e interior.

La frontera norte de la Nueva España estaba constituida por la audiencia de Guadalajara (1548) y la de México, cubriendo la primera el Noroeste y la segunda el Noreste de esa frontera. Los territorios de Nueva Galicia, Nueva Vizcaya, Chiametla, Culiacán y Sinaloa, eran las «provincias» en las que se hallaban instalados los grupos étnicos conocidos con los nombres de: pimas (altos y bajos), papagos, seris, opatas y cahitas, o los apaches, tarahumaras, conchos, lipanes, tepehuanes, acaxee, xixime, laguneros, zacatecos, coras, coahuiltecos y guachichiles (Alcina, 1967). En la región del Nordeste se localizaban finalmente los apaches, comanches, tonkawa, atakapa, y Carancawa, en el territorio de Texas y finalmente, en el sector Nordeste de la audiencia de México los carrizos, malahuecos, comecrudos, pintos, mamoranes, macanames entre otros muchísimos más (Eguilaz, 1965).

Pasando de la frontera norte al interior de la Nueva España, podemos señalar diversos ejemplos en los que advertimos cómo, si la «conquista» militar fue temprana, la consolidación colonial vino a producirse en torno a 1550. Así, el reino Tarasco de Michoacán, conquistado tempranamente por Cristobal de Olid (1522-23) no vería fundada su capital, Valladolid, hasta 1541. Algo parecido sucedería en la región de Oaxaca, donde si bien la conquista es muy temprana, todavía en los finales del siglo XVII y comienzos del XVIII las poblaciones de la sierra no lejanas al valle de Oaxaca, no habían sido apenas cristianizadas y su sistema ritual pervivía en estado casi puro.

Más al sur, el área cultural maya iba a ser objeto de una múltiple penetración: por la costa del Pacífico, por la selva lacandina y por la costa yucateca. Tan temprano como el 6 de diciembre de 1523, Hernán Cortés despacha a Pedro de Alvarado con destino a Guatemala, a la conquista de los reinos de los *cakchiqueles* y *quichés*. Siguiendo la ruta del Soconusco, Alvarado asciende al altiplano siguiendo el curso del río Samalá: las conquistas de Xelahú (Quetzaltenango), Totonicapán, Utatlán, Iximché, etc. permitirán la anexión de un extenso y rico territorio de la Nueva España. La expedición de Hernán Cortés a Petén- Itzá y Nilo (1525) será una extraordinaria hazaña de efímeras consecuencias. Finalmente, la actividad de los Montejo entre 1527 y 1545,

La *Liga Iroquesa* o *de las Cinco Naciones*, habitaban los territorios de Nueva York desde las inmediaciones de Scherectady al río Genesse. Entre las tribus más conocidas del grupo cabe mencionar a los *hurones* y a los *cheroquis*. Pintura de Seth Eastman.

en la península de Yucatán, permitirán dominar este extenso y densamente poblado territorio, que se incorpora igualmente a la Nueva España. De este modo el territorio maya iba a ser conocido y dominado por sus extremos meridional (Guatemala) y septentrional (Yucatán), dejando un amplio espacio vacío: las selvas lacandona y del Petén, donde la incursión de Hernán Cortés es el inicio de una larga serie de intentos por dominar el reino de los Itzaes, lo que no se logrará sino en las postrimerías del siglo XVIII

3. Centroamérica

El pasillo centroamericano en la época que nos interesa, es una de las zonas donde más intensamente se ejerce la acción descubridora por parte de un sinfín de capitanes españoles. Mencionando solamente las principales expediciones, no debemos dejar de citar las de Gil González Dávila y Andrés Niño por las costas de Costa Rica y Nicaragua (1522-23), la de Hernández de Córdoba por la misma región en 1524, o la de Hernán Ponce en 1516. En especial las costas de la actual Costa Rica –tanto la costa atlántica como la pacífica– son recorridas por una multitud de exploradores: Diego Nicuesa (1510), Ponce de León (1519), Alonso Calero y Diego Machuca (1539), Pedrarias Dávila (1526), Rodrigo de Contreras (1540), Sánchez ded Badajoz (1540), Diego Gutiérrez (1543) etc. (Morales, 1981: 415-48).

Todo ese afán descubridor no servirá, sin embargo, para un dominio estable y duradero de aquellas tierras y consiguientemente de sus habitantes, los que para aquel momento constituían un mosaico de pueblos que ocupaban un muy diverso nivel de desarrollo sociocultural, aunque en ningún caso más allá de las «jefaturas».

Para trazar el mapa de los grupos indígenas en el momento de la Conquista, podemos utilizar dos tipos de informaciones: la procedente de los análisis lingüísticos sobre la región y los de carácter histórico e etnohistórico, es decir,

En la época precolombina, la civilización maya *se desarrolló en la parte de América Central que hoy comprende los Estados mexicanos de Tabasco, Chiapas y el Yucatán, Honduras británica, República de Guatemala y algo de los de Honduras y El Salvador.*

las informaciones procedentes de documentos y crónicas de los españoles de la época.

En el ya citado manual de *Etnología de América* de Walter Krickeberg (1946: 280) se reproduce el mapa lingüístico de México y Centroamérica de F. Johnson, mapa que constituye uno de los primeros intentos para ordenar centenares de datos de carácter lingüístico sobre esa región. De base etnohistórica es el mapa reproducido por Doris Stone (1966: 216) para ilustrar el mosaico de pueblos indígenas de la región en tiempos de la conquista española, o el mucho más abreviado que adjuntamos aquí, pero en el que, en cualquier caso, se pone de manifiesto la enorme densidad de grupos étnicos diferentes en este relativamente limitado territorio.

Un sucinto examen de la lista de lenguajes que publica Doris Stone (1966: 210) nos permite apreciar que la inmensa mayoría de ellos no se hablan en la actualidad. En esa situación se hallan las lenguas Matagalpa, Corobici, Voto, Guetar, Suerre, Urinama, Coto, Turucaca, Boricaca, Abubaes, Changuena, Chiru, Dorasque, Nata, Quepo, Chorotega, Maribio, Nicarao, Escoria, Potón y otras. La variedad de lenguas era tal que incluía por ejemplo, al menos, cuatro grupos lingüísticos: Arawak, Macro-Chibcha, Macro-Otomangue y Hokan-Siouan (Stone, 1966: 210).

4. Costas del Pacífico de Colombia y Ecuador

Así como la cuenca del río Magdalena, la meseta de Bogotá y la región serrana de Colombia-Venezuela, lago Maracaibo y lago de Valencia fue una región intensamente explorada por españoles y alemanes en la primera mitad del siglo XVI (Morales, 1981: 581-655) las costas del Pacífico desde Panamá hasta Guayaquil apenas recibió intermitentemente la visita de algunos expedicionarios españoles que trataban de encontrar la ruta y la entrada al fabuloso imperio de los incas. La expedición de Andagoya en 1522 apenas tomaría contacto con los indios Chocoes; las posteriores expediciones de Pizarro en 1524-25, 1526-27, y 1531-32 fueron prolongándose cada vez más hacia el sur, tocando en las costas de Barbacoas, de Esmeraldas y de Coaque hasta alcanzar su objetivo final. No obstante estos esporádicos contactos con los indígenas de la región, la zona hasta 1550 quedó prácticamente incontaminada por la cultura española e independiente de la administración colonial.

Un minucioso estudio realizado hace algunos años sobre la región de Esmeraldas, en Ecuador (Alcina-Moreno-Peña, 1976) ha puesto de manifiesto que entre 1526 y el período 1535-64 se realizaron no menos de 27 proyectos de penetración desde Panamá, Guayaquil o Quito, en el territorio de Esmeraldas, pese a lo cual aquellas tierras eran prácticamente desconocidas todavía en el siglo XIX. Ello nos debe prevenir acerca del significado de la multitud de otras expediciones exploratorias en otras regiones: su existencia no implica un buen conocimiento de la zona, ni mucho menos una dominación político-económica, ni en cualquier caso una hispanización que ni siquiera en nuestros días se ha consumado.

Los principales grupos indígenas de esta costa, tomando como base clasificatoria la estructura lingüística incluye los chocó y waunamá, hasta el río San Juan, el grupo coaiquer (barbacoa) junto a la frontera de Colombia con el Ecuador y los cayapas, malabas, niguas y campaces en el Ecuador septentrional. La cultura de estos indios podría situarse en el nivel tribal con aldeas y agricultura, complementada con pesca, caza y recolección, casas elevadas sobre pilotes o barbacoas, presentando en conjunto, un cuadro de cultura material muy semejante al de las innumerables tribus del área Amazonas-Orinoco. Algunos de esos grupos, sin embargo, parecen hallarse en un proceso de evolución hacia formaciones más o menos típicas de «jefaturas».

La pervivencia de las lenguas que los aborígenes americanos empleaban en el siglo XV, aunque sea en grupos muy reducidos de hablantes, permite hoy la realización de mapas lingüísticos y, más aún, la determinación de los grupos étnicos, los pueblos, razas y tribus total o parcialmente extinguidos.

5. Area Amazonas-Orinoco

El área que denominamos Amazonas-Orinoco y que comprende las dos grandes cuencas hidrográficas y, por lo tanto, territorios de Guayanas, Brasil,

La mentalidad clásica extendida en la época de la conquista hacía que aquellos hombres, a impulso de las ideas renacentistas vieran o buscaran por todas partes los mitos de la Antigüedad. Uno de los más buscados fue el de las *Amazonas* que Colón supuso vivían en la isla de Mateminó, en las Antillas; Cortés las localizó en California y, al igual que Orellana, hasta creyó verlas en las cercanías del gran río al que por este motivo llamó *de las Amazonas.*

Venezuela, Colombia, Ecuador, Perú, Bolivia y Paraguay, representa una de la áreas más complejas de todo el continente desde el punto de vista de la etnografía por lo que su presentación sintética resulta prácticamente imposible.

Para la época que nos interesa aquí, esa región solamente había sido atravesada por las famosas expediciones de Pizarro y Orellana, Pedro de Ursúa y Lope de Aguirre, las que se realizan básicamente en la última década del período (1540-50), pero de las que, lógicamente, no pueden derivarse consecuencias políticas o culturales respecto de los territorios o de sus habitantes. Por otra parte, la costa brasileña asignada a Portugal por el tratado de Tordesillas apenas empezaba a advertir la presencia de los portugueses con las primeras gobernaciones en esa región: Pernambuco (1536), Sao Vicente (1532), Bahía (1549) etc. lo que, lógicamente, no iba a afectar a las poblaciones indígenas de la región sino de manera circunstancial y limitada.

El tratamiento de los innumerables grupos étnicos concentrados en esta extensa región se puede enfrentar de manera muy diferente. Krickeberg (1946) lo hace de manera histórica, considerando que tal abigarrado conjunto de pueblos diferentes representa una sucesiva ocupación de capas cuya antigüedad relativa está representada por más o menos primitivos sistemas culturales. La capa de población más antigua y «primitiva» estaría constituida por pueblos situados en lugares muy diferentes: los sirionó de la región Nordeste de Bolivia; los mura, situados entre los ríos Madeira y Purús inferior; los macú entre los ríos Negro y Yapurá; los shirianá entre los ríos Blanco y Orinoco y una serie de etnias del grupo Ge, entre las cuales los nambicuará. La segunda capa de población se concentraría en la vertiente andina incluyendo dos grupos extensos: los tucano al Norte y los pano al Sur, y algunos otros grupos tribales independientes como los otomaco, piaroa, guahibo, uitoto, jívaro, chiquitos, etc. Por último, la capa de población más reciente estaría compuesta por tres grandes grupos lingüísticos ampliamente difundidos por la región: los tupí, los arawak y los caribe.

Pericot (1961: 855-915) hace un tratamiento estrictamente lingüístico señalando los grandes *stocks:* Arawak, Caribe, Tupíguaraní, Tucano y Pano, señalando otros grupos de lenguas diversas en la Meseta brasileña donde destaca el grupo Ge; el Suroeste del Amazonas y el río Madeira (amuesha, moseten, etc.) y los pueblos del Orinoco y Negro, donde cabe destacar a los timote, jirajara, guarauno, otomaco, sáliva, puinave, guamo, guajiro, etc.

Por último, en el *Handbook of South American Indians* de Steward (1946-

52), aplicando criterios fundamentalmente evolucionista, el área queda dividida en dos regiones con nivel cultural diferente: las tribus marginales y las tribus de bosque tropical.

En el área de las *tribus marginales* se incluye una buena parte del planalto brasileño, el Chaco y la costa atlántica, comprendiendo, entre otros, los siguientes grupos indígenas: guató, borotó, guayakí, caingang, los indios cayapó del sur, los pueblos ge del centro y del noroeste, los puri-coroado, guaitacá, botocudo, mashacali, camacan, tapuya, pimenteria, cariri, teremembé, etc. Se trata de poblaciones en las que preponderan los sistemas de recolección, caza y pesca, aunque en algunas ocasiones practiquen algún género de horticultura, probablemente préstamo de los grupos de agricultores de la región central del área.

El Orinoco y el Amazonas son los dos ríos más importantes en extensión y caudal de América del Sur, y ambos desaguan en el Atlántico. En sus larguísimos recorridos reciben innumerables afluentes, atraviesan selvas espesísimas, lugares impenetrables y en gran parte vírgenes todavía. Al seguir el itinerario de las expediciones españolas del siglo XV por sus enormes cuencas (925.000 kilómetros cuadrados y más de siete millones respectivamente), resulta verdaderamente increíble cómo fue posible la exploración a cargo de unos pocos hombres sin más medios que sus propias fuerzas.

En la región de las *tribus de bosque tropical,* el Handbook incluye los grupos indígenas Tupí del Amazonas y de la región costera del Atlántico; las tribus del Mato Grosso y del Este del Brasil; las etnias de la vertiente oriental de los Andes en Ecuador, Perú y Bolivia; las tribus de la cuenca occidental del Amazonas y los indios de las Guayanas y los tributarios septentrionales del Amazonas. Entre los primeros se incluyen: los guaranies, tupinambá, guajá, tenetehara, tapirapé, carajá, turiwara, mura, pirahá, cawahib, cayabi, así como una multitud de otras pequeñas tribus del bajo Tocantins, bajo Amazonas, medio y bajo Xingú, etc. Entre los grupos del Mato Grosso y el Este de Bolivia había que mencionar, al menos, los paressi, nambicuará, así como los chiquitos, mojos, chapacura, canichana, móvima, cayuvava, itonama, guarayú y los sirionó, chiriguano, yuracare, etc. Las tribus de la «montaña» y el Este de Bolivia incluyen, entre otros, los siguientes grupos: arawakos, mayoruna, panos, cahuapanes, jívaros, záparos, cofanes, quijos, así como otros del alto y medio Huallaga. En la cuenca occidental del Amazonas, hay que contar con los grupos tupí, pano, y arawak de la cuenca del Juruá-Purús; los del alto y medio Amazonas y los tucuna, witoto y las tribus del Uaupés-Caquetá, etc. Finalmente, entre las tribus de las Guayanas hay que mencionar los grupos caribes, arawak, sáliva, macú, calian, warrau, etc.

Aunque ese tremendo mosaico de grupos tribales resulta difícil de tratar de manera conjunta, podemos decir que, en su mayor parte son sociedades que se hallaban en el momento que aquí nos interesa en varios diferentes estadios de desarrollo sociocultural: aunque la mayor parte de esos grupos eran agricultores, preponderando el cultivo de la mandioca –dulce y amarga– había algunos recolectores, cazadores y pescadores, en un posición relativamente «marginal» y finalmente otros –mojos, y chiquitos especialmente– que se debían encontrar en el nivel de las «jefaturas».

Resulta prácticamente imposible tratar de las culturas de los indios de esta extensísima región dada la heterogeneidad de la misma y teniendo en cuenta que en tal heterogeneidad intervienen factores evolutivos, ambientales e históricos que determinan la configuración cultural en cada caso.

6. Las Pampas y Patagonia

Para la región que hoy conocemos ordinariamente como «Cono Sur», sabemos que las exploraciones de los españoles en la primera mitad del siglo XVI cubrieron la mayor parte de la zona costera y la región que comunicaba el Alto Perú y el Río de la Plata. En la zona de la actual Chile hay que mencionar en primer lugar el viaje de Pedro de Valdivia (1540-54) en el que se había alcanzado Concepción en 1550; el viaje de Diego de Rojas (1543-46) conecta el Cuzco con Sancti Spiritus en el Río de la Plata; y además en 1544 recorre la costa peruano-chilena la expedición de Pastene-Villagrán. En el extremo sur, de la costa chilena y la Tierra del Fuego deben mencionarse las expediciones de Simón de Alcazaba (1534-35), A. de Camargo y F. de Rivera (1539) y la de Nuan Bautista Pastene (1544). Por último, la penetración en la región del Río de la Plata conocida desde los viajes de Magallanes (1520), Caboto (1526-30) y García Moguer (1526-30) se completará con las expediciones de Pedro de Mendoza y Juan de Ayolas (1536) y las sucesivas de Alonso de Cabrera y Gonzalo de Mendoza (1537-38), Alvar Núñez Cabeza de Vaca (1542) y Domingo Martínez de Irala (1548) y Nufrio de Chávez (1548-50).

Los aborígenes que ocuparon el actual territorio argentino no constituyeron grandes imperios como los de Mesoamérica o del Perú. Por el contrario muchos formaban grupos de tribus nómadas o seminómadas de nivel cultural bajo en comparación con aquéllos.

Una primera zona a considerar en el área, sería la que incluye parte del Gran Chaco y las cuencas del Paraná y tierras andinas y del actual Uruguay y Paraguay, al norte del Río de la Plata. Al sur y al este de los Chiquitos hay que mencionar una serie de grupos de difícil filiación lingüística, tales como los guató, zamuco, mascoi, mataco, etc. En la zona montañosa del noroeste de la actual república Argentina, se situaban los *diaguitas,* desde el nevado de Aray y el valle de Lerma en la provincia de Salta hasta las cercanías de Mendoza en la provincia de San Juan. En la costa chilena del Norte, en la provincia de Antofagasta hay que situar a los *atacama,* o atacameños. En la quebrada de Humahuaca tenían su centro los *Omaguacas,* que se extendían por la provincia de Jujuy y el valle de Tilcará hasta la provincia de Salta y la frontera actual de Bolivia y Argentina. Los *allentiac* o huarpes se situaban en la región de los lagos de Huanacache en la provincia de Mendoza. Los *sanavirón* quedaban al Sureste de los diaguistas, en la región de Salinas grandes de Córdoba; los *Comechingón,* emparentados seguramente con las anteriores, se situaban en la sierra de Córdoba. Los *guaycurú* eram la familia más importante de la zona extendida a lo largo del Paraguay y del bajo Paraná, desde este río hasta los Andes y desde Santa Fe a Corumbá. De esta familia conocemos dos grupos: los mbayá, caduveo, payaguá y agaz formaban un grupo y los tobas y grupos afines, otro. A la llegada de los españoles la tribu de los *payaguá* o *lenguas* se dedicaba a piratear por el río Paraguay. Finalmente, los *charrúas* en la época del descubrimiento ocupaban un extenso territorio a ambas orillas del río Uruguay, llegando hasta al Paraná, el Atlántico y el Río de la Plata.

Al sur de los grupos mencionados en el párrafo anterior, se situaban una serie de pueblos que cubrían los Andes meridionales, las «pampas» argentinas y la Patagonia y Tierra del Fuego. El más importante de los grupos étnicos, especialmente, por sus relaciones con los españoles, fueron los *araucanos.* «El teritorio araucano comprendía la vertiente andina del Pacífico entre Copiapó y Chiloé (grados 27 a 40) y la atlántica desde el lago Guanacache al Nahuel-Huapí con la gobernación de Neuquén y parte del río Negro y de la Pampa argentina» (Pericot, 1961: 930). Otro importante grupo indígena de esta zona es el llamado *Puelche* que ocupaba buena parte de la Pampa desde los Andes al sur del Limay hasta el Atlantico y desde la línea Córdoba-Río de la Plata hasta el río Negro, en un millar de kilómetros. Al sur de los ríos Negro y Limay en un territorio que a causa de su aridez y sequedad y sobre todo de los vientos helados que lo recorren ha sido llamado Patagonia, vivían los *tehuelches* o patagones, nombre dado por Magallanes a los habitantes de esta región. Actualmente los *ona* o selknam quedan incluidos en el grupo.

Por último, en la Tierra del Fuego hay que situar a tres grupos indígenas que se hallaban en un nivel de desarrollo sociocultural extremadamente bajo o «primitivo»: los ya citados *ona,* los *alacaluf* y los *yaghan.* Los alacaluf constituían una familia que ocupaba toda la zona meridional del archipiélgo chileno hasta alcanzar la Tierra del Fuego. Los yaghan o yámana son el grupo indígena más meridional de todo el continente, cubriendo una faja al sur de la isla Grande de la Tierra del Fuego y el archipiélago que se extiende al sur hasta el cabo de Hornos.

Indios patagones. Los españoles quedaban asombrados ante las enormes huellas de pies que encontraron en la costa meridional de américa del Sur y llamaron a sus habitantes *patagones.* Si bien los *tehuelches* eran hombres de gran estatura, sus huellas resultaban más grandes por las pieles con que cubrían sus pies.

BIBLIOGRAFIA

ALCINA FRANCH, José: *Manual de Arqueología Americana.* Aguilar S.A. de Ediciones. Madrid. 1965.

ALCINA, José: Etnohistoria del Norte de Méjico: un proyecto en marcha. *Runa.* Vol. 10: 98-122. Buenos Aires. 1967.

ALCINA,J.; MORENO, E.; y DE LA PEÑA, R.: Caminos de penetración hispana en Esmeraldas: tipología del descubrimiento. *Revista de Indias,* núms. 143-44: 65-121. Madrid. 1976.

CÉSPEDES del CASTILLO, Guillermo: *América Hispánica (1492-1898)* «Historia de España» dir. por M. Tuñón de Lara. Vol. VI. Labor. Barcelona. 1983.

DRIVER, Harold E.: *Indians of North America.* The University of Chicago Press. Chicago. 1961.

EGUILAZ, Isabel: *Los indios del nordeste de Méjico en el siglo XVIII.* Publicaciones del Seminario de Antropología Americana. Vol. 7. Sevilla. 1965.

JENNINGS, Jesse D. (ed): *Ancient North Americans.* W. H. Freeman and Company. 2.ª ed. San Francisco. 1983.

KRICKEBERG, Walter: *Etnología de América.* Fodo de cultura Económica. México. 1946.

MORALES PADRÓN, Francisco: *Historia del Descubrimiento y Conquista de América.* 4.ª ed. Editora Nacional. Madrid. 1981.

PERICOT, Luis: *América Indígena.* «Historia de América y de los pueblos americanos» (A Ballesteros ed.) tomo I, 2.ª ed. Salvat. Barcelona.

STEWARD, Julian H. (ed): *Handbook of South American Indians.* Bureau of American Ethnology. Bulletin: 143. Smithsonian Institution. Washington. 7 vols. 1946-52.

STONE, Doris: Synthesis of Lower Central American Ethnohistory *Handbook of Middle American Indians.* Vol. 4: 209-233. Austin. 1966.

CAPITULO 12

LOS ASALTOS AL CONTINENTE Y LA DEFENSA

Adelaida Sagarra Gamazo

Los asaltos al continente y la defensa - Introducción

Inicialmente, se planteó el problema de la defensa por deslizamiento, como una colaboración que Colón ofrecía a Guacanagarí y, por extensión, a los indios taínos de la Española, frente a las temidas invasiones de los caribes, con ocasión del viaje de descubrimiento. Así justificaba ante él la fundación del fuerte La Navidad, donde dejaba, tras el naufragio de la «Santa María» a los hombres que no podían trasladar a España, al mando de Arana.

En el segundo viaje, ya el cambio fue completo, pues, como describe Fernández de Oviedo al relatar la partida, eran «mill y quinientos hombres de hecho, muy bien aderezados e proveídos de armas e municiones y bastimentos y todo lo necesario». Se temía que, al querer desconocer Portugal los derechos de Castilla al descubrimiento, los portugueses enviaran para hacer suyas las tierras recientemente halladas. Con ese motivo, al llegar Colón,

Isabel I de Inglaterra (1533-1603). A través de las actividades de saqueo de sus piratas y corsarios se constituyó en el máximo peligro para las flotas españolas, que procedentes de América, navegaban camino de España con tesoros.

En la isla Española, Navidad *era, a un tiempo, fortaleza y alhóndiga ya que servía tanto para la defensa de la población como para almacenar lo que pudiera ser reunido.*

hizo levantar, junto al pueblo que fundaba, la Isabela, una torre. Después, descubiertas las minas del Cibao, se erigió junto a ellas el fuerte de Santo Tomás, que fue confiado a Pedro Margarit. Así pues, la defensa fue orientada entonces a salvaguardar las minas de oro. Margarit había llegado a la Española al mando de las 20 lanzas «jinetas» de la Santa Hermandad, que, por orden de los Reyes, acompañaban al Almirante en la segunda expedición. Fue la primera unidad militar pasada a Indias. Esta fortaleza, como las demás que se construyeron hacia el interior, son la consecuencia de la actitud que tomaron los indios frente a la permanencia de los españoles y del temor que estos tenían de no poder continuar la explotación aurífera. En realidad no se volvieron a construir más fuertes, excepto la torre de Santo Domingo –en época de Ovando– más bien como garantía de la navegación del Ozama y para dar testimonio de la soberanía real, a cargo del alcaide, en nombre de la Corona.

Tenemos noticia de otra primitiva fortificación, levantada en época de Diego Colón, en la isla de Cubagua, para garantizar la pesca de las perlas; así como Juan Ponce de León levantó su casa de piedra en el Higüey y luego la de Caparra, en Puerto Rico, que fue capaz de resistir el levantamiento de 1511.

Así como los portugueses constituyeron un riesgo de competencia, que no llegó a ser efectivo, también se tuvo pronto noticia de que los ingleses habían enviado expediciones –las de Caboto– hacia las tierras nuevamente halladas. Sin duda, porque se temió por extensión de sus viajes, se previno en la capitulación concedida a Ojeda en 1501, que «sigáis aquella costa que descubrísteis, que corre leste-lueste, según parece por razón que va hacia la parte donde se ha sabido que descubren los ingleses, e váis poniendo las marcas con las armas de sus altezas o con otras señales que sean conocidas, quales vos pareçieren, por que se conozca como vos aveis descubierto aquella tierra, para que atajéis al descubrir de los ingleses por aquella vía». Es decir, que en este caso, como Inglaterra no estaba ligada por un tratado similar al de Tordesillas, se quiso reforzar el derecho por el testimonio de prioridad descubridora, como defensa de la soberanía.

Mucho más complicado sería el problema de los franceses, aunque en realidad afectó inicialmente mucho menos a los territorios castellanos que a los que, por el Tratado de Tordesillas, pertenecían a Portugal, pues a sus costas arribaban navíos franceses, especialmente procedentes de los puertos de Honfleur y Dieppe, en busca de palo tintóreo, papagayos y macacos, sin que los recursos diplomáticos sirvieran de mucho. Gentes de estos barcos descubrieron una gran bahía que se llamaría «de todos los santos», donde se asentaron, aunque después fueron expulsados por Cristóbal Jacques. En lo sucesivo los portugueses llevaron a cabo expediciones punitivas para cortar esos asentamientos y depredaciones.

***Francis Drake* fue el más famoso de los corsarios ingleses del siglo XVI y, para la Historia de España, el más peligroso saqueador de las flotas que volvían con los tesoros del Nuevo Mundo y hasta de los puertos —Cádiz, La Coruña— de la península.**

1. Los ataques piráticos y corsarios

A partir de la segunda década del siglo XVI, a medida que se divulgó cuales podían ser las tierras más ricas, empezaron a merodear algunos barcos franceses en el área del Caribe, como también en torno a las islas Azores, por ser esta la latitud utilizada por las naves castellanas que regresaban a la península con los cargamentos correspondientes. Se daban así dos tipos de acción pirática: uno, el posible asalto en los lugares ricos, como por ejemplo las islas de las Perlas; y otro, la captura de las naves que volvían con los codiciados metales.

Los piratas eran ladrones de mar, mientras que los corsarios llegaban a las costas americanas para forzar el comercio, imponiéndole a cambio de recatarse la ciudad sorprendida de la amenaza de saqueo o destrucción. Solían llevar *patente de corso* y actuaban en tiempo de paz como si fuese de guerra, llevando a cabo acciones depredadoras que tenían además la consecuencia de debilitar los recursos reales.[1]

Antonio de Herrera relata en sus *Décadas* como en 1519, una carabela que salía de Santo Domingo descubrió cerca de Puerto Rico una nave inglesa que pretextó haber sido arrastrada por un temporal. Iba en busca del gran

Khan, y de paso pretendían sus tripulantes hacer una corta de palo brasil. Querían acercarse a la Española a rescatar. Los españoles hicieron fuego sobre ellos obligándoles a retirarse. Algunos desembarcaron en la isla de la Mona. Fernández de Oviedo narra un hecho muy similar en su *Historia General y natural....*, pero fechándolo en 1527. No está claro si se trata del mismo suceso. En todo caso la Corona era consciente del riesgo que suponía que los franceses e ingleses empezasen a seguir la ruta de Indias.

Muchas veces los asaltos no se producían en aguas americanas, sino que se desarrollaban en el triángulo Azores-Canarias-Gibraltar. El primero tuvo lugar en 1522, cuando Cortés envió, desde Nueva España, a los procuradores Alonso de Mendoza, Alonso Dávila y Antonio de Quiñones con tres carabelas, que transportaban el tesoro de Moctezuma. Al llegar a las Azores fueron robadas dos de ellas por el corsario Juan Verrazano, más conocido como Fleury o Juan Florín, cuyas acciones estaban respaldadas por Francisco I y financiados por Jean Ango, comerciante de Dieppe. De este modo el tesoro pasó a sus manos. Al conocerse la noticia en Sevilla, la Casa de la Contratación despachó una carabela en busca de don Pedro Manrique, que traía dos naves de la armada, para que protegiese el resto del itinerario a los que aún no hubieran sido asaltados.

Verrazano zarpó de nuevo de Dieppe el 17 de enero de 1524, con la intención de descubrir el supuesto paso que unía el Caribe con el Pacífico. Sin embargo, una vez hecho a la mar, se dedicó al corso en el área de los Azores. En el mes de mayo de ese mismo año llegaron a San Lúcar cinco naos de Indias, y se esperaban tres más. Arribaron entonces cinco navíos corsarios de Francia, decididos a asaltarlas cuando se aproximaran a la costa andaluza. Para evitar tales sorpresas, se envió un aviso para que las que venían de América estuvieran prevenidas.

El 1 de enero de 1525 llegaban a Lepe y Palos –según el cronista Herrera– tres naves cargadas con mercancías indianas. En este último puerto había veintidós navíos esperando salir hacia el Nuevo Mundo, pero era tal el número de corsarios franceses que merodeaban que Carlos V comisionó al licenciado Toro, presidente de la Audiencia de Granada, para que organizase una armada y los combatiera. Los comerciantes sugirieron que los gastos corriesen a cuenta de la *cuota de avería.* La nobleza contribuyó aportando la artillería necesaria. El rey de Portugal añadió tres carabelas a la flotilla de castigo ya que sus intereses coincidían con los de España. Sin embargo, los franceses desaparecieron antes de la llegada de la armadilla. Los mercaderes pidieron a la Corona que este tipo de armada ocasional se constituyese en permanente. Así comenzó a pensarse en la necesidad de una defensa naval, que sería la Armada de la Guarda.

En 1528, Cubagua, frente a la isla Margarita estuvo en peligro al ser atacada por el pirata Diego Ingenios, que había salido con este propósito desde la Rochelle. Sin duda le llevó a organizar la expedición de asalto la noticia del auge en la producción de las perlerías de la isla. El procedimiento defensivo fue el tradicional en España e Indias: don Pedro de Herrera, alcalde mayor, y en este caso autoridad suprema, convocó a los hombres con capacidad para tomar las armas en un lugar público. Se realizó el alarde, se estructuraron las cuadrillas, y así los vecinos se repartieron por distintos puntos de la isla. Herrera nombró capitanes a Andrés de Villacorta, Hernando Carmona y Antón de Jaén. Juan Juárez de Villacorta fue designado alférez. Pedro de Barrionuevo y Gonzalo Hernández de Rojas recibieron el cargo de alcaldes ordinarios para reforzar la actuación del alcalde mayor. El 25 de julio se libró la primera batalla naval de América, entre una carabela latina, acompañante del galeón «Sainte Anne» y las fuerzas navales cubagüenses: un bergantín de remos y dos carabelas con 30 españoles y 50 indios margariteños, enviados como refuerzo por el gobernador de la isla, así como dos «canoas de socorro». Al final los franceses fueron vencidos, en buena parte, gracias a las flechas envenenadas de los indígenas.

Con motivo de la arribada de Diego Ingenios, los vecinos de Cubagua solicitaron *permiso de armada* para toda la costa venezolana, desde Cumaná hasta Coro, para defenderse del pirata. Parece ser que esta flotilla fue comandada por don Domingo Velázquez y por el veedor real Juan López de Archuleta. Ingenios fue derrotado y sus mercaderías confiscadas: en 1532 se entregaron

En el otoño de 1572 un grupo de aventureros ingleses comandado por Francis Drake y John Oxenham llegaba con la ayuda de guías cimarrones enemigos de los españoles a la cima de una colonia situada en el itsmo panameño. La expedición pirática acechaba desde la atalaya natural esperando el paso de las mulas procedentes del Perú que traían oro y plata para ser embarcadas en los galeones de la Carrera de Indias. De modo similar en los siglos XVI y XVII los piratas ingleses acecharon, a barcos y expedicionarios españoles con el propósito de arrebatarles las riquezas americanas.

Los piratas y corsarios ingleses fueron una presencia harto frecuente en el Nuevo Mundo: llegaron a dominar el Mar del Sur, a pasearse por todo el virreinato del Perú introduciéndose profundamente en su territorio y ocupaban puertos, aldeas y ciudades, con los que permanecían hasta que los sufridos vecinos les entregaban crecidos rescates.

Los piratas ingleses y franceses no sólo atacaban las flotas que regresaban a España desde América sino también a las ciudades españolas del Nuevo Mundo. En este grabado de la época, los piratas franceses saquean la población de Chiorera en la isla de Cuba, en 1556.

para obras públicas en la isla 200 pesos, obtenidos de la venta de los productos que se recuperaron.

Sin embargo, después de Cubagua, las correrías de los corsarios franceses continuaron en el Caribe, en el ámbito de las Antillas Mayores, cuya navegación se veía sorprendida por los merodeadores. Así, Juan de Ampiés, que había obtenido licencia para cortar palo en las islas de los Gigantes, adonde llevaba ganado para abastecer a los pobladores, fue uno de los primeros en verse interferido por estas acciones. En la Saona, naufragó al iniciar el viaje y se refugió en la costa de Higüey, en la boca del río Yuma, donde permaneció dos meses reparando la nao «Trinidad». Fue entonces cuando aparecieron los corsarios, contra los cuales se movilizó a la gente de Ampiés. El primer hecho luctuoso fue el saqueo y posterior incendio de San Germán, el 12 de agosto de 1528, produciéndose gran alarma en la Española. Como los franceses comenzaron a esperar en la Mona la salida de las naos de Indias hacia España, se ordenó al capitán Juan de Oliveros salir en su persecución, cosa que hizo al mando de una armada organizada por los oidores de la Española, con una nao y tres carabelas. Aunque dieron alcance a la nave francesa por estar esta muy bien artillada, los españoles, faltos de pólvora, no pudieron abordarla, perdiéndola definitivamente de vista a lo largo de la isla de San Juan.

A pesar de que la Corona dispuso en 1535 que hubiese permanentemente dos navíos protegiendo las perlerías de Cubagua, los piratas salidos de los puertos franceses se llevaron en el verano de 1541 más de 1.000 marcos en perlas, que por orden de la justicia fueron devueltos desde la Rochelle tras la intervención del embajador español.

2. Origen del sistema de fortificaciones

Desde el primer momento se sentaron las bases del sistema defensivo español en Indias, que habría de consistir en un conjunto de fortalezas, protegiendo los enclaves estratégicos, en principio de los indios, y posteriormente, de los ataques organizados desde el exterior. La construcción de fortificaciones era facultad exclusiva de quien ejerciera la soberanía, o de aquel que recibiese, para tal fin, facultad expresa. Mas a través de las capitulaciones, la Corona impuso a los capitulantes el deber de erigir las que señalaban, como obligación inherente a la prestación militar, pues emparejadamente se concedía la tenencia. La guarnición de estas torres –una o dos, en cada caso– en los primeros tiempos, tuvo que ser indiferenciada, con obligación de asistirla los vecinos, como prevención contra posibles ataque indígenas. Cuando en 1508 Nicuesa y Ojeda capitularon con la Corona, ésta especificó, entre sus obligaciones, «que en la dicha tierra seáis obligados a hacer quatro fortalezas a vuestra costa y misión», dos en Urabá y otras tantas en Veragua. Las dos primeras se realizarían al año y medio de desembarcar, y un año después, las otras dos. Los cimientos serían de piedra, y el resto de tapial. Si las fortalezas llegaran a terminarse, la Corona se ocuparía de su sostenimiento, y reembolsaría a los capitulantes la cantidad que hubiesen invertido. Recibieron a la vez autorización real para disponer de 10 esclavos en cada una, y desde Castilla se remitieron para cada fuerte las piezas de artillería, 10 quintales de pólvora, y 10 caballos.

Había exigencias mayores en casos excepcionales por ejemplo, la obligación que se estableció para Rodrigo de Bastidas, en su capitulación del 6 de noviembre de 1524, pues «por ser la dicha tierra muy poblada de Caribes y gente brava... hay necesidad –se le dice– que en ella haya alguna gente y ... por la presente os mando que en la fortaleza 8 hombres y 4 lombarderos, a los cuales se pague de salario lo que se paga a cada uno de los hombres y lombarderos que residen en la fortaleza de la ciudad de Santo Domingo». Efectivamente, Bastidas levantó un fuerte en Santa Marta, con una dotación de 12 hombres, 2 más que los que, por Real Cédula de 18 de julio de 1559, debía de haber en el fortín de Santo Domingo.

Cuando en 1512 Ponce de León recibió una capitulación para ir a descubrir y poblar la isla Biminí, se le puso por condición la construcción de algunas fortalezas por cuenta de la Corona, que sería quien nombrase los alcaides. En caso de que fuera preciso edificar casas «de morada», o para «defensión de los yndios... questas sean vuestras propias». Si se tuviere necesidad de ellas para servicio de la Monarquía, ésta pagaría lo que valiesen. Diego Velázquez pidió, y recibió de los reyes por merced, la tenencia de las fortalezas que se levantasen en las tierras e islas que fuesen descubiertas, en virtud de la capitulación que concertó con la Corona el 13 de noviembre de 1518. También se previó en la del licenciado Ayllón –Valladolid, 12 de junio de 1523– que fortificase los puertos de la Florida, para defensa de los pobladores, y mayor seguridad de los rescates obtenidos. En 1523 Gonzalo Fernández de Oviedo capituló para la contratación con los indios de Cartagena, con la obligación de edificar un fortín en la isla de Codego, o en el puerto de Cartagena, por ser paso obligado para los que iban y venían del Darién. A cambio, en vez de dinero, recibiría la exclusividad para rescatar en un radio de 12 ó 15 leguas alrededor del dicho puerto, y en las islas de Barú y San Bernardo, «y nadie más pudiese [él o aquel en quien delegase] hacer la fortaleza en las dichas partes, a su costa, para tenencia della quanto quisiere con salario anual de 1000 maravedís que serán pagados de las rentas y derechos de esas tierras». También en el caso de Vázquez de Ayllón la Corona hizo merced «a uno de vuestros hijos, que vos nombraredes y señalardes, de la tenençia de la dicha fortaleza con çien mill maravedís de salario cada año».

3. Organización y evolución de los contingentes humanos en la defensa

a) *La hueste indiana*

La «hueste indiana» y su particular sistema de organización tiene un precedente en el pecho de mar, *el enganche voluntario de tripulaciones para una empresa concreta de la que se reparten los beneficios y botines obtenidos.*

Las formas defensivas en América fueron adaptándose a las necesidades de cada momento, y a las posibilidades humanas y económicas, pero no se partía de la nada porque, justamente, el poblamiento y la ocupación del territorio se habían hecho mediante un tipo de organización militar que llamamos *«hueste»* de la conquista. Estas huestes quedaban automáticamente disueltas al transformarse sus miembros en pobladores, pero como sobre los vecinos recaía la obligación de defender la tierra, venía de ello a derivar la existencia de un tipo de milicias locales. Esto no excluía la existencia de fuerzas militares regladas, como por ejemplo las compañías emplazadas en los presidios o fuertes erigidos en los lugares estratégicos, e incluso de unidades enviadas con tal propósito para combatir a los araucanos, aunque ya posteriormente.

Pizarro avanza para capturar a Atahualpa al frente de su hueste. Las *huestes* de la conquista fueron las responsables del poblamiento y ocupación del territorio americano.

Así pues, el punto de partida es la «hueste indiana». Interesante sería fijar el momento en que empieza a funcionar la hueste, porque suele confundirse con ella, todo tipo de acción de ocupación territorial, cuando unas son las empresas llevadas a cabo por las armadas, los «salteos», y otras los rancheos realizados por las gentes de Pedrarias Dávila en busca de alimentos y botín. En realidad, la hueste indiana sólo existe a partir del momento en que se constituye como compaña ligada a un caudillo para participar en el riesgo y los beneficios sin más diferencia que la calidad con que actúan. Este tipo de actuación fue introducida por Vasco Núñez de Balboa, e inmediatamente seguida por Hernán Cortés. El jefe de la conquista no tenía derechos sobre sus hombres, ni siquiera en superioridad, estaba garantizada, pues si carecía de dotes de mando era deposeído de sus funciones por sus hombres, quienes por añadidura, podían apelar a la Corona contra su proceder.

Como precedente, a lo sumo, puede buscarse el del *fecho de la mar,* es decir, el enganche voluntario de tripulaciones para una empresa concreta, yendo también al premio de los beneficios y botines obtenidos. Que así sucediera es lógico, porque a Indias empezaron a pasar grupos de marineros enrolados en cada expedición, y como la Corona autorizaba todo género de rescates sin más condición que el pago del «quinto», los capitanes de las empresas llevaban a sus hombres normalmente al premio de los rescates repartiendo con ellos, por regla general, un tercio de los beneficios. Colón llevó a su gente a soldada porque la naturaleza de su empresa tenía el carácter de acción de comercio y luego, a imitación, no pocos capitanes mandaron armadas con este mismo matiz, pero al final terminó por generalizarse el sistema de la participación.

La hueste indiana tenía además otra originalidad: el ser abierta, ya que si se entraba voluntariamente en una «jornada», también se podía salir, a condición de que no se estuviera adeudado con la compaña, pues todas las deudas acumuladas por las armas que se les entregaban, los caballos, etc., se anotaban en un libro para su posterior amortización.

Al fin, la hueste determinaba una especie de clientelismo, pues los distintos socios de la empresa tenían facultad para enganchar grupos de gentes, con los que participaban a su costa, de ahí que pudieran distinguirse facciones dentro de las huestes, como en el caso de Perú los almagristas, los de Soto, los de Pizarro, los de Benalcázar, etc.

b) *La obligación militar de los vecinos y encomenderos. Las Milicias*

Cuando se fundaba una población, es decir, cuando se poblaba la tierra, se trasladaba a la ciudad recién fundada la estructura de la hueste, convirtiéndose en alcaldes los hombres más destacados, acompañados de los regidores, que venían a ser sus segundos en la empresa. Incluso cuando en una fundación participaban varias huestes, por ejemplo Quito o Santa Fe de Bogotá, el repartimiento de regidurías era siempre proporcional al número de gente de cada una de las unidades. Y lo mismo sucedía en el reparto de encomiendas, también de acuerdo con la participación económica y militar en la expedición.

Los españoles llegados a las Indias debían subvenir también a la defensa del poblado o la ciudad fundada por ellos mismos. Dos eran los motivos que generalmente obligaban a la puesta en marcha del aparato defensivo: los levantamientos de los aborígenes o los ataques exteriores, sobre todo de ingleses y portugueses.

Al asentarse la hueste de conquista convirtiéndose en una sociedad civil, los vecinos quedaban obligados a atender la defensa, al principio frente a los indios y en un segundo momento ante los corsarios y piratas. Ya el 20 de marzo de 1524 Cortés dictó en Temistlán (Tenochtitlán) unas ordenanzas en las que se regulaba la obligación de todo vecino y morador de prestar servicio de armas, lo que suponía además el mantenimiento de lo necesario: caballo, armamento, ... Es preciso distinguir entre la obligación general de todo español, y el deber particular que adquirían los encomenderos de proteger a los

Indios trabajando en la construcción de un edificio en México bajo la supervisión de los españoles. De acuerdo con la participación económica y militar en la *hueste* se repartían los indios bajo el sistema de *encomienda*.

indios que les hubiesen sido encomendados. En las encomiendas del ámbito antillano esta responsabilidad no parece que diese lugar a servicio de armas. Sin embargo se fijó esta obligación en la Nueva España. Esto indica –en opinión de García Gallo– que la obligación militar no nace de la encomienda, sino que se agrega a ella posteriormente. Hernán Cortés se había inspirado en las encomiendas de las órdenes militares, muy numerosas en Extremadura, para introducir el servicio militar del encomendero. El 15 de octubre de 1524, en una carta dirigida al Emperador por el conquistador de México, planteaba, como único medio económicamente viable para la defensa, la concesión de encomiendas y, en paralelo, la exigencia del servicio de armas a los encomenderos. La Corona en 1535 matizó estas disposiciones. La obligatoriedad del servicio militar y la tenencia de armas se fue generalizando, y fue recogida sucesivamente por distintas ordenanzas de carácter provincial, como las dictadas por Francisco Pizarro en 1536. En ellas se decía que todos los vecinos que tuviesen indios encomendados «que dentro de quatro meses primero siguiente desde el día que recibiese la cédula de la dicha encomienda sea obligado de tener caballo, lança i espada e las otras armas defensivas, so pena que el que no lo tuviere el dicho caballo e armas dentro del dicho término caya e incurra en suspensión de indios». Estas disposiciones fueron aprobadas por real provisión ese mismo año. En 1540 se dictó otra para Santo Domingo, que posteriormente adquirió carácter general. Además de recordar la obligatoriedad del servicio y la necesidad de disponer de los medios materiales imprescindibles, establecía la realización de tres *alardes* o revistas anuales, a los que debían acudir todos los hombres útiles para el servicio.

En las ciudades donde no hubiera guarnición, era el cabildo quien decretaba el *«apercibimiento»,* y reunía a los vecinos en la plaza de armas, quien organizaba los alardes, se preocupaba de la existencia de municiones y pólvora, y aplicaba las penas a quienes no cumpliesen debidamente su obligación militar. Así quedaban establecidas, en realidad, las milicias vecinales.

Como frecuentemente había levantamientos de indios que obligaban a algún tipo de campañas, y las milicias vecinales no tenían otra obligación que la de defender su ciudad, se hacía frente a la nueva necesidad mediante enganches de voluntarios. Estos venían a ser un remedio de las huestes de conquista, porque también actuaban al premio, y muchas veces, quien las reclutaba –para hacer un servicio a la Corona– a las órdenes de los oidores o de capitanes designados a tal efecto, sufragaba los gastos de alimentación o armamento, a la espera de la merced correspondiente, una vez concluida la campaña.

Por lo general, como los enganchados eran, muchos de ellos, gente que confiaba en tener merecimientos, se formaba pueblo, y se les repartían tierras, con ellos, como compensación de este tipo tuvo lugar, por ejemplo, cuando el cacique Enriquillo se sublevó en la Española, por los malos tratos que recibían él y sus indios en el repartimiento de Valenzuela, vecino de San Juan de la Maguana. Como Enrique no consiguió frenar los abusos acudiendo a la justicia, se defendió por la fuerza. Al saberse la noticia del alzamiento, la Audiencia proveyó que fuera gente a sojuzgarlo al Baoruco, donde se les había unido unos 300 indios de otros repartimientos. Varias veces las partidas de españoles fueron vencidas. Así lo describe Fray Bartolomé de Las Casas: «en muchas veces que nos hicieron en la isla armadas para ir contra él, que nos fueron desbaratadas cobrando muchas armas... y cuando se hacía armada para ir contra él, no todos iban de buena gana, y no fueran sí por la Audiencia con penas no fueran forzados y en esto pasaron trece y catorce años, con lo cual se gastaron de la caja del Rey más de ochenta o cient mill castellanos». Continúa diciendo las Casas que «casi cada año se hacía armada y junta de españoles para ir contra Enrique». Por último se reclutó una milicia de 150 españoles al mando de Hernando de San Miguel, vecino del Bonao, que hizo las paces con Enriquillo, cancelándose así el conflicto más sonado de esta primera época.

La obligación defensiva no era exclusivamente penosa excepto en Chile donde se concretaba en una campaña anual. De todos modos, algunos gobernadores cometieron abusos, haciendo llamamientos cuando no era estrictamente necesario. La Corona tendió a regularizar esta situación. Los pobladores trataban de cambiar el servicio de armas por una cantidad en metálico, o enviando un suplente... así mismo hacían que sus hijos tomasen las órdenes menores a los 15 ó 16 años, porque ésto implicaba la exención.

En todo caso, la defensa fue posible gracias a la colaboración de los vecinos y encomenderos, porque la Corona por sí sola no habría podido mantener el dominio en algunas ocasiones. En realidad estos últimos constituían un grupo pequeño en cada ciudad, que naturalmente no podía hacer frente a las obligaciones defensivas por sí solo, pero su intervención era decisiva ya que actuaban a caballo. Junto a ellos, solían llevar un séquito de unos 10 hombres que voluntariamente se les vinculaban –las encomiendas generaron un cierto tipo de clientelismo– y que en Perú empezaron a denominarse *«soldados»*. Si el encomendero no podía mantenerlos económicamente, estaba previsto que pudiese solicitar ayudas de costa a la Corona con tal fin. A veces, incluso se vieron obligados a prestar servicio los transeúntes.

c) *La participación de los indios*

La idea de grupos indígenas que, por propio interés, ayudaron en la conquista al lado de las huestes continuó después de la denominación, a la hora de la defensa. El ejemplo más claro lo tenemos en los totonacas y tlaxcaltecas, a los que Cortés acogió bajo su protección, a cambio de su colaboración. Otro tanto ocurrió en el Perú, y, en realidad, en todas partes. Los motivos que impulsaron a los indios a aliarse a los españoles fueron varios: el afán de botín, el prestigio del guerrero en una sociedad con un estadio cultural poco elevado, en la que además, el instinto de supervivencia de la tribu o grupo es más fuerte que la mera distinción étnica.

Desde el inicio de la conquista los españoles echaron mano de la fuerza de indios aliados *y de* indios de servicio. *Hernán Cortés, por ejemplo, supo aprovechar la alianza con diversos grupos de indios para entrar en México con un número elevado de hombres.*

El capitán don Bernardo de Vargas Machuca distingue dos tipos de indios que colaboraron con los españoles:

Sin el apoyo de los «indios amigos» difícilmente los conquistadores españoles hubieran podido dominar ejércitos americanos varias veces superiores en número a las exiguas *huestes* hispánicas. En esta composición india vemos a un guerrero de Tlaxcala, sacando a Cortés —al que el autor imagina con armadura— de un canal de Tenochtitlán. Los *tlaxcaltecas* acompañaron en carácter de *aliados* a las huestes de Cortés y, llevados por el ancestral odio hacia los aztecas, lucharon y vencieron en México —Tenochtitlán.

– Los *indios de servicio* proveían las necesidades habituales de los soldados: cuidado de los caballos, transporte de agua y leña... No eran aliados sino cooperadores involuntarios –pero indispensables– a la conquista.

– Los *indios amigos* eran aliados militares que combatían y facilitaban el éxito, al conocer el terreno y las tácticas militares de los grupos indígenas rivales. Además, proporcionaban espías y farautes, y, lo que es más importante, estaban perfectamente adaptados al clima y al terreno, lo que les hacía muy eficaces. Iban formados en compañías a la orden de un intérprete.

Ante el acoso extranjero, siempre se buscaba junto a las milicias locales, la participación india –los flecheros– aunque los indígenas actuaban siempre como un grupo aparte, al lado de los españoles. Aunque los indios –como vasallos de la Corona– tenían obligación de prestar servicio de armas, y este deber ser formuló desde el principio, no siempre les fue exigido. Existía un lógico recelo entre los indígenas que en algunas ocasiones aparecían como un enemigo en potencia. Este fue el motivo de que actuasen siempre con unidades propias.

Por una Real Cédula de 16 de septiembre de 1501 la Corona dispuso de los indios de las Islas e Tierra del Mar Oceáno, «nin alguno dellos, no fagan armas ofensivas nin defensivas, ansi porqu'entre ellos e los cristhianos vecinos e moradores de las dichas islas e Tierras-Firme non faya ruidos nin escándalos, más que todos vivan en muncha paz e concordia, como por otras cabsas, quea ello Nos mueven, mandamos e defendemos que ningún cristhiano venda nin de nin trueque armas ofensivas nin defensivas a los dichos indios nin a alguno de ellos». Se señalaban además unas penas para quienes no observasen dicha cédula, que fue ratificada en 1554, añadiéndose en esa fecha la prohibición de que los armeros enseñasen a los indígenas las técnicas de fabricación.

En Chile y Perú se utilizaron compañías de indios «yanaconas», y se llegó a proponer a los encomenderos chilenos que dejasen ir a sus indios encomendados a prestar servicio de armas, y a cambio de una compensación económica, o bien facilitándoles esclavos negros que supliesen la consiguiente carencia de mano de obra.

La ayuda de los naturales era tan necesaria, que se elaboraron unas disposiciones encaminadas a evitar los abusos por parte de los españoles, a los que se impondrían severos castigos si fuese preciso para mantener con los indios las buenas relaciones.

4. Gastos

Durante la conquista, el capitán de la hueste, en cada una de las empresas de dominación, adelantaba la cantidad necesaria. Después del reparto proporcional de los beneficios, cada uno de los hombres debía saldar su cuenta pendiente en virtud de lo que hubiera recibido para su mantenimiento; armas, coseletes, etc... Para ello se llevaba la relación de los gastos de cada uno de los conquistadores en un libro.

El mantenimiento de las milicias vecinales corría a cargo de los vecinos, aunque no fueron pocas las ocasiones en que los cabildos, ante la urgencia de organizar la defensa rápida y eficazmente libraron una suma que posibilitó el contraataque. Los encomenderos también tenían que contribuir económicamente -de hecho, pretendieron evitar el servicio de armas, conmutándolo por una aportación pecuniaria– así como los comerciantes y quienes, por las circunstancias que fueren, no pudieran acudir personalmente a cumplir la obligación defensiva. En principio, la Corona financiaba únicamente los gastos de fortificación, pero a veces tuvo que suplir la falta de iniciativa de los particulares, que teóricamente, debían sufragar el resto de la política de defensa. El *situado* y la *avería* se invertían en buena parte en medidas defensivas. La situación económica de América llegó a ser tan grave que los recursos extraordinarios para la obtención de dinero se convirtieron en ordinarios: préstamos, incautación de bienes, recargos fiscales, uso de fondos de la Casa de la Contratación, de los cabildos o de las cajas de las ciudades, dinero de almojarifazgo, venta de oficios, inversión de los patrimonios de los gobernadores, e incluso de las rentas de las encomiendas vacantes, fueron algunos de los modos de costear la defensa del Nuevo Mundo.

5. Medios materiales de defensa

En la segunda parte del siglo XVI la aparición de franceses e ingleses en el Caribe hizo que se prestara una mayor atención al riesgo externo que al interno. En el momento en que se comienzan a construir fortificaciones, puertos más seguros, en suma, obras defensivas mucho más sólidas que las existentes.

En esta primera etapa –hasta 1542– los medios materiales para la defensa de América fueron escasos, hasta que a mitad del siglo XVI, y sobre todo XVII se empezaron a fundir piezas de artillería, estas se traían desde España, así como la pólvora, la cuerda, las municiones y las armas de fuego. Lógicamente, el elevado coste de las unidades y las necesidades creadas por la política española en Europa hicieron imposible dotar a las plazas americanas con artillería suficiente. Además, el clima no era propicio para su mantenimiento en buenas condiciones, porque la humedad corroía el metal, y destrozaba la madera de la cureñas. Este fenómeno hacía crecer de continuo las necesidades materiales que surgían a la hora de la defensa.

Muchas veces era la Casa de la Contratación quien facilitaba los elementos precisos, por ejemplo en buena parte de los viajes de descubrimiento y rescate, estableciéndose en cada capitulación las condiciones económicas, plazos de devolución, etc. en que se haría la prestación.

(1) Los ataques piráticos se inician desde el primer momento. Cristóbal Colón en su tercer viaje tuvo que huir de unos «ladrones de mar» en el Cabo de San Vicente. En 1501 los Reyes Católicos ordenan la construcción de dos carracas para perseguirlos. En 1513 el Rey ordenó el envío de 2 carabelas para vigilar el mar de las Antillas.

CAPITULO 13

LAS OBRAS DE DEFENSA

M.ª Antonia Fernández del Hoyo

Las obras de defensa

Un doble significado, histórico y arquitectónico, presta relieve a las fortificaciones que los españoles levantaron en suelo americano durante más de tres siglos de dominio. Desaparecidas algunas, buena parte de ellas, sin embargo, permanece en pie como testimonio imponente de la presencia española.

La idea defensiva nace desde el mismo momento del Descubrimiento y primeras conquistas, pero su plasmación arquitectónica evolucionó notablemente, acomodándose a las necesidades que las circunstancias históricas imponían y adecuándose a las transformaciones que experimentaba la ciencia de la fortificación. Si bien las defensas españolas en América globalmente consideradas surgen para hacer frente al acoso exterior de las potencias europeas rivales, en un primer momento obedecen a la necesidad de someter a los indígenas rebeldes que amenazaban los primeros establecimientos indianos.

Son escasas las noticias acerca de las muchas defensas que, a juzgar por las fuentes históricas, se establecieron con anterioridad a 1542. A partir del Fuerte de Navidad, rústica empalizada construida por los hombres de Colón con los restos de la nao Santa María en la costa norte de la Española la navidad de 1492, descubridores y pobladores utilizaron la apoyatura defensiva para afianzar sus avances y consolidar los primeros asentamientos de carácter

Puerto de Santo Domingo en la isla La Española. Desde los inicios de la conquista se tiene clara idea de la defensa pero es con el paso del tiempo y, sobre todo, por las cirucunstancias de ataques, necesidades prácticas, en que se iban presentando después del establecimiento y posesión del territorio.

Como signo de posesión y dominio, los españoles debían construir una o varias fortalezas aunque no siempre se pudo cumplir con esta exigencia.

urbano. Desde el período colombino, pero sobre todo en época de los gobernadores generales se erigieron numerosas fortalezas. Dentro del sistema de capitulaciones, el que capitulaba se obligaba a levantar fortalezas, adquiriendo a cambio el título de alcaide.

En Jamaica el propio Almirante, durante su cuarto viaje, improvisó una fortificación con los restos de los navíos perdidos. Posteriormente el Rey Católico encargaría a Ojeda y Nicuesa la construcción de fortalezas, pero fue Juan de Esquivel quien, en enero de 1510, fundó Sevilla la Nueva, en la costa norte, edificando un fuerte con ayuda de los nativos.

Las capitulaciones concedidas en 1508 a Ojeda y Nicuesa con el propósito de poblar las costas de Tierra Firme y Veragua, respectivamente, incluían la construcción de fortalezas. Ojeda fundó, en marzo de 1510, el establecimiento de San Sebastián, con su fortín, de corta vida.

En el frustrado proyecto de Gonzalo Fernández de Oviedo para poblar Cartagena de Indias (1513), se contemplaba la construcción de una fortaleza, con opción a poblamiento, concediéndole a él y a su hijo la alcaldía. Sería sin embargo Pedro de Heredia quien, en enero de 1533, fundase el primer establecimiento de la ciudad y su primera y rudimentaria fortificación. En su capitulación se le había recomendado construir una «casa fuerte» que en 1534 se estaba levantando, pero no hay restos de la que debió ser primer hito del más impresionante conjunto defensivo español en el nuevo mundo.

Rodrigo de Bastidas, que obtuvo capitulación en 1524 para fundar Santa Marta en territorio frecuentado por indios caribes, debía poner especial empe-

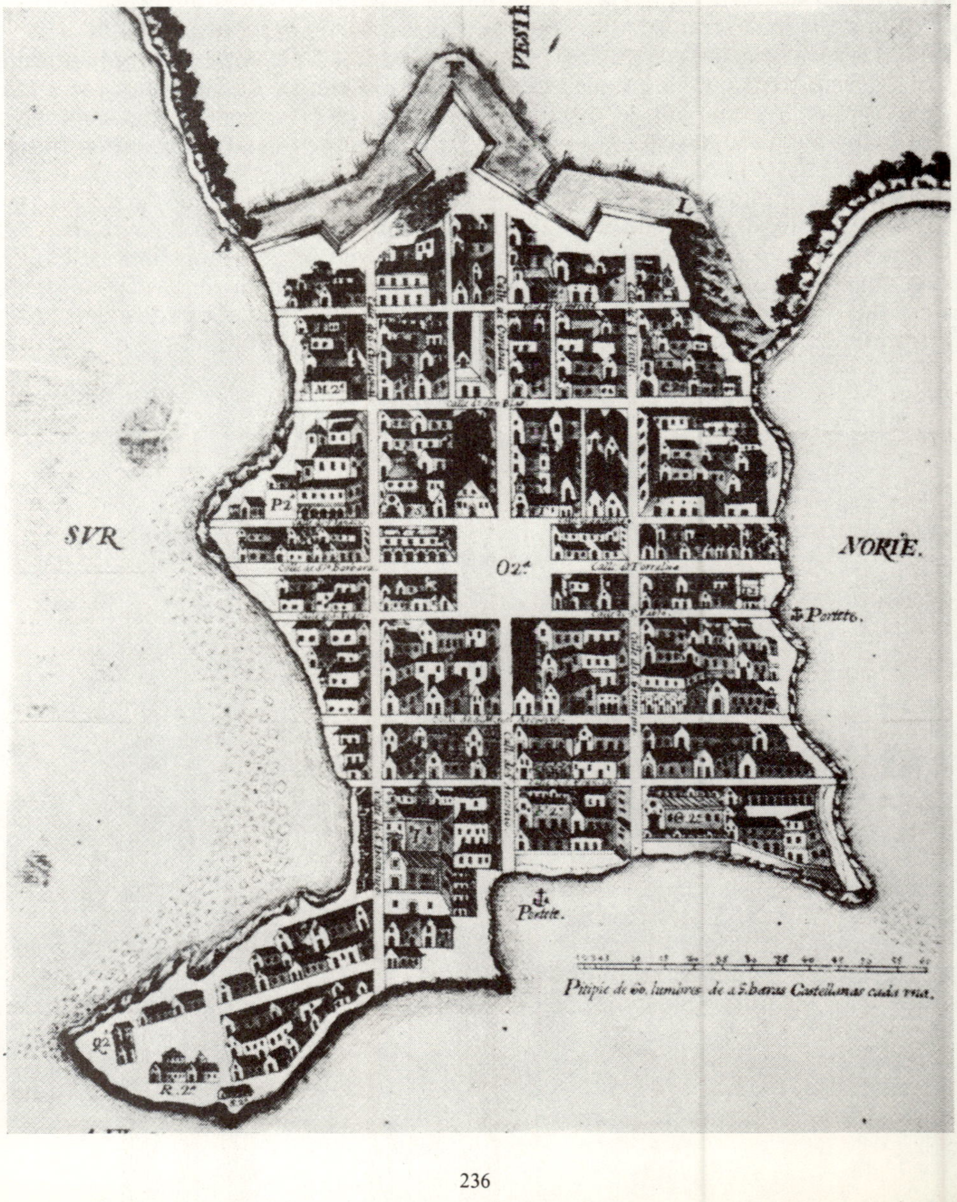

La importancia del eje Portobelo-Panamá como ruta de acceso al Pacífico determinó que ya a fines del siglo XVI se encargara al arquitecto italiano Antonelli la fortificación de esas ciudades. Empero los ataques de Drake y Morgan obligaron a reconstruir en gran parte las antiguas defensas militares que, en el caso de Panamá, aseguraban el almacenamiento de la plata peruana en espera de su traslado a lomos de asnos hasta la orilla atlántica.

ño en la defensa erigiendo una fortaleza para la que se le concedía una guarnición de 8 hombres y 4 alabarderos. Sendas casas fuertes edificaron el capitán Villalobos en la isla Margarita (1525) y Antonio Sedeño en Tierra Firme (1530), el llamado fuerte Marañón.

El veneciano Sebastián Caboto, en su bien conocida expedición al Río de la Plata, remontó el Paraná levantando, en junio de 1527, en la confluencia con el río Carcarañá, el fuerte de Sancti Spiritus, base de expediciones por la zona, que fue destruido posteriormente por los indios. Pedro de Mendoza obtuvo en 1534 una capitulación que tenía especie importancia para la defensa del Río de la Plata, dándosele exclusivamente la posibilidad de erigir fortalezas o casas fuertes, no ciudades. En febrero de 1536 fundó un primer asiento que llamó Santa María del Buen Aire, probablemente un muro contínuo, con foso y empalizada, que albergaba algunas piezas de artillería, y que fue reiteradamente asediado y parcialmente incendiado por los indios. En el mismo año y en lugares próximos se erigieron también los fuertes de Corpus Christi y Nuestra Señora de Buena Esperanza, y en 1537 los de Candelaria y Puerto de Nuestra Señora de la Asunción, del que surgirá posteriormente la ciudad de Asunción.

Muy pocos de estos asentamientos defensivos tuvieron un carácter estrictamente militar, primando el aspecto de propiedad y poblamiento del territorio y el utilitarismo económico. Hay que suponer que en muchos casos se trató de construcciones ligeras, simples tapias de materiales no demasiado consistentes, con foso y empalizada. Apuntarían ya entonces los dos tipos constructivos que luego se desarrollarían en el continente americano: el fuerte aislado y el recinto amurallado englobando un establecimiento urbano o semiurbano. En todo caso, en este período inicial las defensas americanas respondían a modelos aún medievales –muros altos y no excesivamente fuertes, con almenas y matacanes, suficientes no obstante para hacer frente a un enemigo pobremente armado en tanto que en Europa se imponía ya la moderna fortificación abaluartada –murallas potentes y terraplenadas reforzadas por baluartes– más ajustada a los avances de la artillería. La tipología más habitual fue la torre aislada y, sobre todo, la casa fuerte: fortificación cuadrangular regular o irregular, con muros consistentes revestidos de piedra y cubos o torreones en dos o más ángulos, que se identifica en los primeros tiempos con el concepto de fortaleza en general. Tampoco se sabe mucho más sobre sus constructores que serían, en su mayoría, modestos maestros de obras. Durante el segundo viaje colombino figuró «una brigada de obreros» con un aparejador al frente, responsables, sin duda, de las construcciones en la Española. Allí también aparecen los primeros nombres que pueden adscribirse a edificios concretos.

La Española. La isla de la Española, punto de partida de tantos acontecimientos en la historia de la América hispana, lo fue también para la arquitectura militar. Partiendo del Fuerte de Navidad proliferan en la isla los edificios militares asociados a núcleos de población. Así en el efímero asentamiento de La Isabela donde, según refiere el propio Colón, se construía una cerca a fines de enero de 1494. Todavía en el siglo XIX se podían ver restos –un trozo de pilar redondo, de sólida construcción– de su fortaleza, y en un plano levantado en 1934 se señalan trazos de torres circulares que formarían parte de un recinto amurallado en forma de paralelogramo irregular.

Cuando se descubrió el oro de Cibao, Colón consideró oportuna la construcción del fuerte de Santo Tomás para dominar este espacio minero frente a cualquier levantamiento de los indios. Como éste se levantaría luego otro de construcción igualmente somera.

De La Isabela partiría Colón hacia el Cibao, construyendo allí dos fuertes: el de Santo Tomás y el de la Magdalena. A estos siguieron el primero de la Concepción, los de Santa Catalina y Santiago de los Caballeros, para someter a los indios sublevados, y el de San Cristóbal, en la costa sur. Algunos no eran sino fortines en medio de poblados indios.

La Concepción de la Vega, una de las primeras villas fundadas en el interior de la isla, destruida en 1562 por un terremoto, tuvo hasta tres fuertes sucesivos a partir de 1494. El escudo de la villa –una torre medieval– es bien explícito. A un primer fortín erigido junto al poblado indio del cacique Guarionex sustituyó, después de la sublevación de 1595, un establecimiento, ligeramente más oriental, en el que se construyó una fortaleza de la que el P. Las Casas escribió que era «de tapias y con sus almenas y buena hechura, la cual duró muchos años, hasta el año de 1512». En 1514 se levantaron los muros de una tercera fortaleza que en 1525 se menciona entre los edificios principales de la ciudad. Tal vez pertenezcan a esta tercera fortaleza los restos de dos robustas torres circulares de ladrillo que, junto a otras dos demolidas a fines del siglo XIX, integrarían una construcción cuadrangular, probablemente una casa fuerte, todavía muy medieval.

A través del testimonio prestado en 1550 por varios ciudadanos de Santo Domingo a instancias del capitán Alonso de la Peña, tesorero de la Española, que pretendía su alcaldía, se puede conocer la utilidad y el sentido de la fortaleza de la *Concepción.* Situada a más de 30 leguas de Santo Domingo, la villa era el núcleo más poblado en una comarca «desierta e apartada de población de cristianos... en la que se saca mucho oro.. y donde suelen andar muchos negros esclavos delincuentes... que siempre andan prestos e levantados». Su «fortaleza y torre» era muy necesaria para defender la villa de su ataque pero además porque en ella se guardaban «todos los aparejos de las fundiciones de oro y en la torre lo funden los oficiales que residen en la isla dos veces al año y después de fundido se guarda y encierra en ella hasta que se da y se entrega a sus dueños y se remite a Su Majestad la parte que le pertenece». Desde Miguel de Pasamonte sus alcaides fueron siempre los tesoreros de la isla.

Diego de León construyó un palacio-alcázar que más que una construcción de carácter militar tenía un marcado sentido señorial.

En época de Ovando se construyeron, como base de la expansión hacia el este y el oeste, el fortín de Juan Esquivel y la fortaleza de Villanueva de Yaquimo, terminada en 1507 y que figura igualmente en el escudo de la villa. Pero sin duda la mayor contribución del gobernador a la historia de la arquitectura militar se realiza en la ciudad de Sto. Domingo. La primitiva ciudad, fundada por Bartolomé Colón en la orilla izquierda del río Ozama contó con una pequeña fortaleza situada en la punta denominada «de la Torrecilla». Establecida la ciudad definitivamente por Ovando en la orilla derecha del río (1502) se inició una larga empresa defensiva desarrollada en dos frentes: los trabajos en la fortaleza y el amurallamiento de la ciudad.

La fortaleza se construyó entre 1505-7, con el concurso de mano de obra negra, siendo el responsable de su fábrica el alarife Juan de Rabe, llegado a la isla con un segundo contingente de constructores incorporado a la flota de Ovando. En 1509, a la llegada de D. Diego Colón, existía ya una torre, con algunas dependencias anejas, que se integrará en un recinto defensivo más ambicioso. La llamada Torre del Homenaje, aún hoy en pie, constituye un interesante ejemplo de arquitectura militar mudéjar trasplantada al nuevo continente. Pocos años más tarde esta fortaleza se consideraba insuficiente para hacer frente a un presumible ataque exterior. Se apuntó incluso la posibilidad de hacer «una torre y fuerza a manera de las que hay en Flandes», lo que significa una sabia utilización de las normas de fortificación usadas en los Países Bajos, perfectamente adecuadas al escenario fluvial. En 1528 se realizan obras en esta fortaleza, dirigidas por el maestro Luis de Moya, que lo era también de la Catedral, y en ellas trabajaba el cantero Alonso Fernández. En 1537 Gonzalo Fernández de Oviedo, alcaide de la fortaleza desde 1533, informa sobre el mal estado del edificio y aconseja construir otra torre adelantando su emplazamiento para conseguir una defensa más efectiva del río. A partir de 1541 se piensa en enlazar la fortaleza con un amurallamiento general de la ciudad, que no se comenzaría hasta 1543.

Puerto Rico. Se debe a Juan Ponce de León la construcción, en la villa de Caparra, de una «casa fuerte mediana con su terrado e pretil e almenas e su barrera delante de la puerta», que sería la primera defensa estable de la isla y la base de expediciones de sometimiento contra los indios rebeldes. Sin embargo al trasladarse en 1521 la capitalidad desde Caparra –situada en el interior de la isla– a la isleta de San Juan, todo el empeño se orienta en adelante en ofrecer una sólida defensa frente al enemigo procedente del exterior.

La primera defensa con que contó la ciudad de San Juan fue *Casa Blanca,* erigida a partir de 1523 por la familia de Ponce de León. Se trata de una sencilla casa, de fuertes muros, que mira hacia la bahía, con un sistema defensivo elemental. Pocos años después, 1533-40, se construyó próxima a aquella, la «fortaleza de Santa Catalina» conocida como *La Fortaleza.* Esta casa fuerte, de planta cuadrada, todavía muy medieval, tuvo en origen una torre circular almenada al noroeste, la torre del Homenaje, a la que se añadirá a fines del siglo otra levantada al suroeste. Las torres servían de cárcel y almacén de municiones, albergando ocasionalmente el tesoro que se enviaba a España. No contando con recursos suficientes para edificarla enteramente de cantería, se reservó ésta para la fachada marítima, empleándose la tapia para la del interior. En 1537 trabajaba en ella como maestro mayor el cantero sevillano Diego de Arroyo. La Fortaleza demostraría su escasa efectividad ante el ataque francés de 1554 por lo que hubo de ser reforzada con obras pertenecientes ya a la fortificación moderna: revellín y media gola. A pesar de ello era extraordinariamente vulnerable por el frente de tierra y pese a la fortaleza de sus muros (1,96 m. aproximadamente) carecía de contramurallas y fosos. Con todo su mayor defecto consistía en su ubicación, al estar levantada en un lugar demasiado interior de la bahía y dominada por edificios de mayor altura. Era preciso, y así lo había apuntado Gonzalo Fernández de Oviedo en 1537, fortificar el extremo noroeste de la isla, paso obligado para las naves que quisieran entrar en el puerto. Allí se construyó, en 1539, una torre almenada unida a una plataforma circular a menor altura, casi sobre el mar, que albergaba seis piezas de artillería. Esta torre con su rudimentaria batería sería el embrión del futuro castillo de San Felipe del Morro, pieza esencial en la defensa de San Juan.

También en el poblado de San Germán, fundado en época de D. Diego Colón al suroeste de la isla, que sufrió en 1528 el ataque de un navío francés, se iniciaron obras de fortificación. Ante la amenaza de sus habitantes de despoblar el lugar si no se fortificaba, se ordenó en 1540 construir una fortaleza, pero su alcaide se quejaba de la falta de mano de obra especializada.

Cuba. El más antiguo núcleo urbano fortificado, y también el más importante, fue San Cristóbal de la Habana, establecido definitivamente en una bahía con inmejorables condiciones para el comercio en la costa norte de la isla. Los tempranos ataques franceses, que saquearon la villa en 1538, obligaron a pensar en la defensa de su puerto. En 1539 se inició la construcción de un fuerte de planta cuadrada de 157 pies (44m. aproximadamente) de

La continua amenaza que significaban para las naves españolas los corsarios ingleses se recurrió a la «armada de policía» que las escoltaba por los mares de más riesgo camino de Europa.

lado: la *Fuerza Vieja,* que no resistió el ataque de Sorés en 1554, siendo abandonada y sustituida por la *Fuerza Nueva;* sus restos se demolieron en 1582.

Nueva España. Al propio Hernán Cortés parece corresponder el impulso, incluso la participación directa, en la construcción de la primera fortaleza erigida en Nueva España, en la segunda fundación de Villa Rica de Veracruz (1519). La fortaleza, que conocemos por la descripción de varios cronistas, tenía cimientos, murallas «con sus traviesas de tapia competente», troneras, cubos y barbacanas, utilizándose también la madera. Se consideró «de bastante reparo contra las armas de los indios y en aquella tuvo alguna propiedad el nombre que se le dió de fortaleza». En ella se trabajó varios meses, interviniendo mano de obra indígena.

También en la recién conquistada capital azteca levantó Cortés un edificio de carácter mixto, defensa y atarazana, que él mismo describe al Emperador como «una fuerza en el agua, a una parte de esta ciudad, que pudiese tener los bergantines seguros, y desde ella ofender a toda la ciudad... en la parte de la laguna tiene dos torres muy fuertes con sus troneras». Entre las dos torres, sobresalientes, existía un lienzo intermedio en el que se cobijaban los barcos y se abría la puerta. «Hacia la ciudad está otra muy gran torre de muchos aposentos altos y bajos, con sus defensas y ofensas». La fortaleza «es tal –dice– que con tenerla es en nuestra mano la paz y la guerra cuando la quisiéramos». Desafortunadamente nada queda del que debió ser uno de los más interesantes edificios defensivos de esta primera época, cuyo constructor pudo ser Alonso García Bravo, autor de las trazas de la ciudad de México.

Es curioso señalar que una disposición semejante –lienzo de muralla para cobijar naves con dos torres defensivas en los extremos– tendrá la primitiva fortificación de la isla de San Juan de Ulúa, frente a Veracruz, pero su construcción excede de este período cronológico. Al finalizar el mandato del virrey D. Antonio de Mendoza sólo «estaba comenzado un turrión», de escasa entidad defensiva, que necesitaba reforzarse con un revellín y dotarlo de artillería.

La construcción de una fortaleza en la isla de Cubagua ordenada por Fernando el Católico *tenía como finalidad la de garantizar la posesión de los ostrales perlíferos y mantener la paz entre los indios que se dedicaban a la pesca.*

Cumana. La fortaleza erigida a orillas del río Cumaná, frente a la isla de Cubagua, en la provincia de Nueva Andalucía, obedece a razones claramente económicas: garantizar el abastecimiento de agua y tierra a los habitantes de la Nueva Ciudad de Cádiz, establecida en la isla de las Perlas para explotar sus riquezas perlíferas.

Ya en 1504 Fernando el Católico había encomendado a Ovando la construcción de «una torre y asiento» en la zona, que no llegó a hacerse entonces. Sofocadas varias sublevaciones indígenas que ocasionaron el despoblamiento del lugar, a Jácome de Castellón, pacificador del litoral se debió la construcción de una fortaleza, terminada en mayo de 1523, de la que sería su primer alcaide. Siete años después fue destruida por un terremoto pero se reconstruyó posteriormente.

Esta construcción, a la que Marco Dorta consideró como la primera fortaleza erigida en América del Sur con materiales nobles, la conocemos gracias a un tosco dibujo que su alcaide envió a la corte española solicitando que sirviera por blasón de su escudo. Consistía en un recinto de cantería, probablemente de planta circular, coronado de almenas y con un torreón central también almenado. Quizá fue su autor el maestro Lorenzo, cantero activo en Cubagua en 1528. Es uno de los escasos ejemplos de fortaleza erigida para defensa interior. Las ciudades de Tierra Firme, al igual que las Antillas, habían de volcarse muy pronto en la defensa de sus litorales frente a los ataques de piratas y corsarios, que se intensifican a partir de la segunda mitad del siglo XVI.

BIBLIOGRAFIA

ANGULO IÑÍGUEZ, A.: *Bautista Antonelli. Las fortificaciones americanas del XVI,* Madrid, 1942.

MARCO DORTA, E.: Cubagua. *Cumaná y la primera fortaleza de América del Sur,* en «Castillos de España», septiembre 1977.

PALM, E.W.: *Los monumentos arquitectónicos de la Española,* Ciudad Trujillo, 1955.

BORREGO PLA, Carmen.: *Cartagena de Indias en el siglo XVI.* Escuela de Estudios Hispanoamericanos. Sevilla, 1983.

CRUZ, Francisco Santiago.: *Los piratas del golfo de México.* Ed. Jus. México, 1962.

FERNANDEZ DE OVIEDO, Gonzalo.: *Historia General y Natural de las Indias.* Tomo 1. B.A.E. Madrid, 1959.

GARCIA GALLO, Alfonso.: «El servicio miliar en Indias» en *Anuario de Historia del Derecho Español* tomo XXVII. Madrid, 1956.

HERRERA TORDESILLAS, Antonio de.: *Historia General de los hechos de los castellanos en las islas y Tierra Firme del mar océano en quatro Décadas desde el año de 1492 hasta 1531.*

HOFFMAN, Paul.: «La defensa de las Indias» en *Historia General de España y América.* Ed. Rialp. Madrid, 1982.

JARA, Alvaro.: *Guerra y sociedad de Chile.*

LOHMANN VILLENA, Guillermo.: «Las Leyes Nuevas y sus consecuencis en el Perú» en *Historia General de España y América.* Tomo VII. Ed. Rialp. Madrid, 1982.

MORENO TOSCANO, Alejandra.: *Historia General de México.* El Colegio de México. México, 1976.

OTTE, Enrique.: *Las perlas del Caribe: Nueva Cádiz de Cubagua.*

RAMOS PEREZ, Demetrio.: *Determinantes formativos de la «hueste indiana y su origen modélico».* Ed. Jurídica de Chile. Santiago, 1965.

RAMOS PERES, Demetrio,: *La Fundación de Venezuela: Ampiés y Coro.* Seminario de Historia de América de la Universidad de Valladolid – Coro, 1978.

RAMOS PEREZ, Demetrio.: «El siglo XVI como clave de la Historia de América» en *Historia General de España y América.* Tomo VII. Ed. Rialp. Madrid, 1982.

RAMOS PEREZ, Demetrio.: *Viajes de descubrimiento y rescate.* Seminario de Historia de América de la Universidad de Valladolid. Valladolid, 1981.

RAMOS PEREZ, Demetrio. SAGARRA GAMAZO, Adelaida.: «El esfuerzo defensivo: las guarniciones» en *Historia General de España y América.* Ed. Rialp. Madrid, 1985.

RUMEU DE ARMAS, Antonio,: *Los viajes de Hawkins a América.* Escuela de Estudios Hispanoamericanos. Sevilla, 1947.

SOUTHEY, Robert.: *História do Brasil.* Ediçoes Melhoramentos. São Paulo, 1977.

SUAREZ, Santiago Gerardo.: *Las milicias, instituciones militares hispano americanas.* Biblioteca de la Academia Nacional de la Historia. Caracas, 1984.

VARGAS CARIOLA, Juan Eduardo.: «Los Austria y el Ejército de Chile» en *Revista Chilena de Historia del Derecho,* n.º 9. Ed. Jurídica de Chile. Santiago, 1983.

VARNHAGEN, Francisco Adolfo.: *Historia Geral do Brasil.* Ed. Universidad de São Paulo. São Paulo, 1981.

ZAVALA, Silvio.: *El mundo americano en la época colonial.* Ed. Porrúa. México, 1967.

CAPITULO 14

EL BRASIL, EN SUS ETAPAS DE DESENVOLVIMIENTO

Laura González Pujana

I. EL BRASIL, EN SUS ETAPAS DE DESENVOLVIMIENTO

La expedición de Alvarez Cabral, con su descubrimiento de la tierra que llamó de Santa Cruz, creó en Lisboa un ambiente de entusiasmo, porque esa tierra —todavía no llamada Brasil— podía ser útil, tanto como punto de escala para los viajes a la India, como por los recursos que pudiera atesorar. Para los españoles constituyó un problema geográfico, por si tenía relación con lo descubierto por Pinzón. Pero el hecho es que tras esta expedición de Cabral se llevan a cabo buen número de «escalas» de portugueses, españoles y hasta franceses que recorren estas costas, tras descubrir su riqueza en palo tintóreo —que llamaron «Brazil», muy parecido a un palo de tinte que se daba en Oriente y que era conocido y valorado desde la Edad Media—. Fue un período de competencia en la corta, que se estudió anteriormente, actuando cada cual sin atender a derechos de soberanía. Por eso la corona portuguesa tuvo que tomar medidas y Juan III, por el temor a que progresaran los avances de los españoles, que empezaron a establecerse en el Río de la Plata, decide la posesión efectiva de las tierras de Brasil y colonizarlas por cuenta de la Corona. Es la fase que se inicia con la expansión de Martín Alonso de Sousa, que fundó en la Costa del Sur, San Vicente, en 1532, a los que siguieron otros —también de este carácter—, fase que se coronó en 1559, al constituirse en gobierno general con capital en Bahía de Todos los Santos.

El cronista oficial del viaje de Cabral, Pedro Voz de Caminha, refiere en una carta dirigida al monarca portugués Manuel I el momento del descubrimiento de la costa brasileña en los siguientes términos: «Este mismo día (el 21 de abril de 1500), por la tarde, vimos tierra, es decir, primero una gran montaña, muy alta y redonda, y otras tierras más bajas hacia el sur de la primera, y de terreno llano, con grandes grupos de árboles. A esta montaña alta el capitán (Cabral) puso el nombre de «Monte Pascoal» (Monte Pascual), y a la tierra, «Terra de la Vera Cruz» (Tierra de la Verdadera Cruz).»

1. La creación de Capitanías: Los capitanes donatarios

La fácil exposición de la costa de Brasil a las apetencias extranjeras, decidió a Juan III a instaurar en ella el sistema de «capitanías hereditarias», que ya anteriormente se había utilizado en Madeira y Azores, para la colonización y población de estos archipiélagos.

Para ello se dividió el territorio en 15 bandas paralelas, a partir de la costa, de desigual extensión, independientes entre sí, que se entregan a hidalgos o pequeños nobles con el título de «Capitanías» y al frente de cada una de ellas estaría el favorecido con el título de «donatario». Estas capitanías de donatarios son todavía reflejo de un sistema feudal que no existió en Europa y que sólo se había dado en Portugal.

Los soberanos delegan en los capitanes donatarios gran parte de los poderes militares, judiciales y administrativos, así mismo les dan otras ventajas: a) la propiedad directa del 20 por 100 (20 %) de las tierras de la capitanía, y b) el derecho a reducir los indios a esclavitud. Los colonos que fueran establecidos en cada una de estas capitanías tenían también deberes hacia los capitanes-donatarios. Estaban en primer lugar las obligaciones de servicio de armas, pero también el pagarle ciertos tributos. A cambio de estas obligaciones tenían asimismo ciertos derechos, como recibir una concesión de tierra sin más obligación que pagar el décimo al Gran Maestre de la Orden de Cristo (que era el rey), que a su vez lo emplearía para dotar a la Iglesia y cubrir sus necesidades.

Así si consideramos este hecho por su cualificación jurídico-política parece que nos encontramos ante un tipo feudal, en que el rey renuncia a su regalía posesoria, como delega en los donatarios la defensa de la tierra, en la que contarían con la ayuda de los colonos.

Pero el hecho es —y de aquí las discusiones sobre la virtualidad del sistema— que el régimen no generalizó en Brasil un sistema vasallático feudal, ni un régimen señorial. El rey, en efecto no abandona completamente

Mapa de Brasil realizado por el portugués Lopo Homen, en 1519. La organización y administración del vasto territorio brasileño ocasionó, a lo largo de los siglos, dificultades a la corona portuguesa, que ésta trató de subsanar con la restauración de diversos sistemas, entre ellos, el de las capitanías donatarias.

sus poderes pues, entre otras cosas, se reserva la «suprema» en la justicia, además de importantes derechos fiscales. Por otra parte hay que hacer mención de la «sesmaria», que es una conce sión de tierras hecha a un particular, que aporta un capital, para poder desarrollar por su cuenta un monocultivo de exportación. Son sistemas nuevos, pero a los que por la falta de vocabulario oportuno, se les dan denominaciones preexistentes, lo que da lugar a la confusión en la interpretación histórica. Los estudios de Eulalia Maria Lahmeyer Lobo son, sobre el particular, muy orientadores. Así se establecieron las bases de la colonización del Brasil.

El bien más apetecido en esta primera etapa colonizadora, y lo que sirve de base para la expansión comercial, es la corta de la madera, en una serie de variaciones: desde el palo tintóreo o «brasil», a las que se consideran preciosas, como la pacaranda, etc. La explotación maderera del Brasil ha sido empresa para los europeos muy interesante, por el buen precio que el palo tintóreo tenía en Europa. Cuando este precio baja, ellos suplen la deficiencia aumentando la cantidad de la corta. La corriente establecida era, desde el embarque —al que ya estaban habituados desde la época de las concesiones— la concentración del producto en Lisboa, desde donde se exportaba especialmente a Flandes.

Este poderío económico de la madera ocupa las explotaciones de forma mayoritaria hasta 1570, en que pasa a segundo término para dejar el protagonismo al azúcar.

De todas las capitanías, dos van a lograr una cierta prosperidad, la de San Vicente y Pernambuco; el resto se verán envueltas en las hostilidades de los indios y las incapacidades de los donatarios.

La escasez de los colonos y de recursos impidieron su desarrollo, pues incluso fueron varios los capitanes-donatarios que ni siquiera tomaron posesión de la tierra otorgada.

2. El Gobierno General: La ordenación del nuevo régimen

Juan III de Portugal, llamado «El Piadoso», reinó desde 1521 hasta 1557. En esos años, los vínculos entre la corona española y la portuguesa se estrecharon por vía del matrimonio: en 1525 el propio Juan III se casó con la hermana de Carlos I de España, Catalina, y el mismo emperador desposó a Isabel, la hermana del monarca lisboeta. La consecuencia inmediata de tales uniones fue el apoyo brindado por Juan III a su cuñado en la guerra de Túnez. Su apelativo «El Piadoso» se debe a una serie de medidas tomadas en pro del catolicismo, entre ellas, introdujo en Portugal la Inquisición (1531), llamó a los jesuitas dejando en manos de la Compañía el monopolio de la educación (1540).

Cuando Juan III comprendió que era indispensable suplir de alguna manera las incapacidades de los donatarios y establecer la posibilidad de auxiliarles en sus estrecheces, especialmente en la defensa contra los ataques piratas y las hostilidades de los indios, decidió en 1548 el establecimiento de un Gobierno General, que se hiciera cargo de estas necesidades, con facultades superiores, máxime cuando hubo capitanías que no habían llegado a hacerse realidad. Era también una forma de reasumir efectivamente la soberanía, pues de esta forma la autoridad del rey era más efectiva y directa, lo que era consecuencia de la mayor valoración de la tierra y de la necesidad de hacer frente a los riesgos de que fuera aprovechado el vacío de poder por los extranjeros.

Acompaña a la creación del Gobierno General el envío de una misión de jesuitas, determinación que complementa a la anterior, pues responden ambas a las mismas necesidades e intentan poner remedio a los mismos males, pues si hubo un vacío en la acción colonizadora del donatario, también la hubo en el aspecto espiritual.

El que creó este estado de conciencia y reclamó la necesidad de poner remedio al riesgo que se corría, fue Luis de Gaos, que en carta fechada al 12 de mayo de 1548 informó de cómo iban cada año siete u ocho naves francesas a Guanabara. Así se dejaba traslucir que el peligro no es sólo para Brasil, sino para todos los territorios de ultramar de Portugal. En el escrito, se pone de manifiesto que el inconveniente de los «donatarios» es la falta de unidad, la carencia de un mando fuerte que aunase esfuerzos y limitase los excesos, allí donde se produjeran. La denuncia de esta amenaza la hizo de forma tan viva y veraz que inquietó al monarca y a sus ministros.

Consecuencia inmediata fue la creación del Gobierno General del Brasil, al frente del cual se puso a Tomé de Souza. Y con fecha 17 de diciembre de 1548 se le entregaron unas ordenanzas, para su régimen de gobierno.

Las obligaciones del gobernador serían, entre otras, construir una poderosa fortaleza, en el lugar más conveniente para la seguridad de la tierra, así como evitar las interferencias de los extranjeros. Administraría justicia en nombre del rey y proveería en las cosas de la Real Hacienda y otros casos de conflicto. Se fijó como asiento de la Gobernación General a la ciudad de Bahía de Todos los Santos, indicando con gran minuciosidad las condiciones del terreno, especialmente defensivas, para la creación de la villa. Una vez fundada la ciudad el Gobernador había de visitar todas las capitanías, donde obligaría a cercar las poblaciones que no lo estuvieran o reparar las cercas y proveer a las villas de todas las cosas necesarias para su seguridad. Por esta visita, como es lógico, entrarían en contacto con la realidad de la tierra para estimar los problemas que en cada parte hubiera, y así poder tomar medidas oportunas en cada una de ellas. Se le sugirió asimismo al Gobernador el Reglamento que podía servir para la exploración del país.

Los pobladores poseedores de ingenios tenían la obligación de hacer en él una torre o un fuerte en sus cercanías, para tenerle a cubierto de cualquier riesgo. En este reglamento se especifica desde el número de piezas de artillería, lanzas y armas de toda clase que había de tener cada villa, sede de capitanía, y cada ingenio, para su seguridad. Los pobladores disponían de un año de plazo para adquirir las armas necesarias. Si no lo cumplían en el tiempo indicado estaban obligados a pagar como multa el doble de su valor.

Se preveía asimismo en este Reglamento la obligación de capturar los navíos piráticos que llegaran, así como los castigos que se debían aplicar a las tripulaciones.

En el Reglamento no sólo se ratificaron las facultades dadas con anterioridad a la autoridad de los donatarios, en cuanto al régimen de tierras incultas, sino que intenta hacerlas más eficaces, sobre todo en la construcción de ingenios. Se le da al Gobernador la atribución de poner precios a las mercancías, tanto a las de la tierra como a las llegadas de fuera.

También se regularon el comercio por mar de una a otra capitanía, para fomentarlo y evitar la piratería. Para hacer más efectivos los intercambios y lograr el desarrollo de las corrientes comerciales, es decir, para romper el hábito inicial de cubrir únicamente las necesidades propias, se fijaron los lugares donde se celebrarían un día a la semana o al mes los mercados o ferias, pero con la advertencia de prohibir a los que en ellas participaran a ir a las aldeas indígenas, porque tal función quedaba reservada a los de la localidad. Para que no hubiera dudas, se otorgarían las licencias correspondientes a los que estaban autorizados al trueque con los nativos. En consecuencia, se diferenciaban dos tipos de comercio: el del trueque o rescate con los indígenas, que era privativo de cada ámbito y quedaba bajo la autoridad del donatario o gobernador, y el de los colonos entre sí, abierto a la interrelación de las ferias o mercados periódicos.

Otro era el problema del tratamiento que debía darse al indio, en evitación de toda perturbación, para evitar las frecuentes hostilidades, en la mayoría de los casos justificadas como verdadera reacción defensiva, pues durante los años transcurridos, por las necesidades en que los colonos se encontraban habían sido muy frecuentes las razias de alimentos, pero también la captura de mano de obra, motivo por el cual los indios habían realizado serias irrupciones o asaltos contra los establecimientos de las capitanías, que habían producido serios desastres, del mismo modo que se había mantenido la práctica del canibalismo. Ante esta situación, se ordenó que fueran castigados como máximo rigor los indios que hiciesen la guerra a los portugueses y les destruyeran las casas y haciendas. En cambio, a los indios que fuesen en paz, se les favorecería; como se determinaba también que se pusiese el máximo interés para evitar agravios, determinantes de todos los

Carracas porguesas del siglo XVI de las que normalmente realizaban el tráfico comercial con Brasil. Para evitar la piratería y regular el tráfico por mar entre las capitanías brasileñas, el Gobierno General del Brasil —creado en 1548— dispuso en un Reglamento una serie de medidas que dieron nuevo impulso a la actividad comercial de las colonias.

desastres. Con el fin de iniciar una etapa claramente diferenciada del pasado, se dispuso que se actuara con la ejemplaridad de remediar los malos hechos y castigar a los responsables de los malos tratamientos de que fueron objeto los indígenas.

Para poner en práctica los nuevos métodos, el gobernador haría pregonar en todas partes, con ocasión de su visita, las condiciones que se establecían en el reglamento, como punto de partida. Y para no retrasarlas, en aquellos casos en que la visita se aplazara, se remitirían traslados para dar a conocer su contenido a los vecinos y pobladores, así como para imponer las responsabilidades a los donatarios o sus tenientes. En cualquier caso, se haría llegar también a conocimiento de los indígenas noticias de que las relaciones con los portugueses serían garantizadas por las nuevas normas.

Como resultado de una reconsideración, fue decidido añadir en paralelo al Reglamento, una manera de codicilio en el que se suavizaban las medidas que contra los indios, solían aplicarse por parecerles muy severas. Se terminó con una serie de disposiciones para promover la conversión de los indígenas. Para lograr este objetivo se recomendaba a los capitanes que procurasen apartar a los indígenas ya convertidos de los que permanecían en la idolatría, procurando que los primeros viviesen cerca de los portugueses y a su amparo.

Ordenó también el rey que en todas las capitanías se construyeran casas almenadas, es decir, de seguridad para las necesidades de la Real Hacienda, con la obligación del administrador general de visitar las capitanías para nombrar y dar posesión al administrador territorial de Hacienda y comprobar cómo se llevaba a cabo el cobro de los derechos de la Corona, para evitar abusos y negligencias. Asimismo debía entender el administrador general en todos los conflictos de propiedad y en las concesiones a tierras.

3. EL establecimiento del Gobierno General: 1549

Una vez decidido el régimen de gobierno y la política que habría de seguirse, se iniciaron los preparativos correspondientes para enviar al Brasil la expedición del nuevo orden. Así, el primero de febrero de 1549, salía de Lisboa Tomé de Souza, al frente de una armada, con cerca de mil hombres, algunos de los cuales iban pagados por la Real Hacienda, rumbo a la bahía de Todos los Santos, donde fondeaba a fines de marzo.

Tomé de Souza (m. 1573) fue el primer portugués que ostentó el título de gobernador general del Brasil, cargo que desempeñó desde 1549 hasta 1553. Sus medidas renovadoras — desàrrollo del comercio, fundación de ciudades, abundante legislación referente a la organización administrativa, trato humanitario para con los indios, etc.— supusieron profundos cambios en la vida política, económica y social del vasto territorio brasileño.

Pero, claro es, no se trataba de trasladar sólo al gobernador y a ese contingente humano que diera densidad suficiente a los nuevos establecimientos, sino también de despachar al armazón institucional, que corría a cargo de los nombrados al efecto. De todos ellos, debemos destacar al procurador general de Hacienda, Antonio Cardoso de Barros; al oidor general Pedro Barges y al capitán mayor de la costa, Pedro Goiz. Con ellos, también iba el maestro arquitecto Luis Díaz, para dirigir las construcciones públicas de la ciudad.

Mas, como dijimos antes, la expedición gubernativa tenía un paralelo en la política religiosa, que se encomendaba a los jesuitas. Por eso, en la misma armada embarcaban los primeros ignacianos que pasan al continente americano, entre los cuales hay que destacar al padre Manuel de Nogrega, portugués, y al español padre Azpibicueta Navarro. Todavía pasarían casi veinte años para que los jesuitas pasaran a los territorios españoles. Era una consecuencia del éxito que habían tenido los primeros ignacianos en la India, por lo que los portugueses decidieron extender su acción también al Brasil.

El gobierno de Tomé de Souza tuvo también, como objetivo fundamental, procurar atender a la realidad territorial derivada del Tratado de Tordesillas, por lo que su atención se volcó hacia el sur. No obstante, debemos tener en cuenta que también, antes de su salida de Lisboa, el gobierno de España había prestado gran atención al límite norte de Tordesillas y para establecerle se despachó desde Sevilla la expedición que capitaneó Orellana, como gobernador del Amazonas, río que el recorrió, años antes, descendiendo desde Quito, al separarse de la expedición de Gonzalo Pizarro, que partió en busca de un supuesto país de la Canela. Volvió Orellana, por consiguiente, y penetró por la boca del Amazonas, para establecer así, por el norte, una gobernación que cubriría las espaldas del Brasil, hasta enlazar con la que don Pedro de Mendoza, desde el Río de la Plata, tuvo concedida.

Mapa del año 1558 en el que aparece representada la amplia zona de América del Sur en la que, con frecuencia, chocaron los intereses de conquista de españoles y lusitanos. El curso del río Amazonas semeja a una serpiente, a cuyas márgenes el autor imagina la presencia de varias ciudades fantásticas que recuerdan a las del medievo europeo, inexistentes en la realidad.

Si Mendoza murió y fueron sus capitanes los que llegaron a penetrar en el traspaís guaraní, fundando Asunción del Paraguay, Orellana no llegó a realizar por el norte nada semejante siquiera, pues su expedición, tuvo un desarrollo harto desgraciado y se agotó en las orillas del gran río, muriendo el propio caudillo. Fue la última oportunidad que tuvieron los españoles de hacer efectivo el Tratado de Tordesillas en el área del Amazonas.

Por su parte, Tomé de Souza no tuvo un fácil gobierno, aunque logró estabilizar y afianzar el dominio portugués en la costa al sur del cabo San Roque. Se esforzó lo más que pudo en hacer efectiva la nueva ordenación a lo largo de los cuatro años largos en que ejerció su mandato, si bien, por carecer de medios navales, no pudo impedir que los franceses continuaran haciendo cortas de palo en el litoral visitado con sus naves.

4. La llegada de los jesuitas y sus primeros efectos

En Lisboa se había puesto gran interés, por los consejeros de Juan III, en restablecer un orden de vida moral en los establecimientos brasileños, donde por la distancia y por las circunstancias, se había llegado a un relajamiento de costumbres, que no sólo habían sido incapaces de evitar los clérigos que pasaron al lado de los donatarios, sino que incluso llegó a contagiarles. Por estos motivos se creyó por el rey que sólo una orden, sometida a una regla bien estricta y nutrida por religosos entusiastas, entregados a una función formativa y apostólica, como los jesuitas, podría hacer frente a la situación, sin temor a decaimientos. Por eso apeló don Juan III al padre Manuel Nobrega, a quien le confió la expansión religiosa en el Brasil.

Con ello, curiosamente, iba a darse la circunstancia de que fuera la Corona portuguesa la primera en utilizar a los jesuitas para la obra espiritual en los territorios ultramarinos, mucho antes que lo hicieran los reyes españoles, a pesar de ser una orden de iniciativa española, pues sólo en 1568 se autorizaría el paso de los jesuitas a los territorios americanos de la Corona de Castilla. Ello era consecuencia de que habían sido los franciscanos y dominicos los utilizados por los Reyes Católicos para los primeros establecimientos españoles de las Antillas y Tierrafirme, pues en su época todavía no se había fundado la Compañía de Jesús. La anticipación castellana en la función evangelizadora había creado esa realidad de hecho, prefiriéndose desde entonces a las dos grandes órdenes mendicantes, de origen medieval, hasta que, en la fecha indicada se autorizó el paso de jesuitas, para poder oponerse en Florida a la actividad que allí pudieron haber desplegado los hugonotes franceses.

Llegado el padre Nobrega a Brasil, se ve obligado a mitigar la rigidez y dureza de los principios y prácticas religiosas, intentando adaptarse a la mentalidad del indio, a sus usos y costumbres, no rechazando incluso tolerar algunas de sus supersticiones. En afán de atraerse a los principales indígenas no vacilaron en ceder a caprichos que aparentemente redundaban en perjuicio del interés religioso. Empleábase pues una técnica de flexibilidad y comprensión, bien distinta de lo que temieron quienes inicialmente se habían opuesto en Lisboa a su utilización, por la fama que les rodeaba de «puritanismo» católico. Este fue, en definitiva, uno de sus mejores éxitos, pues supo el padre Nobrega, así como los que le acompañaron, estar muy en contacto con el gobernador y los principales, tanto como los pobladores, pero también con los indios, como puente entre tan distintos componentes sobre los que habrían de actuar.

Así desarrollan los jesuitas una tarea social enorme, que se extendió desde la lucha contra el concubinato, para intentar el establecimiento de la familia regular, hasta la asistencia a los misioneros, a los enfermos, a los pobres y huérfanos, pero también atendiendo a la acción preventiva y curativa contra las epidemias, pues cabe destacar incluso el desarrollo de la ciencia de la farmacología, por la utilización médica de las plantas americanas. Su quehacer abarca todas las facetas de la vida en Brasil, siendo de todos conocida la fundación de las «aldeas o aldearias», comunidades indígenas que vivían bajo la protección de los jesuitas. Utilizaron en su actividad todos los elementos de propaganda para rodear la religión de la pompa adecuada a la imaginación e inteligencia primitiva de los indios. En este sentido cabe destacar la importancia que otorgaron a las procesiones, por el contagio de entusiasmos que se deriva de toda acción de masas; así como de la solemnidad de los cultos y celebraciones del santoral.

El cultivo de la música, con la formación de grupos de cantores, fue otro de los recursos jesuíticos, pues advertían la atención que suscitaba el recitado cantado, en la fijación de principios, así como por la capacidad de retención de gentes en una función que resultaba agradable.

Los jesuitas representaban un concepto moral muy superior al de los colonos, pues sin crear conflictos revisionistas, supieron elevarse por encima de una sociedad esclavista, a pesar de que no dejaron de poseer también esclavos, según era habitual.

El padre Nobrega se dio cuenta de que la mejor manera de conseguir una perfecta catequesis en la educación desde la primera infancia, fundó las casas de «meninos». El mismo explica que para sostener la casa de Bahía había tomado tres esclavos, de Guinea y de la tierra, que a su vez eran utilizados como lo hacían los colonos.

También fueron los jesuitas promotores de reformar, pues el padre Nobrega propuso al rey un plan de salvación de la colonia, que consistía en reu-

En el año en que se inicia la expansión de la Compañía de Jesús por el Brasil, la acción misionera de la misma, tan importante en los siglos siguientes en todo el mundo, se encontraba en sus inicios. Desde la muerte de su fundador San Ignacio, en 1556, la Compañía había visto incrementarse prodigiosamente el número de sus miembros: del escaso millar de jesuitas se pasó hacia finales del s.XVI, y especialmente durante el generalato de Aquaviva, a más de 13.000.

Iglesia de San Javier, en las antiguas misiones jesuíticas emplazadas en los actuales territorios brasileño, paraguayo y argentino. El método empleado por los jesuitas en sus reducciones, de estimables frutos, estaba basado en la obra misional del Padre Acosta y suponía el dar al indio la instrucción necesaria para salvarse y después de esto lo que cada uno admitiera según su capacidad.

nir a los indios ya cristianizados y a los iniciados en el evangelio, para actuar con ellos por separado, eliminando del Brasil a quienes no llevaran una vida ordenada, consciente de la importancia del ejemplo. Por ello pidió al rey que enviara en cambio colonos de vida arreglada, pues sólo así evitaría la ruina de la tierra, máxima cuando las fiebres tropicales eran tan nefastas. Anchieta, un jesuita español, nacido en Canarias, fue uno de los más activos, tanto en la tarea de la educación —fundó el primer colegio—, como en la creación de establecimientos, pues fundó San Sebastián.

Como el colono, tanto por la indefensión ante los efectos del clima, como por su concepto de superioridad, no se había inclinado a cultivar la tierra, para lo que trataba de capturar indígenas, y los jesuitas defendieran a los indios de esa explotación, el colono apeló ante esas limitaciones a la importación de esclavos africanos. Así se les creaba otro problema no menos difícil.

Mas es de destacar que en la evengelización del Brasil, intervinieron no sólo jesuitas, sino también otras órdenes, como los franciscanos, los carmelitas, los mercedarios, los capuchinos, e incluso los benedictinos, aparte de órdenes religiosas femeninas.

Las distintas órdenes tuvieron un papel esencial al crear y sostener en cada ciudad la Santa Casa de la Misericordia, que desempeñaba a la vez el papel de hospital, hospicio, asilo, etc.

5. El fracaso de las primeras entradas. El comienzo de la introducción de esclavos negros

La necesidad del autoabastecimiento impuso la actividad agrícola, que exigió la utilización de brazos, pero como los portugueses no podían, por su escaso número, dedicarse a la vez a las tareas mercantiles —expedición de palo, etc.,— a las de defensa y, al mismo tiempo, al trabajo de la tierra, les fue preciso apelar a alguna solución. En principio, procuraron llevar al litoral, indios de los que veían en la sierra costera, por cuyo motivo hubo intentos de penetración muy tempranos, pero sin apreciables resultados, máxime cuando los capturados procuraban liberarse apelando a la huida, el menor descuido.

Es el momento en que se produjo la llegada de los jesuitas. Pero ellos mismos les describían a los indios como ineptos: «eran criaturas primitivas hechas a la selva y a los campos, no resistían la vida en recintos cerrados ni el esfuerzo continuo y duro del trabajo al modo europeo, por cuya causa mueren muchos, otros se suicidaban y la mayoría huia a la selva», tal como

Grupo de esclavos negros africanos es conducido por traficantes portugueses. Desde el s. xv las factorías que Portugal poseía en Africa, como centros de captura y venta de esclavos, contaban con un amplio mercado europeo. La resistencia de los indios del Brasil a toda forma de dominación determinó a los portugueses a un pronto transplante del tráfico negrero al territorio recientemente conquistado.

se relataba la situación existente. Esta fue la causa que obligó a los colonos a trasladar desde entonces negros, que llevaban de Africa, muchos de ellos ya conocedores del metal, incluso del hierro. La influencia de los negros en la vida de Brasil será desde entonces enorme, sobre todo en el aspecto económico, pues se llega a decir que «los esclavos son las manos y los pies, los señores de los ingenios (los que los trabajan) y sin ellos es imposible hacer, conservar o aumentar la hacienda».

Para el caso de Brasil puede pues decirse que tanta importancia tuvo la colonización portuguesa como eficaz fue la aportación africana, no sólo como fuerza de trabajo, sino también en la penetración de técnicas y elementos culturales. Así comenzó a crearse el Brasil en el que, de momento continuó predominando el proyecto previsto, pero en el que terminaría siendo realidad la superposición de culturas.

Pero en este Brasil portugués dejó de ser la escala —concebida con tanta ilusión en la época del descubrimiento, como apoyo para los viajes hacia la India— la función primordial, para en cambio desarrollarse una vida propia y peculiar, tan distinta de la que se manifestaba en los pequeños enclaves africanos como característica. Pero también era muy marcado el contraste con la América española, mucho más opulenta en la época, pues nada semejante se daba en el territorio brasileño a lo que eran las pesquerías de perlas de Margarita y Cubagua, a lo que suponía la ganadería de Cuba o la minería del oro en La Española y Puerto Rico. Como tampoco no existía una minería de plata como la de Nueva España o un desarrollo de los productos tintóreos como la cochinilla. Sin contar lo que entonces ya era patente en el Perú, donde el Cuzco o Lima eran poblaciones que todavía no parecían alcanzables en el Brasil.

Sin embargo, la ilusión de encontrar riquezas mineras deslumbrantes, como reflejo de la aparición del gran núcleo argentífero del Potosí, comenzó a tentar la imaginación de los brasileños que, desde un principio, oyeron hablar de un rico país al interior —el del Rey Blanco—, que fue la primera tentación que alimentó a tantos proyectos penetradores, pensando en la existencia de una sierra atesoradora de toda clase de riquezas. Así se doblaban los años de mediados del siglo XVI, convertido Brasil en una realidad.

CAPITULO 15

EL BRASIL DE LA SEGUNDA MITAD DEL SIGLO XVI, Y LA EPOCA DE LA UNION DE CORONAS

Laura González Pujana

Una nueva época se manifiesta en el Brasil, una vez constituido como realidad económica propia, pues a medida que fue creciendo su prosperidad, los peligros aumentaron de forma tal que será en este territorio donde se sucedan todos los intentos de establecimiento de las potencias competidoras de los pueblos ibéricos.

1. La época de Men de Sa

En el año 1557 llegó Mem de Sa, el nuevo Gobernador General. Para entonces la población portuguesa había aumentado, por la llegada de colonos y la atracción de no pocos indios, gracias a la tarea de evangelización de los jesuitas, con los que habían mejorado sus costumbres. No obstante, la situación era de una gran inseguridad, por las acciones hostiles de los indígenas del interior y las agresiones de los corsarios franceses en la fachada marítima, que dos años antes (1555) habían llegado a instalarse en la bahía de Guanabara, dispuestos a crear una gran colonia.

La tarea que Mem de Sa tiene que desarrollar es enormemente amplia, pues se extendía tanto al moldeamiento del ámbito propio, para castigar y corregir los vicios y defectos, tanto de colonos como indígenas, para los que siempre contó con el apoyo de los jesuitas y demás misioneros, como a promover el desarrollo expansivo. Así, reunió a los indios en aldeas, en los alrededores de la capital, ordenó la libertad de los que fueron hechos cautivos de forma injusta, como también reprimió el bandidaje de aquellos colonos que iban de capitanía en capitanía como vividores. Pero entretanto los indios seguian haciendo incursiones guerreras sobre las capitanías, por lo que organizó expediciones contra los más belicosos para restablecer la seguridad.

Capitán portugués del s.XVI. La segunda mitad de la centuria supuso grandes y profundos cambios para las colonias portuguesas del territorio brasileño: el nombramiento de virreyes, la fundación de ciudades que favorecerían el rápido enriquecimiento de muchos colonos, la unión de las coronas española y lisboeta...

Sin embargo, el mayor peligro para el Brasil era indudablemente la interferencia de los franceses. La cabeza que les dirigía era Nicolás de Villegagnon, un destacado marino de Bretaña, con calidad de almirante, que para su proyecto de crear un dominio francés en el área ecuatorial contó con el apoyo de Enrique II, que le autorizó a organizar la expedición y le proporcionó navíos, dotados de excelente artilleria y los elementos necesarios para la construcción de un fuerte, además del apoyo económico y de la promesa del título de Virrey de las tierras que conquistase. La gente que llevó eran calvinistas en su inmensa mayoría. Pero por suerte para los portugueses, entre éstos había serias diferencias, hasta el extremo de que una parte decidieron volverse, con lo que la colonia quedó muy debilitada.

Mem de Sa, para sostenerse contra los franceses, organizó las defensas de la costa en los mismos alrededores de la bahía de Guanabara —donde se había poblado—, desde donde envió a Lisboa relación de las magníficas instalaciones que habían levantado los hugonotes. Solicitó también la ayuda de las capitanías y tras varios intentos infructuosos consiguió vencer a Villegagnon, aunque no definitivamente. Los franceses se retiraron al interior para volver a la costa cuando veían ocasión propicia, con intención de establecerse de nuevo en ella. Tomado al fin el fuerte por los franceses con los indios que sacaron del interior, no pudieron sostenerse y, dueños ya de la bahía, fundábase Río de Janeiro en 1567.

2. Las primeras bandeiras

Las primeras entradas fueron expediciones de reconocimiento para conocer la tierra y procurar metales y piedras preciosas e indios para esclavizar. Tales entradas eran casi siempre de iniciativa oficial. La primera expedición al interior fue dirigida por Martím Alfonso de Sousa y compuesta por ochenta hombres que salieron de Guanabara. Durante sesenta días anduvieron por las sierras, pero desde entonces no se supo más de ellos más tarde hubo otra entrada a cargo del español Espinosa, que con el jesuita padre Azpilicueta recorrieron 350 leguas, desde el territorio actual de Minas a Bahía y regresaron con unos 6.000 indios esclavos.

Martím Afonso de Sousa (m. 1564) llegó a Brasil por mandato de Juan III, en 1530. En la costa estableció varias bases y, entre ellas, la fortaleza de Bahía. Pero su labor de defensa del territorio continuó más tarde con la edificación de una fortaleza para Río de Janeiro y con el rechazo de una flota francesa (1531), que suponía ya por entonces un serio peligro para los establecimientos portugueses en Brasil. Al año siguiente fundó la colonia de San Vicente y en su suelo plantó la primera caña de azúcar procedente de la isla de Madeira, con lo que se iniciaría el enorme desarrollo económico azucarero posterior.

Las fundaciones de San Andrés y de São Paulo se pueden considerar como fruto de las primeras expansiones sobre la meseta, de forma tal que hacia mediados del siglo XVI era normal la comunicación entre São Paulo y Asunción, en el Paraguay. El ataque de los indios a São Paulo en 1561 dio a los primeros establecimientos de los portugueses en la meseta un carácter defensivo. Estas operaciones terminaban con la captura de los indios vencidos, que quedaban reducidos a esclavitud. El excedente de estos esclavos se vendían en San Vicente, Rio de Janeiro y Bahía. Pero así las empresas de penetración se continuaron, no ya por una necesidad defensiva, sino por ser muy lucrativas y despertar la ambición de los portugueses que vivían en la mesesta a ampliar su dominio territorial. Había nacido, tras la necesidad inicial, una técnica —la de los bandeirantes— que proporcionaban fuerza de trabajo, al mismo tiempo que ganaba espacio, siempre con la ilusión de hallar minas.

3. El comienzo del azúcar

El desarrollo económico azucarero fue consecuencia de la experiencia previa de la isla de Madeira, donde pudo producirse el milagro de convertir una naturaleza desierta en un minúsculo emporio, primero dedicado al trigo, pero algo antes de mediados del siglo, al azúcar. Aquí se advirtió la gran ventaja de la experiencia de una región montañosa interna, de la que descendían torrenteras y cubierta de una gran masa arbórea, con una planicie litoral cultivable, como las valonadas, que pudieron así aprovecharse para la caña, utilizando las aguas para su transformación en los ingenios y la madera para el cocimiento y obtener el precitado azucarero. En Brasil se daban las mismas circunstancia, porque las montañas se alargaban a las espaldas del litoral, las planicies son más extensas y a medida que se desforestaba se ampliaban las plantaciones ya que no había riesgo de extinguir la floresta como sucedió en Madeira. De esta forma, a los primeros cultivos de azúcar, con el traslado de colonos de la isla, sucedió otra época en la que el desarrollo fue ya consecuencia del traslado sucesivo de esclavos, primero desde las islas de Cabo Verde, después directamente del golfo de Guinea, y por último, desde Angola.

Hacia 1530 el desarrollo de la caña ya es más que una promesa, tanto por las horas de sol, como por el clima. Los emigrantes reciben concesiones —«sesmarias»— para plantar la caña, pero tenían el inconveniente de la ineficacia de los esclavos indios para su cultivo. Pero hacia 1560 la isla de Madeira ha perdido casi todo su revestimiento forestal, fue entonces cuando comenzó a forzarse la producción brasileña, porque barcos de la isla, al mismo tiempo que transladaban emigrantes, cargaban azúcar para cubrir los gastos de transporte. Pero antes ya de la época de la unión de coronas, Madeira ha abandonado la producción azucarera, extendiéndose en cambio el cultivo de la vid. Se valoran así al máximo sus vinos dulces para entrar en un comercio triangular con Brasil, pues se llevaban éstos a la costa africana donde se vendían por la preferencia que tenían por ellos los reyezuelos negros, invirtiéndose en esclavos los beneficios, que eran trasladados para su colocación especialmente en Salvador de Bahía.

Mercado de esclavos en Brasil (Biblioteca Municipal de Saõ Paulo). Los ingenios azucareros requerían abundante mano de obra para la realización de las múltiples labores exigidas en la producción del azúcar y los esclavos negros fueron los encargados de las mismas.

Los cultivos de la caña se desarrollaron en tres zonas: en el norte, de Bahía a más allá de Pernambuco; en el centro, entre Porto Seguro y la desembocadura del San Francisco, y en el Sur, entre San Vicente y Espíritu Santo. Las mejoras técnicas coinciden con la iniciación del cultivo en un área tan extensa como la costa de Brasil, donde no sólo obtienen un aumento de la producción, sino también la mejora de la calidad del producto, lo que multiplica las ganancias.

Estas explotaciones tuvieron el carácter patriarcal que se desarrolla en una economía cerrada. Pero la expansión tendía como consecuencia al latifundio y al régimen de plantación, de fuerte carácter esclavista, en torno al ingenio. Estos ingenios eran entidades autónomas, donde el esclavo plantaba la caña y cultivaba lo que era necesario para su manutención; como pescaba y cazaba, el ganado —aunque no muy abundante— le proporcionaba la carne y leche. Los vestidos, habitualmente, se tejían con algodón cultivado en la propiedad del señor; todo esto da lugar a que algunos historiadores lleguen a negar la existencia de vida urbana en el primer siglo de la historia de Brasil y puedan decir que es en el área aureolar donde se concentra la vida y es la economía agraria la base más importante de esta etapa de diseminación de población a lo largo de la costa del *recóncavo* y áreas semejantes.

En ocasiones el colono es, a la vez, negociante y armador; es decir que su ocupación es muy compleja. Los cultivos azucareros no sólo se desarrollaron sino que también atrajeron los grandes peligros para Brasil, pues si en época del palo fueron los franceses los que llegaron —y aun se establecieron en Guanabara— especialmente para exportarle, el azúcar fue el gran atractivo posterior para el holandés, pero para hacerse además con la tierra, como lo intentaron.

El desvarío del rey portugués don Sebastián, que lo llevó a perder su propia vida en la desastrosa batalla de Alcazarquivir, el 4 de agosto de 1578, sumió a su país en una profunda crisis dinástica con luchas por el trono. Todo acabaría finalmente en la unión de las dos coronas, la española y la portuguesa, y las colonias brasileñas de esta última se vieron afectadas de pronto en todos los sentidos; económica, política y socialmente.

4. La unión de coronas: 1580

Al extinguirse la casa de Avis con la muerte sin sucesión del rey Sebastián, en la batalla de Alcazaquivir, y tras el breve reinado del cardenal Enrique, tío del joven monarca, heredó los derechos dinásticos Felipe II, como hijo que era de la princesa Isabel de Portugal, con lo que un mismo rey pasaba a regir todos los reinados peninsulares. Comienza así la época que conocemos como «Unión Peninsular», período de sesenta años de duración y que abarca los reinados de Felipe II, Felipe III y parte de Felipe IV, que en el orden portugués fueron Felipe I, Felipe II y Felipe III, por eso se habla de la época de los Felipes.

Durante todos estos años, Brasil logró consolidarse e iniciar su desarrollo territorial, pues al ser uno mismo el monarca de ambas coronas, no se tuvo ya ninguna precaución por mantener la partición que se estableció por el tratado de Tordesillas. Así los hechos ocurridos de 1580-1640 serán definitivos para la forma de vida y el destino de Brasil: el desarrollo de su población, el incremento de su personalidad y el desarrollo territorial.

Felipe II de España y, como nieto de don Manuel «El Afortunado», Felipe I de Portugal después de la batalla de Alcántara, en 1580, en la que las tropas españolas encabezadas por el Duque de Alba derrotaron a las lusitanas del otro aspirante al trono, don Antonio, prior de Crato.

Los negocios portugueses, fruto de esa unión, parecen bien claros. Portugal está ligada comercialmente a España por los intereses de una burguesía activa, que provee de aprestos para los barcos de transporte a España, de los que carecía ésta. Esa burguesía obtendría de Felipe II los denominados «asientos», contratos en exclusiva para introducir esclavos negros no sólo en el Brasil, sino también a la América española. Así pues, para las clases dirigentes portuguesas fue muy favorable la unión de los dos reinos por obvios motivos económicos. Esto explica que se revitalizaran los establecimientos de los portugueses en la costa africana, cuando ya se iniciaba el declive de la ruta comercial hacia el Indico. Por otro lado, comenzó a desarrollarse la esperanza de que en los inmensos territorios que pertenecieran a Portugal tenían que existir grandes minas, ilusión que crecía a partir del descubrimiento del cerro de Potosí.

Como contrapartida, existían una serie de problemas fruto de esta unión de coronas, siendo uno de los más destacados la penetración de portugueses en el comercio de los territorios españoles de América, hasta el extremo de que llegaron a ser mayoría en el de Lima, lo que pudo perjudicar al Brasil, ya que antes operaban desde Bahía o Río, a través de Buenos Aires, para actuar sobre Potosí, extranyendo su plata. A pesar de las limitaciones no se puede negar que coincide el período de los Felipes en Brasil con una nueva orientación en la política colonizadora y expansiva, que se muestra con aspectos tan distintos como la conquista del Noroeste o la expulsión de los franceses.

5. El imperio del azúcar

La economía del azúcar va a dar solidez a la expansión, a lo largo de la costa, en la que cabe distinguir una sucesión de núcleos muy claros, en torno a los cuales progresan los poblamientos aureolares que se extienden hasta más de veinte kilómetros a la redonda. Se valoran también las diferencias que pueden existir entre los puntos de embarque, por la facilidad de concentrar la materia exportable y por su posición en relación con vientos y corrientes que puedan favorecer la más rápida comunicación con Lisboa, puesto que ahora no se concentra ya el comercio en un solo puerto.

De esta manera se diferencia cada vez más el Brasil del nordeste, que es el más propiamente azucarero, del Brasil del centro, con Río y del Brasil del sur, que gravita en torno a São Paulo. La dinámica de estos tres puntos, condicionado por su mayor prosperidad, originará una mayor capacidad de compra de esclavos en el nordeste y una menor posibilidad en el sur, donde suplen su defecto, enviando partidas al interior en busca de indios: es la época segunda de los bandeirantes.

Este área del centro y del sur tendría también su característica propia, tanto agraria y ganadera, como especialmente, de venta de productos a los territorios españoles. A ellos llegan gentes del Perú, por Buenos Aires, por lo que aparece el término *peruceiro,* denominación que se aplica a porgueses del Brasil que pasaban al Río de la Plata y Perú, donde se dedican a traficar con toda clase de mercancías (hierro, tejidos, esclavos) a cambio de oro y plata, lo que va creando una vasta red comercial, a base especialmente, de familias que se instalan en Buenos Aires, Córdoba, Potosí y Chuquisaca y hasta en Lima.

La mayoría de estas familias son de cristianos nuevos, es decir, judíos más o menos convertidos, que mantienen una solidaridad entre sí, y que por ello mismo funcionan como una red escalonada entre Lisboa-Brasil (centro-sur) y Buenos Aires-Potosí. De esta manera extraen en su beneficio los metales de los territorios españoles, en los que introducen esclavos y mercancías, bien a través de las licencias otorgadas en Buenos Aires para traficar con Brasil, exportando productos propios, en la época de la unión de coronas, o bien por un simple y directo contrabando que se desarrolla ya en las primeras décadas del siglo XVII. Con ello se crea una terrible competencia al comercio peculiarmente español, cuyas mercancías llegaban en las flotas y que tras la feria de Portobelo pasaban a Lima, que por pagar todos sus derechos legales resultaban más caras, sobre todo en Potosí, el gran mercado. Esta será una de las causas de las crisis de las ferias del Portobelo en la primera mitad del siglo XVII.

Flota holandesa de la Compañía de Indias occidentales. Los holandeses, que vieron en las colonias hispanoportuguesas del Brasil una fuente importante de riquezas, llegaron a controlar todo el nordeste del territorio brasileño.

Por otra parte, la dinámica que se desarrolla en el Sur origina también la expansión sobre las áreas misionales españolas, que se han desarrollado, desde Paraguay al Guayrá y Tapé.

La economía brasileña hacia 1630, a pesar de la riqueza que produce su azúcar, comienza poco a poco a verse afectada por la competencia en el mercado europeo, del que procede de las Antillas. Así se llegó a un equilibrio complejo y frágil. Pero los ingenios entraron en déficit, lo que será casi permanentemente. La corona hispano-portuguesa, con necesidades crecientes, se ve sometida así a la presión económica de las Compañías de las Indias, creadas por holandeses y también por los ingleses. Al mismo tiempo, la seguridad del tráfico es cada vez menor, por los asaltos que se producen en el área americana sobre la que sus necesidades de medios de pago mediante la piratería o el contrabando, amparándose en unos supuestos derechos que se basan en la doctrina de la «libertad de los mares».

a) *La crisis azucarera y el desarrollo del tabaco*

Cuando sobreviene la caída del azúcar, en su proceso lento, es reemplazada por una economía al mercado internacional, que requiere unas ciertas condiciones técnicas, jurídicas e institucionales, y que se apoya en una serie de productos auxiliares que van y vienen de uno a otro lado del Atlántico, tanto por la exportación como por la importación.

El período de auge del azúcar coincide con la unión de las dos Coronas: grandes cantidades del producto llegaban por entonces a Europa procedentes de los más de cien ingenios del territorio brasileño. La crisis se iniciará con la búsqueda de metales preciosos y la importancia creciente de otros cultivos que, más competitivos, proporcionaban mayores beneficios.

Hay un cierto número de productos que son cultivados fundamentalmente para el consumo interior de las haciendas y que es parte de un sistema de autosubsistencia, como la mandioca, legumbres, mango, plátanos, coco, etc. Otros vienen del interior, como la miel y la cera, conocida y utilizada por los indios desde muy antiguo, pero también surge un producto nuevo, que rápidamente va a adquirir una enorme importancia: el tabaco, hasta tal punto que en alguna ocasión se le va a considerar por delante del azúcar (en el siglo XVII).

Las grandes regiones productoras de tabaco están en la capitanía de Bahía, para extenderse posteriormente hacia otras zonas. El comercio de este producto con Portugal estará sujero a una legislación muy precisa, que de la indiferencia de la época de Felipe IV pasará, ya liquidada la Unión, a la exigencia de la Junta de Tabaco, creada por Pedro II en 1674, para vigilar el comercio del mismo, pues se descubría la importancia fiscal de tal región.

Por el contrario el *algodón,* que adquiere enorme desarrollo durante el siglo XVI en el que incluso se transporta hasta Lisboa, donde se procederá a su manipulación, pierde esta preponderancia a lo largo del siglo XVII, para carecer de importancia en la época de crisis.

Otro aspecto de esta sustitución económica que pasa del azúcar a estos productos complementarios, son los objetos de lujo, que vienen de Europa, de donde asimismo procede el material necesario para el montaje y conservación de los ingenios, como llegan los cueros del Plata, o las armas, tejidos, etc., que generalmente procederán de Francia e Inglaterra. Lisboa, que tuvo un papel de cabecera, pasará cada vez más a convertirse en mera intermediaria, que obliga a ajustar los precios de ciertos productos alimenticios.

6. Los holandeses

El motivo que impulsó a los holandeses a ocupar el noroeste de Brasil fue su ambición a poseer las ricas materias que eran objeto del comercio internacional y que al no poderlas adquirir en Lisboa ni en Sevilla, por su sublevación contra la corona hispánica, fueron a buscarlas directamente a las tierras americanas. Todo ello procuraron justificarlo con la teoría de la libertad de los mares y la de la ilimitación del comercio, al mismo tiempo que luchaban contra su soberano legítimo. En realidad, como puede verse, se trataba de un hecho de guerra, negando la soberanía sobre las aguas, que al fin resultó un principio internacionalmente válido, base del Derecho Internacional del Mar, aunque después se volvió a las áreas de soberanía.

Los holandeses crearon la Compañía de las Indias Orientales para comerciar con los señoríos indígenas en las islas de la Especiería (pero desconociendo la soberanía portuguesa) y sus ganancias fueron de tal naturaleza que crearon enseguida el establecimiento en Batavia, en Java. Otro tanto quisieron hacer enseguida en el área americana, para lo que crearon la Compañía de las Indias Occidentales, que comenzó a desenvolverse con gran dificultad.

Al primer asalto pirático sobre la costa brasileña sucedió ya el intento holandés de hacerse con la posesión de Salvador de Bahía, desembarcando en 1625 y obteniendo un gran botín. El suceso tuvo enorme efecto en Lisboa y en Madrid, comenzándose rápidamente los preparativos para reconquistar la plaza.

Todas las clases sociales contribuyeron con fuertes sumas a los empréstitos de la armada; todos quisieron contribuir o participar en la empresa, Manuel de Meneses fue el que se puso al frente de la armada protuguesa, formada por 26 navíos, pero en ella se embarcó también lo mejor de la hidalguía de Portugal. La aportación española fue en este caso muy importante, pues contribuyó con 30 barcos y un numeroso ejército. Reunidas las dos armadas en Santiago de Cabo Verde, inician su viaje a Brasil bajo las órdenes de don Fadrique de Toledo, el 29 de marzo de 1525, fondeó tan poderosa fuerza naval frente a Bahía, donde los holandeses fueron batidos rindiendo la ciudad el 1 de mayo. El 26 llegaba una armada holandesa de refuerzo, que no llegó a atacar a la armada hispano-portuguesa dada su superioridad. Los españoles abandonaban Bahía tres meses más tarde, dejándo una guarnición de 1.000 hombres para su defensa. A su regreso, como consecuencia de una tempestad en el golfo de Vizcaya, queda deshecha la escuadra portuguesa y murieron muchos de sus hombres. Este fue un golpe mortal para la armada lusitana, de muy difícil recuperación, en las circunstancias críticas que se vivían.

Ante el desastre de Bahía los holandeses, a su vez, se vieron obligados a renunciar a su aventura de posesión territorial, por las pérdidas sufridas. Apenas pudieron lograr gran cosa en los distintos ataques llevados a cabo después en el área del Caribe (salinas de Araya, etc.), hasta que Piet Hein, en 1628, logró nutrir repentinamente los beneficios de la Compañía de las Indias Occidentales gracias al asalto, en la bahía de Matanzas en Cuba, de

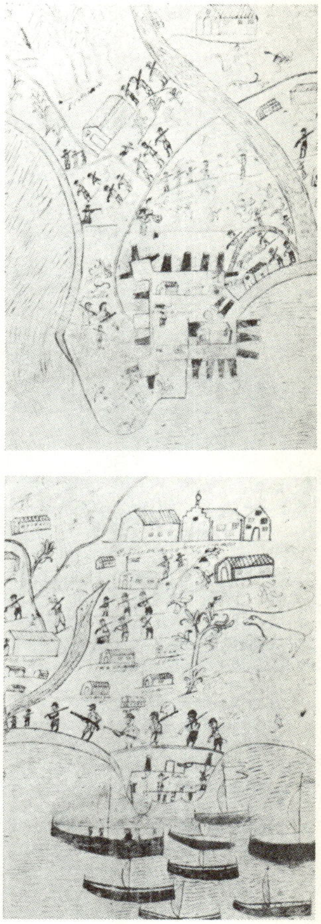

Detalles de dibujo indio en el que se representa el ataque a la base portuguesa de Santo Tomé por las fuerzas holandesas de la Compañía de las Indias occidentales, en 1637. Archivo de Indias. Sevilla.

la flota española que había partido de Veracruz al mando del almirante Benavides, apoderándose de toda la plata que transportaba. Por este motivo la Compañía de Indias Occidentales llegó a distribuir dividendos de hasta el 50 por 100.

Así, en 1630 los holandeses atacan Pernambuco. Un rico propietario, dueño de un gran ingenio azucarero, Mathías de Alburquerque, previó la llegada de holandeses y organizó la defensa de Recife y toda su costa; pero los holandeses lograron tomar Recife, aunque Alburquerque tuvo tiempo para destruir 17.000 cajas de azúcar, para que no les fuera útil a los holandeses. La campaña había durado un total de 15 días. En Recife es el Arrayal del Bon Jesús el centro de la resistencia; pero la nueva un intento de Bahia por los holandeses causó enorme alarma en Portugal y España por la amenaza que suponía para los colonos, tras el golpe anterior sino se daba una respuesta eficaz. Para ello se inician en Madrid y Lisboa los preparativos para el envío de una nueva expedición de socorro, máxime cuando en España se supo el interés de Holanda de aprehender la Flota de Plata. Así se decide el envío del almirante Oquendo para la toma de Recife. Oquendo pasó ante Bahía y cerca de Pernambuco fue atacado por los holandeses el 12 de septiembre de 1931. La lucha no llegó a decidirse y los dos contendientes se sintieron vencedores.

Al lograr mantenerse en Pernambuco y Olinda, los holandeses modifican su administración y envían «directores» y un «gobernador», nada menos que el príncipe de Orange, que llevó a cabo una destacadísima acción y una obra de gobierno inteligente, aunque al fin fue relevado, los portugueses sólo lograrían recuperar el territorio años después de la Restauração.

A lo largo de los siglos XVI, XVII y XVIII, las selvas brasileñas fueron el escenario de las incursiones de grupos armados, los *bandeirantes*, que se lanzaban a la caza y captura de indígenas para luego venderlos a los dueños de plantaciones de Río de Janeiro, Espíritu Santo, Brasil, Pernambuco, etc.

7. Entradas y bandeirantes

Desde 1624, por las guerras contra los holandeses y las dificultades para la importación de negros de Africa, se determinaron los colonos portugueses a organizar *bandeiras,* que no eran otra cosas que partidas de hombres dedicados a capturar y esclavizar a la población indígena del interior, con la que trataban de cubrir sus necesidades. Es bastante después de Men de Sa, cuando comenzaron a tener cierto éxito estas entradas, pues si antes ya fueron efectivas, no era tan fácil retener el territorio «desertizado».

La expansión requería no sólo espacio disponible, sino además núcleos humanos que se establecieran, los que no era tan fácil si no aparecía el incentivo.

Los motivos de la expansión que ahora impulsan a los portugueses se centraron en la búsqueda de metales preciosos, al facilitar las entradas, la captura de esclavos y la recolección de especias y drogas. La ganadería y la agricultura empezaron así a deslizarse, sobre todo la primera, sobre los nuevos espacios. Pero es preciso destacar un hecho que revela el cambio que se ha producido, pues las «bandeiras» reforman ahora especialmente con mestizos. Al frente de cada expedición iba un jefe, con poderes absolutos (vida y muerte de sus hombres), aunque en realidad no era mas que un instrumento de las personas que montaban la propia expedición, que cubrían sus gastos y aportaban los hombres. Se contentaban con hacer ir a un capitán, como censor de los actos de este jefe omnímodo, aunque en la práctica se convertía en colaborador suyo.

Componíanse las bandeiras habitualmente de cientos de hombres, tanto blancos como mestizos e indios y negros. Se internaban en la selva y cruzaban las sierras, siguiendo el curso de los ríos. Sus escasas provisiones consistían en miel, harina y carne seca. Tardaban en volver hasta dos y tres años, para regresar con los cautivos y las noticias que pudieran recoger sobre la existencia de oro o piedras preciosas.

La principal bandeira actuó en 1628-29, compuesta por 3.000 hombres y mandada por Antonio Raposo Tavares y Manuel Preto. Atacaron y destruyeron las aldeas y reduciones del Guairiá y volvieron con 3.000 indios esclavizados. En esta oleada fueron destruidos varios pueblos de las misiones de los jesuitas españoles.

Desvastado el Guairá, las bandeiras dirigidas por Reposo Tavares, se dirigieron a atacar las reducciones de Tape, sobre el Uruguay, de donde también expulsaron a los jesuitas y españoles. Esta expansión paulista se extendió, en poco tiempo, por el interior, aunque en la región del Tape revolvió sobre la costa, hacia el territorio de Santa Catalina.

Se sabe que hubo algún bandeirante que, perdido en la internación, no sólo cruzó el «vertão» arbustivo, sino que llegó a salvar el Chaco, hasta llegar a alcanzar la región española de Charcas.

No era la primera vez que se habían producido internaciones de este tipo, aunque nunca de un alcance tan grande como la que ahora se producía la consecuencia fue muy alarmante, motivos por el cual, en agosto de 1637 el presidente de la audiencia de Charcas, don Juan de Discaraza, escribirá al rey de España, hablándole de sus temores, pues se daba por supuesto que se repitiera y con más volumen, como sucedió, pero en el área del Amazonas.

Los bandeirantes fueron tan insistentes en sus internadas de captura que sembraron el terror por su inhumanidad, sin lograr frenarles las órdenes que daba el rey ni las que los jesuitas promovían.

En 1645 Reposo Tavares, cuando ya había muerto Manuel Prieto, por las heridas ocasionadas por unas flechas de los indios, se puso de nuevo en marcha al frente de 200 blancos y unos 1.000 indios, con lo que invadió las tierras españolas de Paraguay. Los indios guaraníes, armados y mandados por los jesuitas, resistieron cuanto pudieron, sufriendo los destrozos de los portugueses. Los bandeirantes también actuaron hacia el Norte y siguiendo el curso de los ríos llegaron a la fortaleza de Gurufia (Gurupa), cerca de la desembocadura del Amazonas, en los primeros meses de 1651.

Es de destacar de todas las expediciones, que tienen como meta la búsqueda de minerales preciosos la de Fernando Días Pais. Este buscador partió de São Paulo, para buscar la sierra de las esmeraldas, el 21 de junio de 1674. Exploró durante siete años una gran área de la región centro-sur de Brasil, por el nacimiento del río das Velhas, en dirección norte, donde había oro, que fue descubierto más tarde por otros internamientos paulistas. Formaban parte de la expedición Matías Cardosa de Almeida, Manuel de Barba Gato y García Rodríguez Pais. Esta expedición fue importantísima por el contacto que estableció entre el período de entradas de exploración y el descubrimiento de yacimientos auríferos algún tiempo después. Los tres antes citados, están íntimamente relacionados con los establecimientos y exploraciones de Minas Gerais. Matías Cardoso de Almeida abrió el camino que unía las minas con Bahía; Barba Gato consiguió el desarrollo de asentamientos en Río das Velhas y García Rodríguez Pais, llevó a cabo la apertura de una vía de comunicación de enorme significación histórica, entre Minas Gerais y Río de Janeiro.

Escenas de la recolección del café, uno de los cultivos con los que se ganaron nuevos terrenos. En la imagen superior, los esclavos negros —hombres y mujeres— recogen los granos de café; en la inferior, vierten el producto de la cosecha, transportado en cestas, ante los mulatos que dirigen la operación al tiempo que otro esclavo separa con un rastrillo los granos para su posterior secado.

8. Las minas (Expansión hacia el Oeste)

Es importante el relieve que tuvo el desarrollo de la ganandería, como preámbulo necesario a la época de la minería, expansión que también llevaron a cabo los paulistas, sometiendo a las tribus rebeldes de la meseta de S. Francisco, pero sin ese quehacer previo no hubiera sido posible el desarrollo de la ganadería a gran escala.

Se inició la ganadería en los extremos de Bahía y se extendió a la orilla dere cha del S. Francisco. También se expandió por la orilla opuesta, desde Pernambuco hasta el mismo río, aunque de forma más lenta. Hacia la mitad del siglo XVII, ya se había producido una enorme expansión, basada en la ganadería y la agricultura, lo que representa unos recursos económicos abundantes, que a su vez permitieron la explotación de las minas.

Las primeras explotaciones auríferas hechas con cierta sistemática datan de la época de Francisco Souza en los finales del siglo XVI, que comprendió la necesidad de organizar militarmente a las bandeiras, creó núcleos de población permanentes en las zonas mineras y confió la responsabilidad de las explotaciones a los técnicos. El gran mérito de Francisco de Sousa consistió en haber comprendido la importancia que la minería podría alcanzar en el futuro del país, por lo que procuró encauzar una serie de esfuerzos con este fin. Atraído por las noticias sobre la aparición de oro en la capitanía de S. Vicente, Francisco de Sousa, se dirigió a São Paulo, donde llegó en mayo de 1599, llevando además de una compañía de soldados a varios maestros mineros. De allí partió a la sierra de Biracoyeba, en la que fundó la población de Nuestra Señora de Monserrete. En 1600 expidió autorizaciones para que todos se pudiesen dedicar a la extracción del oro, con la única condición pagar el impuesto real. En 1605 recibió órdenes de regresar a la metrópoli,

Portada de la sacristía de la misión jesuítica de Trinidad. Las reducciones de la Compañía de Jesús limítrofes con las posesiones portuguesas del Brasil fueron, con frecuencia, víctimas de los ataques de los bandeirantes, que con crueldad e insistencia capturaron a los indígenas con el propósito de poder venderlos como esclavos.

pero por influencia del duque de Lerma consiguió regresar, con el único destino de descubrir minas. En 1608 fue nombrado superintendente general de las minas y Gobernador de las capitanías del Sur (San Vicente, Río de Janeiro y Espíritu Santo), convertidas en distrito autónomo, ante la suposición de que se iban a descubrir yacimientos de metales y piedras preciosas. Avanzó después hacia el Norte hasta el río Grande y a él se debe el impulso para la ocupación de la antiplanicie y la expansión en la dirección oeste. Por parte del rey de España se facilitaron sus empeños, al ordenar que pasaran algunos mineros experimentados al territorio de la corona portuguesa, del que también era propietario.

A Francisco de Sousa sucedió Salvador Arreira de Sa como superintendente de minas, cargo que se mantuvo en la familia hasta 1640.

Con todo, la actividad minera no llegó en esta época de los felipes, ni con mucho, a la altura que lograría después de la Restauração. Se utilizó a los «bandeirantes», tolerando sus tropelías por la utilidad minera que pudiera derivarse, pero así y todo, sólo sería en el siglo XVIII cuando Brasil lograría una importancia minera, de lo que se hablará, por consiguiente, más adelante.

9. La entrada en la Amazonía

El piloto Antonio Vicente Cochado fue quien dibujó un mapa de las bocas del Amazonas hacia 1616, poniendo entonces de manifiesto que el Gran Pará y el río por el que había bajado Orellana eran uno sólo. Bajo sus indicaciones, el cosmógrafo Pedro Teixeira hizo en Portugal un mapa en el que se trazaban los cursos que confluían en la boca con manifiesta claridad. Toda la preocupación por esta zona estaba en que había sido ocupada por los filibusteros franceses, ingleses y holandeses, que obtenían magníficos beneficios con las drogas que la selva producía. Por eso en 1623, Luis Aranha de Vasconcelos, guiado por el piloto Antonio Vicente Lachado, llegó a remontar por el Amanzonas en una expedición que recorrió más de cuatrocientas leguas de su curso: era el primer intento penetrador serio.

Años más tarde, Pedro Teixeira dirigió una nueva expedición, por encargo de Jacome Raimundo (en la que invierte parte de su fortuna). Estaba compuesta por 60 soldados portugueses y 1.200 indios remeros y tiradores, con mujeres y niños, hasta un total de 2.500 personas. Como piloto iba Benito de Costa, que recabó toda clase de información para situar debidamente las desembocaduras, aldeas de indios, número de gente que las habitaban, productos útiles, etc., de las zonas que iban recorriendo. Partieron de Gurupé, en 60 canoas, el 17 de octubre de 1637, mas por las serias dificultades que encontrara, les desertaron parte de los indios que llevaban, por lo que para evitarlo Pedro Teixeira falseó la información, asegurando que estaban muy cerca de alcanzar el fin previsto. Por eso hizo adelantarse a cinco canoas con Benito Rodríguez de Oliveira, con la finalidad de preparar su llegada a tierra del Perú, como creía. Cuando la expedición llegó por fin a Quito fue recibida tanto por las autoridades como por el resto de los habitantes con gran asombro, pero también con preocupación, por las consecuencias que podían derivarse.

Jiménez de la Espada que dedicó un magnífico estudio a esta expedición de Teixeira, demuestra la inquietud que en Quito provocó la llegada de los portugueses, hasta que se determinó el regreso inmediato de esta expedición a su punto de partida. Fue la inquietud que despertó la que dio lugar a que se dispusiera que se les hiciera acompañar, en su regreso al Brasil, por dos jesuitas, el padre Cristóbal de Acuña y Andrés de Artieda, que habrían de observar los accidentes geográficos en las zonas que se atravesaban e informar a Madrid. Llegaron sin grandes incidencias al Perú el 12 de diciembre de 1639.

Los resultados fueron muy positivos, pues por primera vez se trazó un mapa del Amazonas con criterio más científico. Desde el punto de vista político tuvo también gran interés, pues es el primer paso para la expansión de la soberanía portuguesa en la Amazonía, sobrepasando con exceso los límites del tratado de Tordesillas.

A partir del año 1640, con la Restauración, el Brasil quedó desvinculado de todo posible contacto con el Perú, al haberse unido al levantamiento de

Escena del proceso de lavado del oro en los ríos del interior del territorio brasileño a cargo de esclavos negros. Como puede verse en la ilustración, la tecnología empleada en la producción aurífera era realmente rudimentaria y exigía una abundante mano de obra esclava.

Lisboa, pero el recuerdo de la expedición de Teixeira se mantuvo, tanto por la magnífica red de comunicaciones que se descubrían en el río, como por la esperanza de encontrar un nuevo Dorado. Se vio favorecida la ilusión por los supuestos de la Amazonía y la ruina económica de las empresas de Oriente, donde Portugal había perdido las Molucas, Ceilán y el archipiélago malayo, que fueron antaño las fuentes del rico comercio. Por eso la corona portuguesa dictó las primeras instrucciones para que en el Manranhão se busquen campos de clavo, como también para que se iniciara el cultivo del cacao y la vainilla.

Brasil contó con la gran ventaja de haber podido desenvolverse al margen de la guerra restauradora que tuvo que mantener el territorio metropolitano de Portugal, lo que contribuyó, no sólo a su desenvolvimiento, siguiéndose las líneas maestras de la época de los Felipe apenas sin tramas, sino a su aumento de importancia, aunque los holandeses todavía se mantuvieron en Pernambuco-Olinda durante una serie de años.

Detalle de una capa hecha de fibras vegetales por los indios de la Amazonia, conservada en el Museo Paulista de Saõ Paulo. La repoblación de la extensa cuenca del Amazonas, que permitió un mejor conocimiento del terreno y de sus posibilidades económicas, se concretó en el trazado de un primer mapa de las bocas del gran río a cargo del piloto Antonio Vicente Cochado, hacia 1616. (Izquierda)

Puerto de Lisboa, grabado del s. XVII. La capital del vasto imperio portugués fue el escenario, en 1640, de los sucesos de la Restauración. La sublevación de Cataluña determinó que en ese año el rey Felipe IV solicitó el envío de tropas portuguesas; pero los lusitanos se negaron a tal pedido, apoyados por la nobleza y la burguesía que acaudillaba el duque de Braganza.

BIBLIOGRAFIA

Histoire General de la Civilização Brasileira. A Epoca Colonial, T. I. Edit Difusão Europeia do libro. São Paulo, 1973.

FURTADO, C.: *Formaçao Economica do Brasil.* Edit. Companhia editora Nacional São Paulo, 1975.

MAURO, F.: *Historie du Brésil.* Edit Preses Universitaires de France, París, 1973.

MAURO, F.: *Etudes Economique sur l'expansion Portugaise* (1500-1900). Edit. Fundaçao Calonste Gulbenkian, Centro Cultural Portugués. París, 1970.

Historia General de España y América. Edit. Rialp, S.A., T. VII, T. IX (1) y T. IX (2). Madrid, 1984.

CORTEZAO, J.: *Historia de América.* Edit. Salvat. S.A., T. III. Barcelona-Madrid, 1961.

YLOT LEON, A.: *Historia de América.* Edit Salvat, S.A., T. XVII. Barcelona-Madrid, 1961.

CORTEZAO, J., y CALMÓN, P.: *Historia de América.* Edit. Salvat, S.A., T. XXVI. Barcelona-Madrid, 1961.

INDICE GENERAL

INDICE GENERAL

Capítulos *Páginas*